JN268836

家族圏と地域研究

立本成文著

京都大学学術出版会

目　　次

まえがき ―― 3
　本書の構成 ― 3
　つなぎとしての地域研究 ― 4
　オラン・フルの人類学的臨地研究 ― 6
　つなぎの概念としての家族圏 ― 8

序　第 I 部　オラン・フルの家族圏

第 1 章　臨地研究へ ―― 1965 年 ―― 13
　1-1　マラヤの「原住民」(Aborigines) ― 15
　1-2　エンダウ川流域のオラン・フル (Orang Hulu) の家族覚え書 ― 22
　1-3　マラヤにおける先住民の研究 ― 31

第 2 章　親族ネットワーク ―― 43
　2-1　調査のオリエンテーション ― 45
　2-2　エンダウ川とオラン・フルの部落 ― 47
　2-3　親族名称 ― 51
　2-4　むすび ―― 社会の見方 ― 63

第 3 章　家族構成の特質 ―― 69
　3-1　はじめに ― 71
　3-2　建物の構造 ― 72
　3-3　世帯構成の概観 ― 74
　3-4　家とクラミン ― 75
　3-5　クラミンの構成 ― 81
　3-6　クラミンの形成 ― 88
　3-7　おわりに ― 93

第 4 章　結婚と離婚 —— 97
　4-1　婚姻形式 —— 99
　4-2　婚期と年齢較差 —— 100
　4-3　配偶者の選択 —— 102
　4-4　婚姻対価 —— 104
　4-5　婚姻儀礼 —— 106
　4-6　婚後の居住形式 —— 110
　4-7　性道徳 —— 111
　4-8　婚姻解消 —— 112
　4-9　再婚 —— 117
　4-10　おわりに —— 118

第 5 章　オラン・フルの経済生活 —— 123
　5-1　オラン・フルの集落 —— 125
　5-2　ネクサスを生む生産活動 —— 134
　5-3　ジャンクションの経済活動 —— 138
　5-4　財貨の蓄積 —— 147
　5-5　むすび —— 153

第 6 章　オラン・フルのコミュニティ秩序 —— 159
　6-1　家族内の権威 —— 161
　6-2　親族間のリーダーシップ —— 163
　6-3　部落の統合と葛藤 —— 164
　6-4　部落間の反目と団結 —— 172
　6-5　外部世界との従属関係 —— 175
　6-6　ムスリム・マレー人部落との比較 —— 180

破　第 II 部　比較の視点

第 7 章　マレー農民の家族圏 —— 191
　7-1　マレー語の世界 —— 193
　7-2　生活単位としての世帯 —— 195

7-3	家族歴と世帯構成	—— 199
7-4	家族関係と世帯	—— 203
7-5	原組織としての家族圏	—— 205

第8章　マレーとタイとの比較 —— 209

8-1	はじめに	—— 211
8-2	屋敷地共住集団	—— 211
8-3	タイにおけるその他の研究	—— 223
8-4	マレー農村との比較	—— 227
8-5	おわりに	—— 236

第9章　オラン・フルとマレー人とブギス人 —— 243

9-1	はじめに	—— 245
9-2	民族誌的表象	—— 246
9-3	比較	—— 262
9-4	おわりに	—— 268

急　第Ⅲ部　地域研究に向けて

第10章　ネットワーキング家族 —— 281

10-1	家族論の境位	—— 283
10-2	家族の関係性	—— 284
10-3	関係は本質たりうるか	—— 287
10-4	綜観への道	—— 292

第11章　地域研究の考え方 —— 297

11-1	地域研究の在り方	—— 299
11-2	多元的一化思考	—— 300
11-3	エコ・アイデンティティの可能性	—— 306
11-4	地域研究を生かすシステム	—— 315

あとがき　—— 321

索引　—— 327

表 目 次

表1-1	先住民センサス	── 18
表1-2	ジョホル州5部落の戸数と人口	── 19
表1-3	マレー系住民の人口推移	── 33
表1-4	先住民人口	── 34
表2-1	部落別戸数及び人口	── 49
表2-2	親族名称基本語リスト	── 52
表3-1	部落別家屋数と同居クラミン数	── 76
表3-2	同居クラミン数と同居人数	── 80
表3-3	クラミン類型と構成員数	── 81
表3-4	部落別クラミン類型数	── 82
表3-5	クラミン類型別寄寓クラミン数	── 84
表3-6	独立している夫婦	── 85
表3-7	年齢，性，婚歴別独身者数	── 87
表3-8	年齢別出産回数	── 90
表3-9	年齢別死亡子数	── 90
表4-1	夫婦の年齢較差	── 100
表4-2	婚姻解消経験者数とその回数	── 113
表4-3	男女別累積離別回数	── 115
表4-4	年齢別離婚経験者	── 116
表4-5	夫婦の婚歴	── 117
表5-1	サロンの所有数	── 151
表5-2	ゴザの所有数	── 152
表5-3	布衾の所有数	── 152
表7-1	家族・親族	── 194
表7-2	家・村・故郷	── 195
表7-3	世帯構成と世帯員	── 196
表7-4	家族歴と世帯構成	── 200
表7-5	家族歴と職業	── 202
表9-1	ボネ王国の階層	── 247
表9-2	オラン・フル，マレー，ブギスの比較	── 268

図　目　次

図1-1	エンダウの所在	── 16
図1-2	エンダウの地区の詳細	── 17
図2-1	オラン・アスリの分布	── 46
図2-2	エンダウ川流域図	── 50
図2-3	4部落の年齢・性別人口	── 50
図2-4	ププ関係	── 55
図2-5	姻族名称	── 56
図3-1	TTの世帯群	── 76
図3-2	PNの世帯群	── 77
図3-3	JRの世帯群	── 79
図5-1	降雨量図	── 126
図5-2	気温図	── 127
図5-3	木材伐り出し作業グループの世帯関係	── 143
図7-1	家族歴の段階と世帯	── 201
図8-1	家族形態	── 214
図8-2	家族周期	── 214
図8-3	ドーン・デーング村の構造モデル	── 218
図8-4	動態的モデル	── 219
図8-5	家族および世帯周期の位相	── 225
図8-6	世帯の家族構成─その変形─(PL)	── 230
図8-7	複世帯家族の構成（PL）	── 232
図8-8	複世帯家族の重複	── 233
図8-9	屋敷地（親族）世帯群の累計と発展段階（PL）	── 234
図9-1	ブギスの近い親族（siajing riale）の範囲	── 250
図9-2	マレーの支配構造	── 252
図9-3	ブギスの基本的親族名称	── 263
図9-4	マレーの基本的親族名称	── 263
図9-5	オラン・フルの基本的親族名称	── 264
図9-6	基本的親族名称の概念図	── 265
図9-7	姻戚関係	── 266
図10-1	基本的社会関係モデルの位置づけ	── 290
図10-2	家族親族関係と基本関係モデルとの相関図	── 290
図10-3	からだ，こころ，ことば	── 292
図10-4	構造化の位相	── 293

図 11-1	構造概念の違い	—— 303
図 11-2	三つのアイデンティティ	—— 308
図 11-3	エコ・アイデンティティの成り立ち	—— 311
図 11-4	世界単位の位置づけ	—— 317
図 11-5	位相的パースペクティブ	—— 318
図 11-6	地域研究者と地域	—— 319

家族圏と地域研究

立本成文著

［凡例］

外国語の表記については，凡そ次のような原則に従う．

①慣用的に流通している外国語を除いて，初出のさいに，原語ローマ字表記を附した．その後はカタカナ表記のみとする．術語の場合はローマ字をカッコに入れ，人名，地名はカッコを使わない．【例：スキート W. W. Skeat；ブルカル (belukar)】例外的に，多く繰り返される地名を JR，PN のように略した．

②カタカナ表記に当たっては，できるだけ不必要な長音，促音を使わないようにした．語尾にくる h は長音で表わした．地名・人名など流布している表記法と異なることもある．【例：シンガポール→シンガポル；クアラ・ルンプール→クアラ・ルンプル；ジョホール→ジョホル；マラッカ→マラカ；アダット→アダト；Kedah→ケダー；Sabah→サバー】

③末尾の子音，曖昧母音の表記は統一していない．【例：アダト　adat；ビラス　biras；アデッ　adek（なお adik はアディッと表記すべきであるが，便宜上アデッとした）；サラワク　Sarawak；ムナントゥ　menantu；マラカ　Melaka；ケダー　Kedah；クランタン　Kelantan】

④ローマ字表記に関しては，インドネシア語，マレー語，ブギス語はできるだけインドネシア共和国とマレーシアの共通標準表記に統一するようにした．ただし，オラン・フルの場合は，発音に近い表記のままにし，また ch も c で表記していない．タイ語は引用文献の表記をそのまま使わせていただいたので，統一されていない．

まえがき

本書の構成

　ユーラシアの最南端は，その東南隅に突き出ているマレー半島である．ここから大小のしまじまが，東に西に，北に南に連なり，時には群れをなして，ユーラシアとオーストラリアとの間にアジア地中海とでもいうべき，東南アジア海域世界を作り上げている．海域世界の結節点であるマレー半島は交易や移動の重要な通過点でもあった．その移動の波の中で森に残った少数の民族が，より新しく来たマレー人，ごく最近大量に来た中国人やインド人の陰に隠れるように，ひっそりと住んでいる．本書では，そのような民族の一つを取り上げ，東南アジア海域世界の地域研究の試論としている．

　本書は，序破急の3部構成をとる．序である第Ⅰ部はマレー半島の南部に住む民族オラン・フルの家族・世帯を中心とした民族誌である．本書で提示する家族圏の概念のプロトタイプである．第Ⅱ部は，家族圏概念を展開させたものである．同じマレー半島に住むマレー農村の家族圏についてまとめたもの，それを東北タイ農民社会の屋敷地共住集団と比較したもの，そしてオラン・フル，マレー人をインドネシアのスラウェシ島に住むブギス人と比較したものと，比較の視点から家族圏を論じている．結びの第Ⅲ部は，家族圏の発想から地域研究に飛躍して，家族研究と関連して地域研究が論じられている．

　序破急は，私が前著で提唱した分析（あるいは沈潜の法），比較（流離の法），総合（飛翔の法）の過程を示したものである[1]．分析の過程でも比較，総合は必要であり，比較の作業も分析成果に基づいて総合の視点が求められ，総合は分析・比

較のプロセスの後にはじめて成り立つものである．分析・比較・総合というのは永遠回帰，輪廻でもある．そのような繰り返しを内に含む地域研究における一つのモデルを本書で試したい．

つなぎとしての地域研究

　地域研究のこころは，フィールドワーク（臨地研究）にある．場に身を置いてみること，そこから地域研究は始まる．フィールドにおいて地域研究者は自分の世界と，それとは違う世界との間をつなぐ「つなぎ」となる．研究者が育まれてきた文化と，フィールドという異文化とのつなぎになるのである．私も1960年代の中頃から，マレーシアをフィールドとして，つなぎのまねごとを始めた．その頃はまだ外国のフィールドに行けるということがエリートめいた事件であり，大変興奮したものである．私などは，留学ということもあって比較的長期に（1年単位で）マレーシアに行くことになり，親とは，万一のことがあっても帰ってこれないよと水杯をして雄途勇ましく出発したものである．それから30年以上ずっと東南アジアとともに歩みを続けているといってもよいが，その間の東南アジアの変化は人をして刮目させるものがある．しかし変わったのは東南アジアだけではなく，研究者自身にも変化が見られるのは当然である．研究者が私費でちょっと様子を見てこようというのはもちろん，この頃は日本の学生でも実に簡単に東南アジアへ行く．事実飛行機賃を出しても日本国内より安く旅行できることもある．地域研究という，人文・社会科学としては大変にお金のかかる分野が徐々に盛んになってきているのも，このような経済的条件の変化，日本の裕福化ということがあるかもしれない．私は変わっただろうか．変わったといえば変わったかもしれない．だが，つなぎであることには変わりはないということはできる．

　地域研究というのも所詮つなぎにしかすぎないといってしまえば，真摯に地域研究をしている人の中には腹を立てる人もあるかもしれない．しかしながら，

つなぎというのは地域研究を言いえて妙であるといわざるをえない．歴史研究と文学，農学と社会変化の研究などの間を埋めるつなぎ，あるいは学際的なものを固めてつないでおく役割を果たすという意味でのつなぎといえる．フィールドに行く私のように，文化と文化との間のつなぎになることはその第一歩であるが，一つの学問分野と他の分野とのつなぎであるというのが地域研究にたいして人々が期待する最もふつうのイメージであろう．もっとも，蕎麦のつなぎとして使われる割粉（小麦粉）のように，つなぎとして新しいものを作ることも含めてよいかもしれない．家族圏の概念などはその例と言えるであろう．いずれにしてもつなぎとなる契機が無ければ，本当の地域研究者になれないというメッセージは厳然としてある．

　つなぎということばをここでは少々多義的，象徴的に使いすぎているのかもしれない．つなぎは媒介である．関係づける働きということである．関係という「こと」そのものを表わすこともあり，関係を維持するためのつなぐ「もの」をいうこともある．フィールドにおける私は，外から見ると後者であるが，私自身が関係を体現しているという意味では前者である．その違いは，案外大きい．つなぐものとしての私は単なる連結の道具にしかすぎない．主体的に私がつないでいるのではなく，もののように両方から道具として使われているだけである．他方，私自身がつなぎとしての関係を体現しているということは，私が主体的に両者をつないでいくということである．地域研究がつなぎであるといっても，つなぐ「もの」であるのに止まるのは主体性を失った地域研究で，むしろつないでいく営為そのものが地域研究の本来の在り方であろう．前者はディシプリンにこだわってそれから離れられない地域研究者を象徴していよう．後者は既存のディシプリンを越えて新しい学問を打ち立てようとする総合的地域研究者といえるかもしれない．

　つなぎであって，主体的な立場を貫くと言うのは，地域の内在的理解という要請と必ずしも抵触するものではない．むしろまず内在的理解がなければ本当のつなぎとなることはできない．しかし，無媒介にそのもの自体になり切ると

いう内在的理解では，地域研究となることはできない．つなぎとなっても，つながれてしまうとそれは虜囚というべきである．二つの世界の往還を通じて，内在的理解の止揚に至るということが，つなぎの役目である．それが地域研究である．

地域研究の存立する場（境位）は，茫漠とした海原の様なものである．つかみ所がない，進むべき依り代が見つけにくい海のような場という比喩である．そこで何を見つけ，どんなものをサルベージするか，単に進路を失ってさまよっているのか，十分反省しつつ進まねばならない．そこでつなぎとなって新しいことを創造できるかどうかが，地域研究者に問われているのである．つなぎを契機とすることによって，そこに新しい学問の羽ばたきを見ること，それこそが地域研究者の役割であろう．つなぎの秘める無限の可能性と止まることなき力を利用することによって，地域研究者はそのようなことが案外簡単にできそうな場（境位）にいるのである．

オラン・フルの人類学的臨地研究

最も初歩的なつなぎとして，上述したように私は留学生としてマラヤ大学に1964年に赴いた．大学生活そのものがマレーシア世界とのつなぎの場であった．通算2年の留学のうち，半分はいわゆる臨地研究（フィールドワーク）に費やした．フィールドワークは社会の中にあらためて飛び込んでいくという意味では当該社会の外部者による「参与調査・観察」ということである．しかしいくら当該の社会に参加して溶け込んだといわれても，外からの人間であるということはスティグマ（烙印）としてぬぐい去りがたい．むしろスティグマを利用して，住んでいる人には当たり前と思われている世界を対象化する役割が研究者には与えられていると考えるべきであろう．したがって，自分の住んでいるコミュニティをフィールドワークする場合でも，いったん第三者的，傍観者的立場に身を置いてみることが要求される．それを私はつなぎの仕事という．

幸いなことに，マレーシアで研究プロジェクト・ティームの一員としてコミュニティ調査に従事する経験を経て，留学の2年目に，単独でフィールドワークをすることができた．それがオラン・フルのコミュニティ研究である．通常の人類学のフィールドワークは，1年のサイクルを観察するために最低1年以上は必要であるといわれる．私の滞在は，約8ヶ月と比較的短い滞在である．短いがいちおうそれなりの完結した研究と考えている．それは時間軸の一点における静止画像である．あるいは継続的調査，時間を措いての調査によって動画に近い作品とすることも期待できた．再調査の機会がないままに，オラン・フルの社会はエコ・トゥリズムの導入などで大きく変わってきている．あえて，静止画像のままの形で出すのは，これが概念的なつなぎである「家族圏」のプロトタイプと考えているからである．

　家族圏の概念が固まったのは，オラン・フルの研究が終わって，マレー農村の調査をしてからである．それは共編著で発表した『マレー農村の研究』[2] を契機としてである．そこには考え方として，集団ではなく関係であるという圏的な発想が盛り込まれている．これと前後して，1974年の学位論文で，英語でfamily circle として概念化している[3]．日本語として家族圏ということばを初めて使ったのは，坪内・前田共著の『核家族再考』である[4]．英語の方は，同じ名前の家庭雑誌があるので，アメリカの友人などにはあまり評判のよくない語ではあったが，概念そのものは『カレント・アンソロポロジー』に短い論文をのせてくれていちおうの理解は示してくれた[5]．日本語の方の圏は，社会学で社会圏という語が通用していて，集団ではないということを強調するのには便利であった．それを拡大解釈して，圏的発想そのものが，東南アジアの社会の特色であるとしたのは『東南アジアの組織原理』においてである[6]．この一連の概念的発展の原型がオラン・フル社会の研究にある．オラン・フルの論文では家族圏ということばを使っていなかった．しかし，その実態は家族圏そのものである．むしろ，マレー農民の原型とでも言える．

つなぎの概念としての家族圏

　家族圏という概念は，家族を社会圏として捉えようということである[7]．社会圏として捉える，あるいは圏的発想で家族を理解するというのは，家族を固定した集団としてではなく，ネットワークの広がりの中での一つのまとまりとしてみるということである．生活の局面によっては，強い絆で結びつける集団として機能することもある．その意味では基本的な社会の単位である．しかし，それは一時的な現象，断片にすぎない．基本的単位であるがその境界は伸縮自在である．本質的な家族の特性というのは，集団という形にあるのではなく，二者関係の累積体としての圏である．それは形に潜む世界の型，構造である．このような家族は実体として古くからあったことは想像しうる．それを構造として発見し，再評価するのが地域研究である．事実の発見より，価値の発見に重きを置くのである．新しい事実，珍しい事実を蓄積するのが目的ではなく，あたり前の事実を再発見する，言い換えれば，その事実に新しい価値を見いだすということである．近代は科学技術の目覚ましい発展を基盤に生活の諸局面をシステム（体系）によって固定化してきた．第Ⅰ部で対象にするオラン・フルは近代的システムに比較的固定されていない．むしろ，それを見る我々の目にシステムという梁が引っかかっている．研究者はシステムの視点からオラン・フルの生活を分析的あるいは総合的に整序して記述する．それでも，その生活が実際に持っている諸規定が研究者の整序の仕方に影響を与えるのは当然である．この意味で近代的システムから遠いオラン・フルに，システムではない家族圏という構造をみるということは比較的たやすい．家族圏が圏として世界の構造につながるということが大切なのである．

　第Ⅰ部のオラン・フルの分析は，文字どおりコミュニティ（地域社会）の分析であって，大きな地域の総合，俯瞰を目指したものではない．1960年代のマレー半島における歴史的証言としての先住民の民族誌である．その記述が60年代ま

での人類学の流れにどっぷりと漬かっているという意味でも歴史である．本書では家族圏ということばに変えてあるが，第Ⅰ部のもともとの論文には圏を使っていない．核家族ということばも基本家族に直してある．家族圏ということばを使っていなかったのにもかかわらず，オラン・フルの家族が家族圏的であることは第Ⅱ部の比較によってより明らかとなる．地域研究の地域の枠組みは第Ⅰ部では窺えない．もちろんオラン・フルの世界としての地域はその分析の視野の中に入っている．しかしその地域はオラン・フルの生活世界であって，それがそのまま総合的地域研究の地域となるかどうかは疑わしい．むしろ，オラン・フルを総合的地域研究に結びつけるのは，局処世界（第Ⅲ部参照）としての生活世界を敷延して圏的な地域概念を得たことにある．必ずしも同心円的な視座に立つのではなく，俯瞰的に世界を捉える見方である．それは地理的な拡大ではなく，構造の類似性という意味での地域概念である．

圏というのは，漢字の語源としては，ぐるりに囲いをしたところで，もともとは動物を飼う檻の意味であったようである．現代中国語では，円，まる，輪の意味と，集団，グループ，仲間，範囲の意味とがある．動詞としては，囲む，丸をつけるなどの意味になる．日本語としては，北極圏，大気圏のように，限られた区域，範囲の意味にも使われる．社会学では通婚圏，市場圏などというように，圏域が曖昧な領域を示す概念としても使われる．社会圏というのは，社会集団と対比的に，集団のようにきっちりとまとまっていないが，一定の範囲を画することのできる人の集まりの意味で用いられる．より正確に言えば，圏そのものは空間概念であって，社会空間といってもよい．本書で用いる圏は空間，場を前提とした人の集まりであることを強調する．あるいは人の集まりが依って存立する場，世界といってもよい．

家族圏，親族圏，公共圏[8]，地域社会圏，王圏といった概念には圏的発想が脈々と流れるが，最終的には地域研究における地域概念も「圏」であるというところまで行く．それは最終章において論じたい．もっともこの章は，それまでのミクロな視点からの論議ではなく，マクロの地域とは如何にあるかという議論

から展開しているので，異質な感じを与えるかもしれない．局処世界としての地域に対して，圏的発想の地域研究―述語的アプローチが一方ではあり，他方，地域研究者としての地域概念―主語的アプローチがあることを明らかにしている．このように地域を考えることによって，マクロとミクロのリンク，つなぎとしての概念が創出されるのである．

まえがき　註
1）立本成文『地域研究の問題と方法』京都大学学術出版会，1996年（増補改訂版　1999年）．沈潜の法とは，異なる水に飛び込んで，深く水の底に潜るように，沈潜して観察する分析の技である．流離の法は，沈潜した場から出立して，差異をさがす比較の旅に流離うことである．沈潜の場から世界を見ることもできるが，それは中心的・同心円的見方を抜けきれない．流離によって離心的・偏心的な見方ができる．飛翔の法というのは，空高く舞い上がって世界を見る術である．中心も離心も超越した無心の観法である．
2）口羽益生・坪内良博・前田成文編著『マレー農村の研究』創文社，1976年．
3）The Changing Peasant World in a Melaka Village: Islam and Democracy in the Malay Tradition, Ph. D. Dissertation, University of Chicago, 1974.
4）坪内良博・前田成文『核家族再考――マレー人の家族圏』弘文堂，1977年．
5）Narifumi Maeda, "Family Circle, Community and Nation in Malaysia," *Current Anthropology*, Vol. 16 (1975), pp. 403-418.
6）前田成文『東南アジアの組織原理』勁草書房，1989年．
7）ゲオルク・ジンメル（居安正訳）『社会学――社会化の諸形式についての研究』白水社，1994年．
8）花田達朗『公共圏という名の社会空間――公共圏，メディア，市民社会』木鐸社，1996年．

序

第Ⅰ部

オラン・フルの家族圏

(エンダウ川流域の村で，1965 年)

1965年から66年にかけて青春の情熱を燃やしてとり組んだマレー半島の先住民の調査報告がこの第Ⅰ部である．すべてのデータを書きつくしたというわけではない．語られない部分も多い．しかし，当時の「地域研究」の成果である．そのような思い入れもこめたく，調査中に記した現地通信をもその一部にとりこんでいる．

　オラン・フルのモノグラフを第Ⅰ部にしたのは，けっして総合的地域研究ではない一つのモデルを示すためではない．まえがきにも述べたように，地域研究の圏的概念の原点となるからである．第1章では研究への糸口を紹介している．第2章から第4章まではオラン・フルの家族現象の内部構造を分析して，いわゆる「家族」が単位ではなく，クラミン（対）の語に象徴される二者関係がその核になっていることを記述している．

　第5章は経済生活，第6章は権力や秩序といった従属構造に焦点をあて，「スクラミン」が単位となることはあっても，それが「家族」という一つの主体となることはないことを示している．

　このような「家族」のあり方もある，ということですませて良いのかという議論は第Ⅱ部・第Ⅲ部へとつながれていく．むしろ，人間関係の根源的な場を映しだしているのではないか．それゆえに，地域研究のモデルとなるのではないかというのが第Ⅰ部でのメッセージである．

第1章
臨地研究へ ── 1965年

1-1　マラヤの「原住民」(Aborigines)
1-2　エンダウ川流域のオラン・フル (Orang Hulu) の家族覚え書
1-3　マラヤにおける先住民の研究

1-1　マラヤの「原住民」(Aborigines)

1965年に初めて先住民の集落を訪問した．以下は，日本からマレーシアへ，クアラ・ルンプルからエンダウへと「つなぎ」の旅をして，最終の目的地に到達したときの現地通信である．

（1）マラヤにおける「原住民」の位置づけ

マラヤ（旧英国領マレー半島）において，いわゆる先住民が政府の注意をひきだしたのは，1948年から十余年続いた共産党のゲリラ戦以来のことで，それ以前はわずかにペラッ州に「原住民」保護の機関があっただけであった（そのせいかタイピンにあった博物館の先住民 —— 主にネグリト系，セマン系 —— のコレクションはすばらしかった）．共産党ゲリラがジャングルに入りそこを拠点として活動していたので，政府はジャングルやその周辺に住む住民を強制的に移住させて，完全に監視のできる新しい村を作った．ジャングルに住んでいた先住民も大方は何らかの形で定住化されて，政府の援助，保護を受けるようになった．1965年（6月）でも，サラワクでクチン・スリアン道路の約8000人の中国人が強制移動させられ[1]，彼らの福祉に関して，以前の生活よりよくなったのか悪くなったのかが論議されていた．

1957年にマラヤ連邦が独立してからは，「原住民の福祉」は連邦管轄リストの中に入っており，連邦政府の土地・鉱山省の下の原住民局（Aborigines Department）がいっさいを処理していて，マラヤの各州に連邦政府役人が配置されていた．1963年，マラヤ，シンガポル，サバー，サラワクを統合して，マレーシアが成立した．ボルネオ地域では，すべての先住民をAboriginesではなくNative Peopleと称して，マラヤにおけるマレー人の場合のように，彼らの生活習慣・慣習法などの取り扱いを各州に任していた．マレーシア成立後の統計においては，マレー人をも含めた先住民全体という意味で, Indigineous Peopleという語を用いるようになった．いわゆるブミプトラ（bumiputera, 土地の子）である．

図1-1　エンダウの所在

　マレー語では，Aborigines というのをオラン・アスリ (Orang Asli) といい，原住民局も 1960 年代の半ば以降オラン・アスリ処務局 (Jabatan Hal Ehwal Orang Asli) と公称されている。オランは人，アスリというのは真性のとか，本来のという意味の語である。オラン・アスリという語は作られた語で，一般のマレー人は，このオラン・アスリをジャクン (Jakun)，スマン (Semang)，サカイ (Sakai) などという風に区別して呼んでいた。それらの語は程度の低い民を指す蔑称と受け取られ，先住民自身は直接そうよびかけられることを好まないと聞く。学術的にも，従来からこの三つの語を用いてマレー半島の先住民を 3 分することが行われているが，必ずしもその呼称の仕方が一定しているというわけではなく学者によって異なる。マレー半島の 3 人種として，ネグリト系のセマン人，ヴェッドイド系のサカイ人，モンゴロイド系のプロト・マレー人の

図 1-2　エンダウの地区の詳細

三つがあげられる．しかし人種的分類は異論のないわけではない．特にヴェッドイド系サカイというのはもはや使われない．代わりにスノイ（Senoi）と総称される．スノイの言語はオーストロアジア語族に属する．オラン・アスリ局では，これらのオラン・アスリを 20 のグループに区別して扱っている．主として言語の相違によると聞く．(図 2-1 (46 頁) を参照．北から，Kensiu, Kintak, Lanoh, Jahai, Men Driq, Temiar, Semai, Bateq, Semoq Beri, Jahhut, Chewong, Temoq, Semelai, Temuan, Belandas, Mah Meri, Jakun, Orang Kanak, Orang Laut (or Orang Kuala), Orang Seletar)

1947 年と 1957 年とのセンサスでは，主な先住民の人口数は表 1-1 のようになっている．1971 年のセンサス報告では倍増して 8 万人を越えている．

表1-1　先住民センサス

分類/年	1947	1957
ネグリト Negrito	2931	841
ジャクン Jakun	7429	4213
スマイ Semai	7227	12451
スムライ Semelai	1165	2821
トゥミアル Temiar	9255	9408
その他	9255	11626
計	34717	41360

出典：1959 Population Census of the Federation of Malaya Report No. 14.

（2）先住民調査の手がかりを求めて

　これらの内，北部に住む先住民の調査はかなり行われてはいたが，南部に住む先住民は比較的等閑視され，私の知る限りでは，私の調査が行われるまで学術的なレポートはないようである．オラン・アスリの村を選択した理由は，彼らの社会構造の記述的なデータを得ることと同時に，彼らとマレー人あるいは他の地域（ボルネオ・スマトラ）のプロト・マレー人との間に連続性あるいは非連続性を見つけだしたいからであった．マレー人のコミュニティを理解するのに，このプロト・マレー人と呼ばれる人々の社会を理解する必要が痛感され，特に一般に双系的といわれる彼らの親族組織が実際いかに働いて，全体の社会に結びついているかに焦点をあわせた．

　オラン・アスリ局の当時の長官，イスカンダル・ユソフ・カレイ Hj. Iskandar Yusoff Carey 博士（人類学）の紹介により，ジョホル・バルの副保護官モハマド・シャリフ氏に会い，そこから目的地エンダウ川流域の担当官モハマド・トヒド氏の協力を得て，1965 年 7 月，最初の部落訪問をした[2]．

　エンダウ Endau 川はパハン州とジョホル州との境界の一部にもなっていて，川口にはパダン・エンダウ Padang Endau という小さな町がある．1957 年のセンサスでは，エンダウ区の人口は 5,600 人，エンダウの町のみでは，2,675 人である．少し前迄はこのエンダウ川の支流スンブロン川 Sungai Sembrong に日本の鉱山があったそうだし，またエンダウの北のロンピン Rompin では鉄鉱山が当時でもあった．このエンダウ川の源流は，標高約 840 メートルの高さのグ

表1-2 ジョホル州5部落の戸数と人口

部　落　名	戸　数	人　口		
		男	女	計
ラボン LB	31	79	75	154
ジョラッ JR	30	75	61	131
タンジュン・トゥアン TT	14			62
プナン PN	8			50
プタ PT	17			85

出典：モハマド氏調べ（1965-5-15現在）

ノン・ブサル Gunung Besar から流れて多くの支流を合わせて東海岸に出てくる．ブサル山の西側にも，ラビス Labis の近くにジャクンの部落があるという．オラン・アスリ局でジャクンとよぶのは，パハン州南部の一部，ジョホル，マラカ，ヌグリ・スンビランに住んでいるプロト・マレーのグループを指す．エンダウ川流域には約八つほどのジャクンの部落が川沿いにある．その内ジョホル州側には五つの部落があり，悉皆調査の対象とするのはそのうちの四つの部落である．

部落といっても，小は8戸，大は31戸の小さな集落で，すべて併せても100戸というくらいであるから，規模としては調査に好都合の所である．

（3）各部落歴訪

まずパダン・エンダウから15馬力のモーターボートで2,30分行った所に，ラボン川 Sungai Labong という支流が左手に流れていて，その川沿いにラボン Labong 部落がある．部落長バティン（Batin）のスラ Sela は40～50歳位であろうか．キンマかみで口を真っ赤にしている．ここにはすでに小学校が建っており，1964年から政府の援助でドリアンの木の栽培をはじめたという．この部落には水路の外に陸路でも来ることができる．交通の便などから考えても，町との接触がいちばん多い．モハマド氏にいわせると，上流の部落に比べてやや怠惰だとのこと．

この部落から上流に遡ること約1時間ほどで，左岸に点々と小屋が見えだす．ジョラッ Jorak 部落である．簡単ながら船着場をこしらえてあるのは，この部落だけである．籘（rotan）が川沿いに一杯干してある．ちょうどこの部落のバティ

ンが町に籐を売りに行って不在であったので，ここには長く滞在しなかった．しかし町からの遠さ，上流の村への近さ，洪水の心配がない小高い所に位置していること，他の部落より明るい清潔な感じを受けたこと，ジョホル・バルのシャリフ氏もエンダウのモハマド氏もここを推薦してくれたことなどから，まず最初の根拠地はここに置くことに決めた．

ジョラッ部落からさらに 1～2 時間（モーターボートのスピードによるが，政府のこのモーターボートは，すでに 7 年も使われたもので故障につぐ故障で 2 時間もかかった）朔行したところに，プナン Punan 部落という 8 軒からなる小部落があり，モハマド氏と私は一夜をここのバティンの家で過ごすことになった．

ラボン部落を除いて井戸を掘っている部落はない．小舟でそおっと川のなるべくまん中の方にいって水を汲み，それをモハマド氏持参のヒーターで沸かして，お茶をいれる．彼が家からもってきたマレーの菓子も出る．日も暮れると，これも持参のランプをともし，再びモハマド氏は川岸に出て晩飯を用意する．私はカンヅメなど持参していたが，彼が家からもってきたカレーで十分だった．彼は，この職につく前（すでに 10 年余りたっていた）には，ジャングルのゲリラ狩りの兵隊だったそうで，足を撃たれて不自由になって以来現在の職に励んでいる．コミュニストと中国人とは彼の嫌悪の的である．非常に勤勉でしかも明るい人柄で，部落の人と膝をつきあわせて，困ったこと，問題になること等を聞いてやり，よき相談相手になって，部落の人の人気も上々という風に見うけられた．この夜も遅くまで，どこまでがこのバティンの土地かということを話し合っていた．

日が暮れると同時に，バティン夫妻とその娘だけだとばかり思っていたこの小さな小屋に，ジャングルに行って仕事をしてきた若者達が帰ってきて，ついには 8 畳位の部屋に 13 人にもなった．みんなごろ寝でその側にモハマド氏と私も寝ることになる．ただバティン夫妻だけは，片隅のカヤらしきものの中に入ってしまった．

朝は日があけるかあけないかの内に起き，コーヒーを飲んで腹をふくらせると，みんなジャングルの中へと消えていく．バティンの奥さんは起きるなり，採集カゴを背負ってジャングルへ行って来て，何か採って帰ってきた．小さい子どもは，ぶよぶよの亀の卵を川からとってきた．モハマド氏は 3 マレーシアドル（1965 年 1 米ドル＝2.24 マレーシア・ドル）程出して，その 24 個の大きな卵全部を買い取る．

（4）各部落の内情

　このプナン部落から上流は，水量が少なく，また流木が多くて，モーターボートでは到底行かれないということなので，上流にあるプタ Peta 部落へ行くのは別の機会に譲った．全体としてこのエンダウ川の水深は非常に浅くて大きな船の航行には適していないようである．

　プナン，プタ両部落とも，下流の村から分離してきたもので，プナン部落は分離してから3年目，プタ部落は1年目ということである．1948年の共産ゲリラ対策としての非常事態宣言[3] 以前は，相当数のジャクンがこのエンダウ川流域に居住し，現在よりもずっと人口が多かった．しかし，非常事態時の再移住で，すべてのジャクンは，海岸部に近いエンダウ・クチル川 Sungai Endau Kechil に移住させられた．そこでかなりの人口の減少をみた後，一部のジャクンは政府にエンダウ川流域に帰ることを願い出，それが聞き届けられてラボンやジョラッ，ムントゥロン Mentelong 部落が再び形成されることになった．その後，経済的に生活が苦しくなったなどの理由で，プタ，プナンのように上流の方へと分立していった．ほうぼうにすでに人のいなくなった荒れ果てた小屋が見られるのも，彼らが生活のしやすい所を求めて動いていることを示している．

　この頃の私の問題意識は次のようなものであった．各部落の中の人はすべて縁者であるというが，実際にはどのような関係のものが集まり，どのようにしてプタ，プナン部落のように分立していくのか．その原因は何か．モハマド氏の統計によれば，一戸あたりの平均人員は4.83人とマレー人より高い率を示すが何故か．貧困の故か，伝統の故か．男女の比率をみると，女性の方が常に低いがこれは何故か．彼らは絶滅しつつあるのか．

　彼らは自分達の宗教に執着して，イスラームには改宗しようとはしていない．エンダウ・クチルに住む若干の先住民はイスラームに改宗しているが，彼らの信仰は本当のものではないとプナンのバティンは強調していた．したがって最も近いはずのマレー人コミュニティにもムスリムでないので吸収され難い．政府の援助は受けているとは言うものの，どのエスニック・コミュニティからも孤立している．

　ただ面白いと思ったのは，ラボンとジョラッの2部落に各々2人づつの中国

人が先住民の女性と結婚して定着していることである．モハマド氏の説明によれば，中国人どうしの結婚には婚資が非常に高くつくので，婚資の安いジャクンの女と結婚したのだそうだ．

外部から部落にくるのは，月に2，3度回診にくる政府の医者，オラン・アスリ担当官，中国人，インド人などの鉱山を求めて来る山師などで，反対に部落から町へ出ていくのは，バティンのような人でも月に1回位，品物を求めに行くくらいである．ラジオ，時計，写真などを持っている反面，生活そのものはキャッサバを中心とする畑仕事と採集経済とに依存し，その住む小屋は，マレー人の最も貧困な家に匹敵するのみである．

＊　　＊

以上が1965年7月の予備旅行の報告である．1998年現在，オラン・アスリ局は国民統合・社会発展省のもとにある．その長官は，カレー博士の前任者ウィリアムズ-ハンツ P. D. R. Williams-Hunt 氏から数えて4代目である．オラン・アスリ全体の人口は約8万人に増え，大学卒はもちろん，国会議員も送るほどであるが，オラン・アスリ法による土地問題は大きな課題として残っている．オラン・アスリを支援する NGO 活動も活発である．

ジャクンの調査は，1965年以降も形質人類学，医療人類学などからの調査があった．最近ではエンダウ川のプタ部落について，サラヴァナン Saravanan a/l Bala Krishnan が卒業論文（1996年）としてマレーシア国民大学に提出している．ヌグリ・スンビランのジャクン・グループのトゥムアンについては，フド・サレー Hood Salleh，信田敏宏が詳しい調査を行っている．ともかく，オラン・フルに関してはこの報告が現在でも唯一の包括的なものである．

1-2 エンダウ川流域のオラン・フル（Orang Hulu）の家族覚え書

この節も調査なかばで執筆した現地通信である．第2章以下の記述と重なるところもあるが，データを手にしたばかりで，どのように整理しようかというとまどいがよく出ているので，あえて収録した．第2章への導入部でもある．

（1）オラン・フル

　オラン・フル（Orang Hulu）いう呼称は彼ら自身が自分達を指して呼ぶ名前で，その意味は，「川の上流あるいは奥地に住む民」ということである．生活の舞台となるのは，川と背後のジャングルとであり，時たまマレー人・中国人の住む町に出ていくこともある．エンダウ川は，幅広く，黄色味を帯びて蛇のように流れ，たくさんの支流をもっている．豊富とはいえないが，淡水魚，亀などをとることができる．そのうえ，川が重要な意味を持つのは，唯一の交通手段としてである．

　背後のジャングルの彼らが居住し活動する地域は，「先住民区域」あるいは，「先住民保留地」としてスルタンから与えられた（と彼らが理解してる）もので，法律で保護されている．この区域に関してはマレー人保留地区ではありえず，野生動植物の保護法も適用されず，売買，譲渡，貸付も自由にはできない（The Aboriginal Peoples Ordinance, 1954, Sec. 6 & 7.）．この与えられた土地から出ない限り，彼らは伝統的な生活なり，近代文明に犯された堕落した生活なりを自由に送ることができるわけである．

　彼らの経済活動は単に採集栽培のみにとどまらず，採集したものを売ったり，あるいは採集のための賃金労働者となって現金収入を得る．この点，エンダウ川流域の諸部落は，パダン・エンダウにあるエンダウの町の経済圏の中にあるともいえる．貨幣概念は彼らの中に相当浸透し，ものをすべて貨幣によって計算するほどであるが，それはあくまでも経済面における貨幣使用のみであって，貨幣の生産的使用に彼らが習熟しているとは思われない．

　貨幣経済の浸透にもかかわらず，経済活動の中心となるのは夫婦単位である．男が賃金労働者となっても，オラン・フルである限り，夫婦を構成しないものは人間として不完全だと見なされる．伝統的にジャングルでの生活が夫婦の協働ということを強制的に要求したからでもあろう．

（2）家族を作るまで

　夫婦（ラキ，ビニ laki, bini）はスクラミン（sekelamin）と呼ばれ，同時に夫婦家族そのものを指示する．もちろん男が家族のことをアナッ・ビニ（anak bini 妻

と子）と言ってもよいわけであるが，マレー人の用いるサンスクリット起源の語クルアルガ（keluarga）は全然用いられない．クラミン（kelamin）という語は元来対（pair）という意味である．ス（se）は一つの，一体の，全体のという意味である．夫ラキと妻ビニという以外の人間をカテゴリー化するのに以下のような語を用いる．

　頼れる労働力となりえない年少者は，ンケネッ（ngkenek）と呼ばれ（ほぼ12歳位まで），一人前になりかけの青年をダラ（dara）と称す．ンケネッであることは，すべての社会的機会に計算に入れられないが，ダラとなると常に彼らの存在が配慮される．ブジャン（bujang）というカテゴリーは，単身者，独りものを総じていう語であるが，暗に婚姻の可能性を持つ人間，悪くいえば社会に性的な害を及ぼしうる人間として捉えられる．離婚によって配偶者のない女性はジャンダ（janda）と呼ばれ，ダラ・ブティナ（乙女）と違って社会的な規制を受けることが少ない．

　結婚したものでもいろいろと分けられる．子どもがみんな死んでしまったか，あるいは，子どもの全然できない夫婦はマンタイ（mantai）と呼ばれ，配偶者と子どもとを失ったものはバル（balu）である．この両語は，しかし，本人の呼びかけにも用いられ，時には名前が忘れられてこれらの語だけが通称として用いられることもある．ある女性は，4回結婚して4回とも主人を失い子どもがないのでバルと通称されている．

　婚姻はダラにとって必然的なものであり，ンケネッの段階を終えると配偶者をさがすことになる．一つの部落は，いわば親類の集まり（kompol saudara）といえるが，部落内婚・外婚の規則はなく，配偶者の選択が慣習的に強制されることもなく，きわめて自由に選択できる．しかし男の側から言えば，部落内に適当な相手がいればそれを選びたがる．それは，婚後の生活が一時的にしろ妻方の家で送られ，部落部落は若干にしろ生活事情が異なっているからである．しかし部落の構成が小は8家族から大は30家族という小規模なものなので，実際には部落内婚は難しいといえる．

　部落内の場合は，仲間集団の一員として案外たやすく異性に近づきうるが，部落外の場合は，部落内ほど近寄るのは容易ではない．

　しかしたいがいの婚姻は，親類筋にあたるものの場合が多い．ここでは第一イトコどうし間でも婚姻しうる．婚姻を禁止されるのは，異世代間およびキョウダイ間である．前者の例はそれでもないわけではないが，後者は，死をもっ

て罰せられるという．

　配偶者の決定は両親（イブ ibu）が子どもにこのものはどうかと問う場合と，子どもの方が両親にこのものと結婚したいという場合とともにあるが，親の一方的な押しつけは稀で，必ず子どもの意志が尊重される．婚姻のイニシアティブは男側からとられる．男が自分のオジ（wah）にあたるものに交渉を依頼する．特に父方，母方は意識されず血縁のオバ（amoi）が娘の所に行き，娘側のワリ（wali 後見者代表）に話をつけて，娘の親，娘自身の意向を問うわけである．このときに，婚資の結納についても決定される．

　結納物，婚資金は習慣によって各部落ごとに決まっている．男が必ず揃えねばならないのは指輪，耳飾り，首飾り，シレ（キンマの葉），ピナン（ビンロウジュ），タバコ，衣服，髪すき，かみそり，鏡，口紅，白粉，髪油，であって，これらを1品づつにするか（serba satu），2，3品（serba dua, serba tiga）づつ揃えるかは娘側の意向による．この品物に，普通の人の場合は 2.5 ドル（マレーシア・ドル），バティンなどの場合は 20 から 30 ドルまでの婚資金（mas kawin）が男側から女側の後見者にわたされる．最終的にはすべて娘の手にわたされる．結納の式は，男側の代表が，娘側の代表にこの品物をわたして，その後でキンマとビンロウジュをかみ，煙草を吸って完了する．

　結婚式は男側の準備が整うと，娘の家で行われる．式の中心となるのは，両者の水浴とブルサンディン（bersanding）と，共食とである．時と場合とによってこの後か前に，集まった人々全部に食物を出す宴が行われる（bekerja）．この宴のための費用（belanja）はふつう 100〜200 ドルぐらいかかるが，男の責任で女側は一銭も出す必要はない．新郎自身で用意する場合，親戚のものが助け合う場合，広く部落の人から寄付によって集める場合などがある．式の後はバイオリンをひいて一晩中踊りをしたり，賭事をして過ごす．形式上は，この夜両者は一緒に寝るわけであるが，簡素な家の構造，まわりの雰囲気などのため性交（beginat）にまでは至らないことが多いようである．しかし，パンタン（pantang 障り）として，この夜から3日3晩は，両者は必ず向かいあって寝，朝起きると二人揃って水浴し，御飯は一つ皿のものを二人で一緒に食べねばならない．また3日ないし1週間は部落の外に出ることは許されない．

　式の翌朝，すなわち両者の間でことが成立したと仮定される晩の次の朝，両者の親族および部落の長であるバティンが集まってブルハダト（berhadat）と称して，金の支払・分配がなされる．上述の婚資金もあらためて勘定され，こ

れに加えてハダト (hadat) の金，ティンバン (timbang) の金が男側から女側に支払われる．前者は 20 ドル，これは娘側の後見者の間ですべて分配され，後者は 40 ドル，これは娘の属す部落のバティンに対する金で，その分配は彼の一存による．（ただし金額は一定でない．）このブルハダト (berhadat) の後，新郎新婦（プンガンティン pengantin）はそれぞれの親族の 1 人に手を取られて相手側の親族 1 人 1 人に挨拶して回る．それから両方の親族一緒に食事をして，完全に結婚の手続きは終わる．結婚の届出などの法的な手続きはなされない．

　上述の手続きは，しかしながら，オーソドックスなやり方であって，必ずしも結婚がこのような手続きをふんでなされるとは限らない．両者の間で愛情が急速に進展してだれも知らないうちに性的交渉をもってしまうこともある．この場合は，娘側の後見者が男を「捕えて」強制的に結婚させる．あるいは相思相愛で，娘の親が結婚に反対している場合など，男の方に勇気があれば，娘の家に忍び込んで一緒に寝て既成事実を作ってから，どうしても結婚させねばならぬようにしたりする．相思相愛の場合はこのようにいろいろ抜け道があって，男に十分の金がなくとも結婚はできるが，結婚の慣習法を破るわけであるから，罰金を課せられたり，婚後の生活において種々の規制を男が娘側の後見者から受けるのは当然である．

　さらに容易なのは，娘が一度「手を濡らした」もの，すなわち離婚したジャンダの場合で，多くは格別の手続きを経ずに一緒になることができる．

　それでも婚前の交渉は厳しく罰せられる．例えば，ドゥナイ Denai 部落の男がジョラッ部落の女に，「エンダウの町で会った時結婚してもよいというあなたのことばであったが，その後何の返事もないのはどうしたことか．タバコ，白粉，口紅，ハンカチ等の品物を一緒に送るから，結婚するのか否か，すぐに返事の手紙を出してほしい」という手紙を送った．たまたま，この手紙がジョラッ部落のバティンの手に落ちた．そこでバティンは，部落に住むその男のオジをドゥナイ部落に送って，その男ならびにドゥナイ部落のバティンを呼んで，ジョラッ部落で事件の裁判ということになった．

　このとき，女の方は上述のような約束をしたことを認めたにもかかわらず，バティンの法は厳しく，男がもし結婚したいのなら，法を破った罰やその他のバティンのティンバン (timbang) として結婚費用 200 ドルを用意せよ．もしこの金が調達できぬのなら，部落に対し迷惑を与えた罰金として 50 ドル差し出すことを命令．男側は費用として 100 ドルしか用意していなかったため，結局 50

ドルの罰金を支払ってこの結婚は不成立に終わってしまった．この50ドルの半分はドゥナイ部落のバティンにわたされ，各々の金は関係者に分配されたという．この問題の女性は，先年，3ケ月ほどの結婚生活の後，問題の男と一緒になるため先夫（父方第一イトコ）を捨てたという経緯がある．

このバティンの判決に対しては，不満をもらすものが多かったが，公然とした反対はなされなかった．それはこの判決がいちおう慣習法に基づいたものであるからだという．

婚後の居住は一時的に妻の家で過ごすのが慣習ではあるが，妻の家の大きさ，夫の経済力，妻の親がどの程度婿の経済力，労働力を要求するか，などによって，遅かれ早かれ，独立の家を持つことになる．たとえ2世代の家族が長く一つ屋根に住むことがあっても，竈は別々のものをもち，家計を別にするのがふつうである．新居は必ずしも妻の部落とは限らず，自由に選択しうる．

（3）家族員間のきずな

夫婦の間はきわめて平等であって，ことに家に関する事柄については，妻の意見が第1に問われねばならない．女の仕事は，水汲み，薪木集め，魚釣り，果実・野菜・タピオカ・とうもろこしの収穫，育児，家の内外の掃除，洗濯，パンダヌスのござやバスケット作り，タバコの巻葉作り，男が切ってきたロタン（籐）の洗い仕事などで，後者の三つの仕事は，現金収入の道でもある．これに対して男は，ロタン切り，伐材，狩り，家作り，網による魚取りなどの仕事をするわけである．ロタン切りの場合，奥地に入って長く仕事をするときは，必ず夫婦揃って出小屋（pondok）に住んで，協同作業をする．部落の近くでロタンを切る場合は，単身か，または2，3人1組になって男だけで行く．このとき，狩りも同時になされることが多い．このパーティは，近い血縁地縁関係にあるものからなり，常に一定した構成を示すことが多い．

また財産の分配も男女の区別なしに均等分割が行われる．名前もマレー/アラブ式のように個人名の後に父親の名をつけて呼ぶ慣習は伝統的にはない．政府のセンサス，身分証明書などでは便宜上マレー人式に，A bin（またはbinte）B（Bの息子または娘であるA）というふうに書かれてはいる．夫婦はお互いの名前を直接呼びあう．

結婚が簡単であるように離婚も，一方がいやになれば，それ相当の罰金（バ

ティンの場合25ドル）を支払えば事が済み，両者とも嫌になると，あっさり別れればよいわけである．離婚したものに対する社会的な冷たい眼も存在せず，人々は離婚をごく軽く受け取る．再婚にさいしても特にハンディキャップというものは考えられない．

このように夫婦の間柄は平等であって，時には妻中心的 (uxorifocal) な点をも感じさせるほどである．

乳児の養育に関しては，児に非常に甘く，子どもが泣けば乳を与え，子どもの思うとおりに行動させ，排泄もまったく放任される．子どもに対して肉体的な罰をほどこすことはきわめて稀で，多くは説得・叱責・威嚇による教育がほどこされるだけである．6〜8歳位になると，何らかの仕事を手伝うことを期待され，いろいろな雑用の他に女子は母親に男子は父親に従ってそれぞれの仕事を覚えて行く．女子はこのときも男子より早く定期的な仕事を課せられる．弟妹の子守と籐洗いである．最初は子どもの意志を尊重して仕事も連続的ではないが，10歳を越えると，徐々に責任のある仕事を課せられる．その仕事を責任をもって果たしえ，1人前の人間と同程度の結果を得られるようになると，ダラとして認められる．ダラとなって真剣に結婚を考えだすと，自分自身の資金を親とは別に貯える例が多い．一緒に住みながら計算は完全に別という個人主義的な家族もある．ダラの婚姻年齢が遅れれば遅れるほどこの傾向は助長され自然とダラが独立していく．

子どもに対する愛情は父母ともに強く，養子の場合でも実子と変わりなく愛情をそそぐ．子どもも親に依頼心と信頼心とを強くもつ．しかし親が子どもに老後の世話を見てくれることを期待するのは少なく，いくら年をとっても（男女とも）働くことをやめて子どもの世話になるという例は知らない．

マレー人のように，子どもの長幼を特に指示することばはなく，キョウダイは性別に関係なく，年上のものはバー (bah)，年下のものはアデッ (adek) と呼ばれる．アデッがバーに呼びかけるときには，名前を用いるのに対し，バーがアデッを呼ぶときには，単にアデッと呼ぶだけである．バーは常にアデッの保護者として振る舞うことを期待され，たとえアデッが自分ひとりでたくさんの菓子を持っていても，それを取り上げるということはなく，アデッの方から差し出してくれるのを待っている．キョウダイの間では，自分だけが獲得したものを分配する傾向はことに強い．

（4）家族のひろがり

　新しい夫婦家族が形成されると，姻族関係が生じる．夫婦間の調整とともに，この姻族関係の調整が新夫婦に課せられるわけである．この新しい関係の葛藤を避ける意味で，関係者の間に，遠慮ないしは尊敬の態度が要求される．

　配偶者の親はムントゥハ（mentuha），子どもの配偶者はムナントゥ（menantu）と呼ばれ，両者とも名前を直接言うことは忌避される．ムントゥハは単に配偶者の実際の両親だけではなく，ワー（wah＝オジ），アモイ（amoi＝オバ）にまで拡大され，同様のことは逆の場合にもいえる．ムントゥハ―ムナントゥ間に厳しい忌避関係はない．夫婦の両親間の関係はビサン（bisan）と称されるが，特別な態度を要求されることはない．

　配偶者のキョウダイは，イパル（ipar）と称呼され，このイパルの名前も忌避される．ムントゥハ―ムナントゥ間同様，一般に使用される第2人称ヒ（hi）を用いず，尊敬の意味のこもったアジ（aji）が使われる．イパルの配偶者はビラス（biras）と称されるが，ビラス間にも特別の規制はない．イパル関係も拡大解釈され，配偶者の血縁のイトコもすべてイパルとされる．

　部落は，キョウダイ・イトコ・親子・オジ・オイ関係によって結ばれた夫婦家族の幾組かが中核となって形成される．来るものはすべて受け入れるという開放的な社会なので，全然関係のないものでも部落に住めるわけであるが，中国人を除いて，夫婦とも部落内に1人の関係者もないという例はない．必ず夫婦の一方のキョウダイ，イトコ，親，子，オジ（オバ），オイ（メイ）のいずれかが住んでいる．

　そして，このエンダウ川流域の，ラボン，ドゥナイ，ムントゥロン，ジョラッ，タンジュン・トゥアン Tanjung Tuan，プナン，プタの各部落の人間は，すべて親類＝アデッブラデッ（adek-beradek）であると彼らは意識し，他の川に住むオラン・フルとは一線を引く．しかしこのグループが内婚集団を形成することはなく，自由に他の川に住む部落のものとも通婚するので，個々の夫婦家族はエンダウ川以外にも広く縁者を有している．例えば，カハン Kahang，スンブロン川に住むオラン・フルは特に，ジョラッ，タンジュン・トゥアン部落の人と近い関係にあるものが多く，またムントゥロン，ドゥナイ，ラボンは，アナッ・エンダウ川の部落のものと近い．

部落は別にしても，一つの川に住んでいるということは，彼らにとって大きな意味をもち，川を違えることは社会を違えることに等しいほどである．しかし，同じ一つの川に住むものでも，部落ごとの競争意識，ライバル意識は強く，部落を訪問すると他の部落の悪口を聞かされるのが常である．いわく，家の配置がなっとらん，敷地が汚い，蚊が多い，バティンの身持ちが悪い，女がだらしない，金のためなら何でもする，等々．

　実際に各部落の相違も見逃し難く，話し方，イントネーションを若干異にし，生活の仕方にも差異がある．もっともエンダウの町に近いラボン部落のことばは，上流の諸部落とははなはだ異なるイントネーションがあって，この部落だけは親族呼称も若干異なる．ラボンからごく近くのドゥナイの部落の人は，半分はラボンのイントネーションで話してその親族呼称を用いる．ここでは中国人の材木業者の会社 (kongsi) に働く中国人労働者，マレー人労働者，および定着したマレー人家族が住んでいて，これは上流の部落には見られないことである．ムントゥロン部落はドゥナイとともにパハン州側にあって，ここにオラン・アスリ局のパハン州の役人が出張しており，学校，診療所が整備されて，各々マレー人の先生，クアラ・ルンプルから来た裁縫師が住んでいる．そのせいか，部落から受ける感じは，去勢された部落というところである．奥地のプタは新部落を作ってから5年ほどになるが，きちっとした家の配置，すべて同一の材料を使ったゆったりとした清潔な家，部落の集会所であるバライ (balai)，戸口にある魔除けの飾り，木器を使ってする伝統的な音楽などを有することで，他の部落とは別な感じを受ける．

　各部落は，有能と認められた人間が，バティンに選ばれて，彼によって部落の在り方が決定されるわけであるが，彼の下にも，上にも役職を持つものは存在しない．一つの川を結ぶ連盟のようなものも現在はない．すべての事件はバティンによって裁かれるわけであるが，その裁断が独断に走ると，バティンの地位を追われたり，部落のものが他部落に移住してしまうので，バティンは常に部落のものの意見を取り入れ，妥当な裁決をすることを強制される．

（5）調　　査

　以上，フィールド・ノートから若干の事実を列挙してみた．親族問題の予備知識となるものを提供したかったのであるが，問題を直截に指摘するまでに至

らなかった.

　調査は8月から始まり,約1ヶ月間,在籍していたマラヤ大学での都合により不在であった以外は,ずっとジョラッ部落に滞在し,この部落の人々とともに生活することによって資料を集めた.

　調査の上での障害は何といっても言語であろう.彼らは程度の差はあってもマレー語を話す.(例えばドゥナイ部落の多くのものは,ほとんど完全なイントネーションでジョホル・マレー語を話すことができるのに対し,ジョラッ部落のマレー語の多くはイントネーションが奇妙である.)彼らのことばが,マレー語の一方言である以上,マレー語を話すのは不思議でもなくそんなに困難でもないのであるが,マレー語との相違は単にイントネーションのみではなく,語彙,語順においてもしばしば異なり,彼らがふつうに話すと,始めてのマレー人は理解できないほどである.

　同じジャクン(オラン・フル)と称されるグループの中でも,きわめて地域的差異が大きく彼ら自身他の地域に行くとマレー語で用を足す有様である.

　私は達者なマレー語を操る自信もないので,最初から彼らの方言に取り組もうとした.しかし数ケ月の滞在で,やっとなれてきたという程度である.このようなことばの問題もあって,前半は観察と,こちらからの誘導ではなく相手のしゃべるに任せた会話とから情報を得ることに努めた.

　その他,彼らの受け入れ方,調査に対する態度,質問に対する答え方などいろいろの困難があるが,ともかく,19世紀にソマリ人の調査をした学者が,「無知な原住民は蚊にかまれてマラリアになると信じている」と書いたような誤りだけはしたくないと思い,できるだけ彼らの思考の仕方をそのままこちらが受け入れるよう努力している.

1-3 マラヤにおける先住民の研究

　1-1節でマラヤの先住民について若干触れたが,本節では調査時点までの研究史を概観している.

　マレー半島は大陸部と島嶼部との結節点にあるという地理的条件と,植民地として外国の支配を受けていたという歴史的,社会的条件とが重なって,土着

とされるマレー人，移民としてやってきた中国人およびインド人からなる複数民族国家の一部となっている．この三つの主要人種集団より年代的には早く，地理的には内陸部に分布するいわゆる少数（被圧迫）民族は，ともすれば忘れ去られてしまう存在である．第二次世界大戦以前には，民族学的・人類学的な興味の対象として注目されていただけである．それでも，ペラッ州では1930年代に彼ら先住民を保護する法令を作っている[4]．戦後，反政府共産ゲリラ活動が盛んとなってその戦域がジャングルの中にまで及んできたので，政府は1954年に「原住民法」を連邦法として制定した[5]．この法令はほとんどペラッ州にあった「原住民諸族法」をそのまま踏襲したものである．先住民の保護とともに対ゲリラ活動としての意味をも持つわけである[6]．政府がこの少数民族の保護・福祉に注意を向けだしたのは，ゲリラ活動が終焉した60年代以降のことといえる．

　先住民の保護を直接担当しているのは，オラン・アスリ局である．連邦政府内部では土地・鉱山省（後に国民統合・社会発展省）の中にあり，長官（Pesuroh-jaya）が西マレーシアの先住民に関する行政，福祉，研究を統括している．彼のもとに副長官，保護官，医務官などが任命されている．この中央政府のオラン・アスリ局長官の勧告に基づいて，先住民のいる州はそれぞれ州政府にオラン・アスリ局を置いて，保護官または副保護官に州内の先住民の行政・福祉を一任している．保護官を設置しているのは，パハン（兼トレンガヌ）州に1人，ペラッ（兼ケダー）州に1人で，副保護官だけの州は，ヌグリ・スンビラン（兼マラカ）州，スランゴル州，ジョホル州，クランタン州である[7]．

　実際に先住民と密接に接触するのは，この州の保護官の下にいる地区担当官（Pembantu Orang Asli）で，だいたいマレー人が任じられているが，中には先住民で教育を受けたものも採用されている．担当官は受け持ち区域の数部落の先住民を定期的に訪問して，先住民と州・中央政府との間の（外部からの）パイプの役割を果たしている．もちろん，連邦のオラン・アスリ局長官以下，保護官，医務官も定期的に部落を訪れるようにしてはいるが，現地での地区担当官の良し悪しはただちに先住民の生活に響く[8]．先住民側のパイプは各部落の長で，慣習法によって決められた長を政府が正式の部落長として認める形を取っている．

　オラン・アスリ局の仕事は先住民の生活全般にわたり，オラン・アスリに関する教育，医務，農業なども他の省や局の管轄から離れて，オラン・アスリ局の直接の支配にある．このような総合的な仕事を少ないスタッフと予算で遂行していくのは困難であるというので，調査時点では，教育は教育省に，医療病

院は保険省に管轄を移譲しようとしていた．(現在では，各省からの直接管轄になっている．)

オラン・アスリ局の目的は先住民を他の国民の中に統合ないしは融合させることであった[9]．先住民の人口が1957年センサスでマラヤ連邦のわずか0.7%弱なのであるから，政治的な少数民族問題というのはほとんどない．むしろ無視されて放置されっぱなしといえる．しかし，先住民から見ると，統合され融合されていくということは，彼らの生活様式を外的な圧迫によって変えて行かねばならないのであるから，その変化のベクトルや過程において混乱や困惑が生じるのも当然である．当時のオラン・アスリ局がこのような状況に対し，理解のある態度で接近していたのは称賛すべきであろう．

スキート W. W. Skeat[10] 以来のマラヤ民族学では，これら先住民を大別して，ネグリト系のスマン人，ヴェッドイド系ともいわれるスノイ人，プロト・マレー系のジャクン人の三つに分けて考え，それぞれ人種の系統を異にしているとする[11]．オラン・アスリ局もこの区別を踏襲して，さらに言語学的な区別によって細分している．表1-1で，1947年と1957年の国勢調査による先住民の人口を示したが，表1-3はマレーシアンと一括されている「マレー系」の人口推移を表わしている．表1-4は，1960年と1965年のオラン・アスリ局による詳しい人口統計である．国家センサスの数字には不確かな点が多くあるようであるが，オラン・アスリ局のセンサス，特に1965年のセンサスはかなり信頼度の高いものといえる[12]．人口の増加率は1947年～57年の10年間で19.1%，1957～60年の3年間で6.1%，1960年～65年の5年間で6.1%と，全体において増加の傾向をたどっているのが窺われる．

スマン (Semang) 系はマラヤ北部のケダー，ペラッ，クランタン，パハンの各

表1-3 マレー系住民の人口推移

(単位：1000人)

コミュニティ	1947		1957		増加率(%)
	人口	比率(%)	人口	比率(%)	
マレー人	2,127.3	87.6	2,802.9	89.7	31.8
インドネシア人	265.8	10.9	281.2	9.0	5.8
先住民	34.7	1.4	41.4	1.3	19.1
合計	2,427.8	100.0	3,125.5	100.0	28.7

出典：1959 Population Census of the Federation of Malaya Report No. 14, p. 12.

表1-4 先住民人口

先住民名	1960年									1965年								
	ケダー	ペラッ	クランタン	トレンガヌ	パハン	スランゴール・ネグリスンビラン	マラッカ	ジョホル	計	ケダー	ペラッ	クランタン	トレンガヌ	パハン	スランゴール・ネグリスンビラン	マラッカ	ジョホル	計
ネグリト系																		
Kensiu	126								126	76								76
Kintak	98	158							256		76							76
Lanoh		142							142		316							316
Jahai		164	457						621		418	98						516
Men Driq			106						106				94					94
Bateq			250	18	272				530				190	149				339
小計									1,781									1,447
セノイ系																		
Temiar	4,918	3,964							8,955	5,366	3,834		125					9,235
Semai		7,639			3,848	122			11,609		8,867			3,822	59			12,740
Che Wong					182				182					268				268
Jah Hut					1,703				1,703					1,693				1,693
Semoq Beri				200	1,030				1,230				177	1,241				1,418
Mah Meri						1,898			1,898						1,212			1,212
小計									25,567									26,864
ジャクン系																		
Temuan Belandas			999	1,923	1,888	303		128	5,241			1,222	2,956	2,577	331		135	7,221
Semelai			25		2,628	585			3,238			15		1,376				1,391
Temoq					51				51					52				52
Jakun					5,360			1,426	6,786					5,722			1,609	7,331
Orang Kanak								38	38								40	40
Orang Seletar							252		252							290		290
Orang Kuala							936		936							1,259		1,259
小計									16,542									17,584
総計									43,890									45,895

出典：The Census by the Department of Aborigines, 1960 and 1965.

州の山地に分布している[13]．タイ南部のパッタルン，トラン地域にもンゴッ (Ngok) と称される少数のネグリト系住民がいる．マラヤのケンシウ (Kensiu)，キンタッ (Kintak)，ジャハイ (Jahai) の諸グループもタイ領のヤラ県にも居住し，かれら放浪民の絶対的な人数はなかなか確定しにくいようである．オラン・アスリ局のセンサスでも，例えば1960年にケンシウ人が126人であったのが，1965年には76人になっている．これはタイへの移住によるものである．また州境にいるものは，両州にまたがって移動するので，調査年によっては滞在している州が違ったりする．また細分類のさいにいずれの分類に属するかの判定も若干混乱しているようである．

　スノイ (Senoi) 系はトゥミアル (Temiar) とスマイ (Semai) とが最大のグループで，おもにペラッ，クランタン，パハンの中央山塊の山裾に居住している．その他のグループはそれより南側に分布する．トゥミアルもクランタン側からパハンへの移動が見られる．マー・ムリ (Mah Meri, ブシシ Besisi) の減少は分類上の操作によるものであろう．

　ジャクン (Jakun) 系は南部マレー半島に分布し，ジョホルを中心とする本来のジャクン (Jakun Proper) とも呼ばれるジャクン，パハン州のスムライ (Semelai)，ヌグリ・スンビラン，スランゴルを中心に分布するトゥムアン (Temuan) とブランダス (Belandas) のグループが多くの人口を擁し，他のグループはきわめて少数にすぎない．ここでもトゥムアン (ムントゥラ Mentera, ムンティラ Mentira, ミントラ Mintra)，ブランダス (ブラナス Belanas, ビドゥアンダ Biduanda)，スムライの分類は，1960年と1965年とでは異なり，大幅な人口の相違が両年の間に見られる．この系統に属するグループが諸種の文献でよく散見されるのであるが，地方によっての呼び方の違いなどのためさまざまな名称が使われ，そのうえ混血によってますます分類を困難にしている観がある．このことは小分類のみならず，三大分類においても同様で，その境界にあるものは判定がむずかしく，いずれも比較的ということであって，絶対的な分類ではない．

　先住民の居住するのは，主として内陸部かあるいは開拓の行われていない地域に集中し，放浪生活から定着生活まで様々の生活を営んでいる．徐々に定着生活に落ち着くように政府は指導している．先住民全般に見て，イスラームに改宗する傾向は少なく，アニミズムのままにとどまることが多い．非ムスリムであるということは，マレー人ムスリムとの融合を決定的に妨げる一つの要因

となる．それにもかかわらずイスラーム化しない原因は歴史的，社会的，生態学的な諸条件があろうが，根本的にはマレー人ムスリムの先住民に対する姿勢，先住民のマレー人ムスリムに対する積年の反発・怨恨が，先住民をして積極的にマレー化しようとする意欲を殺いでいる[14]．

　先住民の調査研究はオラン・アスリ局がその推進母体である．調査時の長官カレー博士はチェコスロバキア出身の文化人類学者でトゥミアル (Temiar) の語彙と簡単な民族誌を記した著書の他に啓蒙的な論文をも書いている．彼の2代前の長官であったウィリアムズ-ハント P. D. R. Williams-Hunt はウィルキンソン R. J. Wilkinson の『原住民諸族』[15] の改訂版を意図して，『マラヤ原住民序論』[16] を書いている．そのウィリアムズ-ハントの後任にあたるヌーン Richard Noone にも人類学的な論文がある[17]．かれの兄である H. D. ヌーン Herbert Deane Noone は 1931 年からタイピンのペラッ博物館の臨地民族誌学者 field ethnographer（政府任命の，行政官をも兼ねた学者，Government Ethnologist）として，戦時中行方不明になるまで，諸種の調査をしている[18]．特にペラッ，クランタンのトゥミアルに詳しい．かれ以前にはエヴァンス Ivor H. N. Evans[19]，シェベスタ Paul Schebesta[20] などが民族学的な調査を行っている．

　戦後本格的に社会人類学的な調査を行ったのはデンタン Robert Dentan で，1961 年から 1963 年まで中央ペラッのスノイ・スマイの研究を夫婦住み込みでしている[21]．次に同じスマイの中のトゥミアル・グループについてベンジャミン Geoffrey Benjamin が 1964 年から 1965 年の 18 ケ月間，臨地調査を行っている[22]．またやはりイギリスで修士課程を終えたバハロン Baharon Azhar bin Raffiei も，オラン・アスリ局の副長官として，スマイの言語および伝承の研究をした[23]．彼は後に第四代長官になった．

　既刊の出版物を通して知られる当時の先住民の民族学的調査の概要は以上のとおりである[24]．これらのおもな調査のほとんどが，北部マラヤのスマン，スノイ系の調査に集中し，南部マラヤの民族誌は，旅行者・行政者などによって書かれたもの以外はごく少ないのが実情である．このような民族誌上の間隙を埋める目的と，ムスリム・マレー人との比較および双系制親族組織の研究のために，南マラヤのジャクン（オラン・フル）の部落の臨地調査を 1965 年から 1966 年にかけて行ったのである．

　調査地に関する断片的な記録は次のようなものが見られる．

　エンダウ川沿岸のオラン・フルの集落が調査・探検の対象となったのは 19 世

紀半ば頃からである．最初のヨーロッパ人として，マラヤの民族学の父といわれるローガン John Richardson Logan が 1847 年に，シンガポルから南マラヤ内陸部の調査をしている．彼の到達した所はスンブロン川，エンダウ川に及んでいる．ただし両河川の分岐点より上流のエンダウ川には遡行していない[25]．次にロシアの高名な民族学者，ミクルホ-マクライ N. von Miklucho-Maclay (または Mikluho-Maklai) が 1874 年 12 月から 1875 年 2 月にかけてムアル川から出発して，河川を利用してスンブロン川，エンダウ川を経て東海岸に出ている．彼は，続いて 1875 年の 7 月から 10 月までスンブロン川からエンダウ川の上流を遡り，ジャニン山 (Bukit Janing) のことを記述している[26]．1879 年 8 月には，シンガポルの公務員ハーヴェイ D. F. A. Hervey が (「仕事から開放されるために」) ローガンのたどった道程を追跡している[27]．

19 世紀末には (1891 年 8 月)，ジョホルのスルタンの命を受けて，エンダウ川の源流の調査にレイク Harry W. Lake とケルサル H. J. Kelsall とがシンガポルから船でエンダウ川河口に行き，そこからブサル山 (Gunung Besar) とウル・スガマトを経由して，ムアルに抜けた．翌年の 1892 年 10 月には，再びエンダウ川を遡り，ブルンバン (Beremban) 山の頂上をきわめ，今回はスンブロン川からカハン川へ出，西行してバトゥ・パハトに達している[28]．

20 世紀に入って包括的なマラヤ民族学のまとめをしたスキート以後は，まずエヴァンスが一度パハン側から，ロンピン，エンダウを訪れて，"ロンピン・ジャクン" "エンダウ・ジャクン" のことに言及しているが，彼自身はエンダウ川河口からほど近いクアラ・クンバルで先住民と話をした程度である[29]．ヌーンもオラン・フルの地域は訪れており，エンダウより南のサヨン川を訪ねている[30]．同様にスンブロン川の先住民の墓の形態の報告として，ヒューG. G. Hugh のものがある[31]．また，ロス A. N. Ross はエンダウ奥地の語彙を採集している[32]．

エヴァンス，ヌーン，ヒュー，ロス以降エンダウに関する報告は筆者のものまで無い．オラン・アスリ一般を概説したウィリアムズ-ハントやカレー (注 16 の文献参照) もジャクンについては触れている．もっともカレーのオラン・フルの記述は筆者の報告によるところが多い．

1970 年代以降マレーシアの経済発展とともに，オラン・アスリの同化の問題，土地所有の問題が深刻化してくる．マレーシアのブミプトラ (土地の子) として，文明の恩恵に浴さないでよいのかということも問題になる．経済的なレベルアップよりは，イスラーム改宗，教育などの問題としてとりあげられるこ

とが多かった．議員となって政治に参加するものも出てきて，オラン・アスリの声も直接中央に届くようにはなってきつつある．90年代には，先住民運動が世界各地に広がるとともに，本来オラン・アスリを保護するための土地制度が，逆に土地の所有を認めないでもよい理由となり，開発の旗の下オラン・アスリを追い払っても仕方ないという事態を問題にする調査が多くをしめ，NGOの活動も盛んになってくる[33]．

調査地を含むエンダウ・ロンピン地域の国立公園化は1980年ごろから企画され，1993年には一般公開されている．それとともに，エンダウにもエコ・ツアーが導入され，集落も大きく変化している[34]．集落が無くなったり，移動すること自体は昔からの生活様式であるが，開発・発展の名のもとに伝統的な生活を放棄して，オラン・アスリとしては消滅してしまうのか，という問題に直面していると言える．第I部はそこまでの時間軸をとりこんでいない静止画像である．

第1章 註
1) 1965年でもタイとの国境附近や東マレーシアでは，ここで紹介した新聞記事のように，ゲリラ蜂起の余震が残っていた．
2) 本書で部落という語で表わしているのは，あまり数の多くない民家が集まってかたまりとなっているという意味である．ムラと片仮名あるいは平仮名書きしたものと同じである．きだみのる『にっぽん部落』(岩波書店，1967年) 参照．
3) 共産党ゲリラ蜂起を制圧するために，1948年6月18日非常事態が英領マラヤで宣言された．1960年にマラヤ連邦政府によって公式に非常事態の終熄が布告された．
4) The Aboriginal Tribes Enactment, 1939, of the State of Perak.
5) The Aboriginal Peoples Ordinance, 1954, Federation of Malaya Government Gazette of Feb. 25, 1954, Vol. VII, No. 5 (Kuala Lumpur).
6) もちろんこの法律の意図する先住民とは，マレー半島に限られ，サバーやサラワクの先住民は含まれていない．
7) Development Administration Unit, Prime Minister's Department, *Organization of the Government of Malaysia 1967* (Kuala Lumpur, 1967), pp. 175-176. これは1960年代中頃の状況である．
8) 実際に先住民の行政をあずかっているのはこれら役人であるが，法律上は州のスルタンが彼らを統治していることになる．
9) Organization of the Government of Malaysia 1967, p. 176. なお1951年のオラン・アスリ局の報告では，「マレー人とほとんど変わらなくなり，ついにはイスラームを信仰してマレー人口の中に消滅してしまう」という進化の方向を取らせようとしている．The Department of the Adviser on Aborigines, Federation of Malaya, *Notes on the Administration, Welfare and Recording of Technical Data to the Malayan Aborigines* (Kuala Lumpur, the Government Press, 1951), p. 51.

10) W. W. Skeat and C. O. Blagden, *Pagan Races of the Malay Peninsula* (London, 1906).

11) 人種の系統・名称については Frank M. Lebar, Gerald C. Hickey, & John K. Musgrave, *Ethnic Groups of Mainland Southeast Asia* (New Haven, HRAF Press, 1964)参照.

12) 先住民の人口推定はいろいろ試みられた. 例えば R. O. Wiinstedt (*The Malays: A Cultural History*, London, 1947), P. D. R. Williams-Hunt (*An Introduction to the Malayan Aborigines*, Kuala Lumpur, 1952), Norton Ginsburg and Chester F. Roberts, Jr. (*Malaya*, Washington, 1958), Ooi Jin-bee (*Land, People and Economy in Malaya*, London, 1963), B. W. Hodder (*Man in Malaya*, London, 1957)など.

13) オラン・アスリ局作成の分布図は図 2-1 および Dennis Holman, *Noone of the Ulu* (London, Heineman, 1958)の裏表紙の分布図参照. なお, 1962 年のデータで作られた分布図としては, R. Dentan による Ethnolinguistic Groups of Mainland Southeast Asia (F. M. Lebar, et al, *Ethnic Groups of Mainland*......)の附図参照.

14) 共産主義ゲリラ活動の時期にオラン・アスリ局は, 政府がむしろ先住民の不利益となるような施政を行い, 先住民の中に入り込んでいった中国人にかれらの信頼を勝ち取られたという事実を指摘している. (The Department of the Adviser on Aborigines, *Notes on the Administration*......, p. 31)

15) R. J. Wilkinson, *The Aboriginal Tribes* (Papers on Malay Subjects Supplement, Kuala Lumpur, 1913).

16) P. D. R. Williams-Hunt, *An Introduction to the Malayan Aborigines* (Kuala Lumpur, The Government Press, 1952). 死後発表された論文に, "A Lanoh Negrito Funeral near Lenggong, Perak," *Federation Museums Journal* (以下 *FMJ* と略), Vol. 1 & 2 (1954/55), pp. 64-74. なお, カレー氏も同様の概論書を書いている. Iskandar Carey, *Orang Asli: The Aboriginal Tribes of Peninsular Malaysia*, Kuala Lumpur: Oxford University Press, 1976.

17) R. O. D. Noone, "Notes on the Trade in Blowpipes and Blowpipe Bamboos in North Malaya," *FMJ*, Vol. 1 & 2 (1954-55). pp. 1-18.

18) おもな報告としては下記のようなものがある. H. D. Noone, "Report on the Settlements and Welfare of the Ple-Temiar Senoi," *Journal of the Federated Malay States Museums* (以下 *JFMSM*). Vol. XIX (1936), pp. 1-84; "Customs Relating to Death and Burial among the Orang Ulu (Jakun) of Ulu Johor," *JFMSM*, Vol. XV (1939), pp. 180-194; "Notes on the Benua Jakun Language, Spoken at Sungai Lenga, Ulu Muar, Johore," *JFMSM*, Vol. XV (1939), pp. 139-162; "The First Fruits of the Hill Rice Harvest among the Temiar Senoi," *Bulletin of the Raffles Museum*, Series B, No. 4 (1949).

19) I. H. N. Evans, *Studies in Religion, Folk-lore, and Custom in British Borneo and the Malay Peninsula* (Cambridge, 1923); *Papers on the Ethnography and Archaeology of the Malay Peninsula* (Cambridge, 1937).

20) P. Schebesta, *Die Negrito Asiens*, Studia Instituti Anthropos, Vol. 6, 12 & 13 (Wien-Modling, 1952, 1954, 1957). 新しい研究としては次の書物参照. Kirk Endicott, *Batek Negrito Religion: The World-view and Rituals of a Hunting and Gathering People of Peninsula Malaysia*, Oxford: Clarendon Press, 1979.

21) R. Dentan, *The Semai: A Nonviolent People of Malaya* (New York, 1968). "Semai Response to Mental Aberration," Anthropologica X, *Bijdragen tot de Taal-, Land-en Volkenkunde* (以下 *BKI*), deel 124 (1968), bzl. 135-158.
22) G. Benjamin, "Temiar Social Groupings," *FMJ*, Vol. 11 (1966), pp. 1-25; "Temiar Personal Names," Anthropologica X, *BKI*, deel 124 (1968), bzl. 99-134. 彼の博士論文は *Temiar Religion* (Ph. D. Dissertation, University of Cambridge, 1967) である.
23) Baharon Azhar bin Raffiei, "An Orang Asli Legend: 'Putri Buloh Betong'," *FMJ*, Vol. 9 (1964), pp. 39-44; "Engku'—— Spirit of Thunders," FMJ, Vol. 11 (1966), pp. 34-37. 彼の博士論文は *An Orang Asli Community in Transition* (Ph. D. Dissertation, University of Cambridge, 1973) である. なお、Baharon の後に Alberto G. Gomes も博士論文を書いている. *Looking-for-Money: Simple Commodity Production in the Economy of the Tapah Semai of Malaysia*, Ph. Dissertation, Australian National University, 1986.
24) 非常事態 (Emergency) の時期の体験による原住民に関する記録としては、下記のようなものが見られる. Tom Stacey, *The Hostile Sun: A Malayan Journey* (London, 1953). Arther Campbell, *Jungle Green* (London, 1953). John Slimming, *Temiar Jungle: A Malayan Journey* (London, 1958). J. W. G. Moran, *Spearhead in Malaya* (London, 1959). ——, *The Camp across the River: Further Recollection of an Officer in the Malayan Police Force* (London, 1961).
25) J. R. Logan, "The Orang Benua of Johore," *Journal of the Indian Archipelago and Eastern Asia*, Vol. 1 (1847), pp. 232-293.
26) N. von Miklucho-Maclay, "Dialects of the Melanesian Tribes in the Malay Peninsula," *Journal of the Royal Asiatic Society, Straits Branch* (以下 *JSBRAS* と略) No. 1 (1878), pp. 38-44; "Ethnological Excursion in the Malay Peninsula," *JSBRAS*, No. 2 (1878), pp. 205-221.
27) D. F. A. Hervey, "A Trip to Gunong Blumut," *JSBRAS*, No. 3 (1879), pp. 85-115; "The Endau and Its Tributaries," *JSBRAS*, No. 8 (1881), pp. 93-124; "Itinerary from Singapore to the Source of the Sembrong and up the Madek," *JSBRAS*, No. 8 (1881), pp. 125-132.
28) H. W. Lake, "A Journey to the Source of the Indau," *JSBRAS*, No. 25 (1894), pp. 1-9; H. W. Lake & H. J. Kelsall, "The Camphor Tree and Camphor Language of Johore," *JSBRAS*, No. 26 (1894), pp. 35-57; "A Journey on the Sembrong River from Kuala Indau to Batu Pahat," *JSBRAS*, No. 26 (1894), pp. 1-23.
29) I. H. N. Evans, "Further Notes on the Aboriginal Tribes on Pahang," *JFMSM*, Vol. 9 (1920), pp. 16-33; "A Bark Canoe from the Endau," *JFMSM*, Vol. 15 (1939), p. 39.
30) H. D. Noone, "Customs Relating to Death and Burial among the Orang Ulu (Jakun) of Ulu Johor," *JFMSM*, Vol. 15 (1939), pp. 180-194.
31) G. G. Hugh, "A Pre-Islamic Element in the Malay Grave," *JMBRAS*, Vol. 18 (1940), pp. 46-48.
32) A. N. Ross, "A Benua Vocabulary from Ulu Endau," *JFMSM*, Vol. 15 (1939), pp. 164-169.
33) Zawawi Ibrahim, *Regional Development in Rural Malaysia and the "Tribal Question,"* Occasional Paper No. 28, The University of Hull Center for South-East Asian

Studies, 1995. *Orang Asli: An Appreciation, Compiled for the Colloquium on Indigenous Peoples of the World*, Dept. of Anthropology and Sociology, Universiti Kebangsaan Malaysia, 1993. *Razha Rashid* (ed.), *Indigenous Minorities of Peninsular Malaysia: Selected Issues and Ethnographies*, Kuala Lumpur: Intersocietal & Scientific Sdn. Bhd., 1995. 信田敏宏「改宗と抵抗――マレーシアのオラン・アスリ社会に置けるイスラーム化をめぐる一考察」『東南アジア研究』37巻2号, 1999年, 257-296頁. Colin Nicholas, *The Orang Asli and the Contest for Resources: Indigenous Politics, Development and Identity in Peninsular Malaysia*, Kuala Lumpur: IWGIA/COAC, 2000. なお, 形質人類学的, 疫学的な調査については, A. Baer, *Health, Disease, and Survival: A Biomedical and Genetic Analysis of the Orang Asli of Malaysia*, Kuala Lumpur: Center for Orang Asli Concerns, 1999.

34) Saravanan a/l Balakrishnan, Orang Asli di Kampung Peta, Endau-Rompin dan Interaksi Mereka dengan Alam Sekitar, B. A. Thesis, Jabatan Antropologi dan Sosiologi, Universiti Kebangsaan Malaysia, 1996. なお, マレーシア国民大学, マラヤ大学, マレーシア科学大学等で, オラン・アスリをテーマとした卒業論文, 学位論文はこの他にも散見される.

第 2 章
親族ネットワーク

2-1 調査のオリエンテーション
2-2 エンダウ川とオラン・フルの部落
2-3 親族名称 2-4 むすび —— 社会の見方

2-1 　調査のオリエンテーション

　社会人類学では，親族組織の問題が，古くから研究の中心的な課題であり，理論的にも最も発展した分野と考えられていた．

　本章[1]は，主に親族名称の内的な一貫性を中心とした記述であるが，意図するところは，親族組織を，婚姻規制，姻族間の近親性，親族名称の三つの側面から，全体として把握することである．

　オラン・フル（ジャクン）[2]の社会が，母系制でも，父系制でもないことは，従来の乏しい資料からでも明らかであった．しかし，それでは，彼らの双系制の構造はいかなるものか，ということは不明であったので，本章では，その点を明らかにする．ジャクンの社会を概観すると，通例，イスラームを受容せず，比較的奥地に居住して，主として焼畑耕作に従事していることが特色である．もちろん，海岸部を占拠するマレー人ムスリムとの接触が頻繁な場合には，一概に，非ムスリムということと，焼畑耕作民であるという尺度によって，ジャクンをマレー人ムスリムから区別できないことも起こりうる．その上，他の先住民，なかんずく，ジャクンの居住地域のすぐ北方に住むスノイ（Senio）系の人種との混血もあって，周辺のグループは，その人種的帰属が不明確な場合が多い．また，スランゴル Selangor 州の南西海岸部に住むマー・ムリ（Mah Meri）と称されるグループのように，言語的にはオーストロアジア語族のスノイ系に近いが，社会組織・生活様式などはジャクンと変わらない，といった例もある．ジャクンの分布は，主に，パハン Pahang 州南部，スランゴル，ヌグリ・スンビラン Negeri Sembilan，マラカ Melaka，ジョホル Johor 各州の奥地にわたっている（図 2-1 参照）．

　調査した地域は，ジョホル州とパハン州との州境の一部をなす，エンダウ Endau 川流域の，ジャクン・コミュニティである．本来のジャクン（Jakun Proper）とも言われるグループに属するが，体質を外から見ただけでも，スノイ系の血が混じっていることが明からな人が多い．また，中国人，マレー人との混血もかなりあるようである．相対的に外見だけでは，ふつうのマレー人と識別されないことが多い．

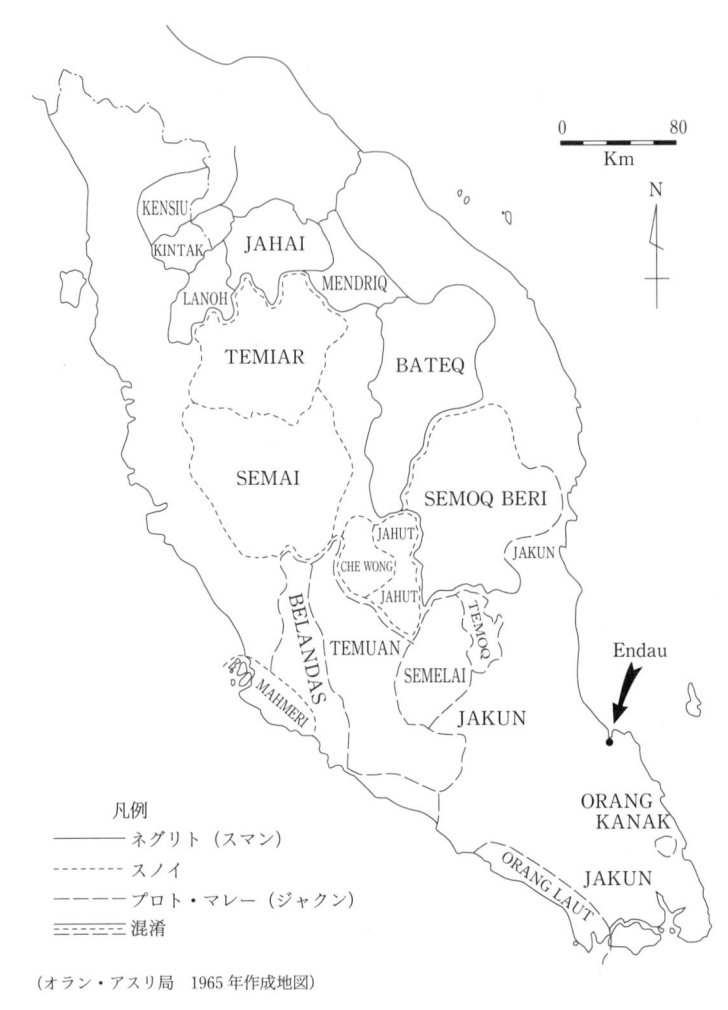

図2-1 オラン・アスリの分布

凡例
―――― ネグリト（スマン）
-------- スノイ
－ － － プロト・マレー（ジャクン）
======== 混淆

（オラン・アスリ局　1965年作成地図）

　彼らのことばも，マレー人に対して，どの程度の接触交渉を持っているかによって異なるが，ほぼ，マレー語の方言といえるものを話す．ただ，アクセントやイントネーションが標準マレー語あるいはジョホル・マレー語に比べて奇妙であり，比較的アラビア語系の影響を受けず，またサンスクリトの抽象語もなく，古層の言語を残しているようである．彼らのことばに慣れないマレー人が，彼らの話すのを聞いても，さっぱりわからないことがある[3]．逆に，彼ら

は，標準マレー語を自由に話し，聞き，かつ，方言の違う他のジャクンのグループとの共通語としてマレー語を用いる．しかしながら，彼らが標準マレー語を使えるようになったのは，最近のことと言われ，ラジオの普及がその一因をなしていることは否めない．

2-2　エンダウ川とオラン・フルの部落

　エンダウ川流域のジャクンは，自分達を指すのに，オラン・フル (Orang Hulu) と言い，他に特別な名称を持っているわけではない[4]．オランというのは，「人」，フルというのは「川の上流の」「奥地の」「源の」とかいう意味である．このことばは，エンダウ川上流域の住民のみに限定せず，いわゆる奥地に住む先住民を漠然と指すこともある．

　エンダウ川は，ジョホルの中央山地塊に源を発して，緩やかに蛇行しながら，下流部では，パハン・ロンピン・エンダウ Pahang-Rompin-Endau デルタ地域の一部を形成する．下流域には，低湿地帯が多く，雨期には，洪水になることも多い．下流から上流に向かって，紅樹林・湿地森林，淡水湿地森林，低地ディプテロカルプス森林，と景観が変化していく．その合間に，焼畑のあとを示すララン (lalang, *Imperata cylindrica*) 原，二次森林 (ブルカル，belukar) が点々と存在している．森林資源としては，木材の外に，籐，ダマル樹脂，ジュルトン (jelutong, *Dyera costulata*) 樹液等がある．食用可能な動植物も種類は豊富であるようである．ただし，狩猟・採集だけへの依存度は，現在ではきわめて低い．

　焼畑栽培は，彼らの伝統的な栽培法である．焼畑には，米，キャッサバ，トウモロコシ，粟を主として植える．その他，サトウキビ，甘薯，バナナなどを栽培し，ドリアン，ジャック・フルーツなどの果樹も作る．このローテイションを行うために，大体 5～6 年をサイクルとして，土地を替える．

　しかし，彼らの経済生活は，西洋人が初めて，彼らの生活を観察した 19 世紀前半には，すでに，自給自足の生活ではなかった．すなわち，当時，行商するマレー人から，衣類，陶磁器（皿，水入れ），鉄器具（山刀，斧，槍，鍋），砂糖，ココヤシ，時には米，タバコ，ガンビル（阿仙薬），ビンロウ（檳榔子），石灰（後 3 者は，キンマの葉とともに嚙んで，嗜好品とする）などを得ている．これらの代わ

りに，マレー人の注文に応じて，籐，樟脳，白檀，種々の樹脂，ろう，グッタペルカなどをジャングルから集めて，マレー商人に引きわたす[5]。

1960年代でも，このような交易によって，オラン・フルの生活は支えられていた。変化した点といえば，(1)マレー人に代代して，中国人の材木会社，籐業者，鉱山業者が彼らの生活を支配するようになったこと，(2)物々交換の形は無くなり，形式上，貨幣を媒体として，交易が行われるようになったこと，(3)生活必需品を購買品によってまかなうことがますます多くなったこと，等が挙げられる。1960年代，オラン・フルが主として依存する現金収入の道は，籐採集によるものが，最も手軽で普遍的に行われていた。この現金収入の量は，籐採集に従事する労働時間の多少によって，各個人差と同時に，部落差が見られる。しかし，全体として見れば，籐採集による収入は，これ以上増加することはない限度まできておりながら，それだけの収入では，到底最低生活を維持できず，伝統的な生活様式である焼畑栽培をせねばならぬ状態に余儀なく置かれているといえる。これはむしろ籐業者の巧みな労働力統制によるものであると言う方が適当であるかもしれないが，本章では，このことに関してこれ以上触れない。
(第5章参照)

オラン・フルの部落は，ジャングルを切り開いた川沿いの土地に，家を建て，そのぐるりに，畑，さらに焼畑地を作っている。一部落の人口は，50人から150人位の範囲である（表2-1参照）。調査の拠点として選んだJR（ジョラッJorak）部落は，人口128人，33家族（クラミン）が28軒の家に住んでおり，JR（以下部落名は略記号を用いる）部落より上流では最大の部落である。筆者がインタビューを行った上流4部落の人口構成は，人口絶対ピラミッドに見られるように，母集団が小さい割には，かなり均斉のとれたピラミッドといえる（図2-3）。JRより下流域には，パハン州側のMT（ムントゥロンMentelong）川にそって，28家族139人，DN（ドゥナイDenai）に13家族72人，ジョホル州側のLB（ラボンLabong）に32家族155人が住んでいる。（図2-2参照）。

各部落では，バティン（Batin）と呼ばれる統率者が一人選ばれて，彼が村人間の紛争の裁決，諸行事の日取り決定と遂行，外部社会に対する窓口などの役割を果たしている。逸脱行為者に対する制裁は，慣習法によって罰金の額を言いわたすだけである。したがって，実際には，バティンの説得力と，部落民の多数の支持とが無ければ，バティンの役目を遂行できない。部落の構成員が少数なのも，生態学的な条件の他に，このようなルーズな統制関係によって構成員

樹皮壁，草葺き，高床のオラン・フルの家屋 1966 年

表2-1　部落別戸数及び人口（1965/66）

部落名	戸数	12歳以上人口		12歳未満人口		合計	1962年の人口
		M	F	M	F		
プタ　PT	20	26(11)	22(7)	18	19	85	107
プナン　PN	12	14(4)	17(7)	6	14	51	50
タンジュン・トゥアン TT	13	19(8)	12(1)	13	19	63	89
ジョラッ　JR	33	41(13)	36(8)	24	27	128	51
ムントゥロン a MTa	14	18	21	9	11	59	
ムントゥロン b MTb	14	17	14	25	22	78	
ドゥナイ　DN	13	15	17	17	23	72	
ラボン　LB	32	42	37	37	39	155	128
計	151	192	176	149	174	691	

出典：1．PT, PN, TT, JR は1966年4月の悉皆調査による．（ ）内は未婚者数で内数．
　　　2．パハン州に属するMTa, MTb, DN は，MT（パハン州）のオラン・アスリ局駐在所のデータ（1965年6月現在）．
　　　3．LB はエンダウ駐在オラン・アスリ担当官のデータ（1965年3月現在）．
　　　4．1962年人口はジョホル州オラン・アスリ局のデータ．

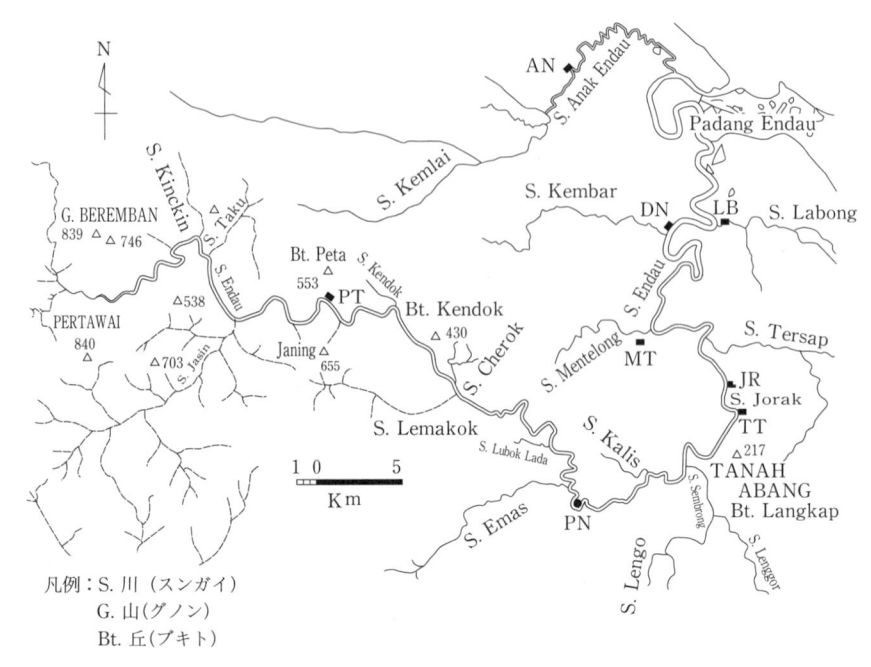

図 2-2　エンダウ川流域図

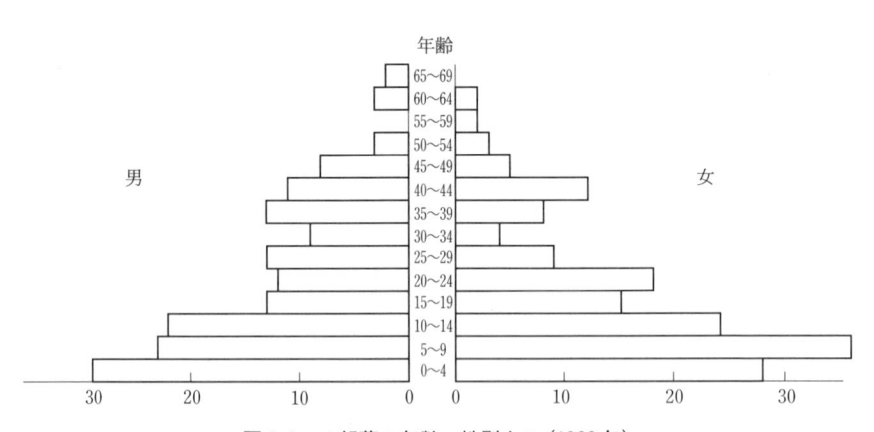

図 2-3　4 部落の年齢・性別人口（1966 年）

数が限定されているからに他ならない．そして，諸部落の中でも，「かけひき」に巧みで「機智」にとんだバティンの下には，比較的多くの人が集まり，影響力の弱いと見られたバティンの下には，人々が集まってこない．（詳しくは第6章参照.）

　部落間を結びつける連合組織というものは，存在していない．彼らの社会では，部落が最小の統治単位（minimal government）であり，同時に，それ以上の大きさの土着の統治組織も有していない．部落内部の構成員は，ふつう，バティンを中心とする親戚関係によって，多かれ少なかれ結びつけられている．しかし，このことは，彼らの部落が排他的で，親戚でないものは受け付けないというのでは決してなく，非常に開放的でさえある．例えば，中国人がオラン・フルの社会に入っていくと，彼はオラン・フルとの結婚によって，他のオラン・フルとまったく同一視されるようになる．

　一つの部落がバティンの統率のもとによくまとまっているのは，部落が親類縁者から構成されているからだとするのは，誤りであろう．むしろ，個人が独立生活を営めば，死へと追いやられるしかない生活条件の中で，一つの集合体として行動しなければならないという，経済的・社会的・環境的な要請が，人々をして結束させるのであって，親族組織はそのような結合を保持するための一つの考案物であり，人間の結合を親族関係によって，強化させているにすぎない．したがって，これを逆に見れば，親族組織に表われた関係を通して，この社会をよりよく理解することができるともいえる．

2-3　親族名称

　親族組織の考察を行うには，現地において，まず系譜関係をできるだけ集め，その系譜に基づいて，種々のつながりを想定する．そのつながりが，どのような「ことば」で表現され，どのような性質の「関係」なのであるかをできうる限り広範囲の人々から確かめて，一定のパターンを導き出す．これが第一段階である．ところが実際にオラン・フルの系譜作りにあたって，いわゆる樹枝型の系譜を想像していた調査者には，非常に困難なことがわかった．というのは，4部落の全世帯に対して，たどられるだけの親戚（主に尊属）の名前を聞き出し

ていったとき，まず曾祖父母の名前を知っているものは皆無，祖父母の名前を挙げたのもごくわずかで[6]，父母の名前を言わないものもいるという有様である．同時に，彼らがテクノニミーを習慣としていることや，個人名（特に尊属の名）を直接呼ぶことを忌避しようとする傾向が，この名前の記憶のあやふやさを助長している．彼らが，親族として，はっきり系譜上の関係を思い出せるのは，ふつう50人内外であり，それ以上は漠然とした（本人にはわからないが，とにかく，親類であるといった）間柄のものになる．本当の双系制原理（bilateralism）が，系統関係（descent）一般ではなくて，親子関係（filiation）を基調とするものであるというのは，オラン・フルの社会でも正しい[7]．しかし同時に，オラン・フルの親族関係の次元が，遡行的であるよりも，前進的な関係，共時的

表2-2　親族名称基本語リスト

	名　　称	説　　明	世　代
1.	anak	C	−1
2.	bapa (pak)	f	+1
3.	emak (mak)	m	+1
4.	wah or bapa saudara	P<u>b</u>	+1
5.	amoi or emak saudara	P<u>s</u>	+1
6.	nenek (nek)	PP	+2
7.	chuchu (chu)	<u>CC</u>	−2
8.	monyeng	PP<u>P</u>	+3
9.	chechet (chet)	<u>C</u>CC	−3
10.	bah	eS	0
11.	adek	yS	0
12.	adek-beradek or saudara	S	0
13.	anak-buah	<u>S</u>C	−1
14.	mentuha	M<u>P</u>	+1
15.	menantu	<u>C</u>M	−1
16.	ipar	M<u>S</u>/<u>S</u>M	0
17.	bisan	CMP	0
18.	biras	MSM	0
19.	laki	h	0
20.	bini	w	0
21.	madu	夫を共有する妻	0
22.	tiri	義理の関係	
23.	pupu	血族の傍系度関係	

C：子，P：親，S：キョウダイ，M：配偶者，f：父，m：母，b：兄弟，z：姉妹，h：夫，w：妻，y：年少，e：年長，/：and, or：及び，あるいは．
下線：同世代及び同性の傍系血族のものに対して，同じ世代に限って拡大適用されることを示す．

な関係に重点が置かれていることに注目すべきである[8]．これは，親族名称における融合の法則 (merging rule)，すなわち，兄弟間，姉妹間の社会的同等の原則[9]が表面に押し出されていることと，後に述べるテクノニミーの慣行等によって明らかであるといえる．

系譜関係に現れる「つながり」を表現するオラン・フルの「ことば」を表にしたのが，親族名称の表 2-2 である．これは，主として JR において採集されたものである．話し手の性別・地位による「ことば」の相違がないので，話し手 (Ego) は誰でもよい[10]．

(1) 尊属親と同世代親

生まれてから結婚するまでは，生まれた家族（生育家族，Family of Orientation) の中にとどまり，姻戚関係は生じない．さしあたり「自己」より上の世代の親族の名称法を考察しよう．

父母の呼び方は，別に変わったことはないが，フォーマルな席上で，よくイブ (ibu) という語が発せられる．標準マレー後では「母」を指す語であるが，文脈から考えて，両親を意味している場合が多い．エンダウの町に近い LB 部落では，父も母も同じ語ワー (wah) と呼ばれ，特に性別の必要なときには，男と女とを意味するジャンタン (jantan) とブティナ (betina) を各々ワーの後につける (wah jantan：父，wah betina：母)．呼称と示称とは同じである．

父母の世代の親族は，性別によって名称が異なるのみで，他のマレー人のように，父母との相対年齢によって識別することはない[11]．また，父方と母方との親族は，名称の面のみならず，行動においてもまったく区別されない．したがって，オジ名称は「直系型」といえる．上述したように LB 部落では，他の部落でオジ名称であるワーを両親に対して使っているので，オジ名称としてはママッ (mamak) を使っている．オバ名称は他の部落と同じ名称アモイ (amoi) である[12]．この LB での親族名称の違いは，父，母，オジ名称だけである．

他の世代に言及するときに明らかになるが，性別によって，世代を二分するのは，この両親の世代だけであり，他の世代では，男女の区別が問題にされない．オジ，オバ名称の一般的なものであるワーとアモイとの外に，バパ・サウダラ (bapa saudara オジ)，ウマッ・サウダラ (emak saudara オバ) (saudara は「キョウダイ」) も，時々用いられる[13]．しかし，ケダーKedah, ペラッPerak な

どで用いられるプラナカン (peranakan) という語はまったく使われない.

祖父母の世代になると，男女の別も，直系と傍系とによる区別もなくなり，すべての親族が，ネネッ (nenek) と称される[14]．この語は，同時に，年少者が，かけ離れた年齢のもので，しかも部落で権威のあるものを呼ぶのに，親族関係にこだわらずに，用いられることもある．曾祖父母の世代の親族は，すべてモニェン (monyeng) と呼ばれる．祖父母，曾祖父母名称は両方ともに，漠然と祖先を指すのにも用いられる．曾祖父母より上の世代の尊属親に対する親族名称はほとんど言及されない．

キョウダイ名称は，一般のマレー人が，兄と姉との区別 (abang/kakak)[15] をするのに対し，バー (bah) という彼ら特有の語で，兄姉を指す．弟妹は，マレー人と同じく，アデッ (adek) という一語で済ましてしまう．マレー人の間では，兄―妹 (abang/adek) 名称を，夫婦の間でお互いを呼ぶときに用いることがあるが，オラン・フルでは，このようなことはなく，個人名を呼び捨てにするだけである．配偶者の示称は，夫をラキ (laki)，妻をビニ (bini) とする．キョウダイ呼称 (bah/adek) は，広く傍系同世代親にまで拡張して用いられるが，尊属親と違い，同世代親間では，個人名が使われることが多い．兄姉に対しても個人名を呼び捨てにする．ことに子どもができてテクノニム（誰それのチチ，ハハ）があると，親族名称よりもテクノニムの方を日常用いる傾向が多くなる．

マレー語同様，性別に関係なく，キョウダイ全般を指す語アデッ・ブラデッ (adek-beradek) またはサウダラ (saudara) も使われる．この語は，(1)キョウダイ，(2)キョウダイとイトコ，(3)自分の親族，と拡張して用いられもする．

イトコの示称は，傍系の程度によって区別される．すなわち，サウダラ・スププ (saudara se-pupu)[16] は両親どうしがキョウダイのもの，サウダラ・ドゥアププ (saudara dua-pupu) は曾祖父どうしがキョウダイのものを指し示す．第4イトコは，サウダラ・アンパトププ (saudara empat-pupu) と言うことができるが，このカテゴリーは親族の中には入れない．身内でない人ライン・オラン (lain orang) または他所の人オラン・ダガン (orang dagang) になる．イトコの呼称は，前述したように，相対的年齢によって，兄(姉)または弟(妹)名称を使う．したがって，イトコ名称は，呼称において「ハワイ型」，示称において「エスキモー型」[17]といえる．

上記のププ (pupu) という語は，必ずしも同一世代のイトコに対してのみ使われるものではなく，異世代間の傍系の程度を示すのにも使われる（図2-4）．例え

```
          ┌──────────────────────┐
          ○ ←----saudara--------→ ○
          │                      │
          ○ ←--saudara se-pupu--→ ○
          │                      │
          ○ ←--saudara dua-pupu-→ ○
          │                      │
          ○ ←-saudara tiga-pupu-→ ○
```

注：横線はキョウダイ関係，縦線は親子関係．

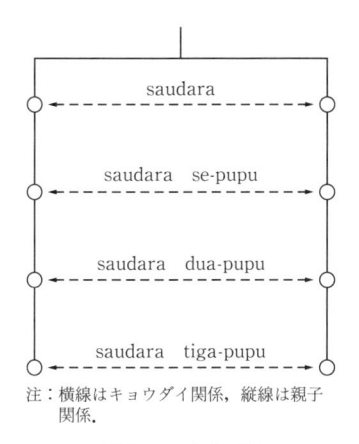

図 2-4　ププ関係

ば，祖父の兄弟の息子は，自己にとって，広義のオジ（wah）にあたるが，その遠さは，第2イトコ同様にドゥア・ププ（dua-pupu）である．いちおう，ププの定義としては，「尊属の世代における，あるキョウダイ関係を基線として，その基線からの世代の遠さによって計算される傍系血族の親等」を表わすものとしておく．特に，キョウダイ関係に基線を求めるとしたのは，彼らにあっては，ある一人の祖先からの出自をたどることによって，自己と他者との親縁関係を知るというのではなくて，自己の父母と他者の父母とは，いかなる関係にあったのか，どの世代の尊属親がキョウダイ関係にあったのかということによって，親縁関係を知るからである．なお，このププという語は，姻族には決して用いられない．

（2）姻　　族

　オラン・フルのように，父方，母方の親類を同等に取り扱う双系制の社会では，自己にとって姻族であるものは，下の世代のものから見れば血族にあたる．ということは，下の世代のものは，上の世代の婚姻選択の関数として，ある範囲の親族と結婚することを禁止されることになる．オラン・フルの社会では，婚姻の対象を選択するさいに，両親に加えて，両親のキョウダイ，すなわち両親にとっては各々の義理のキョウダイ，が重要な発言力を持つことになる．婚

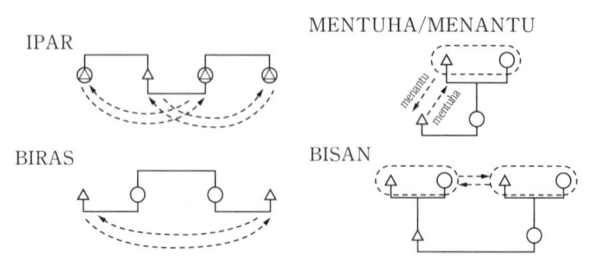

```
         IPAR                    MENTUHA/MENANTU
```

注：○は女性；△は男性；◎男または女．記号の上を結ぶ横線はキョウダイ関係，下を結ぶ横線は婚姻関係にあることを示す．

図 2-5　姻族名称

姻規則は，キョウダイ間インセストと，異世代間の通婚とが禁止されているだけで，どの「イトコ」も自由に婚姻しうる．特に特別なイトコ婚を選好することもない．

　配偶者のキョウダイの示称は，イパル (ipar) であるが，この語は，配偶者のイトコにまで適用される．呼称は，イパルか，あるいはキョウダイ呼称（バーかアデッ）か，または誰それの夫，妻 (laki So-and-so, bini So-and-so) というように配偶者の名前をつけて呼ぶ[18]．個人名を言うことは，厳重に忌避される．二人称代名詞として，一般に用いられるヒ (hi) より丁寧なアジ (aji) が，イパルに対しては用いられる[19]．

　自分と同世代で，婚姻によって生じる関係には，その他にビサン (bisan) とビラス (biras) とがある．ビサンは，子どもどうしが結婚したときの親どうしの相互的な関係を指す．ビラスとは，キョウダイを娶ったものどうしの関係を指す．両方の関係とも，示称のみで，呼称としては用いられることはない．名前が直接呼ばれる．彼らの間には，いくらかの遠慮の態度が見られることもあるが，特に規制された態度を要求されることはない．

　配偶者の両親は，ムントゥハ (mentuha) と示称される．舅姑の区別は，パッ・ムントゥハ (pak mentuha)，ウマッ・ムントゥハ (emak mentuha) と言うように父母名称を附加することによってなされる．舅と外舅，姑と外姑との別は，ふつうなされない．呼称は，父母呼称か，オジ・オバ呼称が，対象の性に従って使われる．二人称代名詞はパッ・アジ (pak aji) ないしアジ (aji) が使用される．ムントゥハのキョウダイ，イトコもムントゥハのカテゴリーの中に入れられる．これに対し，自分の子どもの配偶者を指すのに，ムナントゥ (menantu) を

用い，婿の場合は，ムナントゥ・ジャンタン（menantu jantan），嫁の場合はムナントゥ・ブティナ（menantu betina）と区別されうる。嫁婿に対しても，舅姑はアジという尊称を用いる。ムナントゥの語を呼称としても用いるが，特に指名したいときには，アンドロニムか，テクノニムが用いられる。ムントゥハのカテゴリーが姻族の中で拡張して用いられるのに対応して，ムナントゥのカテゴリーは，自分の子のみならず，子の世代すべての血族の配偶者にまで拡張される。

ムントゥハームナントゥおよびイパルの間の関係は，「遠慮をする」とか，「間を隔てる」とかいった感じのもので，ことにそれは，当事者間で個人名を言うことの忌避によって制度化されている[20]。さらに，娘の婿（特に長女の）に対しては，老後の扶養をはじめとして，種々の援助が期待される。これは，例えば，焼畑の後に植えた果樹の相続は，娘の間で均等にわけられ，息子達は，単にそのおすそわけを得る立場にあるということなどによっても，裏付けされている。

血族関係が，親密さ，くつろぎなどを特色とし，時として従順さを要求されるのに対し，配偶者の血族には，（相互的な）尊敬の態度ないしは遠慮の態度が期待される。姻戚関係は，新しい家族を作る夫婦にとって，血族以外に気を使わねばならず，かつそれだけにオラン・フルの社会において重要な位置を占めている。血族であったものが，姻族になると，姻族名称，姻族関係が，血族のそれに優先する。しかしムントゥハームナントゥ，イパル間以外の関係にある親族は，都合のよい親族名称を採用して，それに見合った行動をとればよい。ムナントゥ以外に，血族の配偶者を示す名称はないが，日常生活では配偶者は血族とほとんど同一視せられる。オジの配偶者は，オバ名称で呼ばれるといったように，血族の親族名称がそのまま拡張される。また，姻族の配偶者を示す名称もビラス以外にはないが，姻族と同一視される。

（3）卑属親

卑属親名称は，尊属のよりもいっそう簡単な，世代類別型になっていく。

自分の子どもは，単にアナッ（anak）と称される。呼び掛けには，本名が使われることが多い。キョウダイの子，イトコの子は，一般にアナッ・ブアー（anak-buah）といわれる。キョウダイの子は，アナッ・ブアー・バー（anak-buah bah），アナッ・ブアー・アデッ（anak-buah adek）あるいはアナッ・ブアー・サウダラ

(anak-buah saudara) と詳しく言うこともできる．呼称には，アナッが傍系親の子どもにまで拡張されることもあるが，ふつうアナッは自分の子，他はアナッ・ブアー（anak-buah）と使い分けする．一般的には，本名を呼び捨てにすることが多い．

子に対する財産の分割は，均分を建前としているが，女親のものは娘に，男親のものは息子に，と与えられることが多い．しかし，どの品物はどの子どもにという相続規定はない．財産というほどの財がないので，相続は場合に応じた状況主義で行われる[21]．相続と同じように，親の老後の扶養の義務もルーズである．親を扶養する第1の義務は，娘の夫，その次が息子達あるいはキョウダイの子である．しかし，親は安楽椅子に座って扶養されるのではなくて，働けるだけ働き，どうしてもできないことの援助を求めるだけであって，老後の生活にも，独立主義の考え方は浸透している．老人は，むしろ，娘，息子の世帯に寄生することなく，独立して生活を営むことがふつうであり，また人々もそれを当然のことだと考える．

孫の世代になると，直系，傍系の区別が完全になくなり，単にチュチュ（chu-chu）という語によって孫の世代の全親族が称される．これは尊属の祖父母の代が，世代をひとまとめに類別してしまうのと対応している．孫の呼称は，示称を短くして，チュッ（chu'）と呼ぶか，本名を呼びすてにする．曾孫は，チェチェト（chechet）で，孫と同様，世代類別型である．曾孫の呼称は，短縮形のチェト（che(t)）か，本名が用いられるという．

オラン・フルの間では，父―祖父―曾祖父……，あるいは，子―孫―曾孫―……，というように世代を数えることもあるが，世代が離れると，順序もおかしくなり，実生活の上では，遠い世代は何の役割も果たしていないようである．彼らの親族の範囲は，無限に数えられるというのではない．上下の世代は，自己を中心に三世代位ずつまでが親族の中に数えられ，それ以上のものは，遠い親戚といわれることはあっても，ふつう，親族の中に入れられない．直系親族では，祖父母の生存しているものがごく少数で，曾祖父母はごく稀となる．したがって，実際には，曾祖父母より上の世代は，全然問題とされない．傍系親族も，第3ププというのは，祖父母のキョウダイ関係が基線で，それ以上遠いププは非親族と見なされる．このように，直系上下三世代，傍系三親等（tiga pupu）までが親族の範囲と見てさしつかえないように思う．

実際には，(1)コミュニティの人口が比較的小さく，通婚圏が（自然的，社会的

条件により）小さいので，同年輩の配偶者を選ぶためには，系譜上の世代関係を無視して，異世代間の婚姻も行われねばならなくなる．(2)このことは，次の世代にとっては，父母の世代以上の尊属親の再編成となって，世代の若返りが行われることになる[22]．(3)父方，母方の両方から系譜をたどることによって，より近い関係の親族名称を選択できる．(4)姻族を疑似血族として，血族名称でもって呼称する．(5)テクノニミーの慣行と，親族名称の世代類別性とによって，親族関係の混同がなされ，実際の系譜をたどることが困難になり，単に近い親類（すなわち完全に系譜のたどれる間柄），遠い親類（すなわちはっきりとどんな間柄かは知らぬが，自分の親と他者の親とが親類であったから，自分と他者とも親類であろうと推定するぐらいの間柄）に分けられるにすぎないようになってくる．このような種々の仕組みによって，曾祖父母の上の世代まで系譜をたどらなくとも十分に親族範囲が得られるのである．

（4）本名とテクノニム

　子どもが生まれて，しばらく月日がたつと，子どもの名前が確定してくる．特に名付けの式などはなく，名付け親も決まっていない．姓はなく，名だけである．これをナマ・ブトゥル (nama betul 真の名，本名) と呼ぶ．しかし，大病をしたりすると，回復後新しい本名ととりかえる．この本名の外に，通称，あだ名ともいうべき，ナマ・グラル (nama gelar) があるが，これは誰でも持っているものではない．この他に，ナマ・アナッ (nama anak) すなわち子どもの名をもって親を呼ぶ慣行がある．子どもの名がカチン Kachin とすると，父親は，「カチンの父」(パッ・カチン Pak Kachin)，母親は，「カチンの母」(マッ・カチン Mak Kachin) と呼ばれる．ただし，子どもが誕生して後すぐにテクノニムが使用されるのではなく，一定の期間を経て（大丈夫この子は育つと見きわめて）からテクノニムが採用される．そのテクノニムまでの期間，通称として，子どもが男であればパッ・エウェン (Pak Eweng 父)，マッ・エウェン (Mak Eweng 母)，女の子であれば，パッ・ダエン (Pak Dayeng)，マッ・ダエン (Mak Dayeng) と呼ばれることもある．エウェン，ダエンは各々男の子，女の子という意味であろう．子どもが7，8歳にもなっているのに，親の本名で呼ぶと，相手に失礼であると言われる．

　テクノニムが本格的に使われだすと，本名は忘れられていき，以後本名が，

一般に思い出されるということはなくなる．したがって，子孫は尊属の本名を知らないままに過ごすことが多い．なお，実子以外の子どもの名を名祖（エポニム）として採用することは決してない[23]．パッ・アワン（Pak Awang）という男とマッ・ケン（Mak Ken）という女が再婚して新しく子どもができても，昔のテクノニムはそのまま続く．また養子（アナッ・アンカト anak angkat）縁組みをしても，養子の名は名祖とはなりえない．長子が死んだときは，マンタイ（mantai）という称号が与えられる．この称号は死後5～6年続き，もし他に子どもができればその子の名で呼ぶことができる．ただし，子どもが結婚して子を残す程大きくなってから死んだ場合には，その子の名がすぐにやめられるということはなく，そのまま継続されて，マンタイという称号も使われない．マンタイが一種の死名，ネクロニム（death-name or necronym）の残存であるかもしれないが，現在のオラン・フルの社会では，マンタイというのは，結婚による地位を指す特殊な名称，すなわち「子どもを持っていない夫婦」の意味に近いカテゴリーと考える方が妥当なようである．また，実際に子どものずっと生まれていない夫婦をもマンタイと呼ぶ．ニーダム R. Needham がボルネオのプナン人について報告したような[24]，複雑なネクロニム・システムは存在していない．マンタイ以外にネクロニムと言えるものは，配偶者の死んだときに用いられる称号バル（balu）のみである．

　次に孫ができると，孫の名前が，子どもの名前にとって代わって名祖となる（ナマ・チュチュ nama chuchu 孫名）．すなわち，孫がコトイ Kotoi という名であれば，その祖父母は，コトイの祖父または祖母，ネネッ・コトイ（Nenek Kotoi）と呼ばれる．ふつう最初に生まれた子または孫の名前が名祖として採用されるが，もし彼らが身近にいず，遠くに離れて暮らしているときには，身近にいる子や孫の名前が採用される．名祖に曾孫の名前を用いる例はない．

　孫の名にしても，子の名にしても，呼ぶものにとって，その名祖となっている孫あるいは子が，義理のキョウダイ・親であると，その名を使ったテクノニムも使うことができない．これは前述したように，姻族関係には名前の忌避があるからである．

　タイラー E. B. Tylor は，テクノニミーの慣行を，妻方居住婚と，義理の息子の忌避とに結びつけて考えた[25]．彼は，テクノニミーを行う社会と後二者の慣習をもつ社会とを，各々別個に相関をもとめ，両者ともにかなり高い相関がテクノニミーに対して見られることを発見した．そこで，入り婿として入ってきた

夫が，子どもが生まれるまでは家族のメンバーとして認められないで，子どもの生誕によって初めて家族の一員として認められるようになることを示すものが，テクノニミーであるという風に解釈した[26]．タイラーの推論は，方法論的にも問題があるが，単にその結論だけを取り上げても，オラン・フルの社会には当てはまらないことは確かである．オラン・フルの社会では，結婚当初，妻方居住婚を行うが，一年後には夫型居住，さらに一年後には独立居住となるのが理想型であって，現実にテクノニミーの行われる頃には，夫は妻の親族とは住居をともにしていない．また，義子—義母間の忌避関係もパターン化されたものとしては認められない[27]．

タイラーに対し，ロウィーR. Lowieは，テクノニミーを個々の社会の特定の条件に照らしあわせて解明すべきだとし，通社会的に類似性を求めた解釈は，入念な吟味にてらしてみれば不可とされるものがほとんどであるという[28]．そして，アンダマン島人などの三つの社会の例を挙げて，それぞれの社会でテクノニミーが果たす役割の違いを指摘している．結論として，この三つの社会で慣行されているテクノニミーは，たまたま一つの共通の名前で呼ばれてはいるが，それは便宜的なもので，三つの異なる習慣とでも言えるとする．

ロウィーのように，テクノニミーが，全社会を通じて，ある共通の機能を果たしているのではないと言うことは正しいかもしれない．しかし，テクノニミーが，すべての異なる社会で，異なる機能を持つとは言えないのではなかろうか．テクノニミーを同じような機能のもとに慣行するいくつかの社会が分類されうるに違いなく，その分類に基づいて，類型間の相似を求めることも，一つの方法であろう．

構造からみて，テクノニミーが（もし，例外なく，一つの社会のすべての人がテクノニムを本名と代置するならば）年齢階梯を示すことは明らかである．すなわち，世代によって，子，親，祖父母の年齢階梯にあるものは，そのテクノニムによって一目瞭然となり，一種の社会の横断的枠組となっている．これは推移儀礼にも比せられるもので，人の一生における，ある時期の生活局面での地位を明確にしているとも解釈しうる．

オラン・フルの年齢階梯に関する区分は，彼らのことばにも見られる．すなわち，第1期の未成熟の子どもは，ンケネッ（ngkenek）と称される．これは独立の仕事ができない子ども達を指し，しばしば，この時期の子ども（実子でも）を呼ぶのに，本名を呼ばずに，ンケネッと呼びすてる．大体12，3歳位までの

子どもである．お腹の中にいる子どもまでンケネッと呼ぶ．自分自身で独立の生活の糧を得られるほど働ける時期になると，ダラと称される．この語は，呼称には使われない．ほぼ13歳位から18歳位までの未婚の男女を含める．もし，結婚適齢期が過ぎても長く婚姻しないものがあると，ブジャン（bujang）と呼ばれる．これは，単身生活者という意味である．第3期の既婚男女は，子の名，孫の名などによって，世代区分されることになる．同時に，子どもの名前を共通にすることによって，夫婦という単位が明確にされる．父—母—子という関係がテクノニムによって一目瞭然となり，常に，夫婦一組が社会の単位となるこの社会の構造とよく一致する．祖父母の代になると，祖父—祖母という区別もなくなり，夫婦そのものが完全に一つのものとなってしまうことになる．この人生の第3期にあって，例外的な男女，すなわち，離婚，死別したもの，子どもを亡くしたもの，等は，また別の称号で区別されることになる．あるいは，孫を持つ世代にあるのに，孫がないときは，「～の父で祖父の世代にある人」ネネッ・パッ～（Nenek Pak～）という風に呼ばれる[29]．ただし，このオラン・フルでの年齢階梯は，明確な自治集団ではなくて，一種の（水平的）構造的枠組を社会に与えているにすぎない．

　社会の年齢階梯化ということの外に，個人の名前が，非人格的な地位の連続（子—親—祖）によって置き換えられることによって，傍系親族関係を消してしまうことが，テクノニミーの機能として挙げられる[30]．このことは，非常に世代類別傾向の強い親族名称に，直系原理の枠組みを与える役割を果たす．前述した枠組みが水平的分化を示すのに対し，垂直的分化をも同時に示していることになる[31]．

　さらに，このテクノニムを，ネクロニム（necronyme 死名），オウトニム（autononyme 個人名），アンドロニム（andronyme 夫名）などに関連させて，「構造的な」関係を見ようとする見方もできよう[32]．レヴィ-ストロース C. Lévi-Strauss は，ニーダムの報告したプナン人（ボルネオ）のネクロニムの解釈を援用して，人々が死んだものの名前を言及しないということが，ネクロニムの構造を説明するとし，テクノニムについては，子どもが生まれて，その子の名で両親が呼ばれねばならぬようになることが，とりもなおさず，両親が「死んだ」ものとして扱われたことを示し，出産が，新しい存在による古いものの代置と考えられていることを示す，とする[33]．擬制的な死と再生が名前に象徴されているという立場である．

オラン・フルに関しては，死んだものの名前を呼ぶことを禁止することはない．前述したように名前の忌避は姻族間にのみ行われる．しかし，事実を無視してレヴィ-ストロースのような仮定を立てて考えると，テクノニムのみならず，姻族間の名前の忌避も説明できて便利なことは便利である．古く，フレイザーJ. G. Frazer はテクノニミーの起源を，本名を口に出して言うのが嫌だという心理的な事実によって説明している[34]．テクノニミーが，何らかの名前の忌避に関わって発生したのかもしれない．

　また，レヴィ-ストロースは，テクノニムやネクロニムを，関係詞 (termes ≪relationales≫) とし，個人名が，単に≪自己≫を他の≪自己≫から区別するだけのものであるのに対し，ネクロニムが，関係を示す語だけでなっているのに着目している．関係語と子どもの個人名からなるテクノニムを，他の自己との関係 (relation à un soi autre)，個人名の入らないネクロニムを，他の関係 (relation autre) と簡単に割り切ってしまう．これは各名称法の構成の分析から言えば，きわめて正しい言い方であるが，前述したごとくテクノニムの水平的分化作用を考えると，テクノニムを単に彼のように捉えるのは，全体の社会構造を見落とす危険があるように思う．

　最後に，テクノニミーの慣行によって，系譜関係が忘れ去られて[35]，多くの親族関係が，漠然とした推定に基づいていることを指摘したい．これは，彼らの遡行的思考をあきらめさせ，常に現在の世界で物事を見ることを強いる．同時に，くり返すようであるが，世代類別的な親族名称に，直系的なつながりを強化し，漠然とした関係にある傍系親族を，親族範囲内から，はじき出すことにもなる．

2-4　むすび ── 社会の見方

　最後に，社会のモデルとして，一人のオラン・フルを中心としたいくつかの同心円的な構造を指摘しておきたい．
(1) 基本家族．生まれた家族にしろ，結婚して作った家族にしろ，常に個人の第1の壁を形成するのは，子どもが成長するまでの基本家族である．一組の夫婦からなる家族をスクラミン (se-kelamin) と称し，必ず独立の生計

を営んで，一つの世帯をなしているものである．この世帯の中に，基本家族以外の親族がくりこまれているのは，全体の14％強を示すが，その親族の多くは，永久的世帯共同者ではない．

(2) この家族をめぐって，結婚，葬式，相続などに必ず参与する近親の縁者ワリス（waris）がある（詳しくは第4章参照）．これは，親族核とも言うべきもので，一生を通じて父母，オジ，オバ，キョウダイ，子，オイ，メイがこれにあたる．夫と妻との各々のワリスは，厳然と区別されて交わることはないが，配偶者のワリスが，特に重要な意味を持っていることは，姻族に対する親族名称の節で述べたとおりである．この場合，姻族が，あたかも血縁のように取り扱われ，夫と妻とのワリスが二つひっついて，一つの同心円をなす．

(3) 直系三親等，傍系第三イトコまでの範囲の親族．この場合も，夫婦それぞれの親族が重なって，大きな同心円となる．

(4) 上記の三つが，家を中心とするとはいえ，血縁による限定なのに対し，ここで初めて地縁によって同心円を描くことになる．すなわち，部落である．もちろん部落の範囲を越えて，基本親族や親族核のメンバーが分布とていることが多い．ことに親族全体が一つの部落の中にいるということは，理論的にも不可能なことである．しかし，このモデルを一つの行動規範として考えるとき，常に部落の方が，親族の外縁を画しているとするのは正しい．理念的には，一つの部落は親族の集まりであると言われる．部落は，親族と違い，種々な異質なものを容易に受け入れる開いた集団であるので，親族内部でよりも，対人関係に相違がつけられる．

(5) エンダウ川流域のオラン・フルのコミュニティ．これは，部落連合といったものではない．彼らの意識の間で，一つの川に住むものは，みんな親類なのだ，ということがあり，かつ，部落相互間の接触交渉が，他のコミュニティよりも全体として頻繁であるからである．

(6) オラン・フルの社会．奥地に住み，貧しい生活に追われている同類の民．必ずしもイスラームに改宗していないものという条件はつかない．

(7) 非オラン・フルの世界．マレー人，中国人，インド人など，彼らの搾取者の世界である．オラン・アスリ局の本部のあるクアラ・ルンプルや，他のジョホル・バル，シンガポルなどという都市もこの中に入る．

　この同心円的構造の上に，超自然的秩序の世界が垂直的に組み立てられ，

全体としてのモデルが，彼らの行為の決定をするため，文化的格律を示すことになる．

第2章　註────
1）これは，調査から帰国後早々に研究会で発表したものをまとめた，最初の論文である．親族名称という比較的取り扱い易いトピックを選択しているのは，親族ネットワークの構造がよきにつけあしきにつけ，結晶となって表われているからである．
2）ジャクンという語は，マレー語として蔑称的な響きを有し，できれば避けたいが，この民族グループを総称する適当なことばがないので，民族学・人類学文献で広く使われる語として，ジャクンを便宜的に採用している．なお，マラカ州に住む先住民をジャクンと称することもある．本書では，後に述べるように，自称であるオラン・フルを用いる．
3）マレー人の間でも，方言の差異が大きいので，しばしば意志の疎通を欠く場合がある．cf. C. C. Brown, *Studies in Country Malay*. London: Luzac & Comp., 1956.
4）以下の文献に，エンダウ・ジャクンが，オラン・フルあるいはオラン・ウルと称せられている記事がある．フルとウルの違いは，h音が聞きとれるか否かの違いである．J. R. Logan, "The Orang Binua of Johore", *Jour. of the Indian Archipelago and Eastern Asia*, Vol. 1 (1847), p. 246; H. W. Lake & H. J. Kelsall, "A Journey on the Sembrong River from Kuala Indau to Batu Pahat," *JSBRAS*, No. 26 (1894), p. 13; A. D. Machado, "A Vocabulary of the Jakuns of Batu Pahat, Johore," *JSBRAS*, No. 38 (1902), p. 30.
5）J. R. Logan, *op cit*., p. 262.
6）祖父母にあたる親族名称が，先祖一般を指すのにも使われることも，彼らの記憶している系譜の世代が浅いことを示す．
7）Cf. Leopold Pospisil, "Law and Societal Structure among the Nunamiut Eskimo," in W. H. Goodenough (ed.), *Explorations in Cultural Anthropology*, New York: McGraw-Hill 1964, p. 399.
8）家の名前を継いだり，父の名前を受け継いで自己の名前の一部に繰り込む (patronym) のは，現在にいて過去を見るという点で遡行的といえる．これに対し，子どもの名前をもって自分の名前の一部とする (teknonym) のは，現在から未来へという点で前進的といえる．遡行的・前進的関係は，通時的な見方を基調とするが，これに対し，現在の時点のみを問題とする共時的な関係がある．親族組織では，同世代間の関係において現れる．
9）Floyd G. Lounsbury, "The Formal Analysis of Crow- and Omaha-Type Kinship Terminologies," in W. H. Goodenough (ed.), *ibid*., p. 357.
10）以下，親族名称の中で，直接相手の呼びかけに用いられる名称と，第三者にその人を指し示す場合に用いられる名称とを区別して，前者を呼称，後者を示称とする．なお，ローマ字表記は凡例で述べたように，1972年に制定されたマレー語・インドネシア語標準綴り字法に従っていないところもある．
11）形容詞をつけて，例えば，「若い父」パッオダ (Pa' Oda) として，父の弟を指すこともある．
12）DN部落のバティンは，二人の妻を持っている．彼と第一の妻は，LBの出身で，第二の妻は，MT出身である．第一妻の子どもは，その両親をワー，オジをママッと呼ぶ．第二

妻の子どもは，その両親をパッ（pak），ウマッ（emak）と各々呼び，オジをワーと呼ぶ．各々の子どもは，父の他の妻をアモイ（amoi オバ）と呼ぶ．

13) 名詞の後に修飾語が置かれる標準マレー語の感覚からすると，「父のキョウダイ」なのであるから，saudara bapa とする方が合理的なように思われるが，マレー語で実際に saudara bapa とは言われない．オラン・フルの使うマレー語は，しばしば「名詞＋修飾語」を「修飾語＋名詞」として使う．例えば，汚い衣 kain borok (or burok) というのを，borok kain という．マレー人が，これは間違いだから，kain borok と言うのだと子どもに教えても，依然として borok kain というのはなおらない．

14) マレー人の間では，祖父と祖母とを区別することが多い．例えば，ヌグリ・スンビランのダトッ（datok）とネネッ（nenek），ケダーのトッワン（to' wan）とトッ（tok）など．

15) マレー半島の東海岸地域では，カカッ（kakak）を兄に対しても用いる．オラン・フルはアバン（abang 兄）名称を，姉に対しても用いる混同を犯すことがある．親族名称に限らず，オラン・フル以外の人間がいると，努めて標準（あるいはジョホル）マレー語を使う傾向が見られる．そのためにこのような混同を起こしがちである．

16) se-, dua-, tiga-, empat- は各々1，2，3，4 を表わす数詞．

17) ただし，pupu の考え方によって，示称もハワイ型であるといえないこともない．ハワイ型というのは，イトコ名称とキョウダイ名称とが同じ語が用いられる．エスキモー型というのは，平行イトコと交叉イトコとの違いはないが，イトコ名称とキョウダイ名称とは異なる．親族名称の類型として，G. P. マードクが提唱したものである．L. H. モーガンは，ハワイ型，マレー・ポリネシアン型という類型を立てている．

18) テクノニムと区別して，配偶者名，アンドロニム（andronym）といえないこともない．cf. Claude Lévi-Strauss, *La Pensée Sauvage*, Paris: Plon, 1962, p. 256.

19) アジ（aji）は一種の尊称であるが，マレー人などの外来者に対してこの語を用いることはない．

20) インタビューにおいては，名前呼称の忌避によって，夫婦の親類を知るために夫と妻と両方から各々の親族を聞き出さねばならなかった．配偶者の血族を知らないということはないのである．例えば，ある字の書ける青年は，名前を忌避すべき姻族の名を言うわけにはいかないが，ローマ字で綴ってなら教えられると，一字一字 m, a, n, g, k, o, k と言って，Mangkok という名を教えてくれた．中には，この名前の忌避さえもあまり気にしなくなっている人も，でてきている．

21) 相続の決定は，近親（配偶者，配偶者の親族代表，子ども，キョウダイ，両親，オジ・オバ，オイ・メイ）の相談によってなされる．あるインフォーマントによると，夫が死ぬと，娘があれば彼女が彼の財産をとる．女の子は，生計を立てるのが難しいからである．息子だけのときは，息子達に分けられるが，この場合も生計を立てるのが難しいというので，末息子が最も権利を主張できる．妻が死ぬと，その財は妻のキョウダイ・両親に行き，夫は権利を主張できない．なお，果樹の相続についてはすでに触れたが，昔はドリアンなどの相続が重要であった．しかし，現在では，他の経済生活に追われて果樹栽培がおろそかになり，相続した果樹がないというケース，相続した果樹はあるが一度も収穫に行ったことがないというケースが多い．土地は概念上，すべてバティンのものとされ，相続の対象とはならない．しかし，焼畑にして，そこに作物を植えると，その収穫はすべて，その耕作者に所属することになる．

22) Cf. Raymond Firth, *Essays on Social Organization and Values*, London School of Economics Monographs on Social Anthropology, No. 28, University of London, 1964,

p. 121.
23) ボルネオの陸ダヤッ人では，テクノニムは，種々の親族，時には，親族でないものまでを称するのに用いられる．W. R. Geddes, *The Land Dayak of Sarawak*, Colonial Research Studies, No. 14, London: Her Majesty's Stationary Office, 1954, p. 17.
24) Rodney Needham, "The System of Teknonymy and Death-names of the Penan," *Southwestern Journal of Anthropology*, Vol. 10 (1954), pp. 416-431. なお，マンタイについては次のような経験もある．調査期間の一時期飼っていたロトン（lotong サルの一種）の子が亡くなってから，マンタイ・ロトンと呼ばれるようになったこともある．
25) Edward B. Tylor, "On a Method of Investigating the Development of Institution: Applied to Laws of Marriage and Descent," *Jour. of the Royal Anthropological Institute*, Vol. 18 (1889), pp. 245-269.
26) E. B. Tylor, *op. cit.*, pp. 248-249.
27) オラン・フルでの姻族の名前の忌避は，性的な競合や，インセストに対する病的恐怖心の態度から出たものではなく，むしろ姻族との結合関係強化のためであろう．
28) Robert H. Lowie, *Primitive Society*, New York: Liveright Publishing Corporation, 1947, p. 100 and pp. 433-434.
29) マレー人（ケダー州）の間では，個人名の前に親族名称をつけて，相手の地位をはっきりさせる習慣がある．これは，実際の系譜関係に基づくものではなく，単に，相対的年齢，社会的地位が考慮されるだけである．
30) Hildred and Clifford Geertz, "Teknonymy in Bali: Parenthood, Age-grading and Genealogical Amnesia," *Jour. of the Royal Anthropological Institute*, Vol. 94 (1964), pp. 94-108.
31) 陸ダヤッでは，必ずしもこの垂直的分化の機能が当てはまらない．W. R. Geddes, *ibid*.
32) Claude Lévi-Strauss, *op. cit.*, pp. 253-265.
33) Claude Lévi-Strauss, *op. cit.*, pp. 257-258.
34) James G. Frazer, *The Golden Bough: A Study in Magic and Religion*, Abridged edition in 2 vols., London: Macmillan & C. Ltd., 1957. Vol. 1, p. 327.
35) Geertz 夫妻は，「系譜関係の構造的な健忘症」と呼ぶ．Hildred & Clifford Geertz, *ibid*.

第3章
家族構成の特質

3-1 はじめに　3-2 建物の構造
3-3 世帯構成の概観　3-4 家とクラミン
3-5 クラミンの構成　3-6 クラミンの形成
3-7 おわりに

3-1 はじめに

　家族は結婚という制度によって形づくられる一定の集団であって，その成員は，経済的，法的・情緒的な紐帯によって，結びつけられているとかんがえられている[1]．親族組織が，生物学的な系統（真の，あるいは仮定の）と性的交渉との両者あるいはどちらか一方を問題とするのに対し，家族は生物学的関係と同時に性的交渉との二つによってメンバーシップが決められる，というレヴィM. Levyの簡潔な定義[2]は，生物学的な関係を正面から取り上げすぎていて，分析概念としては役に立つことが少ないように思われる．親族組織は一つの概念形態であって，生物学的関係は往々にして無視されるという事実の方が，生物学的事実よりははるかに重要なのである．さらに，レヴィは，家族を，家族のメンバー自身からも社会の一般成員からも等しく（ある一般的な目的のために）一つの単位として取り扱われる最小の親族組織として見る．この場合，家族成員は，自分達を一つの家族だとしても，社会の一部のものがそれを認めないこともありうるであろうし，逆の場合も想定されうる．どれを家族とし，どれを家族としないかは，調査者にとっても常に問題となる．このような，家族とは何か，親族組織と家族との関わりあい，あるいは全体社会と家族との関連という問題に立ち入る前に，いちおう作業仮説として，冒頭に掲げた家族の概念を手がかりにして，家族の量的側面である家族（世帯）形態を問題にしたい．

　家族の形態は，ある社会の理念としての形態と，「個々に異なる生活条件によって個別的に規定された形態」あるいは「家族の周期的変化にともなって経過的に現れる形態」との両者が厳密に区別されねばならないが[3]，本章での問題は，両者のくい違いがどのような形で我々の対象とする社会の中に現れているかということである．もっぱら分析の焦点は，家族成員の量的・質的構成の相違の追跡ということになる．

　データ収集のためのインタビューは，夫婦を単位として，できるだけ夫婦一緒に聴取するようにした[4]．2組の夫婦が共同世帯を営んでいることは，彼らにとっては考えられないことであるので，夫婦を調査の単位とすることにはさしさわりがない．しかし，単身生活者，あるいは欠損家庭などをいかに取り扱う

かということは，しばしば疑問の生じる点である．調査者の判断より，彼ら自身の判断を尊重した．その上で，生計を自分の手で立てているか，家計を他人に頼っていないかどうかという観察によって，最終的な判断を下すことにした．同様に家族の一員であるかないかということも，夫婦や本人の意見あるいは他人の意見を総合して決定することにした．居住に関しては，定期的な労作業のため部落を短期間離れている場合，部落に帰ってきたときにどの家に住むか，あるいはどの家に家具を残していっているかによって，その所属を決めた．

量的構成という一見客観的なものを対象とするわけであるが，分析の出発点となっているのは，常に生活当事者の意識的なカテゴリーであることは当然であろう．

3-2 建物の構造

調査時におけるオラン・フルの家はきわめて簡単な作りであった．間取りからいえば，ふつう広間と台所にあたるもの（いわゆる竈のある所）とが仕切りされているだけの長方形の小屋にすぎない．このしきりも板の壁と戸のついているものから，床の高さを違わせただけのもの，あるいは仕切りらしい仕切りのないものまで様々である．これより大きい家は，寝室や張り出しベランダを供えている[5]．広間と台所だけの家は53軒の内56.6%を占め，寝室をプラスした家は26.4%しかない．台所の仕切のない家は17%ほどある．寝室のあるなしにかかわらず，雑魚寝をすることが多く，時には幾組かの家族が一つの部屋で寝ることもある．家の広さは，$6\,m^2 \sim 40\,m^2$ ぐらいである．

床はふつう地上から1m前後の高さにあり，板を敷くか，木または竹を割って並べたり，樹皮を張ったりしてある．板はたいへん高価なものだが，他の材料よりはるかに心地がよく耐久性があるのでたっとばれる．約43.4%の家で何らかの部分に板が使用されている．ただしこれらの内，一枚いくらで買ったものは少なく，たいていは，材木業者の下で働いて得たものか，不用になったものの再利用である．

家の上に上がるはしごあるいは入口は，ふつう2カ所ある（73.6%）．広間（居間）に上がっていく所と，台所へ上がっていく所とである．一つだけしか戸がな

い例や，三つ以上の戸があるのは，稀である．壁にも窓がないことが多く（43.4％），あってもごく幼稚な覗窓のようなものである．壁の材料に板を使うのは，床に板を使うよりもずっと稀で，わずか17％の家で壁板が使われているにすぎない．樹皮を剝いで乾燥させたものが強くてよいが，パヨン（payong 旅人ヤシ）の葉を重ねたり，ハタプ（hatap 椰子の葉を組み合わせて屋根の材料としたもの）を使ったりする家もある（約19％）．屋根は，ほとんど全部がハタプ葺きである．トタンを使用しているのは，政府の建てた建物だけである[6]．もちろん，切妻屋根である．

　板を使おうと思わない限り，釘・ちょつがいなどを買う以外には，すべて森林資源を利用して家を簡単に建てることができる．最上流にあるPT部落ではカポル（kapor 樟脳の木で樹皮を床板に使う），サバン（saban ヤシの一種でその葉を屋根材とする），クポン（kepong サラノキ属の一種で樹皮を壁材にする）などを中心として，ほとんど彼ら自身が森林から得てきたものだけで家を建てており，しかも最も住みよい家を建てている[7]．

JR部落のラキト（筏上家屋）1965年

材料をジャングルから伐り出し，乾燥させたり加工したりするために，2～3ケ月から半月ぐらいかけて，ゆっくりと建てる．一度建てると5～6年は主要部分がそのまま使え，葉などを使用している部分を取りかえればよい．材料集め，建築は単独で行い，家を建てるための協同作業は通常見られない．

　土地の上ばかりでなく，川の上にも丸太を組んでその上に家を造る．流れていかないように岸辺に舫う．ラキト（rakit）と呼んでいる．これは移動して行くのに便利なので，材木伐りだし作業に従事しているものなどが使用している．19世紀から20世紀はじめの文献には，この筏上家屋の記述が見あたらないから，近来の工夫であろう．上流の2部落では，川の水量が豊富でないこともあって筏上家屋を使用するものはいない．最近では，材木伐採に従事しなくなったり，政府の衛生上の指導もあって，筏上家屋を捨てて陸上の家に移る傾向にある[8]．筏上家屋の広さはたいてい16 m²くらいである．

　家屋の物理的形状の概略はだいたい以上のごとくである[9]．次にこの家屋空間を基盤にして生活を営む人間のグルーピングを考察してみたい．

3-3　世帯構成の概観

　オラン・フルの社会で，最小のそして最も基本的な単位は，基本家族である．これをスクラミン sekelamin と称する．第1章でも述べたとおり，クラミン kelamin は「対」'pair' を意味するマレー語で，ス se- は「一つの，全体の」を表わす接頭辞（数詞）である．したがって，ことばそのものは一対を意味し，「夫婦」を指すことは明らかである．しかし拡大されて，子どもをも含めた夫婦の作る家族を指す[10]．その上に，現在家計を一緒にしているものの集団すなわち世帯という意味が加わる．独立の生計を営んでいるものは，単身生活者でも，スクラミンと称され，欠損家族もその範疇に入る．マレー語では，他にいろいろと世帯・家族を指す語があるが，オラン・フルの社会ではスクラミンという語しか用いられず，その他のことばは使わない．

　ふつう，夫婦と子どもとからなるスクラミンが，一軒の家に住む．原則として一夫一妻[11]であって，結婚後しばらくして夫が家を建てる．この独立前の期間は，妻の両親の家，夫の両親の家，夫婦どちらかのオジ・オバの家，キョウ

74　第3章　家族構成の特質

ダイ・イトコの家などに寄寓するので，推移的な世帯形態として，2組の夫婦によって住まれる家屋が出てくるわけである．夫の経済力あるいは労働力（労働意欲）が乏しいときには，家を建てるまでの期間が長びく．理想的には，一年妻方の家に，一年夫方の家に住んでから，独立した家に移り住むのが昔からの慣習であるといわれる．この一年という期間は，現在ではほとんど無視されがちで，夫の仕事の都合で，最初の形式的な妻方居住さえ済ませれば，どこにでも行くことが許容される[12]．

家を持たないものは，当然他人の家にやっかいになるわけである．このような寄寓者（ヌンパン numpang）は，別個の家計のもとに経済的には完全に独立している．ヌンパンの原義は，「便乗する」ということで，寄寓者の場合には，他人が建てた家に一時的に住まわせてもらうという感じである．ごく短期間の訪問の場合は，宿主がいっさいの世話をみることが期待される．オラン・フルの間では，ものをねだったり，あげたりするのに特別の対価物をその場で考慮することはないが，いつかはこちらが「お返し」できるということを前提としている．家に泊まりたいというのをことわるのは，正当な理由がない限りできないことであるが，泊まる側でも十分相手のほうを考慮する．自分の部落に来たときには，相手が必ず自分の家に泊まるとか，このあいだ芋をあげたとかの理由が，当然泊まる権利を持っているのだという顔をして寄留する態度の背後にある．もちろん，親族核（主立った親類）ないしは親族の関係にある家族が選ばれることが多い．しかし，親族核・親族ならだれでもよいというわけではなく，何らかの相互的扶与関係にあるものが選ばれる．外来者に対しては，この互酬性が即時的な対価要求となって現れる．

次に，一つの家屋に住むスクラミンの構成を見てみたい．

3-4　家とクラミン

一つの家を一つのクラミンで占めているのは，全体の家屋数からみれば，73.7%である．（表3-1）．クラミンの数の割合でいえば，53.8%のクラミンが一軒の家に住んでおり，73.1%のクラミンがとにかく一軒の家を所有していることになる．したがって家のないクラミンは，全体の26.9%である．

表3-1 部落別家屋数と同居クラミン数

部落名	同居クラミン数				家屋数計	クラミン数計	人口
	1	2	3	4			
JR	16	5	1	1	23	33	128
TT	11	1	0	0	12	13	63
PN	5	2	1	0	8	12	51
PT	10	2	2	0	14	20	85
計	42	10	4	1	57	78	327

出典：以下特に出典をあげない限り1966年の調査データである．

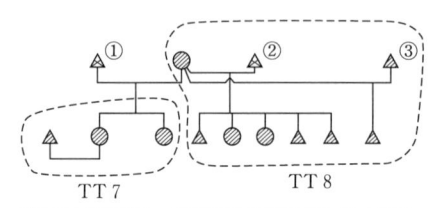

注：○△の斜線は一つの家屋に同居している．×印は死亡者．丸数字は婚姻順．点線で囲った部分がクラミンの範囲．TT 7 は TT 部落における調査上のスクラミン番号である．

図3-1 TT の世帯群

　部落別に見ると，TT（タンジョン・トゥアン）では1クラミン1家屋の割合がとび抜けて多い．この部落は JR（ジョラッ）部落の枝村的な存在であるが，従来材木伐り出しの仕事をしていたものが多くて，筏上家屋に住んでいた．それが陸に家を建てるようになり，すべてのクラミンが1戸づつ家を建てたわけである．その上この部落はあまり人を引きつけるものをもっていないので，他部落からの来住者が少ないことも，1クラミン1家屋の形態に留まっている理由でもある[13]．

　TT で2クラミンが1軒の家に住んでいるというのは1例だけである．これは妻の娘の婿の家に一時仮り住まいしている例で，最近移ってきた．図3-1に示したように，先夫との間の娘の所（TT 7）に，現夫とその子どもともども（TT 8）ころがりこんだわけである．もちろん，この夫婦（年齢は45歳と43歳）が老齢のために娘婿に養われているというのではなく，家を建てるべきだが，出産などのために仮寓を余儀なくされている状態である．

　次に，1クラミン1家屋の割合の最も少ない PN（プナン）を見てみよう．こ

注：白抜き記号は不在者.

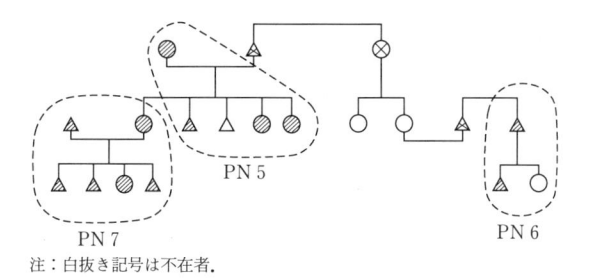

図 3-2　PN の世帯群

の部落の多くのものは，すぐ上流にある木材伐り出し場で作業に雇われている．そこには労働者用の飯場があって，労働するものだけがそこに寝泊まりして，一定の期間（例えば 1 ヶ月間）働く．その間，女子どもは部落に留まる．このような労働形態であるのも一因して，一時妻子を他家にあずけておくような形式のものが見られる（PN 1 と PN 2 とのクラミン）．

　PN 10 と PN 9 とは，娘の婿と一緒に住んでいる例であるが，このクラミンは最近この部落に移ってきたところで，耕す土地も正式に分配されていない．3 クラミンが 1 家屋に住んでいる PN 5―PN 6―PN 7（図 3-2 参照）の関係では，PN 5 の息子の一人がこの家を建てたのであるが，彼は調査時には弟と一緒に木材伐り出し作業中で家には不在であった．PN 5 と PN 7 とのクラミンは一つの寝室で寝泊まりしているが，PN 6 のクラミンは広間の片隅に床をとり，単なる一時の訪問者の待遇しか与えられていない．

　この家は非常に大きく建てられているので現在は不便がないが，PN 5 の息子が結婚してここに住むようになれば，当然 PN 7 はどこか他の所にすみかを見つけねばならないであろう．PN は人口も戸数も少ないが，1/3 のクラミンが寄寓しており，かなり大きな家が目立つ．

　PT（プタ）部落は，いちばん奥地にあって伝統の生活により執着し，最も落ち着いた雰囲気の部落である．家屋の材料，形式，大きさとも画一的で，家の並びも整然としている．この PT の土地に移ってから 5 年目で，これらの家はほとんどその最初の時期に建てられたものである．この部落で 2 クラミンが 1 軒に住んでいるのは 2 例である．1 軒は，義理の両親（PT 6）の所へ婿のクラミン（PT 7）が住んでいる例である．PT 7 には子どもが 3 人あり（内一人は死亡）婚姻生活も 5 ～ 6 年以上は続けられているようであるが，夫はエンダウ川の支流

のアナッ・エンダウ川の出身で，エンダウ川流域では TT 部落に住む彼の弟のクラミンだけが身寄りである．他の一軒の寄寓者は子どものいない若夫婦（PT 1の）で，夫は家の持ち主（PT 13）のイトコにあたる．寄寓する家を定めておらず，調査時は籐採集のため夫婦で上流の作業小屋で寝泊まりしていた．3クラミンが1軒の家に住んでいる例も2例を数える．PT 14—15—16 の場合は，娘婿2人が一緒に住まっている例である．PT 16 は結婚して2〜3ケ月で，夫のほうは出身部落の PN での仕事もあって，両部落を行き来している．PT 15 には3歳と1歳になる子どもがいるが，結婚以来義父の家にいる．これは義父が老齢なためか．残る1例は特殊ケースで，三つの欠損クラミン（PT 3—4—5）がバライ（balai 集会所）[14] に住んでいる例である．いずれも妻をなくした独身者か，子どもづれの鰥夫である．竃がないので自分達で料理をすることはなく，近親者の家で食事をする．寝泊まりだけをこの集会所でする．理由は他の家に寄寓するより気楽でよいというわけであろうが，こんな例はこの部落だけである．

　最後に JR 部落は，エンダウ川流域で最も大きい部落の一つであるが，その30％の家ではクラミンが同居していて，同じく約30％のクラミンが家を持たないことになる．まず4クラミンが一つの家に同居している例を見てみよう．家を建てた（持ち主）のは，バティン（部落長）の娘（養女）の夫であるが，彼はこの2年ずっと奥地のスライ（Selai）に働きにいって不在で，最近彼の妻子が妊娠のために帰ってきている．調査時はこの JR 22 の妻子の外に，産婆役を果たすための（子どものない）夫婦（JR 25）と，単身寡婦（JR 23）と，子どもづれの鰥夫との3組のクラミンが寄寓している．JR 25 の夫は，JR 22 の妻とは類別的なオジの関係にあり，JR 23 は JR 22 の夫の父方のオバであり，JR 24 は JR 22 の妻の祖父の代にあたる親族である．このうち鰥夫は耕作地の近くに自分の家を建てつつある．いずれも，この家にしか住まわれないというのではなく，たまたま家屋が大きいのと，気楽なのとで，ここに寝泊まりしているだけで，寄寓期間も半年にならないものばかりである．

　3クラミンが一軒の家に住んでいるのも1例を数える．この家は筏上家屋であるが，ふつうのより大きくできている．所有者の JR 8（図3-3）は，子どもがなく，夫の妹の家族が同居している他に，夫のオイ（独身未婚の JR 10）も一緒に住み，それぞれ区画された寝場所を有している．JR 9 は調査後，陸に建てた自分の家に住むようになり，JR 10 もそこに移った[15]．2クラミンが1軒に住んで

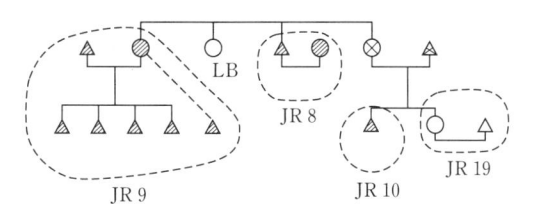

図 3-3 JR の世帯群

いるのは，5例もあるが，うち2例は新婚の夫婦が（妻の）父親または兄の家に住んでいる例で，2例は，新婚ではないが，妻の両親の家にずっと留まっているケースである．残りの1例は，子どものない夫婦が夫の（死んだ）姉の夫（すでに再婚している）の所に寄寓している例であるが，この夫婦もほうぼうを転々と移っており，この家に移ってきたのも2〜3ヶ月前である．

全体として寄寓関係をみると，ほとんどが最も近い親族核の所にやっかいになっている．例外としてのPTにおける鰹夫達の集会所での寝泊まりを除くと，19組の寄寓関係が見られる．寄寓するものが，どのような関係のものの所へ行くかということに焦点を合わせると，妻の兄弟（夫のイパル）の所に寄寓するもの3例，妻の両親（夫のムントゥハ）の所6例（この内4例は新婚でないにもかかわらず，同居している），妻の姉妹の夫（夫からはビラスの関係）の所1例，娘の夫（ムナントゥの関係）の所2例，夫の姉妹の夫（イパルの関係）の所1例，オイが母方のオジ（MB）[16]の所へ，父方のオジがオイ（BS）の所へ，夫の父方のイトコ（FZS）の所へ寄寓しているものがそれぞれ1例，類別的なオジがメイの所へ寄寓したのが2例，類別的なビラス関係が1例である．

妻の血縁あるいは妻に近い親族の所に寄寓しているクラミンは14例，夫の血族の所にやっかいになっているもの5例である．これを縦の関係と横の関係とに分けてみると，異世代親のものの所に寄寓するのは12例，残り7例は同世代親の所に寄寓する．同世代親の場合，若干の類別的関係を除くと，ほとんどは夫婦の一方のイパルあるいはビラスであり，異世代親の場合は，ムントゥハ，ムナントゥの所に寄寓しているとも言える．

この傾向を説明するものとして，3-3節において述べたように結婚の初期は両親の家に（労働力として）留まることを期待され，ただちに新居に移ることはないことが挙げられる．ただし，一年妻方の家で次の1年を夫方の家でといわれるが，上述のサンプルからは，一方的に妻方居住で，夫の両親と共住してい

表3-2 同居クラミン数と同居人数

同居クラミン数	同居人数													計	一家屋当たり平均同居人数
	1	2	3	4	5	6	7	8	9	10	11	12	13		
1	4	5	4	7	7	6	6	1	2					42	4.6
2			1			2	2	1	3		1			19	7.3
3										2		1	1	4	11.3
4								1							
計	4	5	4	8	7	6	8	3	4	5		2	1	57	5.7

る例は見られないし、また妻方居住期間も厳密に1年というわけではない。一般に、最初の妻方の家での生活の方が重視され、夫の都合で他の部落に住むことを余儀なくされるときでも、形式的にせよ妻方に住まねばならぬことはすでに触れた。しかし、彼らの意識としては、厳密に「妻方」「夫方」を区別するわけでなく、便宜に従って自由に変更できるものとする。さらに、娘の婿に対して老後の扶養をはじめとして、種々の援助が、親から期待されることがある。一般に血族に対するよりも姻族に対する義務が強調され、姻族関係が重要視されるのである。

いずれにしても、家の所有者と寄寓者とは厳密に区別されて、所有者が家を建てるときに手伝ったのでない限り、長期間にわたって寄留するということは好ましくない。これはまた、彼らの個人主義的な傾向を示すもので、同居すると何かと家庭経済が入り交じって、「損」をするように感じるのかもしれない。どのクラミンも原則として自分の家を持つことを期待され、怠けものか不能者か横着者でない限り、その期待に応えて、他人からの叱責を回避する。配偶者を失い50も半ばを過ぎた年齢で、子どもたくさん独立して同じ部落に住んでいるにもかかわらず、自分自身の家を建てて、そこに一人で住むという例も出てくる（JR 24, JR 17）

なお、1軒の家に住む人数は、表3-2でみれば、平均5.78人（最頻値は4人と7人）である。1クラミン1戸では、1戸平均約4.6人、1戸2クラミンでは約7.3人、1戸3クラミンでは約11.3人となる。1軒の家の収容人員の限度は家の大きさによってずいぶん異なるが、だいたい大きな家でたくさんのものが寄寓し、小さな家には寄寓することがないようである。

3-5　クラミンの構成

　前節においてクラミンという語をそのまま使用したが,スクラミンが必ずしも基本家族とは限らず,多少の成員の出入りが見られる。(表3-3～3-5参照)
　クラミンの成員構成を分類すると,(1)単身生活者,(2)欠損基本家族,(3)夫婦,(4)基本家族,(5)包摂家族[17] に分けられる。単身生活者とは1人で独立の生計を営むものであり,欠損基本家族は,夫または妻の片方がなくて,未婚の子女と生活している。夫婦は,子どものいない夫婦,あるいは子どもがあっても子どもと共同の生活を営んでいないものである。基本家族は夫婦と配偶者・子どものない子女だけに限定された家族である。包摂家族は,基本家族の成員以外の親族を含んでいる家族である。表3-3をみると,14.2%の包摂家族以外は,基本家族あるいはそれ以下の小家族であることが注目される。1クラミンの平均人員は4.2人であるが,基本家族にあたるものだけの平均は5.1人で,夫婦に子どもが3人平均いることになる。そして包摂家族のタイプの場合は,平均6.2人であるから,平均値としては基本家族に他のメンバーが1人加わった構成を想像しうる。欠損基本家族にあたるものも,1人の親と子ども3人が平均のようである。だだし,最頻値から言えば,この平均のタイプと必ずしも一致せ

表3-3　クラミン類型と構成員数

クラミンのタイプ	スクラミンの構成人数									計
	1	2	3	4	5	6	7	8	9	
単　　独	7									7(8.9%)
欠損家族		2	1	2	1		1			7(8.9)
夫　　婦		13								13(16.7)
基本家族				6	12	7	9	5	1	40(51.3)
包摂家族			1	2		2	4	1	1	11(14.2)
計	7	15	8	16	8	11	10	1	2	78(100.0)
総人数	7	30	24	64	40	66	70	8	18	327

注：1クラミンの平均人数：4.2人
　　基本家族の平均人数：5.1人
　　包摂家族の平均人数：6.2人
　　欠損家族の平均人数：3.9人

表3-4 部落別クラミン類型数

類型＼部落	JR	TT	PN	PT	計
単独	4			3	7
欠損家族	1	2	2	2	7
夫婦	7	1	2	3	13
基本家族	16	9	6	9	40
包摂家族	5	1	2	3	11
計	33	13	12	20	78

ず，かなりちらばりがあることを示す．

　部落別に見ると（表3-4），だいたい半数のクラミンが基本家族であるが，TTのみは約7割近くが基本家族である．ところが1クラミンあたりの平均構成員を計算すると，JRが3.8人，TTが4.8人，PNが4.3人，PTが4.2人となって，基本家族のいちばん多い部落の平均構成員が最も多いことになる．平均値に特に影響しているのは単身生活者と夫婦との数で，TTではこれらの数がきわめて少ない．

　まず包摂家族の構成から吟味してみよう．包摂する親族の世代によって，我々は次の7タイプを知りうる．
　(1) 基本家族（夫婦家族を含めて）に夫婦の尊属親が含まれた型．
　(2) 基本家族に同世代親が含まれた型．
　(3) 基本家族に（実の子どもを除いた）卑属親が含まれた型．
　(4) 基本家族に尊属親と同世代親とが含まれた型．
　(5) 基本家族に卑属親と同世代親とが含まれた型．
　(6) 基本家族に尊属親と卑属親とが含まれた型．
　(7) 基本家族に尊属親・同世代親・卑属親が含まれた型．
　さらにこの分類を，直径親と傍系親との区別をもうけることによって，包摂される親族のカテゴリーがいっそう明確になるわけであるが，サンプルとし得る数がわずか11例であるので，いちおう上記の分類に従って，一つ一つ検討していきたい．

　まず(1)，(5)および(7)に相当するクラミンの例はサンプルの中にはない．
　同世代親が包括された型(2)は，4例見られる．うち3例の包摂された親族は，村人に言わせると「気がふれている」というカテゴリーに入れられるもので，

独立生活が営めないのでイパルあるいはイトコが面倒を見ている（JR 2 は WZ, JR 27 は妻のイトコ，PT 11 は夫のイトコ）[18]。他の 1 例は妻の妹が一緒に住んでいる（TT 7）。夫婦には子どもがなく，その妹は一人前に近い労働力を持つので，一時的に（彼女の婚姻まで）クラミンの中に入れられていると考えられる。妻の父親は健在であるが，5人の未婚の子どもづれの寡婦と結婚したので，父親のクラミンを避けて姉のクラミンに入ったわけである。この 4 例のいずれにしても，本人の意志次第で所属クラミンを変更することができ，かつ他のものもそれを暗黙のうちに認めている。「気がふれたもの」はどこに行こうと何をしようと仕方がないと，一般のもののほうがあきらめているし，労働力のあるものは，どこでも歓迎されるからである。

　卑属親を含む型(3)に属するのは，やはり 4 例（JR 1, JR 7, JR 9, PN 1）見られる。4 例とも妻のアナッ・ブアー（anak buah オイ・メイにあたる）で，JR 7 と PN 1 とでは WBD, WZD が各々包摂されており，JR 1 では WFBDS が含まれている。JR 9 の場合は，直接の系譜関係は明確にたどりえないが，妻のアナッ・ブアーにあたると言う（この場合，彼はパハン州のナナシから 2 年ほど前にこの部落にきて，家族にあたるものがここにいない）。この 4 人とも婚姻可能な時期にある未婚者（ダラ）であって，中心となる夫婦にとってその労働力はありがたいわけである。一見被扶養家族員のようであるが，いつでも自分で独立しうる力をもち，それ故に生まれた基本家族を離れ得たと言える。JR 1 の被扶養者の基本家族は下流の DN 部落にあるが，実母が中国人と結婚しているので，もとの基本家族と生活するのを嫌っている。JR 7 の被扶養者は，離婚者（si-cherai）で，もとの基本家族は上流の TT に住むが，父親はすでに新しい妻を娶っている。PN 1 の被扶養者の母親（父は死亡）とキョウダイとはすぐ近くに住んでいるが，母親は姉夫婦に養われている。婚姻適齢期なのでオバ（バティンの妻）の所にやっかいになっているわけである。4 例とも，生まれた基本家族がないか，崩壊してしまっている例である。

　尊属親と同世代親とを同時に含んだ型(4)は，2 例（PN 4, PT 13）ある。両者は異なった構成の仕方を示す。PN 4 は妻の母親と妻の弟妹とを引きとって扶養するタイプで，このために最近大きな家を新築したところである。妻が長女で，他の弟妹が幼少なので，当分の間は（義理の母親が再婚するか，あるいは弟妹が独立するまで）仕方がないことである。これに対し，PT 13 は母親と弟とイトコ（MBS）とを含み，3 人の男は同時に共同作業者でもある。イトコの親は亡く，

キョウダイがPTとTTとに住んでいる．母親もある程度自分の生活費を稼ぐし，弟・イトコもダラであるので，経済的には皆独立可能なものが血縁紐帯によって一緒に生活しているとも言える．PN 4 も PT 13 も，中心となる基本家族は夫婦と幼児1人の3人だけである．

尊属親と傍系卑属親とを含んだ型(6)はPT 2 の1例だけである．これはきわめて特殊事例で，たまたま調査時に，本来の所有者である人が，精神が不安定になっていた状態であったので，その娘婿を対象としてインタビューを行った結果生じたものである．したがって本来の所有者から見れば，2世代にわたる卑属親を含む型とも言える．夫のほうは連れ子をして他部落から入婚してきた．妻のほうは初婚である．妻の父親の外に，妻の幼少のオイ (WZS) を含んでいる．彼の母 (すなわち WZ) は死亡しているが，その父 (WZH) はこの部落の (政府の) 薬置場の管理をしながらそこで寝泊まりしている．

以上包摂家族の構成を見てわかるように，中心となる基本家族に付属するのは，大部分1人の親族で (11例中8例)，複数の扶養家族員を包摂するのは特殊な例といえる．(2人，3人，5人の扶養家族員を含むのが1例ずつある．) そして，包摂されるメンバーは，経済的に独立しうる可能性を持つものが多いこと，ならびに本来の生まれた基本家族がなくなってしまったものが被扶養者となっていることも注目すべきである．表3-5より明らかなように，包摂家族は独立の住居を持っているのがふつうで，1例ある寄寓の例も，調査後自分の家を新築してそこに移り住んでいる．

親族組織の中での分化の始まりは，婚姻によって生じる．婚姻は個人の親族関係の枠を広げると同時に，当事者2人を親族組織の中の1単位として独立させる働きをこの社会では有していることは，前述したような家族に対する語を

表3-5　クラミン類型別寄寓クラミン数

類　　型	寄寓クラミン数 (%)	クラミン総数 (%)
単　　独	3(42.9)	7(100.0)
欠損家族	4(57.1)	7(100.0)
夫　　婦	6(46.2)	13(100.0)
基本家族	8(20.0)	40(100.0)
包摂家族	1(9.1)	11(100.0)
計	21(26.9)	78(100.0)

見てもわかる．子どもがあるなしにかかわらず，中心的な家族的核となるのは基本家族ではなくむしろ夫婦であるような印象さえ抱かしめる．独立の夫婦世帯は13例を数える（表3-6）．新婚5ケ月から7ケ月の夫婦は4例で，他は少なくとも1年以上の結婚生活を送っている．初婚どうしの夫婦は，9例である．新婚夫婦は，PT 20を除いて，妻方の両親，キョウダイの家に同居している．PT 20は部落内婚で，すでに独立して自分達の家に住んでいる．残りの新婚でない9例中，6例までは独立の家を有している．夫の親族核の近くに家をもつものと，妻の親族核の家に家を建てたものとが半々である．他の3例は寄寓クラミンで，妻の近親の家に住むのが1例，夫に近い親族の家に仮居するのが2例である．住居場所の問題は重要であるが，過去において部落の移動が多かったのと，いったん生まれた家族の住む部落から出たり，あるいは生まれた家族が消滅したりすると，単に妻方居住，夫方居住というように割り切れないところが生じてくるのは当然である．

　基本家族にあたるスクラミンはこの社会でも半数以上の事例（40ケース）をしめ，正常な規範的家族と認められている．しかし，一概に形の上から基本家族と言われても，その内容は複雑なことが多い．この基本家族型を子どもの中に連れ子が含まれているか否かによって分類すると，40例中30例は，現在の夫と妻との間の子どもだけであり，残りの10例において，継子を含む．前者のう

表3-6　独立している夫婦

世帯番号	年齢 男	年齢 女	婚姻年数	居住タイプ
JR 4	18	16	5/12	寄寓，妻方居住
JR 8	28	26	6	（夫方の部落で）独立
JR 19	27	22	8	寄寓，夫方居住
JR 20	27	23	9	（妻方の部落で）独立
JR 21	18	16	7/12	寄寓，妻方居住
JR 25	35	42	4	寄寓，妻方居住
JR 30	19	17	2	（夫方の部落で）独立
TT 10	30	28	5	（夫方の部落で）独立
PN 8	49	45	?	（妻方の部落で）独立
PN 11	22	17	2	（妻方の部落で）独立
PT 16	25	18	6/12	寄寓，妻方居住
PT 19	28	20	?	寄寓，夫方居住
PT 20	23	21	5/12	完全な独立（新居制）

ち，23例は初婚（夫婦とも初婚は16例）か，あるいは，再婚の場合でも前の配偶者との間に子どもができなかったケースである．（現在の夫婦の間の）子どもがすでに独立して他のクラミンを営んでいるものは2例である．30例中の他の5例は，妻が再婚以上で，どちらかの配偶者に前の結婚でできた子どもがあるが，子どもは独立して現在は夫婦中心の基本家族である．5例の内の3例は妻側に独立した子がある．他の2例は夫側に独立した子がある．現在の夫婦の間にできた子がすでに独立した例（3例）もこの中に含まれている．

　基本家族40例のうち10例は，継子をその基本家族の中に含むものである．夫が連れ子をしているのは2例にすぎず，いずれも妻が若く，夫は発言力の大きい壮年期にある．妻の連れ子は8例を数える．そのうち3例は夫が初婚である．2例は夫が再婚しているが前に子どもがない．3例は夫の前配偶者による子どもがすべて独立してしまっている．圧倒的に妻の連れ子が多いように見えるが，夫の方に連れていく子どもがないことも見落としてはならない．既に触れたように，基本家族と一括されるものでも，初婚どうしの基本家族はわずかに16例で，他の24例は再婚型の基本家族である．そのさい，再婚に子どもの有無の要素があまり重視されないことは1/4が連れ子をしていることにも窺われる．

　欠損家族は，基本家族の夫婦の片一方が死別・離別によって失われた父子家族あるいは母子家族を言う．7例を数えるが，その内5例は父子家族である．1例（TT 11）だけは自分の家を持っているが他は寄寓している．（なお，TT 11は調査終了後再婚している．子どもは4人．）父と子1人のタイプはJR 24とPT 3とで，子どもがすでに14～6歳になっているので，父子とも各々勝手に好きな所へ泊まることが多い．PN 6は女の子2人，PT 4は男女の子6人を抱え，それぞれ48歳，53歳くらいである．

　母子家族の2例の場合には，息子がいずれも20歳前後で，母親を養っているケースである．2例とも自分の家に住んでいる．TT 3の母はすでに60歳くらいであるが，息子はすでに1回離婚している．養子2人を母親が育てている．PN 5は息子と2人の娘がいる．この母親もかなり老齢で，子ども達は皆ダラである．欠損家族の平均人員は約4人である．

　単身生活者は7人を数える．女4人に，男3人である．3人の女は自分の家あるいは小屋を建てるなりして自分だけで生活している．死別した寡婦が夫の家に住み，他の離別した寡婦達は，自分で建てた小屋か，空いている家に1人

で住んでいる．男やもめは，薬置場の管理人を除いて，寄寓生活をしている．年齢から見ると，寡婦は老齢であるが，男の場合は3人ともまだ若く，2人は離別・死別，1人は未婚である．単身生活者のカテゴリーとしては，独居しているもののみを含ませるべきであるかもしれないが，居住のみによっても区別は難しく，過渡的な単身者が含まれていることに注意したい．例えば離婚直後とか，出稼・病院などから帰ってきたとか，臨時に政府の仕事をしているとかである．自給自活自炊の本来の単身生活を送っているのは，PT 12, JR 5, JR 17で，これに寄寓的単身生活者のJR 23を加えた4例以外は，このような過渡的単身生活者といえる．（両者の区別は性別には基づいていないが，結果としては性別になっている．）

　包摂家族の中に含まれる親族でも，もし居住を別にしさえすれば単身生活者になるのものが含まれていることは言うまでもない（潜在的単身生活者）．欠損家族が分離して単身生活者になることも考えられる．ちなみに，15歳以上の成人男女で，結婚の経験がないものおよび単身者を表にしてみると表3-7のようになる．欠損家族の当事者と，既婚単身生活者とをあわせれば13例になるから，離婚者21人中，8人は包摂家族（あるいは欠損基本家族）の中に含まれてしまっていることになる．また同表から，15～19歳の50％は既婚であり，20～24歳ではわずか10％のものが未婚にすぎず，女性では20歳以上，男性では25歳

表3-7　年齢，性，婚歴別独身者数

年　齢	男			女		
	総人口	未　婚	死別・離婚	総人口	未　婚	死別・離婚
15以下	(74)			(88)		
15-19	13	10		15	4	1
20-24	12	3	1	18		
25-29	13		2	9		
30-34	9			4		
35-39	13			8		
40-44	11		2	12		3
45-49	8		1	5		1
50-54	3		3	3		3
55-59	0			2		1
60-64	3			2		2
65-70	2		1	0		
計	87	13	10	78	4	11

以上で結婚生活の経験がないものが皆無である．家族構成の重要なポイントとなる初婚年齢は，聞き取りで結婚年を確定するのが難しく省略したが，早婚の傾向を示す．

3-6 クラミンの形成

　家族成員の形成の仕方は，婚姻，出生，養子あるいは引き取り，寄留などによる．この形成過程は（出生を除いて），いちおう親族組織という枠組みの中で進行していくことが多いが，それでもそこには互酬性に基づいた経済的配慮がなされている．オラン・フルの人は，血縁関係を行動の説明原理としているが，実際には権利と義務とを勘考した互酬性に基づいて集団形成が成されている．「親族組織」はここでは，住民の意識の中の虚構であって，虚構を作らせる動機はその外に求めねばならない．

　婚姻は家族を形成する第一義的な要素で，前節までにも必要に応じて簡単に触れてきたが，若干の点を補っておく．たとえ外来者であっても，結婚して部落に居住することによって部落における権利を獲得できる．JR部落には2人の中国人がオラン・フルと結婚して，部落員として認められている．PT，PN，TTには中国人の血が混じっているものはいるが，中国人は住んでいない．JRより下流にはさらに2人の中国人がオラン・フルの妻を娶って部落で生活している．いずれも老齢であり，外の中国人とのつきあいは無い．マレー語が不自由であるという言語的な障害のために部落の中でも積極的な活動をすることもなく，完全にオラン・フルに同化されているとも言い難い．1948年頃からの共産主義者のテロの時期には，ゲリラとなった中国人がジャングルに逃げこむのも珍しくなく，彼らとオラン・フルとの間の混血もあるが，それらの中国人は定着していない．逆に，富裕な中国人の木材・鉱山業者が妾（あるいは第2妻，第3妻）として，オラン・フルの女を連れだすケースもある．

　中国人とは違って，マレー人の場合はマレー人がオラン・フルの部落に入って定着するということはまずなく，オラン・フル側の女性の婚出という形をとる．これは中国人が根なし草のように定着する所を求めてくるのが多いのに対し，マレー人は自分のコミュニティを厳然ともっているからでもある．DN部落

にはオラン・フルの血が半分混じっているマレー人家族が住んでいる珍しい例があるが，彼らはオラン・フルの側からも完全に部落の一員としては認められておらず，外来者として扱われている．さらにエンダウの町の近くに，オラン・フルでマレー人に婚した老婆が，子ども・孫と一緒に住んでいるが，夫はすでに亡くなっている．彼らは地理的にも経済的・心理的にもマレー人コミュニティの中に含まれている．

　婚姻・離婚の詳細については次章で取り上げたいが，これらの手続きは比較的簡単であるので，離婚はかなり多く，結婚を経験したものに対して離婚経験者は26.5%に及ぶ．ただし，離婚して長くそのままになっているというのは少なく，すぐに再婚していく．表3-7において，特に40歳未満の女性に配偶者が必ずいるというのは，外来的な原因を求めて，例えば，共産党員蜂起のときに女性人口が中国人社会に吸収されて，この世代に女性不足があるとか，若い世代では中国人・マレー人社会に婚出して行きやすいという推定をするよりは，未だ出産可能期にある女性をそのまま放っておかないという，内在的なメカニズムと見る方が，このようにサンプル数が少ない場合には，より自然な解釈であろう．

　オラン・フルの間では，外婚制も内婚制もない．部落の限定された人口から適当な配偶者を部落内で得ることはしばしば困難であるが，必ず他の部落から配偶者を選ばねばならないという必要も認められない．通婚の範囲はエンダウ川流域にとどまらず，カハン Kahang, スライ，ベコッなどの西南地方，アナッ・エンダウ，ナナシ，ロンピンなどの北部のオラン・フルとの通婚も行われる．再婚にともなう継子の問題は先に触れたが，実子と継子とが葛藤する場合には，子どものほうが他出していく．物心がつき幼少労働力として認められる8歳くらいになると，他出も自由になるので，深刻な問題とはならないわけである．そのような他出のケースは，しかしながら，母親が中国人と再婚して，子どもをもうけた場合に多い．オラン・フルの間での，特に幼少の継子は，実子と変わりなくそのまま基本家族の中に包含されているようである．パッ・アナッ (pak anak) というのは異母同父のキョウダイ，ウマッ・アナッ (emak anak) というのは，同母異父のキョウダイを示称することばである．継父はパッ・ティリ (pak tiri)，継母はウマッ・ティリ (emak, tiri) と示称されるが，呼称はパッ，ウマッと実父母と区別されない．

　出生による家族員の増加は，家族構成上絶対的プラスの面にだけ働く点で婚

姻，養子などと区別される．出生の人為的抑制はふつうの婚姻ではいかに多くの子どもが生まれても行われない[19]．表3-8と表3-9とは，全既婚婦人に対して，何人子どもを産み，そのうち何人死んだかという問の集計である．出産回数は，死産も入っているので，むしろ妊娠回数に近い．死亡数は必ずしも幼児

表3-8　年齢別出産回数

出産回数	年齢				計
	-19	20-29	30-39	40-	
0	6	5		3	14
1	3	3		2	8
2		3	2	1	6
3	1	10	1	2	14
4		3	1	2	6
5		3	6	3	12
6		1	3	4	8
7			1	1	2
8					0
9				5	5
10			1	3	4
11				2	2
計	10	28	15	28	81
出産回数累計	6	72	76	161	315

表3-9　年齢別死亡子数

死亡子数	母親の年齢				計
	-19	20-29	30-39	40-	
0	3	7	2	5	19
1	1	12	6	3	22
2		2	5	7	14
3		2		5	7
4			1	3	4
5				1	1
6				1	1
7			1		1
子供なし	6	5		3	14
計	10	28	15	28	81
死亡子数累計	1	22	27	55	105

泊りに行く JR 部落の少女 1996 年

死亡数ではなくて，成人してからの死亡も入っている．後者の数は，しかし，わずかである．死産した場合には，子どもの死亡の数に加えられているのは確かであるが，死産と流産の境界はつまびらかではない．

　出生した子どもの数は 315 人を数え，死亡数は 105 人であるので，一人当たり平均 3.89 人（最頻値 3 人）生んで，そのうち 3 人に一人の子どもを死なせている割合になる．母親の現在の年齢別にみると，20 歳未満では平均 0.6 人（最頻値 0）の子どもを生んで，子どもの死亡は 16.7% である．いずれも他の年齢よりはずっと低い率である．20 歳以上 30 歳未満の婦人は平均 2.57 人（最頻値 3 人）の子どもを産み，その死亡率は 30.6% で依然として全体の平均値よりは低い．30 歳以上 40 歳未満になると平均 5.06 人（最頻値 5 人）の子どもを産んで死亡率は 35.5% である．40 歳を越えると子どもの数は若干増えて，5.75 人（最頻値 9 人）となるが，死亡率は逆に 34.2% といく分減少している．

　1 人の女性が 11 人の子どもを生んだケースが 2 例もある反面，婚姻 7 回ないし 8 回にして，ただ 1 人の子どもも生まなかった例が 2 例もある．不妊のケースは表 3-8 から約 17.3% ではあるが，20 歳未満の 6 ケース，30 歳未満の 5 ケースは将来の可能性が残されていると言えよう．40 歳以上の 1 ケースは夫婦とも初婚どうし，後の 2 ケースは，各々 4 回，7 回の婚歴を持っているが，子どものないものである．男性の場合，30 歳以上で子どもをもうけなかったのは，上記の初婚どうしの夫婦の夫のみである．死亡の割合も高いようであるが，例えば上記の 11 人の子どもを出産したケースなどは 1 人の死亡もなく全部無事成長している．しかし，乳幼児期に死亡するものも多く，6 ケ月の間に，生後 1 週間と 1 ケ月の赤児が二人とも亡くなっている．

　養子は引き取る側からは家族員の増加であり，他方にとっては減少である．「家」の相続，継承という意識もなく，養子制度と言うよりは相互扶助的な便宜に基づいた慣行とみるほうが正しいようである．オラン・フルでは，当時のシンガポル・マレー人のように，養子のさいに金銭によって解決するということはない．養子はきわめて簡単であって，養子に欲しいものが実の親に口頭で引き取って自分の子にすることを宣言して承諾を得ればよいだけである．一時預かっているとか，子どもが好きでその家に寝泊まりしているという曖昧なケースを除けば，5 例の養子の例が見られる．このうち，動機から言えば，子どもがないので養子を鰥夫からもらったのが 1 例，子どもに身寄りがないので孤児養育という意味で引き取ったのが 2 例，労働力の補給の例が 2 例である．

後者の場合（その他の例でも多かれ少なかれ）愛情を養子の表看板にしてはいるが，適当な年少労働力を（将来）確保するという面が強いことは否めない[20]。養子を出す家のほうは，子どもがたくさんできすぎたとか，1人者で子どもの世話を見きれないとかいう理由である．

　養子一般はアナッ・アンカト（anak angkat, 'child taken'）と言われるが，これには名目上の養子も含まれている。上記の5例は名目上の養子ではなく，実際に子どもを養って世話を見，家族の一員として完全に基本家族の中に入れ込まれた型である（アナッ・ブラ anak bela, 'child fostered' とも言う）。名目上の養子は，呪術的な治療によって重い病気が治ったときなど，治療者を養親として扱い，また治療者も患者を養子として認める慣行である。多くは当事者間だけの精神的な関係だけであるが，養親は養子から種々の援助，特別の配慮などを期待しうる[21]。この他に，完全な親子関係にまでは至らないが，一時的に養育を引き受ける他児養育慣行も見られる。これは実親が子どもをやると言わないにもかかわらず，子どもがずっと養親のほうに住みついている場合や，仕事などの都合で一時預けておく場合などで，物心ついてからの子どもに多い[22]。

　とにかく，いったん養子とされたら実子とまったく公平平等に取り扱われる。相続のさいは，実子がある場合は実子が優先されるが，事実上財産というほどのものがないので相続はほとんど問題にならない。養父は，パッ・アンカト（pak angkat），養母はウマッ・アンカト（emak angkat）と示称される。子どもが直接呼ぶときは，パッ，ウマッと呼ぶのがふつうであるが，特に名目上の養親のときは，パッ・アンカト，ウマッ・アンカトと呼ぶ。

　寄留は，独立前の青年などが自分の意志で他家にやっかいになっている例で，経済的に独立した生計をたてうるものが多い。精神障害者は独立して日常生活をすることは不可能と考えられているが，何らかの簡単な労働はすることができるものとされているので，単純な労働や手伝いをしながら，ほうぼうを寄留していくこともある。

3-7　おわりに

　オラン・フルは家族構成に関しては，夫婦を中心として，未婚の従属的な子

どもを含めた構成を理想としており，かつ実際の家族構成を見てもこれから逸脱するのは，ほとんどが家族周期における過渡的なものであることが判明する．逸脱的なタイプはその基礎をヌンパン（寄寓）においている．ヌンパンということによって自分の逸脱的な行為を互酬性という規範の中で正当化しうるのである．寄寓する家を（長期的・短期的にかかわらず）選ぶとき，必ず互酬性の勘定が計算されていて，自分が一時的に他人の家にやっかいになることは，とりもなおさず自分の家にもその人が自由に来てもよいことを示すものである．近い親類，ことにかつては，一つの「生まれ育った基本家族」（生育家族）に生活していたものの間では，その互酬性がより緊密に感じられ，長期的な互酬性が期待されるので，より気楽に選択できることになる．実際の生物学的血縁関係は，このような小さなコミュニティでは無限にたどりうるが，その中から特定の交際の相手を選び出すのは，このような経済的互酬性に基礎を置いた選択によるもので，単なる血縁のみによって，一元的に決定されるものではない．

　このような互酬性が夫婦を単位として考えられ，オラン・フルの家族構成がきわめて夫婦独立的な原理に支配されていることと他の社会・経済組織との連関は，以下の章で考察してみたい．

第3章　註

1) Claude Lévi-Strauss, "The Family," in H. L. Schapiro (ed.), *Man, Culture and Society*, Oxford Univ. Press, 1956. もちろん，この定義で言っているのは家族圏の考え方からすれば，家族が共住によって顕現した「世帯」である．

2) Marion J. Levy, Jr., *Modernization and the Structure of Societies*, Princeton Univ. Press, 1966, p. 381. また Ansley J. Coale, Lloyd A. Fallers, Marion J. Levy, Jr., David M. Schneider and Silvan S. Tomkins, *Aspects of the Analysis of Family Structure*, Princeton Univ. Press, 1965.

3) 小山隆編『現代家族の研究―実態と調整』弘文堂，1960年．なお，第7章5節参照．

4) ことばは，彼らの方言ないしはマレー語を使用し，通訳は使わなかった．

5) 19世紀の中頃エンダウ川を通ったローガン J. R. Logan によれば，「若木の柱の上に，ただ一つの小さな部屋があり，床は小さな棒を不規則に並べたもので，時々子どもが落ちてしまうほどすきまがある．……壁は樹皮 (kippong)，屋根は sirdang か pallas ［いずれもオウギバヤシの一種］の葉，床は5〜9フィート．より大きな構えの家も時々あって，（それらには）大きなホール，一段高くなった部屋，竃を各々供えた二つの (large narrow) 区画，什器，屋根のない縁先がある．」J. R. Logan, "The Orang Binua of Johore," *Jour. of the Indian Archipelago and Eastern Asia*, Vol. 1 (1847), p. 253.

6) PT の薬品置場 (clinic post) と調査期間中に新築された JR の学校の建物．

7）PT部落は，地理的にも諸物質を頻繁に町から運ぶのに不便な所に位置して，町との接触も少ない．
8）政府は，従来の移動生活をできるだけ定着させる方針であるので，簡単に部落から部落へ移れる筏上家屋は都合が悪いわけである．そして，衛生上からも，汚物を捨てる川から飲料水を得る生活より，陸上で井戸を掘って飲み水を得る生活の方がよいことを強調する．
9）基本的な形状のみを述べたが，PT上流の籐伐り出しのための作業所は，四つの並列する部屋からなり，前が開け放しの長屋形式であった．また，米や果樹の収穫期に作られる出小屋は，米つき場所となる縁台と，米部屋，台所，居間が備わっていて，本家よりも大きいことがある．
10）マレー語でもアナッ・ビニ anak bini などという基本家族の一部の構成員のタームを重ねることによって，家族という意味を持たせることがある．オラン・フルでのスクラミンの用法もこれに似ているといえる．夫婦のみを指すときは，ラキ・ビニ laki bini という複合語が使われる．se- というのは「一つの」という意味と同時に，「全ての，全体の」という意味も持っている．従って本来はスクラミンと言うのが正しいが，論文中では略してクラミンを使っている．
11）複数婚は禁止されていない．DN部落のバティンは二人の妻と共住しているが，この例だけがエンダウで見られるものである．
12）過去においては，一年というのは焼畑の収穫あるいは妊娠などによって，ある生活周期として捉えられていたのであろう．絶対的時間に対する観念はきわめて薄く，子どもの年齢，結婚生活の期間，部落に住んでいる期間などたいていのものについて，きわめて曖昧である．
13）人を引きつけない理由の一つは，この部落のリーダーシップにある．バティンのパッ・ワハブ Pa'Wahab は優柔不断型で，隣部落バティンのパッ・マンコッのように雄弁，有能でなく，どちらかというと，成り行きに任せようとするタイプである．事実パッ・マンコッはこの部落を自分の部落の下位部落のようにして扱い，TT部落の領域をも合わせた土地の責任者が自分であると考え，またそのように振る舞っている．外来者が何のことわりもなく，本来TT部落に近いタナー・アバンの材木伐採に従事しだすと，その交渉は自分の任務のようにして交渉に当たる．このように，ともすれば部落内のことまで，JR部落の干渉を受け，TT部落の住民から見れば，JRに圧迫されているように感じるわけである．
14）この建物はPTだけにある．60m²くらいの大きさがあり，二方の壁は一面窓となって吹きさらしである．床は竹を割ったものを並べ，戸口は一カ所である．集まって相談をしたり，祭事のときに使う目的であるので，台所（竈）がない．他の部落ではバティンの家がこのバライの役割を兼ねている．
15）家を建てたのは，新しい学校の建物のすぐそばで，小さい子どもの教育のために移り住んだのだという．
16）Mは母，Bは男のキョウダイを表わす．MBは英語でmother's brotherの略号．母の兄弟の意味．以下，親族関係を記述するために略号を用いることにする．S：息子，F：父，Z：姉妹，D：娘，W：妻，H：夫，P：親，C：子ども．表2-2の略号とは若干異なることに注意していただきたい．
17）一般に拡大家族といわれるものであるが，特に包摂家族という語を採用する．オラン・フルの社会において，このカテゴリーに含まれる家族の成員は，「拡大」という意味が持つニュアンスよりも，基本家族以上のメンバーを包含した家族というニュアンスが強いからである．圏概念的な在り方である．

18) 3人とも過去には普通の生活を営んでいる．うち，2人は成人した子どもがある．JR 2 の「気がふれている」と言われている人の子どもは，すぐ近くに父親およびその新しい妻と一緒に住んでいる．PT 11の子どもはエンダウから離れてベコッ Bekok に行った．JR 27 は妊娠中の妻をワニに食い殺されてから気がふれたといわれ，子孫はない．
19) 堕胎の方法は，2～3ヶ月までは，物理的な手段でなされることは知られているが，乳幼児死亡率がかなり高いようなので，積極的に堕胎を行うことはない．社会的に認められる父親がない場合には行われるという．堕胎・避妊の薬草があると言われるが，つまびらかにしない．
20) 年少者ンケネッ（ngkenek）の労働力は無視できない便利さをもっており，しかも無償であるので重宝される．パハン州側の DN 部落のケースであるが，政府の役人がこの部落の子ども達を他部落の学校の寮にやって教育を受けさせることを熱心に説いたが，住民の受け入れる所とはならなかった．教育の必要も痛切に感じ教育を渇望しているのは事実であるが，実際に労働力として重要な年少者を手放せないわけである．
21) 治癒に対する呪術的な信念と同時に，経済的な返報という意図がこの名目上の養子慣行にはあるようである．
22) この社会では労働力として認められる時期がきわめて早いので，8歳くらいから14,5歳までの年少者は，好めばどこにでも行って寝泊まりできる．また生活が簡単であるので，このようなことも障りなく行われる．例えば，毛布あるいは布を持って行くだけで，寝泊まりの準備はできるわけである．この慣行は子どもが部落の共有の子どもとして認められるからでなく，個人主義的な傾向が強い結果であろう．

第 4 章
結婚と離婚

4-1 婚姻形式　4-2 婚期と年齢較差
4-3 配偶者の選択　4-4 婚姻対価
4-5 婚姻儀礼　4-6 婚後の居住形式
4-7 性道徳　4-8 婚姻解消
4-9 再婚　4-10 おわりに

4-1 婚姻形式

　婚姻形式という術語は婚姻の全体にわたる形態を指すのではく，配偶者の数による単婚と複婚との区別を指す．ムスリム・マレー人社会一般に一夫多妻婚が禁止されていないように，オラン・フルの間でも一夫多妻婚は容認されている．同時に，後者では一妻多夫婚も禁止されているわけではない．しかしこれは非常に弱い意味での「禁止されていない」ということである．したがって一般には，一夫一妻婚が当たり前のこととして受け取られる．

　調査対象であるエンダウ川上流の4部落[1]には複婚の事例は一件もない．ただし結婚歴を見てみると，女性の中にはムルシン Mersing の町に住む中国人の複数の妻（妾）の一人として結婚したことがあるという事例はある．それ以外ではエンダウの町パダン・エンダウの近くのDN部落に一夫二妻婚が一例ある．パハン州側のロンピンにも一妻二夫婚の例があるとエンダウの人は言うが確かめられなかった．

　DNにおける複婚はバティン（部落長）のケースである．第1妻はDNの対岸近くにあるLB部落に多く親族を持つ．第2妻はロンピンに親族が多い．バティンはやはりLB出身であるが，先代のLBのバティンが死んでから，第2妻の親族やLBからの親族を呼んでDNに別の部落を作ったものである（当時13戸）．第2妻とは戦後の共産主義ゲリラ活動が激しかった時期にエンダウの町で結ばれ，その後第2妻の両親，兄弟を説得してDNに移り住んだという．彼女は当時ちょうど夫と死別したときで，両親に知らせずに結婚したものである．母親（父親は1964年に死亡）はゲリラ活動の混乱期でなければ決して結婚させなかったと言っている．第1妻は3人，第2妻は5人の子どもがある．両者とも1軒の同じ家に居住している[2]．夫は両者を平等に扱っているとは言え，子どもの間の喧嘩などで両妻の対立が顕在化するし，日々の親族呼称，示称の使い方からして，両方の妻の子どもは異なった語を用いる[3]．第1妻と第2妻との地位の差はない．

　この事例のように，オラン・フルの社会は「例外なく」一夫一妻婚とは言えないが，社会的傾向としては同時に複数の配偶者を持つことはきわめて稀であ

る．ただし，中国人が現地妻あるいは妾として重婚の形でオラン・フルの女を娶ることはあり，オラン・フルの方でも重婚であるが故に結婚を拒否するということはないし，また，たとえ中国人コミュニティでは正式に認められていなくとも，オラン・フルの間で一定の手続きを踏んでいれば正式の結婚であることに変わりはない．

4-2 婚期と年齢較差

婚期に関しては一般質問票の中に項目をもうけたが，ほとんどすべてのインフォーマントから確実な時期を聞き出すことは不可能であった．元来彼らの正確な絶対年齢が不明なので[4]，婚期の推定も難しい．15〜19歳の男女28人の内，未婚男子は10人，未婚女子は4人，寡婦（離別）は1人である．したがってこの年齢集団では約50％が既婚者である．14歳以下で結婚しているものはリストの中にはない[5]．20〜24歳の年齢集団をとると，30人の内，未婚男子は3人，鰥夫（男やもめ）1人で，9％が既婚者である．これ以上の年齢集団では未婚者はいない．したがって，女性では20歳以上，男性では25歳以上で結婚生活の経験がないものは皆無というわけである．さらに新婚（1年以内，初婚）の4ケースを見てみると18歳（男），16歳（女）が2ケース，25歳と18歳，23歳と21歳とがそれぞれ1ケースである[6]．これらの事実から，女性は15歳から20歳くらいまで，男性は10代の終わりから20代のはじめが婚姻適齢期と考えられる．

婚姻適齢期においてすでに男と女との間に年齢の較差が見られるが，現在結婚生活を送っている夫婦64ケースについて年齢較差を見ると，表4-1のようになる．夫婦同年と見られるものは4.7％，妻の方が年長なのは7.8％で，圧倒的に夫の方が年長のケースが多い．

表4-1 夫婦の年齢較差

年齢差	0	1	2	3	4	5	6	7	8	9	10	11	12	13	14	15	16	17	18	19	不明	計
夫≧妻	3	1	9	9	7	7	1	2	4	1	3	2	2	0	2	1	1	1	1	1	1	59
妻＞夫			2		1			2														5

夫が年長の場合をみてみると，最頻値は 2～3 歳の差であるが，平均すれば約 6.1 歳の開きがある．9 歳から 12 歳までの較差があるグループ（6 ケース）では夫婦とも再婚 1 例，夫の再婚 1 例，妻の再婚 1 例で，後者は中国人との結婚である．残りの 3 ケースは夫婦とも初婚（較差 10 歳～11 歳），他の 1 例は不明である．妻の年齢は 1 例（夫 65 歳，妻 55 歳）を除いて 20 歳代で，平均 25 歳くらいである．較差 14 歳の 3 例の内，1 例は夫婦とも再婚，夫再婚 1 ケース，不明 1 である．較差 15 歳の場合，夫は 3 度目，妻は 5 度目の結婚である．16 歳の年齢差のケースは夫再婚，妻初婚，17 歳のケースは夫婦とも再婚，19 歳の場合も夫再婚，妻初婚である．18 歳較差の例は，夫が中国人でオラン・フルと 2 度離婚，1 度死別している．妻は 3 度目の結婚である．較差 9 歳以上の 15 ケース全体について前配偶者との間の子どもの有無をみると，8 例は子持ち（夫 5 例，妻 3 例）である．連れ子として新しい配偶者と一緒に生活しているのは 5 例で，その内，夫の連れ子 3，妻の連れ子 2 ケースである．出身地については，夫が 9 歳以上年長のこのグループの夫婦は中国人 2 名を除いて，他のオラン・フル地域から来たものはない．

　姉女房婚の 5 ケースの婚姻回数を見ると，夫初婚は 2 例で，妻初婚はない．夫の再婚 3 回目，4 回目は各々 1 例である．妻のほうは再婚 3 例，三婚，四婚が各々 1 例である．姉女房婚の内，4 例までは妻が旧配偶者との間に子どもをもうけているが，連れ子としているのは 2 例にすぎない．夫に前配偶者との子どもがあるのは 1 例あるが，彼はナナシからの移住者で，先妻もその子どももナナシにいる．（彼を除いて，姉女房婚の夫婦はすべてエンダウ川流域出身者である．）7 歳上の妻を持つ夫は 35 歳で初婚である．妻は 42 歳で，先夫との間に 23 歳の男子を筆頭に 4 人子どもを産んだが，現在その長男しか生き残っていない．夫婦の間には 8 歳から 1 歳までの 4 人の子どもがいて，これは皆生きている[7]．このような姉女房婚に対してコミュニティのメンバーが何らかの違和感あるいは例外としての感じを抱くことはない[8]．

　以上年齢較差について異常とみられるケースを検討してみたが，較差がひらくと再婚の場合が多いという傾向以外は相関するファクターはないように思われる．結論としては年齢較差が彼らにとって重要でないことを証明している．本人どうしが納得している限り年齢の差はあまり気にされなということである．比較年齢については年齢差というよりも（親族関係の）世代差として受け取られている．

4-3 配偶者の選択

　婚前に婚姻対象者を知るための特別の制度，あるいは婚舎などは存在していない．配偶者選択の社会的束縛はきわめて少ないように見え，ほとんど個人的な好き嫌いの感情をもとに，結合分離が繰り返されているのではないかと思うほどであり，事実，婚姻当事者の意志は常に尊重される．両親も親族も，本人の最後的な合意の表示がない限り，無理矢理に配偶者を押しつけるということはない．しかしその選択の範囲を制限する規制がないのではない．最も基本的な規制は近親婚禁止である．これはキョウダイ婚禁止以外は，異世代婚の禁止としても表現される．逆に見れば，同世代親や近親以外のものとの結婚を促進しているポジティブな規制である．ただオラン・フルがことばとして表現するときにはネガティブな規制として表現されるということである．

　近親婚の禁止の範囲は，同世代親では，キョウダイの間だけである．養子として血縁関係のないものが，キョウダイの中に入ってもやはり禁婚である．異母あるいは異父キョウダイ，および養子に行ってしまった実のキョウダイも同様である．ただし，キョウダイ以外の同世代親すなわちイトコとは自由に結婚できる．特定のイトコ婚を好むと言うこともない．JR部落でのイトコ婚を見ると，FZD(1)，FBD(2)，MFBDD(1)と結婚した例が5例見られる[9]．キョウダイ相姦は死罪に値すると言われているが，彼らの記憶の中にはそのような例はないという[10]．ただし1例血縁関係のまったくないFWDと結婚している例がある．父は再婚で，義理の母は5回目の結婚である．本人は先妻と死別して，1年ほど前に現在の妻（初婚）と結婚した．妻は彼の義理の母の2回目の夫との間の子どもである．父の家族とは別の部落に住んでいる．

　異世代間の婚姻禁忌に対するサンクションは神秘的な祟りとか，仲間や親族からの叱責・嘲笑だけで，物理的な罰を加えることはない．JR部落でBD婚をしているのが1例，その他FPZD, MBDDあるいはFFZD（=MFFZD），FMM-BSDなどと結婚しているのが1例ずつある．このような近親婚を正確にたどることはきわめて難しい．まず離婚・再婚が多く腹違い関係が非常に多いことが挙げられる．そしてその父親や母親の名前が不明であったり，曖昧であったり，

新郎新婦 1965 年

時には，同一人物が違う名前で呼ばれたりするので，血縁関係があると思われても系図の上で具体的につなぎ合わせることが困難となる．このような事情で，上述した事例が近親婚のすべてであるとは思われないので，あえて近親婚と全体の婚姻との比率を問題にしない．

　オラン・フルは社会的・経済的にマレー半島に住む他の民族と較差がある．しかし通婚の社会的・地理的な制限は彼らの意識の中にはない．たとえ中国人でもマレー人でも西欧人でも自由に結婚できるし，地理的にどんなに遠くから来ていても彼らの部落に住む限り問題はない．ただ，他出していくとなると，親族の間でかなり反対があり，ことに女の場合は夫になる男が一度女の親族と一緒に暮らした後でなければ，勝手に婚出していくことは難しい．

　JR部落では2人の中国人がオラン・フルの妻を娶って土着化している[11]．部落に居住するものの親族の行方をたどってみると，4人の女性がオラン・フル以外と結婚して他出している．中国人に2人（エンダウとシンガポル），マレー人に1人（ジョホル・バル），インド人に1人（ムルシン）である．一方中国人と結婚

第Ⅰ部　オラン・フルの家族圏　103

して出戻りになって帰ってきた経験のある女性は10人にも及ぶ．特殊なケースとしてボルネオから来たダヤッ人が定着した例もある[12]．

部落構成員の出身地を見ると，JR部落では北のナナシ方面が多く，TT部落では南のカハン，PN部落ではMT，PT部落では西のベコッが多い[13]．通婚の地理的な範囲は南北も東西も約50～70キロメートルの所にあるオラン・フルの部落にまで及んでいることになる．南および西への交通は水路が主であるが，特に西の方は陸路，ジャングルの中を通って行く．北の方も内陸河川を通りながら通行できるのであるが，現在はむしろエンダウの町に出て，バス，自動車で北の川の河口まで行き，そこから遡行する．この通婚圏以上にオラン・フルが婚姻のために移動するということは稀である．同時に彼らの外界に対する認識も，ほぼこのサークルの中に限られてくる．そして途中を飛び越してクアラ・ルンプルやシンガポルがあり，白人の国や中国が存在している．

一般に部落内で適当な相手がいれば，部落内で婚姻するのが手続上最も簡単である．しかし部落内婚・外婚の規則というものはない．

4-4 婚姻対価

婚姻には財貨・労役の移譲がともなうことが多い．レヴィ-ストロース流に言えば，これは婚姻による人的交流によって生じた不均衡を相互に補って，両者のグループの均衡をその社会なりに保とうとする働きで，最も直截に姻族関係の在り方を規定する要件と言える．

19世紀の中葉にエンダウのオラン・フルを訪れたローガンによると「結婚に先立って，花嫁の両親に簡単な贈物が贈られる．バティンとその家族は40枚の皿を，ふつうのものは20枚の皿を送る」という[14]．JR部落のバティンによると，昔は婚資はわずか皿4枚でよかったとも言う．しかし現在ではこれらの対価はすべて現金に換算される．

婚姻の相談を受けるのは，当事者のワリス（waris）[15]で，その中でもワリスを代表するものがワリ（wali）[16]と呼ばれる．ワリスどうしが，当事者の合意に基づいて，婚姻を承認すると，婚約が取り結ばれる．婚約のために男の方は8ドル[17]の現金と，花嫁の使う身の廻り品[18]とを準備する．これらの贈物は，男か

ら女側のワリにわたされ，女自身の手に入る．バティンはこの仲介をする．婚約はしてもしなくてもよいが，女の身の廻り品の贈物は必ず男が用意せねばならない．この贈物に対する女性側の反対給付はない．

　婚姻の要件として最も重要なのは，マス・カウィン（mas kahwin 婚資金）である．この額は，2.5ドルから25ドルまで，部落によって，場合によって，バティンの決裁に任せられる．バティンは先例を勘考しながら金額を決定する．この金は女の所有になる．しかし，離婚のさいに女性側に落ち度があると，この金を男に返済せねばならない．このマス・カウィン以外にティンバン（timbang）[19]として，いくらかの金がバティンと女側のワリスの間で分配される．さらに婚礼のさいの手間賃あるいは寸志料（duit hadat）が，両方のワリスの間に分配されることもある．これらの金は男が準備して，男側のワリを通じてバティンの手にいったんわたされる．バティンは女側のワリに手渡すわけであるが，その分配法はバティンが決める．婚礼の費用[20]も男の負担であり，100ドルから500ドルの経費が女性側のワリスにわたされ，女性側はその経費でもって婚礼の饗応をすべて用意する．

　これら男の側の出費に対して，女の方がお返しをするということはない．上記の額をすべて支払わねばならないとすると多額なようであるが，基本的贈与（primary prestation）[21]は，マス・カウィンであり，その他の費用は付随的なもの（contingent prestations）ないしは婚礼費用であって，なくても済まされる．また，支払われたとしても貯蓄されるものではなく，その場限りで消費されてしまうものである．しかしながら，これらすべての経費を入れてもマレー人，中国人の婚姻費用に比べれば概して安い[22]．オラン・フルの婚姻対価は，かなり簡単なもので，ごく形式的で，実質的な経済的意味が大きいとは考えられない．しかし，この対価が支払われないと，夫婦の方も恥ずかしさを感じるし，親族も，本人が支払われない場合は，種々の援助を与えて，できるだけ婚礼を盛大にしようとする．それでもこの対価なしに事実婚のような形で結婚生活に入ったものもないではない．彼らに対する特別なサンクションあるいは差別は公にはない．結局，男に要求されるのは，結婚式のための費用，すなわち饗応と誇示に関することであって，花嫁への贈物，岳父母の親族への寸志がそれに付け加えられるにすぎぬとも言える．

4-5 婚姻儀礼

　オラン・フルの社会では特別な成人式はないし，初潮儀礼も見られない．結婚の交渉のイニシアティブは，男の方が取る．男のワリが女の方の両親やワリスに，女の意向を打診に行き，本人もワリス達も承認すると，婚約の段取りになることは前節で述べた．この予備交渉の段階で，本人どうしが直接交渉することは禁じられており，これを破るものは，婚姻が成立するしないにかかわらずバティンに罰金を課せられる[23]．

　この予備交渉の段階で，女の側から婚資額に対する希望が出され，ほぼ両方が合意する段階まで交渉がなされる．予備交渉がまとまったときに，婚約のための費用として，男側から8ドルの婚約金が支出されることもあるが，これは男の任意に任される．マス・カウィンの額はバティンによって決定されるが，贈り物の数は，前節に述べた品物が一揃えか二揃えあるいは三揃え，全部金製にするか銀製にするかなどが女側から要求される．饗応のための費用の額も，この際決定される．しばしばこのときに女性側が大きな金額を主張して，両者妥協せずに物別れになることも多い．

　予備交渉で決められた日に男のワリスが女の家を訪ねる．その前にバティンの所へ行って，贈物，婚資金などをあらかじめチェックしてもらう．同時にこれが男の側からのバティンへの最初の正式な報告ともなるわけである．品物と婚資金はサロン（腰衣）に包まれて，肩から提げて持って行かれる．女の家での品物の受けわたしも必ずバティンを介して行われる．部落の違う場合は，女の属する部落のバティンが婚姻仲介者となり，男の属するバティンは容喙しない．この席には，バティンと，女のワリスおよび男のワリスと当人どうしが出席する．男側のワリからバティンに，所定の贈物と金額が皆の面前でもう一度確かめられてから手渡される．バティンはそれを女側のワリへ再度確認しながらわたす．女側のワリは，そのワリス一同に順番に回して披露し，最後に新婦にわたす．この後，女性側から煙草とビンロウジュおよびキンマが出されて，バティン，新郎，そのワリが喫煙し，嚙んで婚約の儀式は終わる．バティンの役目は，結婚の仲介と認証と言える．この婚約のときに小規模な共食儀礼が行われるこ

ともある．婚約の整った二人は皆の前で食事をし，煙草，キンマとビンロウジュを喫する．その後で男方のワリ，友達仲間に給仕する．そして参会者の会食が続く．

　この婚約締結後，婚約者達（トゥナン tunang）は相互の親族に対して親族名称を用いることを要求される[24]．婚約を破れば，罰金は25ドルと言われ，女の方が違約するときには，贈り物・婚資金も返済する必要がある．

　婚約から結婚式までの日数はまったく不定で，新郎側の都合によって，新郎が勝手に決める．これはふつう，饗応のための費用捻出に要する時間であり，直ちに行われることもあり，3ヶ月，6ヶ月後と区切られることもある．結婚式の集まり[25]には部落外からも招待される．特にワリスはどんなに遠くにいても通知を受け，出席を期待される．他の饗応に比べると，最も盛大な饗筵がもうけられるのがふつうである．

　婚礼の集まりはふつう花嫁の両親の家で執り行われ，主な行事が四つ区別される．(i)結婚式そのもの (berarak kahwin, bersanding)，(ii)共食，(iii)慰み事，(iv)姻族どうしの会合の四つである．

　結婚式は，おそらくマレー人からの影響が強いのであろうが，次のような過程で行われる．(1)川で各々の友だち仲間，近親者などに助けられて，別々に沐浴する[26]．花嫁は川上で花婿より先に，次に花婿が川下で沐浴する[27]．花婿・花嫁は別々の控えの家にいる．花嫁は自分の家すなわち式の行われる家に控える．式のための衣裳はマレー風で，オラン・フルにとっては何の意味もないソンコッ（songkok ムスリムの被るとされている帽子）をも用いる[28]．(2)沐浴して盛装し終えると，新郎が傘をさされて，新婦の家に行列を組んで行進して行く．新郎はいとこや友だち仲間に手を引かれながら歩く．先頭のものは銅鑼 (sentawa) を鳴らして賑々しくする．(3)家に入る前に，新婦側から進行を阻まれ，そこで両方から代表者が出て，マレー式の演武 (silat) を行う．幾人かの演武が終わってから，いよいよ新郎が戸口に近づくと，戸口を守っている新婦のワリスの一人から再び阻止され，ここで戸口料 (kena pintu) 若干 (2.5ドル) を払わされる．戸口料を受け取った新婦側は，生米を頭の上から散布する．(4)新郎は靴を脱ぎ足を洗ってから，屋内のサンディン (sanding 寄り添う) の場所に手を引かれて席につく．席にはすでに花嫁が坐って待っている．坐る向きは東向きで，男の左手に女が坐る．互いに肩を組み合わせて，運ばれてきた食事（黄色いサフラン飯とおかず）とキンマと煙草とを（それぞれ男と女のワリスに助けられながら）順

次お互いに食べさせ合う．その間，他のものは冗談を投げかけながら見物する．(5)この共食儀礼が済むと花婿が花嫁の手を引いて，飾られた寝室に行き，枕の上に坐る．親族などがそれを見に来て，儀式は終わりを告げる．

　婚儀の後は，集まって来た人々の会食になる．会食の順序は，男性が先で，女性はその後である．まず同世代の親族，友だち仲間が，新郎新婦を囲んで食事をする．その後，バティンを先頭に部落の中心だったものから食事を済ませていく[29]．

　この結婚の集まりの最後をしめくくるのは，ブルハダト（berhadat）と呼ばれる姻族どうしの会合である．これは一般の人達が帰った後，すなわちブルサンディン（bersanding）の翌朝行われる．前日の式が，いわば地域社会への披露であるのに対し，これは現金の配分を通した姻族間の固めの儀式とでも言えよう．前節に触れたティンバンや寸志料などの配分とともにマス・カウィンも再度確認される[30]．その後，新婦はそのワリスの一人に両手を持たれて，手の間にハンカチを挟みながら，新郎側のワリスの所に行き，その膝を3度両手で撫でる．そのさい，付き添いのものは相手に新婦の面倒をよく見てくれるように頼み，もし新婦に過ちがあれば何でも申し出てくれというような口上を述べる．同時に新郎も同じように，新婦方のワリスに一人一人挨拶して回る．挨拶が終わると，集まっている姻族どうしだけで共食する．この共食には，新郎新婦のワリス以外は参加しない．

　かくして，結婚の披露は終了したわけであるが，新婚の両者はまだまだいろいろな規則を守らねばならない．例えば，3日間はお互いに向き合って背を向けないで寝ること，3日間は必ず一つの皿から食事をすること，3日間は朝起きると必ず一緒に水浴すること，3日ないし1週間は部落の外に出られず，土仕事などもできないこと，等である．これらの禁忌が守られることは地域社会全体にとっても関心事であるが，むしろ彼らの信仰体系などにことよせた，配偶者間の紐帯を強めるための方便とも見られる．

　なお，ムスリム・マレー人はイスラーム法により，その他の市民は婚姻法によって，何らかの結婚登録が必要であるが，オラン・フルの場合は，何の登録も報告も必要ではなく，すべて彼らの慣習法に任されている．

籐洗い場での沐浴 1965 年

4-6 婚後の居住形式

　前節に述べたように，結婚式は通例，新婦方で催され，新郎はそのまま仕事をしない，部落を出ないという禁忌（pantang）を守って一定の期間新婦の両親の家に住む．昔は1週間あるいはそれ以上の禁忌期間を要求されることもあったが，現在は3日間だけでもよいと言われる．禁忌開けの後も，最初の1年は妻方の両親の家で過ごし，次の1年は夫方の両親の家に住み，3年目から好きな所に独立して家を建てるというのが，一種の理想の型であったと言われる．現在は，労働条件などの個別的な事情のほうが優先して考えられる．しかし，いずれにせよ，新婦のワリスの同意が必要である．

　新婚1年未満の夫婦5例を見ると，4例が妻の両親あるいは妻の兄の家に寄寓している．他の1例は，部落に自分の家を建てて住んでいるが，両方の両親とも同部落に居る．2年以上の夫婦の寄寓関係を見ても圧倒的に妻方居住の形式を取っているものが多い．

　部落内婚の場合は居住の問題もさして重要ではないが，異部落のものとの婚姻の場合は，両方のワリスが自分の部落に住まわせようと努力する．特に中国人などとの婚姻の場合，結婚の条件として，娘を部落から連れ出さないことを主張することが多い．一つの理由は，娘を通して得られる経済的利益が失われるからである．上述したように，娘の婿（特に長女の）に対しては，老後の扶養をはじめとして，種々の援助が期待されるからかもしれない．

　木材伐採などの仕事で他出して行くときは，妻を妻方の血族に残して行く．しかし，一般には仕事のために夫婦揃って移動するのがふつうであり，クアラ・ルンプルの病院へ入るときでも，病気でない配偶者まで一緒について行き，オラン・アスリ局を悩ませる．ただ，このように単位としては夫婦の紐帯は強いが，この単位の存続が危機に陥ったときには夫婦結合を越えて，キョウダイ結合が強く働く．そのために，平常では配偶者のキョウダイやイパルとの関係に気をつかい，他方では離婚が比較的簡単になされるということになる．

4-7 性道徳

　婚前の性交渉は禁止されている。婚前に性交渉を持ったことが判明すると、カウィン・タンカプ（kahwin tangkap 摑まえ結婚）といって両者を強制的に結婚させることになる。まず男の方を、女方のワリスが捕えて来て、当該のバティンに決裁を求めに行く。男またはその父親は、バティンの下す罰金（denda）を支払わねばならない[31]。この罰金が支払われないときは、男は女方のワリスに無条件で服従し、かつ彼の方から離婚できないことになる。

　上記は結婚に意志のなかったものが過ちを犯すと強制的に結婚させられる例である。ところが、パカイ・トゥジュ（pakai tuju）といって、結婚するために両者があらかじめ示し合わせて、男が女の家に忍んで一緒に寝てしまうことがある。これは明らかに結婚の一種で、親の反対があるときや、十分な婚資金がないときに用いられる。もちろん、初婚の場合にはそれ相当の罰金が課せられる。一例では、慣習法に反した手段に訴えたことを水に流してもらう（berseh）ために、バティンに20ドル（これは娘のワリにわたされた）、罰金（denda）16ドルを支払った。この罰金支払いによる贖罪の後で、あらためてマス・カウィンや婚礼費を新郎が払って、ふつうの結婚式を執り行った。ただし、離婚者などの間でこの方法が使われるときには、12ドルの罰金をバティンに支払えばよいだけである。他の種々な手続きはいっさい省かれる[32]。

　このパカイ・トゥジュが夜這いの制度あるいはその名残だとは思われない。オラン・フルにおいては、この方法は求婚方式ではなく、あくまでも両者の合意に基づいて結婚に持ち込もうとする最終的な手段である。婚前の性交渉に対して寛容でない規範を利用していると言える。

　婚前の性交渉はこのように、ある意味では厳しく制限されている。また結婚のための交渉も正しいチャネルを通さねば、バティンに罰金を言いわたされることになる。婚前の男女の戯れも、適齢期になると差し控えられるが、しかし、男女を隔離しようとするようなムスリム・マレー人よりはずっと自由な態度がとられる。ただ、婚前交渉と言っても、単なる噂では問題にならず、現場を押さえるか（tangkap basah）、目撃した証人が必要である。秘密裡に行われたもの

の堕胎はあるという．

　結婚後の婚外交渉は，婚前交渉と逆に，直ちに夫婦の離婚に結びつく．過ちのあった方はもちろん罰金 (denda) を支払わねばならない．一度離婚経験のある独身者は，「すでに手を濡らして (basuh tangan) いるのだから」かなりの自由さが認められる．

　男のごく一部の中には，近くの町（クルアン，ムルシン）に行って，売春婦と交渉を持つものもいる[33]．収入のある既婚者に限られるようであるが，別に罪意識もない．他出した女性で消息不明はあるが，売春婦となった例は報告されていない．

　性生活も建物の構造上[34] かなり開放的にならざるをえないので，7～8歳の幼少年でも遊び事に大人の性行為の模倣をしたりする．

　性道徳は紊乱していると言うのではないが，かなり自由である．それでいながら，性交渉が直ちに婚姻に結びつくので，適当に規制されている．

4-8　婚姻解消

　婚姻の解消は，配偶者の死亡，遺棄，離婚によって生じる．マレー語のチュライ (cherai) ということばは「離れること」を意味し，死別，離別の両方を含む．特に死別の場合はチュライ・マティ (cherai mati, dead separation)，離別の場合はチュライ・ヒドプ (cherai hidup, living separation) と区別される．死亡，離婚による婚姻解消には何らかの財産の分割がともなうが，遺棄の場合には一方の全財産の無条件の放棄ということになる[35]．完全に放棄されたときは，離別として扱われる．

　婚姻経験者 141 名（男 70，女 71）[36] をサンプルとすると，その内 21 名（男 10，女 11）は現在無配偶者で，残り 60 組の夫婦が通常の結婚生活を送っている．

　離別・死別の頻度数を，1回のチュライを1として表にしてみると，表 4-2 のごとくなる．まず死別と離別とを比較してみると，婚姻解消の約 62.5％は離別であるが，回数6回と7回の女性の3ケースは特別の注意を要する．彼女達はエンダウ北方 60 km くらいにあるナナシの出身で，ナナシですでに離婚を経験してきているものである．4-2節で指摘したごとく，ナナシでは（エンダウのオ

表4-2　婚姻解消経験者数とその回数

婚姻解消経験回数	男	女	計	死別 男	死別 女	離別 男	離別 女
1回	18人(6)	19人(5)	37人	10回	8回	8回	11回
2	6(2)	7(2)	13(4)	6	8	6	6
3	4(1)	2	6(1)	2	1	10	5
4	1(1)	4(3)	5(4)	4	6		10
5							
6		1	1				6
7		2(1)	2(1)				14
計	29(10)	35(11)	64(21)	22	23	24	52
				45		76	

（　）内は現在独身者の人数
　　　　　　　　　男　　女
婚姻経験者：141人（ 70,　71）
婚姻延回数：242回（107, 135）
離別延回数：76回（ 24,　52）
死別延回数：45回（ 22,　23）

ラン・フルによれば）早婚が行われ，離婚もエンダウよりはずっと多いと言われる．次に3人とも離別ばかりを繰り返しているということである．第3に，この内2人（42歳と26歳）は子どもを1人も生んでいないことと他の1人は結婚の相手が7人全部中国人であったということ（子どもは3人まで産んでいる）である．もちろん，ナナシの人間がすべて離婚が多いとか，1度離別すると何度も繰り返すとか，不妊や中国人との結合は離婚に結びつくとか，ということを，一般化して言おうとするのではない．これらの傾向律に関しては，いずれも反証が挙げられる．しかし，このような特異な諸条件が揃っているこの3ケースを「例外」とすることは許されるであろう．この3例を除くと離別と死別の比率が11：9と近くなってくる．

　性別に見ると，死別では男女ほぼ同じ割合であるが，離別の方は上記特異3例を除いてもまだ女性の離別回数のほうが男性を上回る（24：32）．ところがさ

らに離婚4回のケース5例（男1，女4）を見てみると，4回死別独身男1人，2回づつ離別・死別を繰り返した有配偶者の女1人の外の3人はいずれも中国人と結婚して離別をしている．このようなことを考慮に入れて，高離婚率者を除いて，離婚3回までの離別回数の性比をみると24：21となる．

中国人との婚姻回数13例（ただしJR5の妻の7人の中国人との離婚は別）のうち，死別に終わったもの3例，離別8例で，現在も続いているもの2例（ただし，内1例は調査後死別に終わる）であるから，概して中国人と添い遂げるという例は少ないことは確かである．中国人との結合・離合を特別なものとして扱って，離別回数を比較してみると，男女24：23となって，女性の離別回数が著しく減少する．）（この中には，上記の7, 8回離婚の特殊ケースは含まれていない．）なお，この離婚回数の中には，ロジョッ（rojok）とムスリム・マレー人が称する同一人との再婚が2ケース含まれている．内1例は，妊娠中に別れ，子どもが生まれてから再婚したもので，離別の原因は「好きでなかった」からと言うが，詳しくは不明である．他の1例は，夫が共産主義者ゲリラ時代に政府軍に捕まって長期間不在の間に他の男と結婚したが，旧夫が帰ってくるとともにその男と離婚して円満に元の鞘に戻ったケースである[37]．

全体の婚姻回数（男107，女135，計242）で，離別回数を割ると，男22.9%，女39.4%，全体で32.1%という離婚率（回数）が出てくる．死別に終わった婚姻回数を除いて離婚の割合を見ると，男28.2%，女45.5%，全体で38.1%である．ただし，女性の中国人との婚姻およびナナシからの3人の女性を除いて算出すると，女性の離婚の割合は男性とほとんど変わりなく，むしろ低目でさえもある．すなわち，前者の割合では22.5%，後者の率では28.0%である．男性人口中には2人の中国人が含まれているが，この2名の中国人の婚姻解消はすべてオラン・フル相手であり，女性が中国人と結婚する場合ほど離婚統計に影響を与えているとは思われない[38]．

表4-3は離別経験者だけを対象に離別回数を集計したものである．男では1～3回，女では1～7回の離別をしている．後者の場合も特殊な事例を除けばだいたい1～2回である．ともに最頻値は1回，離婚経験者の平均離婚回数は1.8回（男1.3回，女2.1回）である．

表4-3において，初婚が離別に終わったもの39人（離婚経験者の92.9%），初婚が死別によって解消され，その後再婚離別をしたものは3人（女）だけである．初婚離別の内，子どもが生まれる前に離別したものは59%（男8，女15，計

表4-3　男女別累積離別回数

性別/回数	1	2	3	4	5	6	7	計
男（人）	13	3	2					18
女（人）	15	4	1	1		1	2	24

23)[39]，一子をもうけてから離別した者約23％（9ケース）で，両者あわせて82％をしめる．残りのケースは異例ともいえ，その内1例は夫が生死不明となって再婚したケース，他の1組の離別は，妻が気がふれてしまったという理由で再婚，妻の方は彼女のキョウダイに養われているという例である．残りの1例は，5人の子どもを産んで離婚した例で，女の方はその後3人（うち2人は中国人）と再婚しすべて離別，男の方は再婚死別した後，三度目の結婚をしている．

　初婚から離別までの期間は子どもの出生率から推定すると，ごく短期間であることがわかる[40]．しかし，試験婚のような制度はなく，過去においても正規の婚姻と区別された試験婚があったというインフォーメイションはなかった．婚姻の時期が，かなり早くなることもあって，その場合に子どもがすぐには生まれるチャンスが少ないので，離合がたやすく行われたことは想像される[41]．婚姻対価が名目上のもので，額も少なくて済むから離婚が多いという，経済的な説明は，オラン・フルに関しては的を射たものではない．

　過去何年かの婚姻数と離婚数とによる離婚率は，登録も記録もないので得られないが，年齢グループ別の離婚経験者数を参考のために表4-4に掲げておく．

　離婚の割合の大小がそのまま結婚生活の幸不幸につながるものではないことはもちろんである．離婚が法律的・社会的にきわめて厳しく監視されて困難な所では，家庭の不調和がないというのはナンセンスであろう．家庭の不調和すべてが離婚につながるのではないが，その解消方法を簡単な離婚に求めているのがオラン・フルの社会である．

　離婚の原因も先にも触れたが(1)本人どうしが「嫌いだから」というのと，(2)本人どうしは好きでも嫌いでもないが，周囲のもの（本人のワリス）が別れさせたというのと，(3)一方の配偶者が他人を好きになるか，あるいは背信行為をした場合と，(4)配偶者の生死不明あるいは配偶者の障害によるものなどがある．「好き」「嫌い」による説明は最も多いが，理由としては最も曖昧である．単に情緒的な感情だけによる夫婦間の葛藤か，経済的な不満によるものかは離婚する当人にも分からないのではなかろうか．(2)の親族による干渉は，主に経済的

表4-4　年齢別離婚経験者

年齢別グループ	男	女
～19	0	2
20～24	1	5
25～29	2	1
30～34	1	0
35～49	2	2
40～44	4	7
45～49	4	2
50～54	1	1
55～59	0	2
60～64	2	2
65～	1	0
計	18	24

な援助の期待が満足されなかったことから生じるようである．直接親族が夫婦生活に干渉しているのではなく，徐々に（ことばで）影響を与えていって，本人が「嫌い」になるように仕向けるのである．

　離婚のイニシアティブは，結婚のときと違い男女平等である．夫婦ともに離別に異議のないときは，その財産はすべて平等に分けられる．もし一方がその離婚をどうしても承知しそうにもないときは，離婚したい方はその全財産を配偶者にやり，配偶者のワリスからの慰謝料請求に応じなければならない．あるいは単に部落を出て，配偶者ならびに全財産を遺棄するかである．慰謝料請求に決まった額はないが，慣習として，8～18ドルの金をバティンにわたす．バティンはそれをワリスに分配する．妻が離婚したいときにはマス・カウィンを返済する義務がある．妻が妊娠しているときは，夫はブンガ・シレー（bunga sireh キンマの花）と称して，妻に12～24ドル支払う義務を課せられる．子どもがないときは，男は女に1ドル支払えば済むとも言う．子どもの引き取りは，夫婦の間の取り決めで双方に引き取られるが，ふつう乳幼児は母親に引き取られる．

　死別の場合の財産分割は，夫が死ねば娘にその財産の権利が移る．娘がなく息子だけのときは息子に移譲される．妻が死んだ場合，夫はその財産を自由にできず，妻の姉妹あるいは母親に移譲される[42]．相続一般について，女性に常に優先権が与えられる．この理由は，女の方が生活の糧を得るのが難しいからだ

という．夫の財産は，(1)娘，(2)息子，(3)夫婦のキョウダイ，(4)養子，の順で相続される．このような規則も状況に応じて，関係者の承認の下に，自由に変えられるが，財産そのものがごく限られたものであり，相続する（永久的な）耕地もないので，問題がこじれるということもない．昔は，果樹特にドリアンの木の相続が重要であったが，現在では他に現金収入があるので，あまりかえりみられない．

4-9 再　婚

　婚姻解消から再婚までの期間，居住に関する詳しいデータはない．上述したごとく遺棄の場合は3ヶ月10日すれば結婚が自由であると言われ，離婚，死別の場合も特に期間を定めて結婚を禁止するということもない．離婚の場合は，一方の配偶者には多くの場合次の配偶者候補があるので，長期の間を置くことはない．それ（婚姻予定者）が男であれば，女のために，必要ならば女の旧夫に対してマス・カウィンの返済や罰金を支払ってやる．しかし，他の一方の配偶者は，当分の間，単身生活を続けねばならない．離婚したものが2人とも単身生活を送っているというケースは調査中にはなかった．

　再婚を初婚から区別して，劣等視するような傾向は見られない．ことに婚姻適齢期にある離婚者は，ほとんど未婚者と等価に扱われる．再婚の年齢の限界もない．60歳の鰥夫が，50歳を越えた寡婦と結婚しようとしている話も，婚姻そのものに対しては何らの奇異感を部落の人は抱かない．ただ，女性の寡婦の分布が，40歳以上にかたまっているのも事実である．

　表4-5は，現在の夫婦60組を対象に，婚姻歴によって区別したものである．

表4-5　夫婦の婚歴

		花　嫁	
		初　婚	再　婚
花　婿	初　婚	30	10
	再　婚	7	13

半数が初婚どうしで，17組（28.3%）は片一方の配偶者が再婚，後の13組（21.7%）が再婚どうしの組み合わせである．特に夫が初婚で妻が再婚のほうが，その逆よりも多い点は注意されてよい．

4-10　おわりに

　以上，結婚・離婚に関して，オラン・フル一般の概要を知るために，利用しうるデータをやや微視的に分析してみた．比較のためのデータということを念頭に置いて整理してみたつもりであるが，資料の収集ができなかったために漠然とした叙述しかできない部分が多く残ったのは残念である．

　オラン・フルの支配的な婚姻体系を探し出すために，ともすれば部落間の相違については触れなかったが，婚資金，儀礼，慰謝料などの決定が部落ごとに異なり，中国人への結婚に対する考え方が上流と下流とでは差異が見られることなど，部落のマレー化あるいは外社会との接触の程度の違いということに関連してくるかもしれない．

　結局，婚姻に非常に個人主義的な性格を持たせているにもかかわらず，インフォーマルな親族の利害の網がそのまわりに潜在していて，その網に触れるとたちまち身動きがとれなくなってしまう．そして，全体として男と女とに平等の経済的地位を与えようとするメカニズムが働いており，むしろ女性を保護するように機能しているのが，オラン・フルの婚姻制度であると言える．

第4章　註

1）対象としている部落の人口とクラミン数を再確認しておこう．JR部落（128人，33クラミン）．TT部落（63人，13クラミン）．PN部落（51人，12クラミン）．PT部落（85人，20クラミン）．

2）結婚当初は一つの蚊帳の中に夫婦3人と子どもが共寝していた．子どもが増えてからは，妻を別々の蚊帳に寝かし，夫は蚊帳の間で大きい子どもと一緒に寝，交互に蚊帳を訪れていた．部落の人は，彼はパンダイ・ウバト（pandai ubat まじない上手）だと言う．その理由は二人の妻を喧嘩もさせずにうまく一つ家に住ませているからである．第2妻の母は別の家を建てることを要求しているが，夫は費用が倍かかるようになると言って，いっこう世帯を分けることはしなかった．

3）先に述べたように両妻の出身地が異なるので，子ども達はその母の出身地のことばを使う．第2妻側はエンダウのふつうの名称である．すなわちその長女がサロマーという名なので，マッ・サロマー（サロマの母）と呼ばれ，サロマー以下の子どもは父親をパパ，母親をウマッ，オジをワーと呼ぶ．これに対して第1妻はLB出身なので，その夫とともにワー・スリ（スリは彼らの長女の名）と呼ばれる．村の中では，夫の通称はこのワー・スリである．子どもは両親をワー，オジをママッと呼ぶ．二人の妻の長女の年齢差は約7, 8歳であろう．なお，親族名称については，第2章を参照されたい．

4）マレーシアでは12歳になると身分証明書が交付され，それに名前，住所，生地，生年が書き込まれている．オラン・フルに対してこのカードが交付されたのは1950年位からである．そのさいカードに書き込まれた生年は発行担当官の恣意的な推測によって書かれたものらしく，しばしば相対年齢から見て不可能と考えられる年齢が書かれている．いちおうこの証明書はすべてチェックし，その上でより妥当と思われる年齢を推測して当人の年齢とした．1965年当時8歳以下の子どもは出生票を有しているので，これによってさらに年齢をチェックした．

5）同じオラン・フルのグループでもナナシ地域の方はことに早婚で，12歳ですでに結婚しているのは珍しくないという．ナナシ地域との通婚はしばしばある．なお，調査後JR部落で15歳未満の女子が一人結婚している．

6）この数字については第3章の表3-6（85頁）と表3-7（87頁）とを参照されたい．なお，調査後16歳と14歳の1組，18歳の男子が離婚した女と結婚したのが1例，20歳の男と15歳の女子とが婚約したのが1例見られる．（1968年3月現在）

7）妻の先夫は共産ゲリラ活動期に逮捕されて戻らなかったので，現在の夫と1954年に結婚したという．したがって結婚当時夫は22歳，妻は30歳である．

8）1967年（調査後）に27歳と23歳の無子の夫婦が離婚して，妻は5歳下の初婚男子と再婚している．

9）JR部落の婚姻件数は28組である．

10）創造神話では最初キョウダイ婚が続き，7世代の間はそのようにして近親婚を繰り返し，その後になって彼らが全部世界各地に散って行き，オラン・ダガン（orang dagang 関係のない人）となったという．

11）中国人と2度結婚した老婆が語るには，中国人がオラン・フルと結婚するのは同じ布地でもいろいろと値段が違うのを買うものがあるように，結局はお金の問題で，彼らが好いているかどうかは知らない，と．

12）19世紀の終わりの報告にもこのダヤッ達が触れられている．H. W. Lake & H. J. Kelsall, "A Journey on the Sembrong River from Kuala Indau to Batu Pahat," *JSBRAS*, No. 26 (1894), p. 22.

13）彼らの定着の歴史をたどることは難しいが，エンダウ川，スンブロン川およびその支流にそって住み，周囲の土地を耕してしまうと次に移る移動耕作生活を繰り返している．部落の名前はその付近の川，丘の名前をとって呼ばれるので，個人の移動歴を訪ねると数カ所にとどまらない地名が出てくる．その上，共産ゲリラ活動期に，政府がエンダウ川流域のオラン・フルを一カ所に強制移住させ，現在の諸部落はその移植地から徐々に分離していったものである．そのような関係で通婚率を求めることはできなかった．なお，集落に関しては次章参照．

14）J. R. Logan, "The Orang Binua of Johore," *Journal of the Indian Archipelago and Eastern Asia*, Vol. 1 (1847), p. 270.

15) 第2章で親族核とした。厳密に言えば、ワリスは姻族関係にあるものを含まない血族である。しかし、ワリスが女である場合には、婚姻の交渉とかその他の集会で、彼女の夫が彼女の利益を代表して発言することが多い。
16) ワリのマレー語での意味は「代表者」で、ワリス同様アラビア語に由来する。ワリの意味は辞書などによると下記の如くである。1) Guardian for marriage (Ahmad Ibrahim, *Islamic Law in Malaya*, Malayan Sociological Institute, Singapore, 1965); 2) male relative legally responsible for bride under Moslem law, normally her father (John M. Echols and Hassan Shadily, *An Indonesian-English Dictionary*, 2nd ed., New York, 1963); 3) her father, or in the event of his being dead, her closest agnate (Judith Djamour, *Malay Kinship and Marriage in Singapore*, London School of Economics Monographs on Social Anthropology, No. 21, University of London, 1959, p. 62); 4) guardian of unmarried girl, i. e., ascending agnate (never uncle or brother) (R. O. Winstedt, *An Unabridged Malay-English Dictionary*, 6th ed., Kuala Lumpur, 1964); 5) all relatives (in Kelantan) (Richard Downs, "A Kelantanese Village of Malaya," in Julian Steward (ed.), *Contemporary Change in Traditional Societies*, Vol. II, University of Illinois Press, 1967, pp. 137-138). なお、西欧のシャペロンのようにとっている4番のWinstedtの誤りに関してはDjamourが指摘している。(Judith Djamour, *The Muslim Matrimonial Court in Singapore*, London School of Economics Monographs on Social Anthropology, No. 31, 1966, p. 15).いずれにしても、これらはイスラーム法での定義であって、オラン・フルがムスリム・マレー人に影響されてこのことばを使っているのかもしれないが、イスラーム法におけるような法的な保護者(後見人)という強い意味は薄れ、むしろ交渉の代表者というだけの意味である。しかも、オラン・フルの社会では父親よりオジ(ババッ・サウダラ)の方が強い発言力を持ち、父方のオジと母方のオジとがいる場合は、母方のオジの方が強い発言力を持っているとされる。
17) マレーシア・ドル。1965年、1マレーシア・ドルは約118円に相当した。
18) (金または銀)の指輪、耳飾り、首飾り、布地、衣服、ハンカチ、口紅、白粉、鏡、髪油、櫛、剃刀、タバコ、ベテル、シレ、すべて買うと60ドルから120ドルくらいかかる。
19) このことばは、"estimating the weight of anything," "considering the pros and cons of a question" という意味のマレー語であるが、オラン・フルではパティンによって決裁されるべき罰金・税金・贖罪金である。特に何か慣習にもとることをした場合には、このティンバンが大きくなる。その処置はすべてパティンに任されている。罰金という意味のドゥンダ(denda)よりは広い意味に使われ、罰として出すことに限らず、パティンが出すのが妥当だと考える恣意的な額である。しかし、もちろんパティンの結論が住民を納得させるものでなければ、部落の人が離散して行く結果となる。なお、サラワクのダヤッ人もティンバンという語を使うが、この場合は伝統的な物品による罰額を現金に換算し直したものという意味である。cf. A. J. J. Richards (comp.), *Dayak Adat Law in the Second Division*, The Government Printing Office, Kuching, 1963.
20) マレー・インドネシアのワン・ハンタラン(wang hantaran)あるいはブランジャ・ハングス(belanja hangus) (Rosemary Firth, *House-Keeping among Malay Peasants*, 2nd ed., London School of Economics Monographs on Social Anthropology, No. 7, 1966, p. 201.)、ハンタラン・ブランジャ(hantaran belanja) (口羽益生・坪内良博「マラヤ北西部の稲作農村」『東南アジア研究』第5巻第1号、1967, p. 11) に相当する。
21) Meyer Fortes, "Introduction", *Marriage in Tribal Societies*, Cambridge Paper in

Social Anthropology, No. 3, Cambridge, 1962, p. 9.
22) 例えば，ある中国人の材木業者が JR 部落の娘（未婚）と結婚したいと申し出た．それに対し，娘側のワリ（このときは娘の母の弟）は独断で500ドルの保証金とそれに諸経費の支出を要求した．保証金というのは，オラン・フルでも前例が無く，JR のバティンは，そのような前例のないことは自分に関係がないから，ワリの間で処理すればよいということにした．この交渉の後で中国人が言うには，「オラン・フルなどにそんな多額の婚資金を出したら，中国人コミュニティの仲間に対して顔向けができない」と．
23) 第1章1-2の(2)で紹介した事例．1965年10月，DN 部落の男（未婚）が，JR 部落の若い離婚女性に，直接結婚するかしないかの返事をせまった手紙を出した．たまたまこれが JR 部落のバティンの手に入り，その男は，もし結婚したいのなら即座に200ドル，その金が出せぬときは罰金50ドルを支払うように言いわたされ，結局彼は後者をとらざるをえなかった．その50ドルは，DN と JR のそれぞれのバティンが二等分し，JR のバティンはさらにそれを女の親族などに配分した．DN のバティンは全額を着服したという．
24) 陸ダヤッ人のように，婚約の結納をすると正式の結婚の前にともに寝ることができるということは，オラン・フルにはない．
25) このような「集まり」あるいは饗応（ジャム jamu，ブクルジャ bekerja，マカン・ブサル makan besar）に招待する人の範囲は，饗応の種類によって地域的範囲が決められる．例えば，結婚式は部落を越えてとか，病気治癒の招待は部落内だけとかという決まりがある．
26) 沐浴のさい，粉水（tepong tawar 米粉を溶かした浄めの水）を頭からかけて清める．
27) 花婿は家から沐浴場所まで友だち仲間に担がれて行くこともある．
28) マレー服，ソンケット（songket），クリス，肩掛け，男は靴，色眼鏡までマレー人を模倣している．香水を薬指で，眉毛に3度，胸に3度，薬指・中指から手のほうに3度ずつ塗る．また赤い色の汁（hinai）を男も薬指と他の任意の指の爪に塗る．花嫁は眉毛・額を剃り，額際に短い毛を切り揃えて前に垂らし，その毛と残りの髪との間の生え際を明確にする．そして花婿から送られた指輪，首飾り，衣服などを身につける．
29) 会食の準備は花嫁花婿の主な親族によってなされる．その費用は花婿が出費するが，たいてい，彼のワリスからいろいろな援助を受ける．時には，（バティンの娘の結婚などのときには）部落の全員から何がしかの徴収（kotek）をすることもあるという．
30) 新郎のワリからバティンに手渡されると，その配分はバティンに一任される．例えば，ジャサ・アナッ（jasa anak 子どもの奉仕）として8ドルの現金が新郎のワリからバティンにわたされると，バティンはその半分の4ドルを新郎のワリに返して，それを新郎側で配分させ，残りの4ドルを新婦のオジに1ドル，いとこに50セントずつというふうに適宜分配する．
31) 父親は女方のワリスに31ドル支払い，結婚する二人のために家を建て，焼畑を伐り開いてやらねばならぬと言う．JR 部落の娘と他の部落の若者とのケースの場合は，ついに一銭も支払わずに終わり，若者は娘の兄の家に一緒に住むようになった．父親はしばしば食物などの仕送りを続けている．
32) JR 部落のバティンによると，この際支払うべきティンバンの金額は25ドルから30ドルである．昔はふつうの人は6ドル，バティンは8ドル，ジュクラ（Jukra）は25ドル，スティア（Setia）は10ドル，長老は10ドルという区別があったという．これは部落での役職の名前であったが，現在ではバティンだけになってしまった．この額もバティンの裁量によって，個人的な条件を勘考して金額が決められる．
33) 巡回してくる医療員に淋病の症状を訴えて注射してもらうものがいる．

34) 第3章で述べたように，寝室の区切りのある家は26.4%だけで，作り方が簡単なので静かに歩いても音がする．雑魚寝をすることも多い．
35) 完全に離婚してしまうことをプトゥス・チュライ (putus cherai, to settle divorce) と言い，もし男が部落から離れて長期間不在にしたときはチュライ・ガントン (cherai gantung, pending separation) と言い，そのまま消息がない場合には遺棄の形になる．ある人によれば，3ヶ月と10日間，外に出ている夫が妻に何も送らないときは，妻は自由に再婚できるという．もちろんそれは別れる意思がある場合だけで，そうでなければ，相互信頼に基づいて，いつまでも待つという．女が駆け落ちしたときも，遠方の地に逃げてしまえば，そのまま離婚になる．
36) 4クラミン，8人の夫婦は調査不能につき，いちおうここでは省く．
37) したがって，夫の方は「離婚」したとは考えていないので，この男のケースは表4-2に数えられていない．
38) ちなみに，この2名を除いた男性の離婚の割合は，延婚姻回数で21.5%，死別を除く婚姻回数で25.9%となる．
39) この23ケースのサンプルを年齢別に見ると，10歳台2，20歳台5，30歳台2，40歳台11，50歳台2，60歳台1で平均32歳．その内10人は結婚後1年以内に離婚したという．現在に至るまで子どものいないものは6人である．
40) もちろん，初婚期間の回答はないわけではないが，答は2ヶ月から10年まで様々で，多分に疑わしい数字が混じっているので取り上げない．当人の年齢，数字の信頼性などを考慮に入れて推定すれば，初婚離別無子のケースは，数ヶ月ないし2，3年経てからの離別で，1年前後で離別するのが多数を占める．
41) 2，3の女性の回答者の中には，初婚のときは性交を知らなかった (bodoh beginat) と主張するものもいる．
42) 夫の死亡の場合は財産の1/3が娘に，2/3が息子に相続され，妻の死亡のときは共同財産は夫に属すとローガンは報告している．J. R. Logan, *op. cit.*, p. 268.

第 5 章
オラン・フルの経済生活

5-1　オラン・フルの集落
5-2　ネクサスを生む生産活動
5-3　ジャンクションの経済活動
5-4　財貨の蓄積　5-5　むすび

5-1 オラン・フルの集落

（1）集落の立地

　エンダウ川はジョホル州の東北端にあり，川の一部はパハン州との州境をなしている。河口のパダン・エンダウの町は，半島南端のジョホル・バルから東海岸沿いを半島中央部のクアンタンへ北上する国道の中間に位置している（図1-2，17頁参照）。1957年のパダン・エンダウ区の人口は2675人であった。19世紀末，レイクの訪れた頃は少数の中国人商人，商店のある人口500人くらいのマレー人の村であった[1]。1879年にハーヴェイは河口から1キロメートル強にあるパダン村にはトレンガヌからの中国人がいて，彼が唯一のジョホル側での中国人であったと報告している[2]。マレー半島東海岸南部の舗装道路はムルシンからエンダウまでは1963/64年に完成され，エンダウ以北が舗装されたのは1966年末である。1968年から政府信託会社MARAによるクアンタン＝ジョホル・バル直通バスが運行しだした。マラヤの海岸線の中では，この道路が最も開発の遅れていた部分である。1960年代にはエンダウ＝クアンタン間は多くの橋無し川があって，フェリーボートでわたるという不便を忍んでいる。ムルシンからパダン・エンダウまでは45キロメートル足らずで，バス，タクシーの便もよく，ムルシンからジョホル・バルないしは内陸のクルアンへも交通の便は良い。クアラ・ルンプルにはクルアンからさらに北上しなければならないので，交通の便からいってシンガポルにより近く，シンガポルの経済圏の中に入っているといえる。

　エンダウ川はジョホル州のブサル山に源を発して，蛇行しながら一部は南下してスンブロン川をなし，他はパハン・ロンピン・エンダウ・デルタの低湿地帯を通って東シナ海に流れ出る。河口付近でパハン州のプラドン山 Bukit Peradong から源流するアナッ・エンダウ川と合流している。河幅は河口付近で300〜500メートル，スンブロン川との分岐点付近（ここをクアラ・エンダウ Kuala Endau とオラン・フルは呼ぶ）で120メートルくらいの幅がある。この分岐点より

下流は常に黄濁した色をなして流れている．両岸の景観はすでに述べたように，紅樹林・湿地森林ないしは淡水湿地森林，次には低地ディプテロカルプル森林である[3]．その他に人為的にできたララン (lalang, *Imperata cylindrica*) 原，二次森林ブルカル (belukar) が点々と見られる．河口から5，6キロメートルの範囲にはマレー人の部落が見られるが，10キロメートル以上遡行すると，ココヤシの木とマレー人の集落はなくなる．

雨期はほぼ11月から1月，乾期は4月から8月くらいである（図5-1）．月間降雨量の差は大きいが，降雨日数はあまり違わない．乾期にはエンダウ河上流の川水が減り，最も奥地の部落には舷外発動機付きの小さな舟で遡行するのさえきわめて困難となる．その部落より上流は川瀬・急流が多くあって，モーターボートは使えない．

気温は月平均25〜27℃で（図5-2），夜間には20℃くらいになることもある．昼間は暑いが，それでも手元の温度計で29℃を越えることは稀であった．年間の気温では雨期が涼しく，特に夜間には厚めの毛布を被って寝てちょうどよい

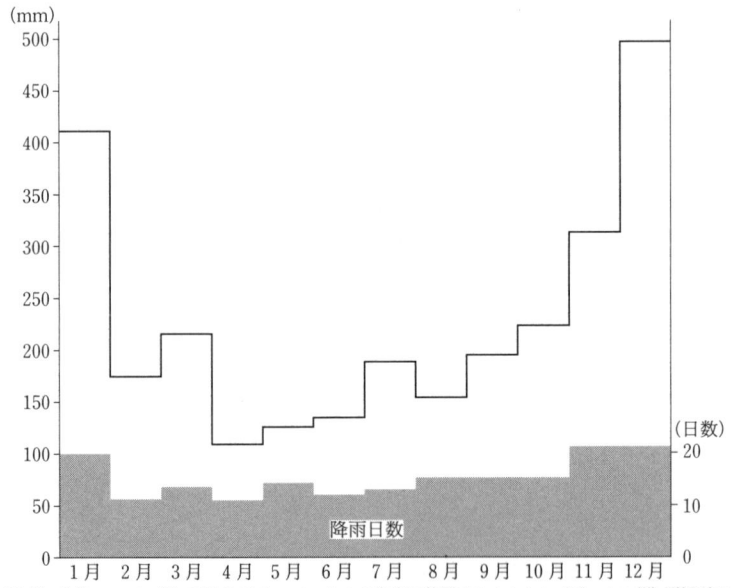

(出典) パダン・エンダウの南方43キロメートルの海岸に位置するムルシン（ジョホル州）測候所の10年間を平均したもの．
(注) 降雨日数は1日に2.5mm以上の降雨量のあった日．

図5-1　降雨量図

図 5-2　気温図

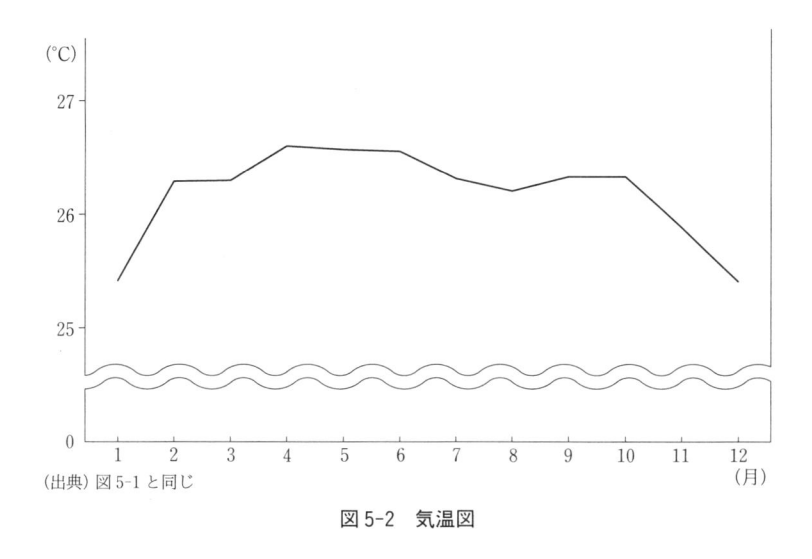

くらいの季候になる．年間平均気温較差より昼夜気温較差のほうが大きいわけである．

　エンダウ地域は海岸沖積土ではあるが，多くは淡水ピート層の湿地である．パハン・ロンピン・エンダウ・デルタ地域全体に湿地が多く，蚊を媒体とするフィラリアがあって，人口は希薄である[4]．エンダウ川上流域には火成岩から派生した土壌が見られる．エンダウの諸支流は，鉄鉱床のために水の色が赤くなっているところが多い．特にタナー・アバン Tanah Abang は鉄鉱含有の丘として有名である．錫鉱床もクアラ・エンダウの上流のスンガイ・マス Sungai Emas の奥地にあるといわれる[5]．

（2）集 落 形 態

　オラン・フルの部落は土堤の上に列状に並んでいるのが多い．水が得やすいのと，舟による交通が便利なためである．集落の背後には伐開きが森林との間にある．1部落の家の軒数は8軒から30軒くらいまでで，部落の名前はその近くの川または丘の名前である．中には一直線上に並ばず不規則にポツンポツンと家が散在している部落や，2列に対面して並んでいる部落，まん中の広場を中心にかたまった部落もある．

オラン・アスリ局の方針は先住民地域を定めて，その範囲内でできるだけ定着生活を行わせることである．そのために建築資材などを供給して家を建てさせたり，学校を建てたり井戸を掘ってやったりしている．エンダウ川のジョホル州側では，河口に近い一部落 (LB) が政府の援助を受けて木材の家，学校，井戸などを備えている．上流域では具体的な援助はされていなかった[6]．一つにはオラン・フルの定住性に政府が確信をもてなかったこともあろう．壮年の男女に対して移動の回数をチェックすると，だいたい 3〜12 カ所の土地 (部落) の名前を挙げる．個人的な移転以外に部落ごとの移動があるわけである．家屋・家財が簡便なので移転に不自由はなく，森林資源採集の場所，焼畑地が部落から遠くなってくると，徐々に家を移し変えてゆく．現在の諸部落は 5 年ないし 10 年くらい同じ場所に住んでいる．

そのような移動の例として，例えばエンダウ川河口から 50 キロメートルくらい遡行した JR 部落をとってみよう．1965 年夏から 1968 年の春までの間に約 4 分の 1 が家を新築し直しているが，そのうちの 1 軒だけが同じ場所の近くに新築しただけで，他は別の離れた所に建てている．1965 年の夏にはこの部落は B 区を中心として A 区，B 区，C 区，D 区の 4 カ所に離れて住んでいた．その夏の終わりに，B 区より 1 キロメートルほど下流にあった A 区の地上家屋 5 軒，筏上家屋 2 軒は A 区の土地を見捨てて，B 区と C 区とに移った．B 区と C 区とは小川をはさんで徒歩 5 分の距離にある．1966 年春には B 区に 15 軒，C 区に 7 軒，D 区に 4 軒あった．1968 年の春になると，B 区の 15 軒のうち 4 軒はもとのままで，残りは移転し，新たに 5 軒加わって結局 9 軒になっていた．C 区に 3 軒，D 区には 11 軒が居住するようになった．バティンも B 区から D 区に移転してしまっていた．B 区と D 区との間は山道を約 1 キロメートルほど歩いた距離である．焼畑の位置は以前は A 区と B 区との集落のすぐ背後にあったのであろうが，現在ではいずれもラランが高く生え，D 区の付近が焼畑として新しく開拓されている．この間，B 区に 1965 年の末に小学校の建物が建てられ，1966 年の 10 月に開校して，1968 年 3 月の時点で約 25 人の子どもが勉強していた．学校ができたので子どもをやるために学校の近くに移転したものもいるが，頓着なく遠い所に移ったものもいる．

以下 1965/66 年の調査各部落の概観を述べる．JR 部落は，1952 年に政府の再定住政策で，タナー・アバンに集結させられていたうちの 5 クラミンが，現在のバティンに率いられて作った部落である．集落の中に小さな「男ジョラッ山」

（標高約 41 メートル）と，ジョラッ川とがあり，年寄りの記憶ではこのあたりに住むのは 4 回目のことであるという．最初は 5 クラミンだけであったが，その後カハン，スライ Selai，エンダウ下流，ロンピン，ナナシから親類などが来住しだして，66 年にはエンダウ川流域で最も多数の人口を擁する部落の一つとなった．1962 年にはわずか 51 人を数えるだけであったが，1966 年には 128 人となっている[7]．B 区には果樹，ゴムの木，竹藪，野菜などが若干あり，C 区には野菜の他にサトウキビ畑がある．D 区の焼畑地にはキャッサバを中心にバナナ，ナスなども植えている．

　TT 部落は，JR 部落のすぐ上流（3 キロメートルほど）にあり，陸地を通って近道をすることもできる（約 30 分）．この集落に居るものは，もともと MT に居住し，それからスンブロン，カハンへと移住していったようで，最近はスンブロン川の支流ルンゴル Lenggor 川で木材伐り出し作業に従事していた．このため移動性のある筏上家屋に住むものが多かったが，1966 年には三つの筏上家屋を残して 9 軒が陸上に家を建てた．北側にタンジョン・トゥアン山 Bukit Tanjung Tuan（73 メートル）があり，その斜面に焼畑が開墾されている．この部落の開墾地には象の侵入を防ぐための柵が張り巡らされている．集落の南側はララン原である．現在の場所に移る前にはこの丘の北側の斜面に部落を作っていた．現在地はちょうど川の湾曲した曲がり角にあって，水が淀んでいるのできれいな水を得るためには川の流れの中程に出て行かねばならない．部落の向かい側はトゥアン岬と呼ばれ，霊地（クラマト）として有名である[8]．この部落の人口は 63 人で 1962 年の 89 人よりむしろ減少している．

　PN 部落は JR 部落から直線距離で約 11 キロメートル西南にあるが，川を遡るとその 2，3 倍の距離がある．この部落は TT とは逆に川の曲がり角の岬になっている土堤に位置している．家の建ち方は他の部落と比べて最も分散していて，人口（51 人）も家数（8 軒）も少ない．上流寄りの対岸には昔の伐開きがブルカルとしてまだ残っている．1962 年の人口は 50 人であるので人口の変動はないように見えるが，現在の戸数のうち 3 戸はごく最近上流の部落から移住してきたものである．部落の上流クアラ・ムトゥリ Kuala Meteri に木材伐出場があって，一部の男子はそこで働いている．開墾地は部落のすぐ背面にある．他の部落と異なり墓所が集落の中にある．

　PT 部落は PN よりさらに上流にあって，最も交通の便が悪く，最も奥地にある．自然資源は他の部落より豊富に見える．また家の周囲に野菜畑，果樹をた

くさん植えている。PT, PN 両部落とも，昔エンダウ川のさらに上流のキンチン Kinchin 川に住んでいた人が中心となっている点，および西の内陸部のベコッ Bekok, クミダッ Kemidak からの移住者がいる点など，下流の2部落とは若干構成員が異なる。現在地に定着したのは5年前である。人口は1962年に107人，1966年に85人で16軒の家に住んでいる。段丘の上に部落を作り，整然と並んで家を建てている。やはり背後に開墾地があり，その後にはプタ山（標高553メートル）がそびえている。この部落には他の部落にない集会所（バライ）やオラン・アスリ局のヘリコプターの着陸場所，薬品置き場などがある。1ヶ月に一度クアラ・ルンプルから医務官が飛んでくるという。

これらの集落をカンポン（kampong）といい，同時に家の敷地全体を「だれだれのカンポン」とも呼ぶ。その土地だけでなく，土地にいる人々をも含めて意味することもある。収穫期にはカンポンの外にある焼畑の中に出小屋を作って，害をする動物を追い払って収穫物の見張りをかねる。出小屋に常時住むようになると部落の家が分散した形になる。この開墾地はふつう集落のすぐ後に作り，本来のカンポンのあるほうをアイエル（ayer 水），開墾地をダラト（darat 奥地）と呼んで対比させることがある。

オラン・アスリの住んでいる土地は法律上，(1)先住民保留地（Aboriginal reserve），(2)先住民区域（Aboriginal area），(3)先住民居住地（Aboriginal inhabited place）の三つに分けられる。(3)では単にオラン・アスリが住んでいて政府の特別の保護を享受していない。(1)および(2)は州政府が特別に指定した地域で，この区域内ではマレー人保留地・山林保護・動物保護などの諸法律も適用されず，先住民の生活が優先される[9]。エンダウ川流域では，(1) LB 地区に 1962年 30家族 140人のために 125 ha, (2) MT 地区（パハン州）に約 608 ha, (3) タナー・アバン地区に 1960年認可の 1036 ha（当時 46 家族，215人）の 3 区域が，先住民区域に指定されていた。筆者の調査した4部落は，本来(3)のタナー・アバン地区に属するはずであるが，前述のように分散していってしまって，調査時にはこの特別区域に住むオラン・フルはいなかった。PT と PN の両部落はエンダウ・クルアン野生動物保護区の中に，PT 部落はラビス森林保護区の中にも位置していた。

19世紀末のエンダウ川の集落はレイク H. W. Lake とケルサル H. J. Kelsall の報告によると，以下のごとくである。スンブロン川がエンダウ川から分かれる所にポリス・ステーションがあり少数のマレー人が家を建てて住んでいる。

DN 部落の焼畑の出小屋 1966 年

ここより上流のクアラ・ルマカン Kuala L'makan（現在の PN と PT 部落の間にあるルマコー Lemakoh）のすぐ下流に「ジャクン」の開墾地があって部落が作られていた．この部落に来てから約 1 年半たっており，それ以前にはさらに上流のバトゥ・ガジャー Batu Gajah（現在の PT 部落のすぐ下流）に住んでいたが，虎が住民を食い殺したので移動したという．マス川（PN 部落の下流にあるウマス川 Sungai Emas）の上流 10.5 キロメートルに三つの大きな小屋があってそこに 25 人が住んでいる．さらに 4 キロメートルほど行くと 50〜60 人からなる，より大きい居住地があった．また，スンブロン川の支流リンゴル Linggor（=ルンゴル Lenggor）の 16 キロメートル奥には小さな「ジャクン」の居住地があり，スライ川の源流近くにも 50 人くらいからなる「ジャクン」の居住地があった．その他スライ川，カハン川にそって「ジャクン」の部落を報告している．しかしエンダウ川下流域の「ジャクン」の部落についてはなんの報告もない[10]．

19 世紀末と比べて現在の部落は位置こそ変えているが，本質的に生活様式が変化したとは思われない．現在でも特に町そのものに移住するのではなく，町

第 I 部　オラン・フルの家族圏

の経済圏の中で不即不離の関係を保とうとする傾向がある．

なお，レイクとケルサルとはエンダウ・スンブロン川に住むオラン・フルに二つのタイプがあることを注目している[11]．かれらによると，第一のタイプは直毛で立派な容貌をしており，第二のタイプは巻き毛ないしはほとんど羊毛状の毛髪を持ち，ネグリトの容貌 (thick negrito features) が濃い．大部分の部落はこの二つのタイプが入り交じっているが，マス川では大部分が立派な顔つきをしたものであるのに対し，カハン川のプニオト P'niot 部落では両タイプの典型的な例が観察されたという[12]．筆者は現在のオラン・フルを二分することは困難だと思うし，また第二のタイプがネグリト型であるというのはいいすぎだと思う．しかし，スノイ系の血や，中国人，マレー人からの血を受けて種々な形質が見られるのは確かである．

（3）オラン・フルの生活

オラン・フルの生活を一口にいえば，おもに森林資源を仲買業者に売った現金収入で，生活に必要な品を購入し，同時に焼畑栽培によって食料を補給する二重の生活舞台を持っているといえる．第2章でも触れたように，このパターンはすでに19世紀中頃にも見られ，マレー人の行商人から衣類，鉄器，磁器，砂糖，ココヤシ，米，タバコ，ビンロウジュ，ガンビル（阿仙薬），石灰などを得，その引き替えとして，マレー人商人の注文に応じて，籐，沈香，白檀，樟脳，ダマル，ワックス，グッタプルカなどを森林から採集して引きわたしていたという．もっともこれらの採集は決して常雇いの形は取らなかったという[13]．前項に引用したレイクによると，19世紀末にも，現在のPT部落の近くにあったバトゥ・ガジャー部落では，おもにキャッサバ（タピオカ），果実，魚に依存し，同時に籐，ダマル，樟脳と交換に少量の米，タバコ，塩をマレー人の行商人から手に入れていた．森林資源を求めてジャングルに入っているときはタピオカと果実だけで暮らしていたという[14]．

このように早くから自給生産活動とともに，「商品」採集活動を生活の維持のために，あるいは外的力に圧迫されて行わねばならなかった．調査時では，その比重が逆に「商品」採集活動のほうに置かれている．貨幣による交換の歴史が比較的長いので，かれらに貨幣価値の概念はある程度浸透している．しかしこの価値は最初から受動的であって，外部の経済主体が決めた評価をそのまま

受け入れて生じたものである．そして，いったん品物が貨幣の価値で考えられると，オラン・フルの間の自由な「やりとり」の流れからはずされる．ここでいう自由なやりとりとは，当事者の間の関係がその社会の文脈の中で「やりとり」が終わった後も持続し展開して行くような交換のことを指す．偶然に得た獲物や自分の労働力で作った収穫物は当然のこととして他人にも分け前を与えることを期待され，かつ他人も対価なしに要求(minta)しても恥ずかしくないのである．それでは貨幣によって価値付けられた品物の交換はどうかというと，これらはその場限りの「やりとり」であって，当事者の間の関係はその交換が終わるとともに終わってしまう．その社会の文脈の中にあっても，それはいわば凝縮してしまって文脈全体には関係なく存立できるのである．いちおう仮に，この商品や貨幣によって購われる物の交換によって生じる関係をジャンクション(連接，異質結合)と呼び，他の日常的・伝統的な交換関係をネクサス(叙述的関係，伝統的つながり)と呼ぶ．ネクサスはその社会の文脈の中で次々と展開して行くことを期待され，ジャンクションはポツリとその関係だけでとぎれてしまってよいものである．ソルズベリィ R. F. Salisbury はニューギニア高地人の伝統的な経済生活を，生存活動(subsistence activities)，奢侈活動(luxury activities)，ギマ活動(Gima activities)の三つの活動に区別して，おのおのに生存ネクサス(subsistence nexus)，奢侈品ネクサス(luxury nexus)，ギマ・ネクサス(Gima nexus)という関係の概念を当てはめている[15]．オラン・フルでは伝統的経済活動をこのように分類することはできない．しかし，新しい経済活動は伝統的な活動と区別されている．この伝統的なネクサスと対比させて，貨幣が交換の尺度として使われるようになったために生じた領域の関係をジャンクションと呼びたい．この二つの概念の意味するところは，サーリンズ M. E. Sahlins のいう一般化された互酬性(generalized reciprocity)と均衡的な互酬性(balanced reciprocity)[16] との違いに対比させることも可能であるが，ここで問題にしている区別はAとBとの2人の間の関係を1回的なやりとりから見た関係で，互酬性というのを正面から問題にしているのではない点が，サーリンズの概念と異なる．

　もし，「交換を予想する資力の配分という人間行動の領域にどれだけの法則が発見され，そしてそれらの諸法則がどのような相互関連において捉えられるかという問題」[17] が考えられねばならないとすると，ネクサスとジャンクションという二つの交換形態のための生産活動を別々に考察するのも無意味とはいえ

ぬであろう．ただし二つの活動領域に分けたとしても，ネクサスとジャンクションとの相互転換が生じないというのではない．状況によっては，ジャンクションの中で交換されるものが，ネクサスとして扱われる可能性もある．また時がたつにつれて，ネクサスの領域が狭くなっていくことも考えられる．

5-2 ネクサスを生む生産活動

（1）狩りと漁

　最も簡便に暮らすのは，食べられる動物・植物を近くの森林から採集することである．しかし単純な採集生活だけで生活していくことはなく，偶然に可食物を採集することはあっても日々の仕事として自然物採集を専一にすることは稀である．それでも老人は森林の何が食べられ，何は食べられないかということを詳しく記憶に残しているが，若者達はそのような知識を必要とする機会に恵まれず，老人の知識の多くは伝達されぬままに消え去っていこうとしている．

　日々のおもな仕事と考えられないにしても，狩猟の時期というのはある．それは年2回，野猪（juoku, マレー語ではバビ・フタン）がエンダウ川を南北に渡河する頃で，部落の男達は毎日のように舟で野猪狩に出る．狩りだけを目的として娘婿（ムナントゥ）や姉妹の夫（イパル）と一緒に3〜4人位のグループを作って，川沿いに上下したり，あるいはそのうちの2人が上流から犬とともに上陸して陸上の獲物を川のほうに追い出し，動物が川に飛び込むのを舟で待ち受けているものが捕らえる．この時期には，後に述べる経済活動である籐伐り出しのときにも必ず犬と槍とを舟に乗せて，獲物に遭遇したチャンスを逃さないようにする．獲物は自部落で分配して共同で分かち合う．大量にとれたり定期的にとれるときがあると，余剰を町の中国人に売りに行く．

　野猪の他にネズミジカ類（pelandok, kanchil）などが好まれる．猿，象，錦蛇なども捕らえられれば食べる．仕掛罠（jirat），ばね銃（pelantik），竹とげ（sodah, suda），囲い（keronton, kurong）などの罠を仕掛けたり，吹矢（nyumpit, damok, perehan）を使うものもあるが，多くのものは犬と投槍だけで狩りを行う．鳥を

とるための網罠 (perankap) も使われる．マレー人の中には鉄砲を使って鳥，象，野猪などを撃ちに来るものもいるが，オラン・フルの中では鉄砲は使われていない．

　水溜り，川，湖沼からの獲物は魚，エビ類に限らず亀 (bioku) やその卵などもある．魚のとり方には大小の三叉になったヤスで刺したり，投網 (jala)，釣りまたは手釣り，筌 (lukah) によって捉えたり，魚毒を使ったりする．亀は大きな籐製の丸籠を水中に入れて捕らえる．上流の PT 部落では釣り竿でタピオカの潤したのを餌にしてよく釣る．また投網も使用する．下流の部落では網，手釣り，魚毒をよく用いる．漁のグループは狩りと違い一組の夫婦が小舟に乗って出かけて行くことが多い．夫達が他の仕事に行っているときには女子どもだけのグループも見られる．魚毒を部落の付近の小さな川で用いるときには，部落にいる者総出となり，特に子どもにとっては一種のスポーツ，遊びの役割も果たす．魚毒によって浮かんでくる魚をヤスで刺したり，山刀で叩いたりして捕獲する．部落から離れたところでヌバ (nuba, トゥバ tuba, 魚毒および魚毒による漁) を行うときには 4〜5 人の親しいものとともに出かける．月のない晩には 2, 3 人の男のグループが懐中電灯で水中を照らし (nyolo) ながらヤスで魚を捕らえることもある．もちろんグループを組まずに単独で行われることも多い（特に釣りなど）．捕獲量は上流ではかなり豊富であるが，下流では重要な蛋白質源であるこれらの獲物がなかなか食卓に上ることはない．

（2）焼 畑 農 業

　定期的な収穫を期待しうる自給生産は焼畑耕作である．

　焼く場所と日時の決定はバティンによってなされるが，都合によっては個人が選んだ場所を（バティンの許可を得て）自分だけで伐り開くこともある．まずバティンはあらかじめ各クラミンにその労働力に応じて適当に土地を配分する（0.2 ヘクタールないし半ヘクタールくらいが多い）．それから呪術師（パワン pawang，たいていバティンが兼ねている）によって地霊 (jin bumi) をなだめる儀式を雨期の後に行う．(約 1 ドゥパ depa ＜手を一杯にひろげた長さ＞の木を四角の枠に組み，そこで薫物をしてブルテー (berteh ＜炒り米＞) をまいて呪文を唱える) この後各クラミンごとに下ばえを刈り (nobas, マレー語 tebas)，大きな木を斧で伐って (nobang, マレー語 tebang) から，火をつけ (hangoi, マレー語 hangus, bakar) 一斉に焼畑 (homa, マレー語 huma, ladang) にする．この開墾は雨あがりの6月から9月ごろまでの間に行われる．ただし部落の中の数クラミンはこの焼畑に参加していないこともある．その理由は焼畑が終わってから移住してきたので土地の分配を受けていないか，あるいは他の現金収入によって生計を維持して焼畑に関心を示さないか，あるいは労働力が足りないので家の周囲の畑だけに頼っているかである．いずれの場合も自分の焼畑は持たなくとも，親族の焼畑の植付・収穫を手伝って，「便乗して」(numpang) その収穫の一部を得ることができる．

　焼畑には陸稲 (padi tegal, padi bukit)，キャッサバ (ubi kayu)，トウモロコシ (jagon)，ジュズダマ (menyelai, マレー語 jelai)，バナナ，砂糖キビ (tebu) などを掘り棒あるいは山刀などを使って，主として穴播によって播種，植付する．この労働はクラミン全員で各クラミンごとに行われる．ただし親と子とのクラミンの共同作業は，特に子のクラミンが完全に一人前となっていないときなどに，しばしばある．定まった労働交換の慣行はない．これは土地そのものはいちおうバティンの管理のもとにあるが，その開墾地とそれからの収穫の権利は労働を寄与したものが享受するという原則にしばられているからであろう．播種，植付 (tabor または tanam) が終わるとそれ以上の手入れは全然しない．ただし，野象，野猪，鹿などの侵入を見張るために，開墾地に建てた出小屋に住むこともある．

　陸稲の収穫は播種から約5ケ月後である．この時期までに陸稲を植えたクラミンはおのおのの出小屋を完成させている．この収穫をノンゴイ (nongoi, tongoi あるいは menongoi) といい，収穫に使用する稲摘刀をプノンゴイ (penongoi) という．収穫の開始[18]の決定はパワン (pawang) の一存による．収穫開始から3〜10日は種々の禁忌 (パンタン pantang) が部落にいるものすべてに課せられる[19]．稲摘みの初日の夜は新米で各家ごとに饗を催し，人を招待する．日ごろよく行き来する家，特に姻戚関係 (他方の配偶者から見れば「キョウダイ」) のある家へは必ず行く．しかし誰でもいったんある人の家に上がると，必ず食事して行かねばならず，また来訪された家はたとえ招待していないものでもその客をもてなさねばならない[20]．

　初穂 (mula padi) は出小屋の奥部屋のクロコッ (kerokok) という所で香 (kemeyan) と一緒に保存される．その他の稲はまず足で踏んで穂から籾米を分離させ (tijak)（次頁写真），その籾米を出小屋のプランタン (pelantan 床だけの米

出小屋で籾を踏んでおとす 1966 年

つき場所）で臼杵をもってつき，それを箕（niru）で籾殻（sekam）と米とにあおぎ分けて（tampi），玄米を入れる袋（karong）または南京袋（guni）に貯蔵する。初穂刈りから10日目にチュレンピン（chelempingまたはlemping）[21]の饗を催す。いわばパンタン（禁忌）開けである。各家はこのチュレンピンの米を小さな米入れ袋に入れてパワンの所に持って行く。新米祝いのときと同様，人を呼んで饗を催すが，新米祝いのときに呼べなかった人を呼ぶことが多い。

　焼畑を開墾して最初に植えるのは陸稲とジュズダマ（陸稲と同時に植えるが，その収穫は陸稲より遅い）でその収穫が終わるとキャッサバ，トウモロコシが5年くらい続けて植えられる。それが終わるとドリアンなどの果樹を植えてその開墾地は放置される。調査時の4部落の焼畑はすべてキャッサバの時期で陸稲の栽培も収穫も見られなかった。調査対象外の下流の3部落では1965/66年に陸稲を収穫している。陸稲の収穫は部落の日々の消費量より一時的に余分の量があるだけで，自足にはほど遠い。そのうえ収穫時には他部落からその米を「もらい」に来たりするので，その余剰もごく短期間で終止してしまう。キャッサバは接ぎ木をすれば簡単に次の収穫が期待できるので各部落ともかなり豊富に植えられている。自部落に不足のときは他の部落の親族の所へもらいに行きもする。

　家の周囲に畑を作って野菜，甘藷，バナナ，サトウキビ，竹，果樹，ビンロウ樹，ゴム[22]などを植えることもある。菜園の仕事は女性だけがする。

5-3　ジャンクションの経済活動

　森や川から得る産物が生活維持にとって決して十分ではない上に，かれらの欲求も自然産物にのみとどまらず，町で買える種々の商品にまで及んでいる。ことに町と接触する機会が増加すると，いよいよその欲求は大きくなる。そして生活必需品を森林の中に求めることは資源の減少から時に非常な忍耐を強いられるのに対し，商品となる資源はまだ比較的豊富であり，その労働成果は貨幣という明瞭な尺度で計られうる。さらには焼畑，狩猟による獲得物は相互に譲り分けることが祖先伝来の受け継いできた知恵である。それらはネクサス

の働きをするわけである．これに反し貨幣によって獲得した品物はこのような分配を期待されないでジャンクションの働きしかない．貨幣によって諸物があがなわれることを知ると，同じ労働力を費やしてもその生産物をすべて自分のものとすることができる方を選択するようになる．そして，町で買える物が，従来の自然産物より，よりよい代替物であり，簡単に手に入れられることになれば，代替物をいかにして獲得するかということに努力を払うことになるのは当然であろう．

19世紀のマレー行商人との交易についてはすでに触れたが（5-1節(3)），オラン・フルの関与する交易品は，調査時には籐が大部分を占めていた．その他かれらの記憶にあるものでは諸種の樹脂集めがあり，また河口のマレー人はオラン・フルのキャッサバや果実などをも買いに来たという．これらの他に木材伐採労働，鉱山労働にも従事していた．交易と単なる労働提供とはオラン・フルの観念では厳密に区別され，前者は自分自身の意志で働く自分の仕事であるが，後者は人の仕事に便乗する（numpang orang）ようなものであると考える．そして自分の意志で働ける採集事業に従事して，一日中他人から命令されて働く賃金労働をできれば避ける傾向が強い．

（1）籐

19世紀末レイクとケルサルとが訪れた頃は，エンダウの河口からスンブロン川までは「無住の深いジャングルに覆われて，種々の籐の豊富さがおおいに目立ち，川沿いにロタン・スンタワ（rotan s'ntawa）が生えているのが目立った」[23]というし，カハン川も籐の質は落ちるがたくさん見られ，スンブロン川にもロタン・サブト（rotan sabut）があったという．調査時においては，籐はもっと奥地のほうに行かなければ採れず，河岸沿いに籐を見ることも少なかった．好んで切り出される籐はロタン・マナウ（rotan manau），ロタン・スマンブ（rotan semambu），ロタン・フダン（rotan hudang），ロタン・スンタワル（rotan sentawar），ロタン・ラジャー（rotan rajah）である．直径1センチメートルから3センチメートルくらいの籐が多い．長さは約3メートルぐらいにして，表皮を削って乾燥させ，籐の種類によっては，細く割った形で籐仲買業者の手にわたされる[24]．

生活維持のための「仕事とは何か」という問に対し，ほとんどのものが籐採

集と回答し，若干のものが木材伐採に従事していると答えるだけである．農業と回答したものは寡婦くらいなものである．すべての成人男子はパートタイムにしろフルタイムにしろ籐の採集に従事しているといえる．女は伐り出しそのものには参加しない．

　籐が部落の近くにあるときは男ばかり2〜3人で，陸地づたいまたは舟で出かけて，1日に20〜30本の籐を切り出してくる．12歳から16歳ぐらいの子どもだけでも10本から20本は伐ってくる．大人と同じだけ伐り出してくるようになるときが，成人の一つの印である．朝8時前に出て正午頃帰ってくる．午後2回めの伐り出しに出かけることはない．午後は採ってきた籐の樹皮を山刀で削り落とし，撓んでいるのを真っ直ぐにして，日向に干しておく仕事をする．朝，雨が降ると伐り出しには行かない．また，部落の行事や，焼畑などに関しての禁足令などもあって，月平均の労働日数は20日間位である．太い籐は1本20〜25セント（マレーシア・ドルで約24〜29円）で業者に売られる．

　部落から離れたところで伐採するときには，数クラミンが家族ぐるみで，籐のある場所の近くに仕事小屋を作って住む．ふつう1ケ月くらいはそこに住んで，仕事にまとまりがつくと部落に帰ってくる．これらのグループは単に親族であるからというばかりではなく，グループの中の労働力を勘案して組まれるが，ある程度部落の中の分裂を示している．

　男が伐採してきた籐の皮を削り，それをみがく仕事は，女子どものほうが熱心にする．細い籐はさらに刀で縦に小さく割って100本を束にする（rotan belah）．同じ細い籐も割らずにそのまま100本を束にすることもある．細い籐を磨くのと，それを束ねる手間賃は籐の値以外に付け加えられる．かりに女の人が一日中川の水の中につかって籐みがきをして200本みがいたとしても約1ドル〜2ドル50セントになるだけである．家事・農業の片手間にすると，1日100本みがくのが精一杯である．太い籐は皮を落として乾燥させ束ねるまでを一工程として，手間賃を別に支払うことはほとんどない．

　部落に集められた籐はパダン・エンダウの町の中国人籐仲買業者が，小型のエンジン船を出して定期的に集めていく．籐を運び込むのはかなりの重労働であるが，これには伐採者は全然関与せず，船を運転するために中国人に雇われたオラン・フルがこの仕事に当たる．この籐運搬船は同時に部落のものの種々の注文品を町から運んでくる船でもある．これらの品物はオラン・フルの要求に応じて籐業者が買い付けたもので値段も少々高くなっている．これらの貸借

籐の皮削りをする娘 1966 年

関係は一方的に籐業者の帳面に付けられ，納入する籐で品物の負債を相殺させられる．この残高がプラスになっているものはごくわずかのものであり，大部分が籐業者に負債を負っていることになっている．父親が他の土地に行ってしまった後の負債をその子どもに押しつけることもある．この負債がある限り，籐業者はオラン・フルに対して籐を集めてくることを正当に要求でき，時にはかれ自身の常雇い労働者のようにも扱いうるわけである．業者は単に籐をオラン・フルからシンガポルの市場へ運搬するだけの利益にとどまらず，町からの品物をオラン・フルへ中継する間にも二重に利益を得ていることになる[25]．しかし，ローガンのときと違い，現在のオラン・フルは頻繁な外界との交渉によって，籐業者によって届けられる品物の値段が高いことも知っており，無法な値段が吹きかけられるということはない．それでもパダン・エンダウの町の店においてさえオラン・フルに対する値段が存在していることも確かである．

　籐商人は集荷した籐をもう一度よく乾燥させてから，ほとんど加工を加えることもなく，トラックでシンガポルへ定期的に運搬する．品質の選り分けもシンガポルの業者によって行われ，平均一本90セントにつくというが，全然価値のないもの，1本10セントにしかならないものも出てくるわけである．エンダウ川流域のオラン・フルはこのパダン・エンダウの籐業者を中継に，シンガポルにおける籐の需要に応じて供給する役目を果たしているわけである．スンブロン，カハン，スライに住むオラン・フルはジョホル州のまん中にあるクルアン Keluang の籐業者が一手に握っている．

　籐による収入は人によって日に2.5ドル，月に30〜40ドル，50ドル，60〜70ドル，160ドルなどと種々に答える．上記の記述を基に計算すると，成人男子で月80〜150ドルを得ることは可能であるが，部落から離れてジャングルで籐採集に従事すると，その翌月の労働日数は極端に減るので，通年の平均収入はもっと減るであろう．女性の場合，みがく籐が豊富にあって，熱心に仕事をしたところで1ケ月10ドルから50ドルくらいの収入にしかならない．

（2）木　　　材

　木材の伐り出し作業は，エンダウの町の材木会社から派遣された中国人の監督者のもとで，コンシ（kongsi）と呼ばれる飯場に共同生活する成人男子のオラン・フルによってなされる．籐採集と異なり，一度契約を結ぶと仕事に区切り

がつくまで中国人のボスに従わねばならない．このような飯場はDN部落（パハン州側）の奥に一つ，タナー・アバンに新しく一つ，PN部落上流のクアラ・ムトゥリに一つあり，スンブロン川の支流のルンゴル川の飯場は調査中に閉鎖された．JR部落の近くにも昔は材木業者の伐り出し拠点があったそうであるが，現在はトラックの通る道跡だけを残して操業されていない．

　JR部落のもので飯場に雇われているものはない．TT部落（13クラミン）のものはルンゴルの飯場で働いていたが，現在はタナー・アバンの飯場にバティン[26]）以下6名が働きに出ている．図5-3の(I)は同部落の木材の仕事にたずさわっているものの関係を示したものである．TT 1はバティンで，その息子（15歳）と娘婿（TT 2），継子（TT 5）および関係のないTT 11がかれに加わっている．バティンの他の独立した息子達（TT 9, TT 10）はこれに参加していない．

　クアラ・ムトゥリの飯場にはPN部落（12クラミン）のバティン以下8人と，下流のMTからも幾人かが仕事に来ている．1人を除いて他の参加者はおもにバティンの姻戚のカテゴリーにはいるものである．（図5-3の(II)参照）PT部落では木材伐り出しに従事するものはない．道路作り，伐採，運搬（トラック使用），

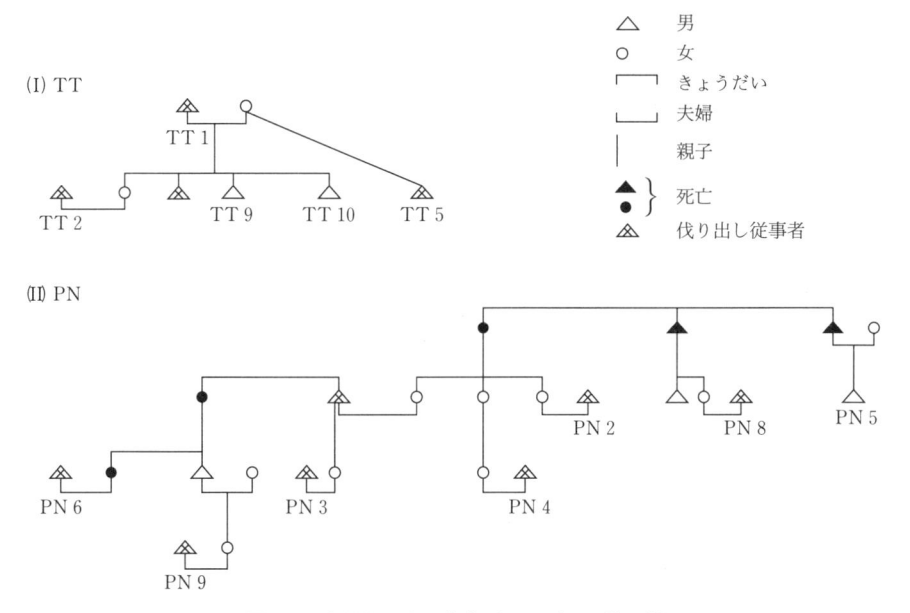

図5-3　木材伐り出し作業グループの世帯関係

筏作りなどの仕事が課せられるが，伐り出し作業は伐り出す木材の量，質によって1日5ドルから9ドルになるという．

ハーヴェイはシンガポルのものがタナー・アバンで錫鉱を掘っていたというが[27]，タナー・アバンは鉄鉱床の山として有名で，1960年まではそのランカプ Langkap で日本資本による鉄鉱採掘が行われていた．当時はランカプに簡易売店が開かれ，パダン・エンダウの町に行くより簡単に品物も手に入ったという．この採掘業にオラン・フルもかなり雇用されていたようである．

籘，木材伐り出しは，オラン・フルがどのように考えようとも，いちおう（単純）出来高賃金率による労働力の売買である．したがって労働需要は籘，木材の需要に応じるわけであるが，また天然資源を枯渇させない程度でなければならない．現在のマレー人は籘採集のようなジャングルで悪戦苦闘せねばならぬ仕事からはほとんど手を引いてしまっているので，地理環境をも熟知しているオラン・フルの労働力が求められる．パダン・エンダウの町でこのような労働を需要するのは籘業者1人，材木会社1社であるから，需要独占でもある．したがって，労働供給の側からみるとエンダウの町の経済圏に組みこまれている．エンダウ川流域のオラン・フルの総数は691人[28]で，12歳以上の男子は192人，うち結婚しているものの推定は123人である．したがって約150人前後の成人男子が労働力の1単位として数えられるであろう．このうち木材伐り出しに雇用されていると見られるものは40〜50人くらいである．残りが籘採集にたずさわっているが，この木材伐り出しに雇用されているものも一部籘採集を行うので，潜在的には籘採集の労働力ともなる．そしてほとんどのものが焼畑農業にも従事している．

これらの諸労働の選択の基準は，その仕事をして得られる所得と，その間の時間および労力を，他の用途に用いて得られるべき効用との比較にあることはもちろんである．すでに貨幣所得の購入する財貨サービスなしには生活できないレベルにまで達してはいるが，オラン・フルの労働意思はある一定の（最低の）財貨サービスが得られれば，できるだけ過酷な労働を避ける．籘・木材伐採は焼畑や狩猟に擁する労働よりも（オラン・フルにとっては）より過酷な労働なのである（あるいはそう考えられている）．

（3）賃労働その他

　時間賃金率によって一定の貨幣所得を得る，いわゆる賃金労働も若干みることができる．賃労働者特に月給取りは，オラン・フルから羨望の目で見られる．それはかれらが現金収入を手にし，しかもその額が出来高賃金率に比べてはるかに安定していることに理由がある．しかし実際には競合してそのような職を求めようとする意欲は全然みられず，むしろ先に述べたように賃労働そのものは人の指図をいちいち受けて束縛されたものとして嫌われる傾向にある．

　籐業者の籐運搬船の運転手兼運搬人は食事付きで月90ドル，その助手の16歳の子どもが60ドル，11歳の子どもが20ドルずつ所得している．この船は2～3日行程でエンダウ川沿岸の諸部落の籐を集めて回るが，籐の積み降ろしが非常な重労働となるうえに，オラン・フルからの物品の注文とその配達までせねばならぬ．賃金額と町に出られる機会を持つことは青年にとって魅力的であるが，強健な若者でも半年とは続かず，つぎつぎと短期間に交代していく．木材業者の船はマレー人または中国人に運転されていて，オラン・フルを雇用していない．PN部落では薬置場管理人としてオラン・フルの鰾夫が，政府から月15ドルの給料を期待している．しかし5ケ月経っても未払いである．

　パダン・エンダウの町で賃労働者として働いているオラン・フルはいない．過去にはムルシンの近くのゴム園などに採液夫として働いたものもいる．しかし出稼ぎ労働者としてオラン・フルの全然居ない所へ行ってしまうことは，かれらにとって非常に勇気がいることのようである．もし彼らが出稼ぎに出るとしても，他のオラン・フルがすでにいる所へ移住していくくらいのものである．このような心理的な障害を取り除くのに最も力のあるのは教育の普及であり，コミュニケーションの増加であろう．

　オラン・フル自身が商品をパダン・エンダウの町で購入して，それを部落で売却する商売も，中国人・マレー人に接触した者達によってなされる．JR部落では中国人と結婚しているオラン・フルの女性が小店を営んでいる．かんづめ類の食品，米，小麦粉，ビスケット，油，醤油，砂糖，塩，干魚，コーヒー，紅茶，菓子類，ビール，タバコ，キンマ，ビンロウジュ，その他の雑貨品を町の値段より10～30％高く売って，その口銭を所得する．商品購入は一般のオラン・フル同様エンダウの小売店から仕入れるが，大量に買い付けることによっ

て若干定価より安く買うことができる．購入は夫の中国人が主にしているが，部落での販売は妻がほとんど切り回している．小売りの他に妻は焼畑，野菜作り，籐みがきをし，夫のほうはふつうのオラン・フル同様に籐の伐採や束ねをして時には狩猟にも参加する．この小売りはほとんどセント単位なので現金交換が原則である．中には定価の安定している籐を持ってきて商品に換える．バティンとか部落の発言力の強いものはそれでも掛買いをしている．

　JR部落と似た小売りはLB部落にもある．この店もオラン・フルと結婚した老齢の中国人が経営しており，ここではかれ自身が販売をもっぱらにしている．オラン・フルと結婚した中国人みなが商売を目的に部落に住み込んだのではないが，裸一貫で来住してきても，彼らは財貨を蓄積してそれを資本に商売することを知っているし，いざ商売を始めようとするときには町の中国人の援助もまったく期待されぬものでもない．これに対しオラン・フルが中国人の商才の影響を受けることなく，単に商品の中継ぎをして口銭をもうけるということを実行するものはなかろう．また，この商売そのものがかなり忍耐がいり，常に細かく計算せねばたちまちにして売り主が損をしてしまう．オラン・フルが店に品物を買いに来るのは，品物が必要なときではなく，現金をもっていることが条件であるからである．買う量もきわめて少ない．競争相手はエンダウの数多い商店ばかりでなく，ローガンのときのように川を行商しているマレー人もいる．

　すでに述べたように，マレー人の行商人の存在はローガンを初めてとして文献に散見する．19世紀のそれらの交易者は商品を売って利益を得るのが主目的ではなく，商品をオラン・フルに押しつけてその反対給付として，森林産物をオラン・フルから得，その産物をシンガポル市場で売ってもうける中継商人であり，むしろ上述した調査時の中国人の籐業者，材木業者などと同じ役割を担っていたといえる．オラン・フルが貨幣所得を得，現金を持ち始めるとともに，商品を主に現金交換によって売り歩く行商人も出てきた．エンダウ川で行商していたのはマレー人の老夫婦一組だけで，当時すでに7年目になっていた．その少し前までは4艘の舟が行商をしていたという．3馬力の発動機を取り付けてはいたが，行程の半分は漕ぐ．約1週間かかってエンダウ川を上下する．衣類，菓子，タバコ，砂糖，塩，ビンロウジュ，キンマ等を売る．利益率10％くらいで，1行程につき40ドルくらいの利益があるという．（これをまともに信用すると，約400ドルの商品を小舟に積んで1週間のうちに全部売りつくすことにな

る．もちろん，オラン・フル以外の中国人やマレー人に売る分を含んでいるのであるが，その額がオラン・フルの購買力からして大きすぎるようにも思える．）

　オラン・フルが工芸品を作って積極的に売ることはない．彼らの作るゴザや籠はパダン・エンダウの町での市場価値を持つほど洗練されてはいず，わずかに部落の中でゴザ作りの上手な親族にゴザを作ってもらうのを頼むことがあるくらいである．土器・陶器も作っていない．レイクはエンダウ川の上流で簡単な鍛冶工具があったことを報告しているが[29]筆者の調査中には鍛冶作業はなかった．

　偶然に捕獲した小鳥や猿などの小動物も，ペットとして家に飼われるが，中国人，マレー人の買い手があるとすぐ手放す．値段はほとんど相手の言い値に落ちつく．計画的に珍しい動物を探し回るということはない．鉱山の探鉱者，木材業者などの案内人に雇われたり，有望な天然資源のサンプルを業者に持ち込んだりして臨時収入を得ることもある．鶏のひなは親族から分けてもらうこともあるが，多くはパダン・エンダウの町で買ったもので，部落の内部でもパダン・エンダウと同じ値段で鶏は売買される．饗のために料理するのがほとんどで，日常自家消費することは少ない．

5-4　財貨の蓄積

　部落の土地はバティンに属すると考えられ，土地の売買，譲渡は行われていない．もちろん先住民区域は政府の法律によって保護されているわけであるが，エンダウ川流域の場合，土地に対する外部からの需要がないので，1960年代には土地問題は生じていない．焼畑のローテーションの最後に植えられる果樹は生育期間および収穫期が長期にわたるので，一種の財産として相続される．ドリアン，ジャックフルーツ，柑橘類，マンゴ，マンゴスチン，ランブタン等がある．しかし現在これらの果樹は豊富とはいえず，わずかにPTとPN部落に近在する果樹園がおもに両部落の住民によって管理されている．

　家屋に関しては第3章「家族構成の特質」で述べた．家屋もそれを建築したものが所有権を持つ．耐久性も少なく材料もごく一部を除いては森林資源から自給しうる．部落の中では，移住人の空家を「借りる」か，あるいは単に譲っ

てもらうことが多く，売買はほとんどない．4部落の中で現金を支払った例はPT 13 の家だけで，現在の所有者 (PT 13) は移転していった（親戚関係はない）PN 8 に 23 ドル支払ったという．これは板などを使っていなかった家なので，建築の技術料ということになる．昔は死者が出るとその家屋を焼き払って部落ぐるみ移住する習慣であったが，現在では焼き払いも移住も行われない．しかし悪霊が出るというので，そのまま空家にされていることはある．

　農具として鍬がある．4部落の中で政府が無料で与えたもの 30 挺，自分で買ったもの 17 挺，遺産 1 挺で，約 60% のクラミンが鍬を持っている（パダン・エンダウの町で 1 挺 3.50 から 7 ドルくらいまでの品物）．播種，植付のさいには単なる棒切れか山刀でもって穴を開けるだけである．焼畑にするための森林伐採には斧 (kapak)，山刀（大小を問わずピサウ pisau と称す）が用いられる．山刀は鉈，手斧，のみなどの代用にも用いられ，あらゆる仕事に必要なのでこれを所有していないクラミンはない．クラミンごとの所有数は 1 振りから 4 振りまでで，1 振り 3 ドルないし 9 ドルまでの値段である．斧を所有していないのは 4 ケースだけである．斧の値段も 3 ドルから 10 ドルくらいまでで，1 挺ないし 3, 4 挺所有している．収穫するのに使う稲摘刀は手製で簡単に作られ，鎌を使用しない．木臼 (lesong) と杵 (halu) も出小屋ごとに収穫期前に各自で作る．木臼は高床の上に置かれ，その下に棒を組みあわせて杵をつく度に音を出す仕組みにする．籾殻をわける箕は籐からの手製，稲穂入れ (bakul)，米入れ (karong) も，籐またはパンダヌス（たこのき）の葉から作られる．これらの道具は収穫期以外にはほとんど用いられず，また常時所有しているものも少ない．

　漁具には網漁具，籐編み漁具，釣具などが見られる．投網はわずかに 1 張 PN 部落で使用されているだけである．籐を編んで作った筌あるいは類似の囮漁具も操作が簡単なのでよく使われる．釣糸，針はもっぱらパダン・エンダウの町から購入し手釣が多いが，PN 部落ではこれを手製の竿に糸巻きを付けて使用している．魚を刺してつかまえるヤスは，最も普及していて，約 4 分の 3 のクラミンが個々に所有している．ヤスは自分で作る．舟・櫂も生活必需品の一つであり，漁だけでなく狩りにも日常の交通の便として必須のものである．JR では 76%，TT では 100%，PN では 71.5%，PT では 94.7% のクラミンが舟を所有している．1 クラミンあたり 1 艘以上の部落は PT と TT で，他の PN と JR はわずかながら 1 艘以下の平均である．舟はまず丸太を削って流線型の独木舟（単材刳船）を作り，それを開いて側板をその上に取り付け船を大型にする．いち

ばん小さな独木舟でも3人の大人が乗れる．大きな半構造船になると20人くらい乗せても大丈夫である．昔は樹皮船が使用されていた[30]．舟作りの技術ないしはそのための余暇と根気を皆が皆持ち合わせているのではなく，かなりの例において現金による売買が行われている．近い血族，姻族に対しても現金が支払われている．4部落88艘の舟のうち15艘は他人の作った舟を現金で買い取っている．その値段は舟の大きさによって最低15ドルから最高120ドルまである．この最高の例はマレー人から買った値段であるというが，多くは20～25ドルくらいで譲りわたされている．櫂も平均1.54挺各クラミンが所有している．櫂はほとんど手製のものであるが，1ケースだけ他の部落のものから2ドルで買った例がある．カジャンkajangは舟の雨覆いで，パンダヌスの葉で作られている．JRで42.4%，TT 73%，PN 71.5%，PT 47.4%のクラミンがカジャンを持っている．番傘，レインコートがその代替物として使われる．舟の発動機は政府がバティンに与えたものがJRに一つ，PNのバティンが買ったものが一つ（350ドル）ある．

狩具としては種々のわなの他に，投げ槍（lembinng）が日常使われる．JRでは81.9%，TT 84.6%，PN 100%，PT 94.2%のクラミンが投げ槍を1本以上所有している．だいたい穂先だけを買って長柄を自分で作るが，穂先きも自分で加工するのもいる．遺産として受け継いだのが3ケース見られる．吹矢はPT部落のものが1本持っているだけで他所にはなかった．

その他の道具には，ちょうな（beliong），のみ（pahat），舟刀（limas），のこぎり（gaji），くさび（baji），かなづち（tukul besi），はさみ（gunting），ドライバー（pembuka sekeru），かんな（ketan），ピナン割り（kachib），シャベル（penyodok）などがある．

トランジスター・ラジオは1950年代終わりからパダン・エンダウの町で月賦で買うようになっている．JRに6台，TTに3台，PNに1台，PTに5台あり，買値は38ドルから260ドルまで種々あるが，平均100ドル前後である．ラジオはおもに標準マレー語の普及におおいに力があると思われるが，彼らの好んで聞くのはマレー語放送に限らずヒンドスタニーでも中国語でも音楽の番組である．

電灯の代わりに空缶を利用した灯火を各家2～4個使用している[31]．ケロシン油ランプは人がたくさん集まるときには必ず用意される．JRに7基（7ヶ月前のものから5年前のもの，平均24ドル），TTに2基（4年と6年，12ドルと32ド

ル), PN に 3 基（1 年〜2 年, 22〜30 ドル）, PT に 7 基（2 ケ月〜10 年, 22〜35 ドル）あり, 自由に貸し借りをする[32]. 懐中電灯も夜道を歩いたり, 舟の進行方向を照らしたり, 魚を集めるのに使われる. 点火道具はマッチ, ライターが使われる.

竈は家の隅に 7, 80 センチメートル平方の囲いを作り, その中に土を入れて台を作る簡単なもので, 燃料には女性が集めてきた薪を使う. 簡便なバーナーを持っているのも少数あるが（全部で 7 基）日常使用するということはない. 御飯を炊く（アルミニューム製の）鍋 (periok), 鉄製のフライパン (kuali) は山刀同様生活必需品で, 所有していないのは男の単身者くらいである. 鍋のないのは JR 3.3%, PT 15.8%で, フライパンのないのは JR 6.5%, PT 5.3%だけである. 遺産として受け継いだのは 5 ケースで, 後は自分で購入している. 1 ドルから 5 ドルまでの品物である. 1 クラミン平均 1.5（鍋）, 1.6（フライパン）ずつ持っている. 最頻値は 1 クラミン 2 個である. その他に, やかん, 水入れ, お盆, コップ, 茶いれ (teapot), さじ, 包丁, 砂糖入れ, 飯スクイ, フォーク, スプーン, 食物覆い, 魔法瓶, 哺乳瓶, コーヒーこし器, 缶切りなどの台所用品が, 家によっては備え付けられている.

鍋と並んで重要なのは皿 (pinggang) と鉢 (mangkok) である[33]. 昔は罰金の支払い, 婚資金の支払いなどが皿鉢の数で勘定されていたという. 各クラミンは 2 枚から 1 ダースくらい所有していて, 1 ダース 3〜4 ドルの値段の品物である. 皿または鉢を持っていないケースは JR 6.7%（皿）, 13.3%（鉢）, TT で 7.7%（鉢）, PT で 5.3%（皿）, 5.3%（鉢）である. PN の全クラミンは皿鉢ともに持っている.

せっけん, タオルはあれば使うが, 定期的に補充するということはない. 衣類に関しては, マレー人, 中国人の女性衣服, ズボン, 半ズボン, シャツ, アンダーシャツ, パンツ, ブラジャー, サロン（腰衣）などを使用している. ここではブラジャーと男子の半袖シャツとサロンについて所有状況を見る.

女子はふつうマレー式の上衣を着用するので特にブラジャーを必要としないが, 多くの女性がこれを使用している. JR では 3 分の 2, TT では約半分, PN では 70%, PT では 40%のクラミンの主婦が持っている. これに対し男子のシャツはより普及していて, JR で 84%, TT で 92%, PN 100%, PT 94%のクラミンの男子が 1 枚以上のシャツを所有している. 仕事などのときに着用するのはアンダーシャツの類が多く, 上着としてシャツを着るのは町に行くときと

表5-1　サロンの所有数

部落名＼サロン数	1	2	3	4	5	6	7	8	9	10	11	12	不明	計	平均(枚)
JR	1	6	3	5	3	3		4		3	1	2	2	33	5.5
TT		3	2	4	2	1			1					13	4.1
PN	1	1			1			1				3	5	12	7.4
PT		2	2	3	5	2	1			2	1	1	1	20	5.5
計	2	12	7	12	11	6	1	5	1	5	2	6	8	78	5.5
(サロン総数)	2	24	21	48	55	36	7	40	9	50	22	72		386	

か改まったときなどである．

　サロン（kain）は男女共用いる腰巻きであるが，日常は男はズボンかパンツをはいているので，おもに女性が着用する．サロンのないクラミンはないが，その数の分布は表5-1に示されている．1クラミン平均5.5枚で，1クラミンの構成員が約4.2人であるので1人当たり1枚強になる．12歳以上の男女は140人になるので，表5-1の不明クラミンを無視したとしても，一人当たり2.76枚のサロンを持っていることになる．2～5枚のグループと10～12枚のグループとの差が明瞭にあるように見えるが，サロンの数が直接富または威光の指標とはなっていない．例えば，各部落のバティンの持ち分を見ると，JRは5人家族で4枚，TTは9人家族で9枚，PNは5人家族で4枚，PTは7人家族で5枚である．なお，この数の中にはバティックも含まれている．バティックも含めて彼らが買うのは1ドルから5ドルくらいの布地である．

　靴は部落の中ではくものはいないが，町に出ていくときのためにしまっているものも少数ある．ゴムぞうりは青少年の間でよくはかれ，年寄りはだいたい裸足である．森林内での仕事のためのズック編上靴は裸足であると危険でもあるので，だいたいの成人男子は所持している．JRで17％，TTで8％，PTで約半分のクラミンの男がこの靴を持っていないが，他は1.50ドルないし3ドル出して購入している．

　衣服入れの小さなトランクは大体の家が持っている．ミシンは6台ある．120ドルから250ドルまででやはり月賦払いである．ゴザ，マットレス，蚊帳，枕，枕カバー，敷布，布袋，毛布，カーテンなどの寝具も，最低ゴザと枕と布袋とは各クラミンとも備えているが，その他のものを持っているのはごく少ない．枕は手製で作られる．ゴザもパンダヌスの葉で編まれ，町では買わない．平均

表5-2　ゴザの所有数

枚数 部落名	0	1	2	3	4	5	6	7	8	9	10	11	12	不明	計	平均 (枚)
JR	1		2	7	6	6	3		1	2	2		1	2	33	5.1
TT			2	1	5	2	3								13	4.2
PN				4	1		1						1	5	12	4.9
PT			1	7	3	1	1	1	2		1	2		1	20	5.3
計	1		5	19	15	9	8	1	3	2	3	2	2	8	78	4.9

表5-3　布衾の所有数

枚数 部落名	0	1	2	3	4	不明	計	平均 (枚)
JR	3	18	10			2	33	1.2
TT		6	7				13	1.5
PN		2	3	1	1	5	12	2.1
PT	1	11	3	1	3	1	20	1.7
計	4	37	23	2	4	8	78	1.5

約5枚のゴザを持っている（表5-2参照）。寝るときには2枚以上敷いて寝るので十分だとはいえない。布衾はゴザよりもずっと少なく、表5-3のように平均1枚半である。子どもはふつうサロンにくるまって寝、大人でもサロンだけで手足を縮めて寝ることもある。布衾は2ドルから12ドル、多くは5、6ドルの品物である。

耳環、首飾り、指環、くし、鏡、かみそり、口紅、白粉、ヘヤーピンなどは、婚姻のさいに贈答されるものなので、若い世代は持っているが、年寄りはあまり持っていない。写真の額をエンダウで注文して写真を飾っているものもいる。腕時計は、ほとんどのものが時計の時間を読めないにもかかわらず、手にしているものが多く、25個の時計が報告されている。JRで約3分の1、TT 15.4％、PN 41.7％、PT 40％のクラミンの男子が所有している。

財物の分布を見ると、必ずしも上流の部落だから貨幣商品の浸透が少ないといえないことが上記の分析からわかる。一つには平均して現金収入があり、それによって等しく商品を購入しうるのであるが、下流の部落ではより繁くパダン・エンダウの町に行くことができ、そのため現金収入が財物とならずに享楽のための消費となって消えていく。さらに森林資源の減少の仕方は、より人間

の往来の多い下流にはなはだしく，そのため購入する食糧の多いことも一つの原因である．森林資源を加工することによって間に合わせていた生活必需品も，エンダウの町で安くしかも質のよいものが簡単に手にはいるようになって，家財道具の大半は外部からの大量生産による安価な品物となっている．

　家財道具の一つ一つの所有を見ると，持てるものと持たざるものの差があるように見える．しかし一つの財をたくさん持っているものが他の財をも豊富に所有しているということは必ずしも当たらず，むしろ補完的に財を所有していて，全体として見れば貧富の差が著しく見られるということはない．財の蓄積は，むしろ家族の生活史上の位置によって大きく左右される．ただし外部の経済主体を通して，それと接触する人間にもたらされる外部の物は無視できないものがある．その端的な例は外部との交渉の窓口であるバティンであろう．

5-5　む　す　び

まとめとしてかれらの収入と支出とを整理してみると次のようになる．
現金収入としては
(1)　籐，木材，グッタプルカ，ダマル，鉄鉱原石などを中国人業者の依頼で集めるか，あるいは任意に集めて業者に売り込む．調査時では籐，木材の需要が多いにもかかわらず，それら森林資源が減少してきているので，定期的に労働すればそれだけの収入を得ることができた．
(2)　鳥，猿，亀，魚などの動物を生け捕って売る．捕獲も需要も一定しないことが多い．PT部落の一人は一日中魚とりを専門にして，捕った魚を下流の木材飯場に売る．JR部落の一人も，大ナマズを捕ってくる度に部落内で，パダン・エンダウの町と同じ値段で売る．野猪，ネズミジカなど余分に捕れたものはやはり売りさばかれる．
(3)　船の運転，道案内，政府の仕事（例えば学校建設のための敷地の整理）などの賃金労働．
(4)　婚資，罰金などの慣習法に基づく収入．産婆に対しても5～10ドルの現金が支払われる．
(5)　その他：ゴザ，籠，舟，鶏，アヒルなどを売ったり，賭による収入．賭

事は部落に祭事があるたびに行われ，トランプ，チッキーなどのゲームを現金を賭けてする．

これに対し支出の方は以下のごとくである．

(1) 米や小麦粉の食糧の購入．食事は1日2回ないし3回，時には1回しか食べないことがある．朝は小麦粉を焼くか揚げたものとコーヒーまたは紅茶である．昼と晩はおかずがあれば米を炊くが，キャッサバを蒸したものあるいは粉にしたものだけを食べることも多い．干魚，香辛料（ブラチャン，チリー），芋の茎などをおかずにする．これに時々とれる魚，野猪，ネズミジカ等の肉が加わる．

(2) コーヒー，紅茶，砂糖，ビスケット，タバコ，キンマ，ビンロウジュなどの嗜好品．これらは同時に客を接待するための必需品でもある．

(3) 衣類，寝具はほとんどが既製品に依存している．

(4) 什器．

(5) 家を建てるための板，釘．

(6) 饗（ブクルジャ bekerja，ジャム jamu，マレー人のクンドゥリ kenduri，ジャワ人のスラマタン selamatan），および慣習法の要求する支払い．婚姻，病気快癒，部落の祓いなどのための饗は部落ごとにほとんど2ケ月おきくらいに行われていた．これに要する食糧などの費用は20ドルから150ドルくらいである．だいたい中国人仲買業者からの借金によってまかなわれる．

(7) その他：賭，子どもの菓子，アメ，オモチャ．指輪，首輪などの装飾品．ラジオ，時計，ミシンなどの贅沢品およびそれらの維持費．町に行ったときの食費，享楽費．

先に森林から得た偶然の獲物は部落の中で分配されるのが習慣であり，貨幣で買われた物はそのような分配の義務を免れることを述べた．しかし前者のネクサスの領域にある物も，貨幣によって譲渡される傾向があることが，上記の魚の販売にも現れている．ジャンクションとして扱われるのである．出稼ぎにいって金をもうけてこようとするほど貨幣観念は浸透していないが，さりとて部落内の伝統的な分配方法（ネクサス）に満足するものでもなくなっている．ソルズベリのように彼らに関わりのある物を2等分あるいは3等分して，交換される物の領域を決定するよりは，交換の在り方そのものに着目して，ネクサスとジャンクションのように交換の分類をすることのほうが，「伝統」のくずれた社会の理解に適していると思われる．

貧富の差は部落内では全然口にされない。外部のものと部落の生活の差がはなはだしいからである。この大きな差異のためにかれら自身は気がついていないが，つつましやかに昔のままに暮らすことに満足しているものと，新しい文物を求めてやまぬものとの間には徐々にではあるが貧富の差の萌芽が窺われる。これがいかに発展するかは今後の課題でもある。

第5章 註———————————————————————————
1) H. W. Lake, "A Journey to the Source of the Indau," *JSBRAS*, No. 25 (1894), p. 2.
2) F. A. Hervey, "A Trip to Gunong Blumut," *JSBRAS*, No. 3 (1879), p. 107.
3) C. O. Flemmich ed., *Timber Utilization in Malaya* (Malayan Forest Records, No. 13, Singapore, 1964).
4) Ooi Jin-bee, *Land, People and Economy in Malaya* (London, 1963), p. 134. 1957年において124万haのこの地域にわずか6万8629人が住んでいる。エンダウ・ロンピン国立公園は1980年頃から計画され，1993年から公開されている。
5) 1965年には探鉱が終わって，近く採鉱に着手するといわれていた。
6) 調査中にそのうちの一部落に小学校のための2教室と先生の宿舎とが建設された。パハン州側ではMTに医療所，学校，地区担当官用の家等が建てられて先住民の行政の中心となっているが，そのために人口が増えてきたという事実はない。一番川上にあるPT部落では1976年に学校が建てられた。エンダウ・ロンピンが国立公園に指定されてからは，いろいろな施設が導入されている。PTの人口も33軒，44家族，211人（男136人，女75人）と1965年より2.5倍近くに増えている。(Saravanan, *Orang Asli di Kampung Peta, Endau-Rompin*, Jabatan Antropologi dan Sosiologi, Universitas Kebangsaan Malaysia, 1996.)
7) 1962年の人口数はジョホル州オラン・アスリ局のデータによる。表2-1 (49頁) 参照。
8) H. D. Noone もこの霊地を報告している。H. D. Noone, "Custom Relating to Death and Burial among the Orang Ulu (Jakun) of Ulu Johor," *JFMSM*, Vol. 15 (1939), p. 194. なお，D. F. A. Hervey, "A Trip to Gunong……," p. 129.
9) The Aboriginal Peoples Ordinance, 1954, Sections 6 & 7.
10) クアラ・カハンの近くに10人くらいのサラワクから来住したダヤッ人が「ジャクン」と一緒に住んでいたという。(H. W. Lake & H. J. Kelsall, "The Camphor Tree and Camphor Language of Johore, *JMBRAS*, No. 26 (1894), p. 22) 現在エンダウにもダヤッの子どもだといわれているものがいる。
11) Lake & Kelsall, "The Camphor Tree and……," pp. 13-14.
12) Hervey は Sayong, Lenggiu (Benut), Pontian, Batu Pahat, Sembrong, Madek, Mas 川の住民を orang hulu jinak (馴致したオラン・フル)，Endau 川源流の Segamat 山地に住むものを orang liar (野蛮な人) と区別している。(D. F. A. Hervey, "The Endau and Its Tributaries," *JSBRAS*, No. 8 (1881), p. 101.)
13) J. R. Logan, "The Orang Benua of Johore," *Journal of the Indian Archipelago and Eastern Asia*, Vol. 1 (1847), p. 262.

14) Lake, "A Journey to the Source......," p. 2. マレー人とオラン・フルの関係は，マレー人が先住民を指す語サカイというのが，奴隷，隷属者を意味するのを見ても分かるように，支配者―被支配者の関係に近かった。マレー人と接触するオラン・フルは常に搾取されるのに甘んじていたわけである。A. D. Machado, "A Vocabulary of the Jakuns of Batu Pahat, Johore, Together with Some Remarks on Their Customs and Peculiarities," *JSBRAS*, No. 38 (1902), p. 30. 調査時にはエンダウ川上流域にはマレー人は居住していない。その代わり中国人がオラン・フルの部落の中に住んだり，木材伐りだし作業監督のために小屋を建てて住んだりしている。先住民の間に住む中国人を，共産ゲリラ時代の担当官達は次のように分類している。(Department of the Adviser on Aborigines, Federation of Malaya, *Notes on the Administration, Welfare and Recording of Technical Data to the Malayan Aborigines* (Kuala Lumpur, the Government Press, 1951, p. 76.)) (1)中国人妻を持つ中国人（ふつう店主），(2)先住民妻を持つ中国人（ゴム採集あるいはその他の森林資源採集者が多い），(3)先住民に養子となった中国人の子ども（戦時中に捨てられた女の子，時には男の子），(4)先住民の妻となった中国人（非常に稀，1ケースのみ知られている），(5)先住民として育てられた混血児 "half-caste children"（非常にたくさんのケースがある）。エンダウ川上流の4部落では(1)および(4)に該当する中国人はいない。オラン・フルの妻を持つ中国人は1965年はじめには4人いたが，そのうち2人は他の土地に移り，1968年には残り2人のうち1人は移転，他の1人は死亡していた。共産ゲリラ時代に捨てられて先住民の養子となった中国人の例は2例知られている。いずれも女の子である。

15) R. F. Salisbury, *From Stone to Steel: Economic Consequences of a Technological Change in New Guinea* (Melbourne, 1962). Cf. Fredrik Barth, "Economic Spheres in Darfur," in *Themes in Economic Anthropology*, ed. by Raymond Firth (London, 1967), pp. 149-174.

16) Marshal E. Sahlins, "On the Sociology of Primitive Exchange," in *The Relevance of Models for Social Anthropology*, ed. by M. Banton (London, 1965), pp. 139-236.

17) 大熊信行「経済行為」（『経済学大辞典』，東洋経済新報社，第1巻，1955年），278ページ。

18) 収穫開始の前日にパワンが糯米をついてその上に炒り米（berteh）を撒いたのを各家に配り，ノンゴイが翌朝から始まる印とする。このための糯米は各自があらかじめパワンの所に届けておく。

19) まず部落の外に出ていったり，土地を掘る仕事などをしてはならない。最初の3日間は家長のみが稲摘みし，外部のものは参加できない。つみ取った籾米を出小屋から部落の家に持って帰ってもいけない。家の下に入ってはならない。米つき（tombok）は日が落ちかけた夕方の4～5時だけで，夜および稲摘み中につくのは禁忌である。パワンの妻はこの3日間水浴しない。

20) プネン punen あるいはネネン neneng という習慣がある。どうしても食べられないときはプネンといいながら，出された食事に指だけをつけるか，御飯粒を一つ口に入れたりして儀式的にもてなされたということを表わす。これは陸ダヤツ人のパヌン（panun）と同じである。W. R. Geddes, *The Land Dayak of Sarawak*, Colonial Research Studies, No. 14, London, 1954, p. 55.

21) 籾米をフライパンに一合くらい入れて炒り，米がはぜる前に箕に入れて籾殻をあおり分け，それを臼に入れてつく。2～5ガンタン gantang（9～22リットル）の米を準備し，サンタン水（ココヤシと黒砂糖）とまぜて食べる。

22) ゴム樹は一時政府の援助・促進があって焼畑開墾地に植えられたが，野象のためにほとんど踏み倒されてしまったという。当時残っていたゴム樹もまだ収液の時期には達していなかった。
23) H. W. Lake & H. J. Kelsall, "A Journey on the Sembrrong River from Kuala Indau to Batu Pahat," *JSBRAS*, No. 26 (1894), p. 2.
24) 籐の種類については I. B. Burkill, *A Dictionary of the Economic Products of the Malay Peninsula* (Kuala Lumpur, 1966) の第2巻 Rattans の項を参照。なおマレーシア国民大学社会・人文学部発行の次の雑誌の特集号にオラン・アスリの籐についての論文が集められている。*Akademica*, no. 48, 1996: The Role of Rattan in the Economy of Orang Asli Communities; Rattan: A Complement to Swidden Agriculture in Borneo; Use and Trade of Rattan by the Jahai in Hulu Perak, Malaysia; Pengutipan Rotan di Kalangan Orang Siwang (Chewong); Forest Products for Market: Rattan and the Semaq Beri of Ulu Tembeling; Rattan Industry and the Orang Asli.
25) ローガンも当時のマレー人の二重利益について述べている。Logan, "The Orang Benua of……," p. 287.
26) 外部に対する労働の提供はバティンを通して交渉が行われる。
27) D. F. A. Hervey, "The Endau and……," p. 95.
28) 第2章表2-1 (49頁) 参照。
29) Lake, "A Journey to the Source……," p. 3.
30) I. H. N. Evans, "A Bark Canoe from the Endau," *JFMSM*, Vol. 15 (1939), P. 39.
31) 明かりがなくなることをおそれて，夜中も灯火の一つか二つを付けておくので，小さな罐灯火は経済的でもある。灯心も廃物利用が多く，油はケロシン油を使う。
32) 財物の賃貸ということは，少なくともオラン・フルどうしの間では行われていない。
33) ヤシの殻を半分にした鉢は昔は食器に用いられたというが，現在は水汲み用として使われるだけである。

第6章
オラン・フルのコミュニティ秩序

6-1　家族内の権威
6-2　親族間のリーダーシップ
6-3　部落の統合と葛藤
6-4　部落間の反目と団結
6-5　外部世界との従属関係
6-6　ムスリム・マレー人部落との比較

6-1 家族内の権威

　第3章で考察したように，オラン・フルの最小のそして最も基本的な単位と言えるものはスクラミンである．この単位は夫婦と未婚の子女からなる基本家族の形態を取る．そしてだいたい一軒の家に居住する．

　夫婦の間はきわめて平等である．どちらかが威を張って他を支配するということはない．姉女房婚，夫初婚妻再婚などの事例が多いことにもこの事実を裏書きするものがある．夫婦（ペアー，クラミン）が，家族を指す語そのものになっていることからも分かるように，家族圏の核は夫婦である．しかし，必ずしも夫婦を強制的に1単位として存続させるメカニズムは強く働かない．例えば，何らかの葛藤の解決のさいに，夫婦が各々の血縁親族と結びつくこと[1]，個人個人の財物の所有がはっきりとしていること，離婚・再婚が簡単にできることなどの現象の中に考察される．

　夫婦間の情緒的な一体感の存在の有無は別としても，家の中では妻が「船長」[2]であるといわれ，家事に関することは妻の権限に属し，夫は口出しをしない．生計を支えている夫が仕事のために移転する場合，ふつうは妻が従って行く．これは必ずしも夫に従うのではなく，経済的な打算によることが多い．夫の仕事が経済的によくなければ移転を拒否したり，離婚に走ったりする事例もみられる．男女間の分業ははっきりとしている．

　夫婦はお互いに個人名あるいは（子どもが生まれてからは）テクノニムをもって呼び合い，呼称・示称とも何らの分け隔てがない．マレー人の夫婦の間では，キョウダイ呼称をもってお互いを呼ぶのが多いのと対称的である．

　夫婦の間のことは当事者達に任され，他のものが首を突っこむことは戒められている．しかし夫が妻に物理的な暴行を公然と加えたときには，部落のバティンが夫に対して科料（1例では32ドル）を課す．離婚のさいにはムスリム・マレー人のように法制上男女の離婚請求権を差別することはない．女性も離婚のイニシアティブをとれる．特殊な場合であるが，妻が2人ある場合も第1妻と第2妻との間にフォーマルな地位の差はない．

　子どものしつけは社会化を考える上に重要であるが，小さいときは一般に放

任主義が取られ，叱責，打擲することはほとんど見られない．離乳時期は次の子どもが生まれないときには，差しつかえのない限り5～6歳まで延ばされる．子どもが5～6歳になって，下の弟妹が乳児である場合でさえ，時たま母親の胸にすがる子どもの例もある．母乳を補うために，あるいは乳児養子の養親などがカン入り練乳を使うこともある．このため哺乳ビンのゴム製乳首を常に口に含ませる習慣をもつ子どももいる．授乳の時間は定期的にすることはなく，泣けばやるという甘い態度である．子どもを積極的にいじめることはもちろんしないが，子どもがむずかったりしても親がおこることはめったになく，一生懸命に何とかしてなだめようとする．一般に乳幼児の子守は母親か，乳児の姉が世話をする．男の子も10歳前後くらいまでは子守を手伝うが，父親や兄はふつう乳児と戯れるか，あやすぐらいのことしかしない．あやしたり，寝かしつけたりするために，サロンをたたんで天井からぶらさげ，その中に乳児を入れてブランコのように揺るブアイ（buai）を使う．赤ん坊をあやすときに性器をもてあそぶことが多く，時にはそれに顔を押しつけたりする．5～6歳以上の子どもは性器を見せるのは恥ずかしいことだと教えられる．

　排泄物の処理も幼児期は寛大に扱われる．少し成長すると年長の子どもに教えられて一緒に川や畑，しげみなどで用を足してくるようになる．行儀・しつけを特に教える責任にある人はいないが，やはり幼児期には母親との接触が多いので，母親からの注意の方が多く，父親は甘やかす傾向がある．少年期になると父親の権威の方が子どもにおそれられてくる．これは男子の場合は仕事を見習ったりする都合にもよるが，父親はこの頃になると威嚇に暴力行為のまねなどをするからでもあろう．しかし，母親は子どもが大きくなってもいろいろと小言をいう[3]．子どもは大人の叱責から逃れるために，他のものに罪をなすりつけたり，自分は知らないといって押し通すことがしばしばある．また大人が不当な扱いをすると，ふくれて（rajok）近づかなくなる．子どもの間で殴りあいの喧嘩をしているのを見たことはない．小さい子どもはからかわれたりすると，木切れをぶっつけたり，相手を追いかけ回したりするうちに，木切れがあたったり，転んだりして一方が泣きだし喧嘩は収まる．大人は止めることはあっても，一方に荷担して干渉することはない[4]．

　マレー人のように子どもの出生順による序列名（スノイ系のトゥミアル人にもある）などはオラン・フルにはない．キョウダイ間は年上/年下（バー bah/アデッ adek）の相対的区別だけがなされる．兄姉と弟妹との間は，一般に個人名よりも

親族呼称が好まれて使われる．しかし，弟妹アデッが兄姉バーを呼ぶときには個人名も多く使われる．

　父親が亡くなったときは成人した長男あるいは長女の婿が父親代わりとなって弟妹の面倒を見ることが期待される．すでに述べたように，夫婦とその未婚の兄弟を含む世帯の存在が，この規範を裏付けている．しかし，兄弟間に特定の上下関係，服従意識はない．父親代わりとなるものは，弟妹を支配下に置くというのではなく，保護するだけである．しつけの上からも，年上のキョウダイに服従せよとは教えられず，むしろ年上のものに対して弟妹の世話をする義務が強調される[5]．

6-2　親族間のリーダーシップ

　キョウダイ間の紐帯はイパル（義理のキョウダイ）関係を通じて親族関係の中に拡大して表現される．親類をサウダラ（キョウダイ）とするのもその一つである．同時に，実のキョウダイの子どもに対する発言権も，ワリス関係として捉えられる．これらは家族関係から直接派生してくる従属関係ではあるが，すでに「生まれた家族」内の関係ではなく，その旧メンバーが各自構成する新しく出現した家族間の関係ともなる．夫婦を中心とする姻族関係とともに，このキョウダイ，オジ/オイ関係が親族核の中心となる．

　家族圏を越えたより大きな親族集団は独立して存在しない．自己を中心として，自己からみた血族，姻族関係の者達が，危機的な状況と考えられる場合に，一時的に親族の集まりを構成することはある．問題の中心となる人物から見た親族核，親族の集まりであるから，中心人物が代われば，この集まりの範囲も代わる．親族圏といってもよい．この集まりで特定の親族が特定の権威を持って，他のものを指導していくということは規範化されていない．しかし，一般にオジの発言・意向は，オイ・メイを拘束する程度が強いと言われる．

　親族の長老制は見られない．いちおう老人の意見は尊重されるが，決定権はなく，昔はこうであったという意見として参考にされる場合が多い．特に外界との交流が頻繁になるにつれ，むしろ外界と接触をして外界の事情をよく知っているものが親族内の指導的存在として見なされる．上述のように家族・親族

内の従属関係は，単系制社会のように厳格に規定されていないといえる．それでも上述のイパル（キョウダイの配偶者）関係，あるいはムントゥハ（配偶者の両親）／ムナントゥ（子どもの配偶者）関係などには従属関係が見られる．

6-3 部落の統合と葛藤

（1）地縁的集まりとしての部落

部落は中心となる親族に外来者が加わって出来上がった地縁グルーピングであり，部落を越えるグルーピングがないという意味では，オラン・フルの地域単位といえる．部落の人口は調査時において50人から150人前後である．まず親部落から離れた数クラミンが新しい土地を開拓することによって新部落の端緒が開かれる．その新部落にさらに外来者が集まってくれば新しい部落としての存在を徐々に確立して行くが，逆に最初の移住者の一部が離れていったりすると，新部落または他の部落へと吸収されて解消していくことになる．部落形成の最初から指導者となる中心人物がはっきりとあり，他のものは指導者に服従してついていくのが普通である．そして部落の大きさは，この指導者の「世話」[6]のできる範囲（10～15世帯）であり，それ以上になると部落内で分裂が起こる可能性が高い．

部落の成員は加入・脱退が自由であるので，部落が一定の世帯数を保って存続していくためには，生活条件などの他には指導者の魅力が大きなウェイトを占める．部落への加入・脱退が自由であるというのは，ある世帯が指導者のやり方に不満を持ったりするときや，生活が苦しくなったときや，他部落にいる親類に誘われたときなどに，その部落を自由に離れて，他の部落に行くことができるということである．このさい，離村者に対しては，指導者および部落民からの慰留の説得があるだろうし，部落を逃げていったものとして口頭のサンクションは覚悟せねばならない．その上，新しく参加した部落ですぐにフル・メンバーとしての待遇を受けることは期待できない．新しく入ってきたものという引け目の他に，焼畑地の割り当てが次の開墾期までない．もっとも，ある

部落から平和裡に他所へ移住した場合には，移住者は部落で開墾した自己の焼畑地からの収穫を取りうるし，また新しい部落内でも，近親またはバティンなどの焼畑地を臨時に使用することがある．焼畑にほとんど依存していない世帯の場合には移住はもっと簡単なものになる．いずれにしても移住先の部落に近親者が居住していることが大きな条件である．

このように加入・脱退の自由というのは，指導者が直接部落民の意思に反して引き留める権利をもっていないという意味においてのことで，移動の自由が無制限に認められているわけではない．逆に部落から特定のものを追い出すのも，フォーマルな手段はなく，陰口とか嫌がらせとかのインフォーマルな方法でもって，当人を居づらくさせることによって果たされる．

(2) バティン (部落の長)

部落の指導者はバティンである．バティンは世襲ではなく，談合によって選出される．選出されたものは，ジョホル州首席大臣 (Menteri Besar) から認証され，年間60ドルのポケット・マネーを支給される．

バティンの統率する範囲は部落 (カンポン) に限られる．部落民間の紛争の決着，諸行事の日取り決定と遂行など部落民のリーダーとしての役割がバティンに課せられる．また外部に対する窓口としての役目を果たす．これには(1)他部落との関係を処理する役割，(2)マレー人，中国人などの外来者との交渉，(3)政府の代表としての役割，(4)部落民の意思を政府に伝える役，などがある．フシン Syed Husin Ali は伝統的なマレー人村落の村長 (プンフル) を(i)スルタンの代表，(ii)政府の代表，(iii)アナッ・ブアー (村民) のリーダーかつ代弁者の三つの役割を担うものとして規定している[7]．バティンはマレー人のプンフルと比較したとき，その統治規模，任命方法，各々の社会に占める地位など異なる面も多いが，上級行政機関と底辺との連結者・連絡係という点ではきわめて類似した役割を持っている．

まず部落民の間に紛争が起こった場合のバティンの役割と権能とを見てみたい．紛争には日常些細なことから殺人のような刑事事件に関わるものもでてくる．1848年にエンダウ川を遡行したローガンは次のように当時のオラン・フルの慣習法を報告している[8]．

財産・人身に対する罪は，彼らが穏和であるので滅多に生じない．すべての種類の罪は科料を支払えば償いうる．科料はほとんど手の届かない貨幣ではなくて，たいてい粗末な陶器の皿（pingan）でなされる．姦通は事情により10ないし20枚の皿の科料が課される．盗みも同様である．殺人はほとんどないが，60枚の皿〔の科料〕である．科料の半分はバティンにゆき，残りの半分が被害者にわたる．もし違反者が皿を手渡さない場合には，被害者の奴隷になる．不平はバティンの所に持ち込まれ，彼は数人の長老を呼んで彼らと相談する．バティンは盗まれた財に対して責任を負うと見なされる．しかし盗みの告白または直接の証拠がなければ盗人を有罪とすることはできない．定期的な税というものはバティンに対して支払われない．しかし贈り物はしばしばなされる．

19世紀に旅行したムンシ・アブドゥラーの記述にもあるように，「ジャクン」は穏和というより臆病なので有名である[9]．オラン・フルについても，攻撃的な態度をとることはほとんどなく，ローガンの観察は正しいようである．しかし殺人などがまったくなかったのではない証拠に，エンダウ川支流のアナッ・エンダウ川のバティンはその弟に殺されて奪位されたという話も伝承されている．しかし殺人はもとより，傷害などの刑事事件はマレーシアの法律によって処理される[10]．

慣習法ハダト（hadat）は，日常生活で（部落民あるいはオラン・フルにとって）危機的と考えられる状況において部落民の従うべき行為の規範の言い伝えである．慣習法に逸脱するものは一般に罰を受けることを期待される．慣習法に抵触する事件が起これば，バティンは関係者一同をバティンの家に集めて，双方の言い分を十分聴取した上で，慣習法にそいながら裁決を下す．現在では，ローガンの時代と異なり，皿の支払いではなく現金に換算される罰金刑である．しかし，慣習法を取り扱うバティンの法（フクム hukum）は部落ごとに違うとされるので，部落間にまたがる係争のときはあらかじめ関係するバティンのフクムというものを問い合わせておく．ところが，この刑罰を強制する物理的力は誰にも付与されていない．昔は（ローガンも上述に報告しているように）罰金を支払わないものは，奴隷（ウロル ulor）となったという言い伝えがあるが，現在は，社会的な譴責，心理的な圧迫（恥ずかしさ，マル malu）と超自然的な応報とが慣習法の最後の拠り所である．クーリーF. L. Cooleyはインドネシアのアンボンで，祖先に対する敬意がアダットのサンクションの根本であるとしているが，オラ

ン・フルでは当てはまらない[11]．

　バティンに権威を与えている一つの源泉は，政府からの認証であるが，後に述べるように政府の権威そのものが彼らに通用するとは限らず，また警察の力にしても，オラン・フルが危機的と考える状況では無力である場合もある．あるケースで，他部落の被告の青年が使者を出しても呼び出しに応じないので，バティンは部落のものに警察に訴えても逮捕すると宣言した．しかし，この青年は，そのバティンの部落の女性に恋文を2度送ったと言うだけの罪なのである．結局，その青年は警察ではなく，彼のワリの説得によってバティンの許に出頭してきた．

　盗みについては，オラン・フルは絶対にしないと言う．確かにオラン・フルのコミュニティの中では，あまりに面と向かっての関係が強いので，盗みはすぐに発覚してしまうということが明らかである．ただ彼らが「部落の中に手癖の悪い人間がいる」という裏には，盗みがまったくないのではないことを示している．ある青年がクルアンの町の中国人の店で盗みをして捕まった（という噂の）ニュースのショックの大きさとはともかくとして，彼が部落に帰ってきても，部落内ではその盗みが問題になることはなかった．部落外でおこった事件であることがその理由である．その上，はっきりとした（現行犯の）証拠がなければ罰せずという原則も，部落の人が面と向かってその青年に盗みのことを問題にすることを避けさせている．

　姦通，近親相姦，結婚，離婚，性交渉，相続などに関する慣習は，すでに詳述したので省略する．バティンが介入するのは，婚姻締結のさいの仲介と認証，離婚の認証，離婚の財産分割，慰謝料の監査などであり，その他の罰金もすべてバティンを通して授受される．夫婦の間のことはすべて夫婦が解決すべきものとされているが，6-1節で述べたように，夫が妻に暴力をふるったりした場合には罰金が課せられる．

　逸脱行為者に対する制裁は，バティンが慣習法によって罰金の額を言いわたすだけであるが，バティンが原告・被告がともに納得する判決を下さなければ，判決が履行されなかったり，不服が出たりする．このために，バティンは常に部落民の意向を十分に汲み取り，うるさ方をうまくまるめこめる「かけひき」と「術策」とに長けていることが必要である．通常ある事件が起こると，まずインフォーマルな形で部落民の間で種々意見がかわされる．当事者達の家にはそれぞれの支持者，共鳴者達が集まるのが常であるから，バティンは双方の家

に行き，あらかじめその主張を聞く．ここでバティンが自分の意見を若干でも表明しておくと，バティンの意向として当事者達に考慮される．当事者達あるいは村の主なものは，バティンの家を訪ねて話し合いを続ける．次に折を見計らって，バティンは事件を公事として，当事者および関係者一同を集めて裁きを行う（ブカ・ケス buka kes）．この裁きは当事者からの要請を受けて，最終的にはバティンの独自の判断で開かれる．ここで発言するのは原告・被告と見なされる本人達よりも，彼らの親族の代表者達が代わって主張することが多い．両者の言い分が出揃ったところでバティンの判断の開陳があり，それがいちおう認められると，判決として言いわたされる．この判決は同時に決定でもあり命令でもある．これは部落内では覆すことができない．これに対するには，不服組の逃散か，バティンの罷免しかない．

　バティンのもう一つの重要な役割は，焼畑地の開墾場所と日取りの決定，刈り取り開始日の決定，部落の祓いなど諸行事の日取り決定と遂行がある．

　共同開墾とか，労働力交換の組織などはなく，各世帯単位で農作業を行うことを原則とする．しかし，焼畑のさいと収穫のさいは呪術的な意味も加わって，部落一斉に行われる．マレー人一般に，家を建てる所や開墾地の祓い，全村を大災害や病気から守る祈り，土地・河神への豊饒祈願などは，パワンの儀礼的機能の中に数えられ，パワンはいちおう専門職として他の村民から区別されるのがふつうである[12]．オラン・フルでもパワン（ローガンはポヤン poyang とする）[13] という語もあり，特に土地の霊（ジン・ブミ jin bumi）を宥めるのに力のある呪術師であると言われる．この点で特に病気などの治療者としてのボモー（bomoh）とは役割を異にしているようにみえるが，むしろパワンとボモーは質的に異なるものではなく，たまたま職能が区別されるだけで，連続的なスペクトラムの上で捉えた方がよい．一般にバティンはこのパワンでもあることを期待される．厳密に言えば，上記にバティンの役割としたのはパワンとしての仕事が大部分なのである．ただその最終的な決定はバティンの手にゆだねられている．パワンはあくまでも超自然界とのコミュニケーションの媒介者であり，現実の世界ではバティンが決定権を有す．このことはバティンが開墾地のパワンでなかったり，またパワンと目されているものが部落の中に複数いたりするときに重要である．調査諸部落では常にバティンがパワンの役割を果たしていたが，実際には部落の中にパワンといわれる人が他にもいた．　部落の祓い（ブラ・カンポン bela kampong）はマレー人についても報告されているが[14]，この日

はバティンのハリ・ブサル (hari besar, 大きい日, すなわち祭日) とされ, 毎年1回悪霊から部落を守り, 繁栄と健康とを祈る饗応が催される. クーリーの調査したアンボンのように実際の清掃がともなうことはない[15]. 部落民の結束を悪霊にことよせて再確認する集まりといえ, 遠くに仕事に出かけているものも必ず呼び返される. 費用の大部分はバティンが負担するので, その日時もバティンの都合で恣意的に決められる.

バティン以外の政治的な役職は現在ではない[16]. 昔はバティンの上に, スティア (setia), ジュクラー (jekerah, jurukerah), バティンの下にプマンコー (pemangkoh) という位階があったという[17]. スキートによればブシシ (Besisi) 人ではバティン―ジナン―ジュクラー―プンフル―パンリマという順で階統が下がり[18], ローガンによると「ブルムン」人ではより階層化がみられ, ミンティラ Mintira (=トゥムアン Temuan) 人ではバティン―ジナン―ジュクラ (jukra, jorokra) があり, この下に複数のパンリマとウルバラン (ulubalang) がいたという[19]. 現在でもロンピンの町の近くの政府の作った再定住部落に住む「ジャクン」の中には, ジュルクラ jurukera という語を結婚などの習慣をよく知っているものの意に用いている. ただし, ロンピン川の奥地ではバティンだけしか知られていない. タセッ・ブラ Tasek Bera (パハン州南部の大湖) の西側に住むスムライ (Semelai) 人では, この階統制と似たものがあるが, むしろバティンの下にある数個の集落の長を区別して呼んでいると解釈すべきで, 集落間には何らの上下関係も見られない. 使用する名称もマレー人の影響で変化するという. 上記の諸族の階統名にしてもマレー語起源と推測される役職名が多い.

オラン・フルの伝説では, 昔ラジャ・ブヌア Raja Benua という (ジョホルの) スルタンの妹が世を捨ててジャングルに移り住み, そこで男の子を養子とし, その子どもが成人してから, 彼と結婚して, マデッ Madek 川上流のトゥムヘル Temehel という所に住んでオラン・フルを治めた. 彼女のいたカマパン Kamapan では1000人も住人がいたという. 彼女の墓はムリアム Meliam 川の河岸にあると言われる. この王女の子孫 (chuchu, chechet, uneng, piot) がマデッ川からエンダウ川支流のムントゥロン川に来て住み始め, 最近までその「第4世代」の子孫が生きていたという[20].

現在のバティンはこのラジャ・ブヌアの子孫であり, バティンになれるのは本当はスク・ブヌア (Suku Benua, ラジャ・ブヌアから一系の子孫) あるいはスク・サカバティン (suku saka (=sakat ?) batin) の筋のもののみであるとも言われ

る。このスク・サカ（血筋）以外のものがバティンになると必ず失敗してしまうという。バティン職が前バティンの男の子どもによって継承されるのは望ましいとされるが、必ずスク・サカ・バティンのものでなければバティンになれないと言うのではない。調査4部落の内、父—子関係でバティン職を継承したのはTT部落のバティンだけである。

　バティンの任命は、もとのバティンが死亡したか、辞任した後に、部落内で熟議される。上述のようなことは考慮されるが、あくまでもバティンとなるものにみんなが従えるかどうかが重要な点で、むしろ他の条件はそれに付随して考え出される裏付けにすぎないともいえる。陸ダヤッ人の部落長（トゥア・カンポン tua kampong）の条件をゲデス W. R. Geddes は三つにまとめている[21]。(1)前の（よき）バティンとの血縁関係、(2)年齢——結婚してすでに数年経、しかも年寄りすぎないもの、(3)富——財産を蓄積したもの。(1)(2)の条件はそのままオラン・フルにも当てはまる。(3)に関しては、陸ダヤッのように「良運」は伝染性のものであるという信念はないが、一般に他のものより生活にゆとりがあると見られるものが妥当だとされる。この3条件の他に、呪術師として認められ、政治的にうまく立ち回り、説得力・弁舌力のあるという条件がオラン・フルでは重要である。バティンはその表象として何か特種な不可知物を持っているといわれるが[22]、現在のエンダウ川ではこのような語りはない。青銅製のどら（スンタワ sentawa；マレー語ではゴン gong）は祭のときに使われ、部落に危急な事態がおこったときに合図するためにバティンの家か部落の端かにつるされている。JR部落では特にスンタワがバティンのシンボルだとは認識されていない。

　オラン・フルに言わせると、バティンとは曲がったことを言わない、筋を通す人であり、不正なことをバティンがなすと罰を受けて死ぬこともあるという。したがってバティンになるものは十分な覚悟を必要とし、中にはバティンになることを辞退するものもいる。とにかく同輩中の第一人者として、部落民の意向を探りながら、説得と時にはカリスマ的行動によって部落民を従わせる必要があるので、年長者がたくさんいると支配しにくいと、すべてのバティンが口にする。しかし、罰金の配分などに関してバティンに一任されていて、彼自身の取り分もあり、部落内および部落外からの贈り物はバティンに集中するので、富の蓄積も容易である。とにかく慣習法の最終責任者としての特権は大きく[23]、その地位に対する誇りも高い。

　バティンは自分からその地位を降りることもできるし、また部落民の不平が

募って地位を去らねばならぬような場合（ジャトーjatoh「落ちる」と言う）も起こりうる．逆に，賢明なバティンは自分の主張を通そうとするときには，離職するぞという武器をもって部落民を説得したりする．退位したバティンはバティン・トウハ（batin tuha 長老バティン）と呼ばれるが，正式な権限は何も持たない[24]．

（3）部落内の葛藤

バティンは外部に対する代弁者としてすべての交渉を執り行うので，外部のものはバティンの力を過大評価し，バティンさえ納得させればオラン・フルの部落は動かせると安易に考える．しかし，上記のようにバティンは常に部落民の支持を必要とし，部落の統合に苦心しているのである．

まず潜在的な対立が現れてくるのは，当事者が他の家を訪ねて（ジュロス juros）噂話をし始めることからである[25]．この噂話は部落のインフォーマルな意見調整方法として自分の主張することを相手に納得させたり，憤懣を述べたり，自分の味方を増やすために重要である．この噂による言い合いが継続して行われ，敵対方に意図的に伝達されるようになされるときは緊張が非常に高いといえる．そしてこの噂話の担い手は，主として女性であることが多い．

結婚・離婚をめぐる親族の思惑に表われるように，葛藤の一つの原因は経済的なものである．富の蓄積そのものは悪いことではないが，その蓄積を隠匿して「ケチ」にふるまうとねたみを買う．富を鷹揚に分かち与えれば，威光とある程度の権力を得る．バティンはこの後者であることを期待される．すなわち，よき徴集者・受納者であると同時に，よき再配分者であるべきなのである．

この観点からすると，部落内の小店経営者は金を不当にもうけすぎることになる．"働かずに"町の小売り商と同じように金を得，しかもバティンと違い，その金を他のものに再配分することがないので，部落民から悪感情を抱かれる．そのような小店が中国人によって経営されていることも，決定的な要因ではないが，対立を深める一因となる．その上 JR 部落の場合，バティンの妻のねたみが，その小店経営の中国人の（オラン・フルの）妻に向けられ，これを契機としてバティンの妻につくものと，後者につくものと二つのグループができて複雑となっている．その間には，邪悪な呪術をするとか，素行がふしだらであるとか，金遣いがあらいという噂話が頻々として乱れ飛び，結局，調査後，小店経営の

一家はエンダウ川から他の地域へと移住していった.

　オラン・フル社会外と何らかの関係を持つオラン・フルとそうでないものの間にも分裂が見られることがある.前者はマレー語を上手に話し,中国人,マレー人とうまくやっていけるものである.この極端な形は(エンダウ川流域にはいなかったが)マレー語しか話さないオラン・フルとなって現れてくる.外部との接触が上手でニュース源をたくさん持っているものは,一方では相談事などで頼られるが,他方ねたみと敵意をも受ける.

　外界との接触の度合いが明確に現れるのは,部落内での居住地の選択である.5-1(2)でふれたアイエル(水)とダラト(奥地,あるいはダラム)の相違である.アイエルの居住地というのは川沿いのことで,ダラトのほうは川を離れた焼畑地にある家々のことである.この区別が明確に現れているのはJR部落で,アイエルに住むものは外部のものに対して馴れ馴れしい態度をとり,ダラトに住むものはよそよそしさが見られる.両方の居住地の間にはっきりとした敵対意識等というものはない.しかし分裂していく可能性は秘めていると言える.

　現在の集落はすべて川沿いにあるが,昔は川から6〜7キロも内陸に集落を作るほど,オラン・フルは臆病であったとも言う.

6-4　部落間の反目と団結

　DN部落のバティンは,「エンダウのすべての部落は同じ仲間であるが,その心は各々違うのだ.だから我々は一つのくにを作らないのだ」と言う.一つの川に住んでいるという地縁意識は強いにもかかわらず,部落間のライバル意識は強い.部落間の反目の第一は,バティン間の反目に通じる.他の部落のバティンが部落統治に無能であって,私利私欲を肥やしているだけだとか,身持ちが悪い,金のためなら何でもする等の中傷を自部落のものに常に宣伝する.部落そのものについても,家の配置が乱雑であるとか,敷地が汚い,蚊が多い,女がだらしない等と悪口を言う.部落間の反目と言われるのは,部落民全体の敵対関係ではなく,バティンの部落維持のための「からくり」であり,部落民は自分が現在の部落に居ることを正当化するために,その「からくり」を積極的に支持する.他部落に対する非難は他部落民に面と向かって言われずに,バティ

ンどうしの関係は友好的ですらある．しかし，陰口は親族などを通じて相手の耳にも当然入り，敵対感情を高めることになる．

現在のエンダウ川流域およびその他のオラン・フルの領域では，諸部落を統轄する大首長はなく，また部落の連合政府というものもない．バティンは既述のごとく，部落内だけで権限を持ち，他部落に関しては無力である．部落間にまたがる事件は両部落のバティンによって協議されて，処理される．部落員の多さ，外部に対する交渉の上手さ，慣習法に対する知識の豊富さ等によって，自ずと各部落のバティンの間に格差がつけられることはある．いちばんと言われるバティンは，バティンの間でも指導的地位を占める．

調査4部落の間では，1番がJRのバティン・ジャミル，2番がPNのバティン・アリ，3番がTTのバティン・ユソプであると言われる．PTのバティンは，バティンになったばかりであるので問題外という所である．この中で最も長くバティンを勤めているのはアリで，ユソプの父がバティンであったときからである．ジャミルはユソプの父がバティンであったときその部落から分離して出たものである．彼の言動は筋が通っていて，政府に対しオラン・フルの要求を突きつけて，実行させる説得力を持ち，部落民に言わせれば「勇敢な」(berani)のである．同時に，他部落のバティンからブラック・マジックをすると陰口をたたかれるほど，呪術師としての評判も高い．

バティン・ジャミルの養父ジュリンJeringはユソプの父（プアサPuasa）の父で，七つの川[26]を支配していたという．ジャミルは外部のものにこのことを強調し，自分がエンダウ川の総バティンとなっても不都合ではないことをほのめかす．ジャミルは父と言うときこの養父ジュリンを指すが，ユソプのほうは，ジャミルから見ればオジ―オイの関係にあたるが，（実際の血縁をたどって）同世代の年上としてジャミルを扱う[27]．

19世紀の状況は若干異なったようである[28]．

古代のビヌア［ブヌア］王（Raja Binua）の子孫であるバティン・オナスティアBatin Onastiaが身分上および名目の権威の上で最も高い．シムロンSimrong［スンブロンSemberong］川とアナッ・インダウAnak Indau［アナッ・エンダウ］川の合流点より下流域のエンダウ川にはバティン・ハンバ・ラジャBatin Hamba Rajaが住んでいる．エンダウ川の支流であるリンゴLinggo［ルンゴ］川はバティン・スティア・ラジャBatin Stia Rajaの下にあり，彼は偉大な執行官でも

あって，バティン・オナスティアとの関係は，マレー人で言えばジョホル州のタムンゴン Tamunggong［トゥムンゴン］とスルタンとの関係に似ている．タンジョン・ボンコ Tanjong Bonko 付近のシムロン川はバティン・スティア・バティ Batin Stia Bati の下にあり，より上流のガガウ Gagau 付近はバティン・ジョクラ Batin Jokra に属し，さらに源流に近い地域はバティン・デワ・コスナ Batin Dewa Kosuna とバティン・バンタラ Batin Bantara とに属す．最後の二つを除いて，これらすべてはパハン〔ジョホルの誤り〕領内にある．……各バティンは各々の管轄区域内では絶対的な権威を有している．しかし困難な事件や異常な事件があると，オナスティアを除いた全バティン会議にかける．ブヌア人全体に関わる事柄も同様にその会議にかけられる．彼らの協議はしばしば非常に長引くと言われ，特に古い慣習法（ハダト）の知識では間にあわないような新奇な事件に対してはそうである．

　地域・河川の綴り・同定などでローガンの誤っている所もあるが，彼の挙げている各バティンの名称が慣習的な称号であるのか，あるいは各自がまちまちにマレー風に自称しているのか不明であるのは残念である．バティン・オナスティア（オナ ona＋スティア stia か ── スキート Skeat はアナッ・スティア Anak Setia と解している）[29] の意味は不詳であるが，その居住地がローガンによって報告されていず，その後エンダウ川を訪れた旅行家達も言及していない．また現在も使用されていないところからすれば，若干疑わしい点もあり，また全バティン会議に彼を除外するというのも不思議である．ともかくエンダウ川，スンブロン川に 6 ～ 7 人のバティンが各々集落を作り，バティン間には何らかの上下関係があったように見られる．また，前述のスムライ人のように各部落が枝村的な存在であったことも想定可能である．7 人のバティンの名が挙がっているのと JR 部落のジャミルの養父が七つの川を支配下においていたことも関連があるかもしれない．

　いずれにしても，フォーマルな支配―服従関係は見られず，インフォーマルな影響，助言，干渉の関係が，オラン・フルの部落間にはあったし，現在もあると考えられる．そして部落間の反目をのりこえ，「オラン・フル」としての帰属意識が外部のものと接触するときに強く働く．その帰属意識は，単に血縁的，地縁的なものの他に，同じ差別待遇を受ける被圧迫民族であるという意識によっても支えられている．

6-5　外部世界との従属関係

　外部世界というのは，オラン・フルの作る社会圏外の世界という意味である．歴史的に見ると，オラン・フルと他の人種との接触は古くからあり，少なくとも19世紀には，マレー人行商人，役人や西欧人の旅行・探検家，若干の中国人との交渉があったことは確かである．20世紀に入ってもしばらくは同じような状態が続くが，山師などが増えた．オラン・フルの記憶に残る重要な歴史的事件は，(a)第二次大戦中の日本軍のエンダウ川渡河とクルアンへの進撃，(b)共産主義者の蜂起時代，(c)タナー・アバンの麓のランカプでの採鉱，の三つである．必ずしも絶対年代の比定に役立つわけではないが，この三つの事件は多くのオラン・フルを外部のものに接触させたという点で重要である．

　以下，オラン・フルの社会圏に侵入してくるが，オラン・フルにとってはあくまでも外部者であるものをとりあげてみよう．

（1）ガアメン gaamen（政府）

　ローガンは，

> パハンとジョホルの境界はビヌア〔ブヌア〕人の領土を縦断している．アナッ・エンダウ川全体とシムロン〔スンブロン〕川の下流域はパハン領である．その他の川（マデッ川をも含めて）はジョホル領である．ブンダハラ〔パハン州〕とトゥムンゴン〔ジョホル州〕の権威は名目上のものにすぎず，ビヌア人の問題は完全に彼ら自身の首長によって処理され，各々の首長は一定の地域の管轄権を有している[30]．

と述べている．形の上ではパハン州の大臣ブンダハラと，ジョホル州の大臣トゥムンゴンに下属していたが，部落への接近が容易でないので放置されていたことがわかる．

　調査時では，もちろん各州のスルタンの臣民であることには変わりないが，既述したように，行政上各州のオラン・アスリ局の保護の下にあり，バティン

は（部落民によって選ばれてから）首席大臣（Menteri Besar）からの認証状を受け，法律上はバティンの改廃も政府によってなされる[31]．部落内の権限は，しかしながら，いっさいこのバティンに任され，政府の指定する保留地域内で住む限り，先住民生活優先の保護が加えられる．逆に国に対する先住民の納税の義務などは行われていない．

　オラン・アスリ局の地区担当官は，数個所の先住民部落を監督し，ガアメン（政府）からの連絡を伝え，部落民からの要望を政府に伝達する役目を果たす．エンダウ川流域のジョホル州側の5部落の担当官は，パダン・エンダウの町に住むマレー人である．担当官は月に1～2回各部落を巡回する他に，上級役人の巡回の案内，政府支給物の運搬，行政上の伝達などのために時に応じて部落を訪ねる．彼の接触するのはバティンが最も多く，部落の情報はほとんどバティンから入手する．一般部落民は好んで彼に接触することはなく，尋ねられても多くを語らず，バティンに任せてしまう．例えば，部落のものの中に病気のものがいるかどうか直接尋ねても，バティン以下たいていのものが，誰も病気になっていないと返事する．が，実際には熱病に苦しむものがいるのである．この場合は病人が部落の呪医（ボモー）の治療を受けているからである．この種の意思の疎通を欠くことは常に見られる．

　政府の役人に対するオラン・フルの態度には「ふてぶてしさ」さえ見られ，権利として政府に要求する所さえある．これは力のあるものに無力なものは従わねばならないという思想ではなく，持てるものが持たざるものに与えるのは当然のことであるという哲学に根ざしていよう．したがって，持てるものに請う（minta）ことは何ら不都合はないのである[32]．持てるものと持たざるもの[33]との対比が，非オラン・フルとオラン・フルとの関係にすりかえられたとき，外部からオラン・フルの社会に来たものは非常に不愉快な気持にさせられる．ところがオラン・フルどうしでは強く経済的な互酬性が働いているので，ジャンクションのカテゴリーにおける物は必ず対価物との交換を期待され，ネクサスの領域の物だけが長期間のサイクル交換を予想して，その場では対価なしに要求しうる（ジャンクション，ネクサスに関しては第5章参照）．非オラン・フルに対しては，このジャンクションの領域の物を対価なしに取ろうとするのであって，オラン・フル内のネクサスの交換活動とは明確に分かたれねばならない．

　このように，保護と援助を与える政府代表もオラン・フルの味方として十分認識されていず，担当官も無理に部落の内政には口出しをしない．双方にまだ

不信感があることは否めない．ただ，政府の決定を自部落に有利に持っていくことは，バティンの威光を高める手段の一つとして利用される．井戸，学校，クリニックなどを自部落に設置してもらったり，舷外エンジン，ヤギ等を寄贈してもらうなどである．バティンは担当官に，死亡・出生届，移住届などをする他に，政府許可の必要な経済活動をするさいの許認可取りを頼んだりする．いわば，オラン・フルと外部との公的な接触はバティンと担当官との間の細いパイプで結ばれているにすぎない[34]．

パダン・エンダウの町の村長（プンフル）はオラン・フルに対して実際上の関与はいっさいしていない．行政上はムルシン郡に属すが，これはパダン・エンダウの町に出てからさらに 40 キロメートルも陸路を行かねばならぬので，バティンが政府支給のポケット・マネーを取りに行くときだけ関係する．

（2）タウケ tauke（中国人業者）

19 世紀の交易権についてローガンは次のように記している[35]．

　政治に関しては名目上の権力しか持たないマレー人の地域的な権威者はトッ・ジナン To'Jinang と呼ばれ，ビヌア人との関係はマレー人の交易独占を維持し規制するだけのものである．バツー・パハット川およびその支流のビヌア人はボコ Boko のビンタラ Bintara あるいはマンキ・ピマングン Manki Pimanggun の下にある．バツー・パハットのマレー人村長の管轄権は東シムロン〔スンブロン〕川のギンティン・バトゥ Ginting Batu にまで及ぶが，そこからは水路交通が不便なので，エンダウ川のトッ・ジナンがシムロン川のジョホル側の交易をも奪い取っている．

ジナン（Jinang）あるいはジュナン（Jenang）という称号は，現在エンダウのマレー人の間では使われていない．プンフルによる交易なども存在しない．政府の法律上，オラン・フルの生活圏に入るにはオラン・アスリ局からの許可を必要とするが，交易圏などに特に規制はない．マレー人に代わってオラン・フルを経済的に下属関係においているのは，タウケ tauke と呼ばれる中国人仲買業者である．オラン・フルのほうは，タウケに対して従属しているとは考えていないが，中国人のほうは（マレー人，オラン・フルに対してはっきりとは言わないが）オラン・フルを一種の苦力として扱っている．祭とか，結婚式などの費用

も，中国人業者が貸与をしぶれば，延び延びになる．さらに業者に対する（帳面上の）負債によって，半ば強制的に働かねばならぬ形にもなっている．客観的にはオラン・フルは中国人業者が雇用する労働者といってもよい．

　　　　（3）ムラユ Melayu（マレー人）/サカイ Sakai（隷属民）

　一般に言ってマレー人とオラン・フルの間の関係は，サカイ（sakai）という語に表現される．サカイとは従属者という意味で，マレー人は奥地に住むマレー語を話さない先住民をサカイと蔑称したわけである．文献にサカイ人と見られる大部分は，どの種族を指しているのかきわめて曖昧であり，資料としての信頼性も少ない．オラン・アスリ局はこのような蔑視的名称を避けるため，先住民をオラン・アスリ（真の人）と呼び，1960年代半ばからアボリジンズ（aborigines）という語も公式記録から排除しようとしている[36]．これは当時，原住民局からオラン・アスリ局に公式に変更したにもかかわらず，サカイ局（Department of Sakai）と書いてくる手紙が見受けられるところから発せられた通達である．一般のマレー人，中国人，インド人などはそれでもサカイのほうが通じ易かった．

　過去の従属関係はともかく，マレーシア成立後のオラン・フルには，マレー人に従属せねばならないという意識はなく，むしろ反抗的ですらある．部落内ではマレー人を信頼のできないうそつきと軽蔑し，その宗教であるイスラームをばかげた宗教であるとけなし，マレー人の礼拝を模倣しては笑いの種とする．しかし，部落の外にでると，マレー人側からすると宗教も違い，経済水準も低いところから，常に蔑視される傾向が抜けきらない．オラン・フルが町に出ると，すべてのものに遠慮し，おどおどした感じを与える．このため，マレー人とあまり変わらない体質を持ちながら，マレー人と交わらず，自分の部落を出ようとしないオラン・フルが生まれたのであろう．反面，結婚式や若者の服装を見ると，マレー化の傾向が著しく，現金を持つとマレー人のしている服装・装飾などを手に入れようとする．そのモデルは中国人ではなく，マレー人なのである．マレー人を通した近代化とマレー人化とを混同して受け入れているという他に，過去におけるマレー人への従属関係が優位模倣となって現れていると見える．

（4）グル guru（先生）

　LB と MT の両部落には学校があったが，他部落から子どもだけを教育のために送ることはしない．これは教育に不熱心なのではない．字を知っているものからは誰からでも学び取ろうとする意欲は，学校嫌いなどといえるものではない．教育を受ければ，よい待遇を受けるということも知っていて，またオラン・フルが厳しい生活を強いられているのは教育がないからであるとも思っている．それにもかかわらず，子どもを手放さないのは労働力としての年少者の貢献が大きいことを物語る．部落の人の理由づけは，子どもを寄宿させるのは不安で，子どもに対する愛着心がそれを許さないという．そして政府に対し自分達の部落にも学校を建てることを希望する．政府としては，彼らの部落が必ずしも動かないという保障がない上に，1部落の人数が少ないので，比較的人の集まった部落にだけ学校を建てる．これは少数部落をできるだけなくして一つの大部落に統合しようという方針と一致するわけであり，またオラン・アスリ局の貧しい予算からもそうせざるをえないのであろう．

　調査期間中に JR 部落に学校が建てられ，1966 年に開校式があった．その生徒数は 1968 年現在で 25 人である．教育内容はマレー人小学校の第 1 年級と同じで，制服，クツ，本，ノートなどの無料支給を受けている．

　学校の先生（グル guru，チェッグ che'gu）は LB 部落同様パダン・エンダウの町のマレー人小学校の先生が 2 人，3 ケ月間ずつ交替で教えに来る．その間，学校のそばの宿舎で寝起きする．一時的にせよ部落の居住者であり，子ども達の先生であるが，部落にとけこむところまでは行っていないようである．部落の人が好んで先生と話さないのは，ことばの問題が大きい．したがって，先生のつきあう範囲は部落のごく限られた人ということになる．子ども達を通じて部落の中に入り込むことはさして難事ではないと思われるが，滞在期間が短いことと，彼ら自身が希望して僻地教育に来たのではなく，学校の命令でやってきているので必ずしも教育に積極的ではないということ，そして彼らはオラン・フルのことばを習うことなく，マレー語に固執していること，などがマレー人教師の側の障害となっている．両方からの壁にへだてられて，先生は外部者として生活していると言うのが正しいであろう．

6-6 ムスリム・マレー人部落との比較

　マレー人との差異に関しては若干触れたが，むしろ19世紀のマレー人社会と現在のオラン・フルの社会とは類似点のほうが多い．集落形成や離村が簡単であることや，村長（プンクル）の特徴など，そのまま現在のオラン・フルにも当てはまりうる[37]．これは環境が類似していたことが大きな理由であろうが，いわゆるマレー人とプロト・マレー人との社会構造の違いはいったい何なのか，本質的に共通するものは何かという疑問に我々を導く．

　まず慣習法と言われるものについてみると，両者ともアダト（adat, ハダトhadat）と称する伝統的な規則，慣習の体系を持っている．しかしこのアダトは，マレー人の中でも村が違えばアダトも違うと言われるように，細部の点では土地によって違い，オラン・フルとムスリム・マレー人との間にある程度の差異があっても不思議はない．（谷が違えば魚も異なる"lain lubok, lain ikan-nya"とか，村が違えば，アダトも違う"lain desa, lain adat"などという言葉がある）．ただマレー人社会では政治の近代化にともないアダトを通じて取り扱われていたことが，政府の行政機関によって行われるようになってしまって，アダトは力の行使とか暴力の統制などに対して究極的なサンクションを持たなくなったと言われる[38]．現在のオラン・フルはアダトの面ではまったく彼ら自身の手にゆだねられている．この点ではマレー人より慣習法の支配が強いといえるかもしれない．しかし，罰金刑を強制する物理的手段は何も与えられていないのは，マレー人と同じである．

　マレー人はアダトの他にイスラーム法であるフクム・シャリアー（hukum syariah）を併用する．オラン・フルもフクムという語は使用するが，もちろん宗教法の一部ではなく，フクム・バティン（hukum batin）のようにバティンが課しうる法の意味に使われ，しばしばハダト（hadat）と混同される．マレー人社会ではイスラーム法と慣習法との対立が問題になることが多い．しかし，adatが近代政治の中に組み入れられなかったのに対し，イスラーム法が英法と同様に正式に認められている事実も忘れてはならない．それにもかかわらず，イスラーム法によらない慣習も行われる．例えば，婚姻の儀式はイスラーム法では必ず

しも必要とされないのに，盛大に挙行される．ケダー州のパダン・ラランではアダトとイスラーム法とによる相続が半々に行われている．イスラーム法とアダトとの混合はマレー人のイスラーム受容が，征服などのような劇的な急変をともなったのではなく，漸次上層階級から浸透していったという歴史と[39)]，マレー人のアダトへの固執の双方から理解されるべきであろう．

このように輻輳するマレー人のアダトを正確に把握するために，イスラームの影響を直接受けていないプロト・マレー人のアダトおよびそのコミュニティにおける役割は役に立つと考えられる．しかし，逆にオラン・フルの場合はマレー人からの影響（ひいてはマレー人を通じてのイスラームの影響）がないとは断定できない．この影響された部分とアダトに内在していたイスラーム的な部分とは区別が付けられないという困難さは依然として残る．

次に従属構造の基盤となる集落形態に関しては，まずカンポン (kampong, kampung) とは何かが問われねばならない．もともと「集まり」を意味したようで[40)]，オラン・フルも「人の集まっている家屋敷地」を指すことも，それらが集まった「集落」を指すこともある．古いマレー語の辞書では，「家，店，その他の建物の集まっている場所で，プカン (pekan)，町より小さい」[41)]と，一義しか掲げていない．これはジャワにおけるデサ (desa) と同じ意味で，「むら」に当たろう．マレーシアでは周知のごとく行政的には，州が郡 (district; daerah, jajahan) にわかれ，その下に区（ムキム mukim）があり，さらにそのムキムがカンポンから成立する．ところが，カンポンの間は一種の連続分布で，社会的にも地理的にも境界線を引くことはきわめて難しい[42)]．主な行政単位はムキムであって，このムキムの長（プンフル）は政府から月給を得，政府の代表でもある．カンポンの長は一般にクトゥア ketua (kampung) と呼ばれ，政府からはプンフルを通じて年間わずかのポッケト・マネーを得る．ダウンズ R. Downs はクランタン州のジュラム Jeram でのプンフルをフォーマルな長として，クトゥア・カンポンは非公式な長でインフォーマルな役をになっていると言う[43)]．この素描は現代の村落を簡単化したもので，伝統的には集落を構成する種族の違い，出身地の違いなどによって，独自の階統制を持つ所もあったことは言うまでもない．

オラン・フルのバティンは政府との関係ではプンフルに似ているが，住民との関係からすれば，ダウンズの報告したクランタンほどインフォーマルではないが，ほぼクトゥア・カンポンに相当する．支配下にある世帯数はそれでもマ

レー人カンポンのほうがはるかに多い。ケダー州のパダン・ララン村（1964年）では中国人系世帯を除けば165戸から180戸、クランタンのジュラム村では173戸、スランゴルのジュンドゥム・ヒリル村では108戸、ジョホルのバガン村を構成するパリト・ブサルが64世帯、パリト・ベンコッが85世帯、マラカのブキト・メタ村55戸、ブキト・ペゴー村約80戸である[44]。なおヒカヤト・マロン・マハワンサ Hikayat Marong Mahawangsa と呼ばれるケダーの史書によれば、ムキムの構成員は40人としているが、これは成人男子の数であろうか[45]。

コミュニティの数量的な面に注意を払えば「1人の親方、世話役が世話して纏めてゆける軒数」[46]を越えるためにはリーダーシップの質的な転換を余儀なくされ、単なるインフォーマルなチャンネルによる影響力だけでなく、フォーマルな手段による影響力を持つ権威が主役を演じる。エンダウ川の部落の中で、バティンという役割をむしろ拡大するように動き、そのために政府からの信用と支持をえているのだと部落の人に信じさせようと立ち回るのは、戸数30を越える JR 部落のバティンだけである。マレー人のカンポン（あるいはソロッ solok、パリト parit などのより小さい単位も含めて）はオラン・フルの部落より人数が多く、構成員の出自が多岐で、単一の地縁集団として動くのは難しい。クトゥア・カンポンはむしろカンポン内の勢力のバランスをとる役になる。

呪術・宗教的なリーダーは、オラン・フルにあってはバティンと重なり合うパワンと、呪医ボモーとがある。彼らの「お告げ」は常に求められ、信じられているが、医薬、新しい文物・知識の浸透にともない、明確に施術の結果が明らかとなる領域では影響力を少なくしている。マレー人もまったく同じ専門家を持っているが、ヒンドゥー、イスラームの神秘主義と密接に結びついたものであり、その影響力もより衰退している。例えば JR 部落には4〜5人のボモーがいるが、マレー人の部落ではボモーを探し出すのさえ困難なところもある。むしろマレー人の間では、イスラームの指導者イマムやムアリム（部落でトッ・イマム (tok imam)、トッ・アリム (tok alim)、トッ・グル (tok guru)、パッ・ルバイ (pak lebai) と呼ばれる人達）が部落のポリティックスに大きな位置を占めている。

その他、マレー人の部落では学校の先生、富裕な企業家などが村のリーダーシップに関与してくる。オラン・フルの部落では、同じグループに属するものが先生・企業家になるのではなく、本来外部のものがその資格で入ってくる。

内部での小店経営者も，オラン・フルになったとはいえ，もともと中国人またはその係累である．

親族組織，社会組織，経済的階級などの個々の構造においても，マレー人とプロト・マレー人との間に，生態学的条件などによる相違があるが，これら相互の間の「秩序」の在り方も異なる．これに対し，マレー人では経済的階級が比較的重視される．加えて宗教，信念体系，価値観などに基づく「客観的現実に対応しない秩序」が問題となる．

以上，慣習法，集落の大きさ，集落の構成員の等質性・異質性，これらが及ぼすリーダーシップの違い，呪術・宗教的なリーダー，経済的・社会的成層の違い，"秩序の秩序"[47]などについて，マレー人とオラン・フルとのコミュニティを比較してみた．20世紀の時点で比較すると，明らかに差異が大きく見えるのは当然である．この差異を存在させているのは，生態学的な環境（とその技術的適応），イスラーム・西欧文明の受容度の2点が重要なポイントである．従属構造に限って言えば，両者の量的差異が，質的差異をもたらしていると言える．このように理解すれば，（そして19世紀のマレー人を20世紀のオラン・フルと比較すれば）マレー人とオラン・フルとは基本的に同じ社会構造を持っていたという結論になる．

第6章 註
1) In-laws への忌避・尊敬の態度は，これを緩和するための日常的な工夫である．
2) James Richardson Logan, "The Orang Binua of Johore," *Journal of the Indian Archipelago and Eastern Asia*, Vol. 1 (1847), p. 273; W. W. Skeat and C. O. Blagden, *Pagan Races of the Malay Peninsula*, (two volumes) London, 1906, p. 513. なおナコダ nakhoda ということばは R. J. A. Wilkinson によればペルシャ起源の語である（*A Malay-English Dictionary*, 1932）．
3) 子どもA（13歳くらい）が，部落に約1ケ月ほど遊びに来ているバティンの妻の兄の子どもB（同年輩）を泣かせた．Aの父親は何も言わなかったが，母親はコミュニティの秩序を乱してはいけないと，彼女にしては珍しく強い口調でAを叱りつけるということもあった．また，バティンの養女であるC（12歳くらい）が親の言いつけを聞かないという理由で，養母に髪を短く（イバン人のように）刈られた．耳がよく聞こえるようにするのだという養母の説明である．
4) 子どもの遊びは，陣取りに似たもの，鬼ごっこ，こま回し，風車，ゴム輪とり，ままごと，糸とり，舟・家・車などの模型作り等がある．グループの協力を必要とするゲームではなく，個人プレーによるものがほとんどである．遊びは一種の流行で，子どもの遊びにあきると，大人のトランプをしたり，野生の熟さない果実取り等をする．

5) キョウダイも含めて一般に，自分より小さい子どもに対しては寛大で，たとえ自分は何もなく，小さな子どもが菓子を二つ持っていても，それを取り上げることはない．
6) きだみのる『にっぽん部落』岩波書店，1967 年．
7) Seyd Husin Ali, "Patterns of Rural Leadership in Malay," *Journal of the Malayan Branch of the Royal Asiatic Society*, Vol. 41 (1968), pp. 128-129.
8) Logan, "The Orang Binua……," p. 274.
9) Abdullah bin Abdul Kadir, *The Story of the Voyage of Abdullah bin Abdul Kadir Munshi* (Trans. by A. E. Coope. Singapore, 1949) p. 5. 人種系統は異なるがマラヤの山地住民であるスマイ人に関する小冊子の副題は「マラヤの非暴力主義的な人々」である． (R. K. Dentan, *The Semai: A Nonviolent People of Malaya*, New York, 1968.)
10) 同時に，死罪に値すると言われるキョウダイ相姦も，実際に発生したとしても慣習法の定める死罪は適用できないことになる．
11) Frank L. Cooley, *Ambonese Adat: A General Description*, New Haven, 1962.
12) Syed Husin, "Patterns of Rural……," p. 119.
13) Logan, "The Orang Binua……," p. 275.
14) Judith Djamour, *Malay Kinship and Marriage in Singapore*, London, 1959. pp. 20-21; I. H. N. Evans, *Studies in Religion, Folk-lore, and Custom in British North Borneo and the Malay Peninsula*, London, 1923, pp. 279-280
15) Cooley, *op. cit.*, pp. 60-62
16) 例外として，最も新しくバティンになった PN 部落のバティンは，補佐役としてワキル wakil（代理）を一人決めている．
17) 例えば，パカイ・トゥジュ pakai tuju（示し合わせによる結婚）の罰金はスティア：25 ドル；ジュクラ：16 ドル；トゥハ tuha（長老）: 10 ドル；バティン：8 ドル；プリマン periman（＝アナッ・ブアー）: 6 ドルと区別があったという．
18) Skeat & Blagden, *op. cit.*, p. 494
19) Logan, "The Orang Binua……," p. 275.
20) これは主としてエンダウの JR のバティンからの話で，D. F. A. Hervey "Itinerary from Singapore to the Source of the Sembrong and up the Madek" *JSBRAS*, No. 8 (1881), p. 131, や N. von Miklucho-Maclay, "Ethnological Excursion in the Malay Peninsula," *JSBRAS*, No. 2 (1878), pp. 219-220. などにもラジャ・ブヌアの話は記録されている．
21) W. R. Geddes, *The Land Dayak of Sarawak*, London, 1954.
22) Skeat & Blagden, *op. cit.*, p. 95.
23) Edmund Leach, "The Law as a Condition of Freedom," in D. Bidney (ed.), *The Concept of Freedom in Anthropology*, The Hague, 1963, p. 86.
24) 亡くなった PT 部落のバティンは一度退位してから，また望まれてバティンになった．JR 部落のバティンは彼を評して，バティンの血筋（スク・サカ・バティン）でないのにバティンになったから死んだのだと説明する．
25) John M. Roberts, "The Self-management of Cultures," in W. H. Goodenough (ed.), *Explorations in Cultural Anthropology*, New York, 1960, p. 441.
26) ルンゴ Lengo，カマパン Kemapan，ウマス Emas，キンチン Kinchin，プマンゴ Pemango，クムダー Kemedah，ラル Lalu（ルンゴ Lengo の奥）の七つの川を言う．実際にこの七つの川に集落があったかどうかは定かでない．7 という数字はものの限界を示すときによく使われる．

27) バティンは部落の領域に来る外来者のチェックもする。JR部落の上流にTT部落があり，その上流にタナー・アバンの丘がある。このタナー・アバンの近くに一人の老中国人が畑を作り籐を売って生活している。バティン・ジャミルはタナー・アバンも（昔そこに住んでいたので）自分の受け持ち区域と考え，この中国人の所に盗人が入ったときにも「調査」に出かけている。また同付近で中国人とマレー人が木材伐採に入ったときも，自分の責任だというわけで，彼らが許可を取っているかどうか調べに行っている。これらはバティン・ユソプに連絡なく，独自に行動したものである。
28) Logan, "The Orang Binua……," pp. 273-274.
29) Skeat & Blagden, *op. cit.*, p. 513.
30) Logan "The Orang Binua……," p. 273. 当時は，パハンはブンダハラ，ジョホルはトゥムンゴンによって治められていて，スルタンはリアウ・リンガにいた。
31) The Aboriginal Peoples Ordinance, 1954, Federation of Malaya Government Gazette of Feb. 25, 1954, Vol. VII, No. 5, Kuala Lumpur.
32) 初期のフィールド・ノートをくってみると，「ガツガツとした物盗りにも似た態度」「砂糖に集まるアリ」に大分悩まされている。ところが，いつのまにか「搾取されるおそれ」をなくしてしまって，対等につきあっている。一つにはオラン・フルとして認めてくれたからであろうか。マレー人の村でも同様の経験をする。しかしマレー人は最初は仮面をかぶっていて，他人に物を請うなど恥ずかしくてできるものかという顔をしている。しかし，いったんその壁を取り除くと，どこまでも入り込んでくるように感じる。もちろん，中には対等のつきあいをしだすものも出てくるが，村全体が調査者をマレー人として受け入れてくれるのはきわめて困難といえる。
33) この二者を不当利益者と被搾取者として説明するものもある。一時共産ゲリラ活動が盛んな頃，共産主義者と行動をともにしたものもあるので，そのようなときに得た知識かもしれない。
34) 政府の役人の命令は無視されることが多い。例えば担当官が，ラジオの贈り物を持ってきた州保護副官とともに，JR部落を訪れた。担当官は学校建設のためのスレートやセメントを舟に積んでいたので，近くにいた数人の若者に荷揚げを頼んだ。これに対し若者達は"malas"（気が進まない）といって散ってしまい，そばにいたバティンも若者達に何とも言わなかった。保護副官が帰るときになって（まだセメントなどがそのままだったので）バティンに荷揚げを頼み，それでやっとバティンとその場にいた壮年の2～3人がしぶしぶながら荷揚げをした。なお，学校の建築に関しては北部の先住民で訓練を受けた大工が部落に住み込んで仕事をしていたが，これを手伝うものは1人もいなかった。大工は給料をもらっているからである。一方運動場作りのための草焼き，地ならし，セメントに混ぜる砂運びなどは，担当官を通してすべて賃金が支払われたので，オラン・フルが仕事をした。
35) Logan "The Orang Binua……," p. 274.
36) *The Straits Times*, June 10, 1967.
37) J. M. Gullick, *Indigenous Political Systems of Western Malaya*, London, 1958, pp. 29-30, 34, 43.
38) M. G. Swift, *Malay Peasant Society in Jelebu*, London, 1965, pp. 78-79.
39) S. Q. Fatimi, *Islam Comes to Malaysia*, Singapore, 1963.
40) Wilkinson, *op. cit.*, kampongの項。
41) Hj. Schamsuldin bin M. Yunus, *Kamus Melayu*, Kuala Lumpur, 1935.
42) cf. Syed Husin, *op. cit.*, p. 104.

43) Richard Downs, "A Kelantanese Village of Malaya," in J. H. Steward (ed.), *Contemporary Change in Traditional Societies*, Vol. II. (1967), p. 133.
44) 口羽益生・坪内良博・前田成文編著『マレー農村の研究』創文社，1976 年．Downs, *op. cit.*, Syed Husin *op. cit.*, Peter J. Wilson, *A Malay Village and Malaysia: Social Values and Rural Development*, New Haven, 1967. 戸数はそれぞれの調査年のものである．
45) "Suatu mukim, ia-itu kampong chukup orang-nya empat puloh orang." Willkinson *op. cit.* の "mukim" の項に引用
46) きだ上掲書154頁．約 10～15 軒．
47) Claude Lévi-Strauss, *Anthropologie Structurale*, Paris, 1958, p. 346.

破

第II部
比 較 の 視 点

(エンダウ川を漕いで下るスクラミン，1965年)

1960年代の民族誌をそのまま臆面もなく出したことに異議をはさまれる方も多かろう．私も確かにそのことの理不尽さを感じないわけではない．それに対する言い訳は，次のようなことだろうか．
　まず第1に「まえがき」でも述べたが，この調査研究報告が地域研究の原点になっているということである．原点をまとめて公開しておくことは私の当初からの夢であった．その夢を実現させる我儘と取っていただいても良い．もちろんこれは民族誌としての価値を否定するわけではない．最近の文化人類学の目まぐるしい「パラダイム」転換と称する学界の動きを見ていると，こけむす枠組にはめこまれた民族誌などは一笑にふされることであろう．私はその笑いを逆に反照させたい気持ちにもかられる．ポストモダンの今だからこそ，このような亡霊のような作品を読みがえらせたいのである．
　第2は，変化変動の視点がないことに対する反論である．ティコピア島のファース R. Firth をはじめとして，近くはクランタンを20年間近く調査した坪内良博のモノグラフ，あるいは水野浩一の東北タイ調査村の再調査が出版されている．今後は50年後の私の村，あるいは100年後の再調査などというモノグラフが出てこないとも限らない．しかし，これらの記述によって変化・変動が解明されることに私は懐疑的である．変化・差異というのは俯瞰的に見て初めて十分に解明できるからである．ちょうど村に住んでいる人達自身は変化を客観視できないのと同じように，同じ村について経時的に変化を追うだけで本当に変化の理論が出てくるのかと問われると，はたと行き詰まってしまう．差異を認識するためにはそれを見る目の審級が上でなければならない，俯瞰的視点をとらねばならないというのが私の立場である．観察のレベルを上げる，あるいは俯瞰的に見直して初めて変化・差異が見えてくると思われる．本書で目論んでいるのは，時間的ではなくむしろ空間的な俯瞰によって顕わとなる構造を見たいと言うことである．モノグラフというのは，1年あるいは10年，20年

の記録でも，それ自体はその間の時間枠で切りとられた静止画像にすぎないというのが私の立場である．静止画像のモノグラフとしてオラン・フルの1965年から66年のモノグラフは，それなりの価値をもっているのである．

　この第II部は，静止画像を乗りこえて，周辺を流離しながら，何とか俯瞰的に語ることのできるようなデータを集めようとした努力の軌跡である．第I部のオラン・フルは1965/66年の静止画像であるが，第II部で出てくる参照点のマレー人，ブギス人は15年ぐらいの調査間隔をもった静止画像である．もう一つの参照点のタイ人については調査経験がない．調査経験の無いタイ人について書くのは，ちょうどマラカの一農村を調査してマレー人はと広言するのと同じような想像力，構想力を必要とする．その違いは，マレー人の場合は，私がどこから想像力で言っているのか読者には分かりにくいのに対し，タイ人の場合にはすべて資料からの構築ということが分かることぐらいであろうか．第II部は流離しながら想像力をかき立てている所があるのである．

　オラン・フルのことばは古層のマレー語とも言われる．ラジオを通して，あるいはマレー人との接触を通して，標準マレー語を話す人も増えている．第7章では，オラン・フルに最も近いマレー人の農民の家族圏について論じる．オラン・フルとマレー人とは同じマレー半島で棲み分けをしている．一方はムスリムであり，他方は土着の信仰をもっているのが大きな違いである．次の第8章では，タイの家族集団を家族圏の考えから再考してみる．タイ人は大陸部に住み，タイ・カダイ語群に属すタイ語は，オーストロネシア語族とは区別される．仏教徒である．第9章では，オラン・フルとマレー人に加えて，ブギス人の親族組織を取り上げて，3者の基本的構造を抽出する．親族用語の基本的な構造は同じである．ブギス人はインドネシアの東，スラウェシ島に住む．同じオーストロネシア語族に属し，マレー人と同じくムスリムである．

第7章
マレー農民の家族圏[1)]

7-1　マレー語の世界
7-2　生活単位としての世帯
7-3　家族歴と世帯構成
7-4　家族関係と世帯
7-5　原組織としての家族圏

7-1　マレー語の世界

　標準マレー語で，家族を指す語として最も一般的に用いられるのはクルアルガ (keluarga) である[1]。これはサンスクリット語の家族を意味するクルと，成員を指すワルガとの合成語であるが，この合成語の形でサンスクリット文献の中に使われる例はないと言う．その他，アラビア語起源のクラバト (kerabat)，ジャワ語のバテー (bateh) も使われる．同じアラビア語からきたカウム (kaum) もクルアルガの意味に使われることもあるが，もっと広範囲のメンバーを含むことの方が多い．これらの借用語はいずれも夫婦家族を指して用いられもするが，もっと広い範囲の関係者を含んでいることが多い．これに対し，「対（ペアー）」を意味するクラミン (kelamin)，子どもと妻を意味するアナッ・ビニ (anak-bini)，子どもがたくさんいる意味のアナッ・ブルアナッ (anak-beranak) は，いずれも夫婦とその子どもだけを指すマレー語独自の用語である．もちろん借用語の語源がいちいち意識されて使われているわけではなく完全にマレー語化しているが，子ども，妻などの個々の関係を超える上位の概念には借用語が使われることは注意してよい．

　同様のことは親類にも見られる．最も頻繁に用いられるのはサウダラ (saudara) である．これはアデッ (adik, 弟妹)，カカッ (kakak, 姉)，アバン (abang, 兄) をまとめたキョウダイの意味もあるが，親族，友人関係を指すのにも用いられ，サンスクリット語起源である．これに対応するマレー語に，たくさんの弟という意味のアデッ・ブルアデッ (adik-beradik) があり，これも親族を意味する．上記の借用語のクルアルガやカウムはサウダラの意味にも使われうる．しかし，この場合は近いサウダラ（サナッ・サウダラ sanak saudara，サウダラ・マラ saudara mara）の意識が強い．近い，遠いの別は系譜だけによって決定されるとは限らないが，とにかく遠近は社会生活の上で重要な識別カテゴリーである．日常生活では，血族と姻族とを厳密に区別せず，血族者の配偶者に関しては夫＝妻と考えて，血族と同じように接する．父方，母方は表現の上で区別されるが，日常生活では重要でない．男女の性別，血族関係が協調されるのは，イスラーム法に基づく相続・後見のときだけである．マレー人はイスラーム式

第Ⅱ部　比較の視点　193

の命名法（個人名＋父名）を遵守しているので，名前の上では父系的といえる．

　これらの語を簡略に表示したのが表7-1である．表のⅠ群はマレー語独自のものであるが，同時に部分でもって全体を代表させる提喩的用法でもある．Ⅱ群は借用語であるが，Ⅰ群よりはその範囲が伸縮自在である．Ⅲ群は権利義務に関わる語で，ワリ（wali）は後見人保護者で，父親だけに限らず，オジ・兄弟なども含み，ワリス（waris）は財産相続権者である．ワリもワリスもアラビア語からの借用語であるが，地方によってはワリスが親族の意に用いられたりもする．マレー語の方言差異による相違も興味深いが，いちおうここでは家族と親族とが連続していて明確に分け難いことが多いことと，どちらかというと，いずれの語も関係概念を協調していて，全体としてのまとまりを意味するのは二次的で，しかも借用語によることが多いことを指摘しておきたい．

　次に家族の住む場所であるが，これはルマー（rumah）と言われる．高床の家屋で，床下は納屋などに使われるが，屋根裏は活用していない．イシ・ルマー（isi rumah）というのは家に一緒に住む人々で，スルマー（serumah）ともいう．この家屋（ルマー）に，家にあがるときの梯子（タンガ tangga）をつけてルマー・タンガ（rumah-tangga）と言えばいわゆる世帯の意になる．ルマー・タンガをもつという表現は，結婚して家を建てる意から単に世帯をもつと言う意味に使われる．

　家屋が建っている所をタパッ・ルマー（tapak rumah）と言うが，英語のコンパウンド（compound）がマレー語のカンプン（kampung）から派生した語であることから想像されるように，カンプンには村の意味の外に，家々の集まり，屋敷地の意味もある．たとえ，他所者が混じっていてもこのカンプンはすべての人が親族であると言う表現はマレー人がよく使うレトリックである．故郷は

表7-1　家族・親族

	Ⅰ 群	Ⅱ 群	Ⅲ 群
夫婦家族 ↑ ↓ 親　族	kelamin（夫婦） anak-bini（妻子） anak-beranak（子供達) adik-beradik（弟妹達） sanak（「子」族）	keluarga saudara saudara mara kaum saudara	wali waris

表7-2　家・村・故郷

家	隣近所・むら	故　郷
tapak-rumah		tanah-ayer
rumah	tetangga	kampung-halaman
rumah-tangga	kampung	
serumah		tumpah-darah
isi-rumah		
世帯〜家族	隣人・村人〜親族	同胞〜民族

(注) 右端のタナー・アイエル (大地と水)，トゥンパー・ダラー (血の流れ出た所) は生れ故郷，祖国を意味する．

このカンプンに庭の意のハラマン (halaman) をつけたカンプン・ハラマン (kampung halaman) で表現される．以上を表示すると表7-2のようになる．表7-1と違って空間的な境界は表7-2の場合きわめて明瞭である．ただそれが社会的関係に翻訳されるとたちまち曖昧さが顕著となる．本章はいわば実際に生活されている「形」としての世帯と，形を作る元となる「型」としての家族とを考えてみようとする試みである．なお，マレーシアでの社会学の術語としての家族，世帯，村落はクルアルガ，ルマー・タンガ，カンプンが使われている．

7-2　生活単位としての世帯

　一つの家屋で共同に住んでいる人々は，少なくとも外見上からは明確な一つの生活単位として扱いうる．世帯構成を家族のタイプとして見ると表7-3のとおりである．単身世帯は一例を除いて，60歳以上の老齢者が子ども，縁者の家の近くでその援助を受けながら単身で生活している．夫婦だけの世帯がないのは，子どもが生まれるまで夫婦どちらかの親と一緒に住んでいるケースが多いからである．欠損家族世帯は夫を失った女性とその子どもまたは孫が一つ屋根で暮らしている．基本家族世帯はほぼ全体の1/2近くの割合を占めている．欠損基本家族型のうち親子二世代の6ケースと単独世帯11ケースとを基本家族世帯43ケースに加えると，基本家族的な世帯構成は67.4％に達する．次の包摂家族世帯は，いわゆる拡大家族といわれるもので，夫婦家族に娘夫婦，孫，あるいは親などが加わった形態である．これも欠損家族世帯のうちの拡大家族的

表7-3　世帯構成と世帯員

世帯類型/世帯員数	1	2	3	4	5	6	7	8	9	10	11	12	13	計
単　　　　　身	11													11（12.4%）
夫　婦　世　帯														0（　　 %）
欠損基本家族世帯		6	3	1	4		2							16（18.0%）
基　本　家　族　世　帯			9	6	2	5	5	6	7	2	1			43（48.3%）
包　摂　家　族　世　帯				1	5	2	4	1		2	3		1	19（21.3%）
計	11	6	12	8	11	7	11	7	7	4	4		1	89（100.0%）

出典：Maeda,"The Malay Family..."p. 239.

傾向を示すものを含めると，32.6%になる．

「世帯をもつ」というのは結婚するということの比喩でもある．新しい世帯形成の契機としての結婚をみてみよう．マレー人の社会はイスラームの宗教法を生活の建前とする．配偶者選択にはイスラーム法上の禁婚範囲がある．農村では婚前の男女の間はイスラーム法の下に比較的厳しく隔離されている．また，女性は生殖能力がある限り性的交渉の対象となりうる男性との接触にさいして制約をうける．男女の分業もある．掟としてあるわけではないが，実際上，自由に移動しうる男に対して，女が移動するにはいろいろな制約があって動きにくい．したがって日常生活をスムースに行っていく上には，男女の協力が必要である．同世代親では「キョウダイ」を除いてすべての「イトコ」と結婚可能である．配偶者の適・不適はジョドー（jodoh 生涯の相手・対・男女の仲・適した・釣り合った）ということばで表現される．マレー半島全体を見ると，第一イトコ婚が忌避されたり，第二イトコが選好されたり，親族婚より階層内婚が重視されたりして，画一的にジョドーの内容が規定されるわけではない．しかし共通して，類は類を呼ぶ原則で，釣り合いのとれた，似たもの夫婦であることが理想である．形式的には親権者（後見人）のワリの同意が必要であるが，実際には，母，祖母，オバなどの女性の役割が重要である．決して親夫婦だけで選択決定が行われるのではなく，影響力のあるワリスも相談を受け，あるいは積極的に結婚を推進する役割を果たす．同時に結婚する本人の合意もとりつけられる．娘の初婚の場合は本人が不同意であっても無理に一緒にさせるということもある．しかし，この場合でもできるだけ親は説得につとめ，合意をうる努力が払われる．娘には離婚する権利はないのであるが，実際に閨をともにすることを承知しないなどして，夫から離婚を勝ち取る事態にもなりうることもある

からである．再婚の場合はより本人どうしの意思が尊重される．

　結婚式は二つの要素からなる．一つはイスラーム法にのっとった婚姻締結式（アカド・ニカーakad nikah）であり，もう一つはアダト（adat 慣習法）に基づく婚礼である．結婚締結式は，新郎と娘側のワリ（後見人，保護者で，世帯，家族を代表するものではない）を代表する宗教役人（ジュル・ニカーjuru nikah）との間で結婚を確認し，新郎・新婦が婚姻届けに署名することからなる．すなわち結婚は形式的には当事者間の契約なのである．法律上は結婚締結式が終われば正式の夫婦なのであるが，社会上はアダトの婚礼がなければ一緒に寝ることさえ認められない．一連の婚礼手続きがあるが，最も重要で省略できないのがブルサンディン（bersanding）と会食を中心とする結婚披露である．ブルサンディンというのは新郎新婦が王と王妃とのように椅子に座り，お付きのものを従えて，来訪者の祝福を受ける儀式である．そして一方では村の人，親族の人，知人を招待して，食事をしてもらう会食が進行する．この婚礼は新婦の家で行われたのち，新郎の家でも行われるのがふつうである．婚礼に招待されるのは世帯単位である．主催する側は，もちろん親が最終的な責任を負うわけであるが，世帯を超えて，親族，村の人が行事を執り行う．

　1970 年頃のマレーシアでは，結婚する年齢は女性が 15～20 歳，男性が 20 歳前後ないしは 20 代の前半と，マレー人一般に早婚である．マラカの調査村では若干男性の初婚年齢が遅かった．すなわち夫婦間の年齢差が高くなっている．早婚ないしは年齢差が離婚に影響を及ぼすか否かは別としても，マレー人一般に離婚の頻度が高いことは事実である．夫婦関係に愛情が芽生える前に結婚が解消されてしまう例が多い．いったん夫婦として認められると，夫婦は「対」であって，常に一単位として数えられ，むしろ離れていることの方が変則と考えられる．しかも両性の生活領域がかなり明確に分割されているが故に，配偶者の必要度はきわめて高い．いわば，夫婦関係は補完的契約関係と後発の愛情に基づいた和合であり，釣り合いの思想によって支えられていると言ってよい．それにもかかわらず，離婚が簡単になされるのは，結婚が釣り合っていなかったり，和合が得られなければ離婚してもよいという許容度あるいは離別するのが当たり前だとする見方があるからであろう．もちろん後述するような，離婚・再婚を比較的自由に行いうる社会的・経済的な条件がマレー社会には組み込まれていることも事実である．

　婚後一ヶ月位，長くて一年位は新婚夫婦は両方の親の家を行き来し，その後

で新居を構えるか，どちらかの親の家に居を定める．親の土地，財産の多い方に住む傾向があるが，条件が同じであればどちらかというと妻方居住になる．新居を建てるのも屋敷地の余裕のある方が選ばれる．村外婚の場合は妻方の村落の方が婚後居住に関しても強い発言力をもっているように見えるが，これも経済的誘引力の方が段々と強くなっているようである．出稼ぎの場合は，夫と一緒に出稼ぎ地に行っても，妻が実家で暮らしてもいずれでもよい．ただし，出稼ぎ地に妻子を呼ぶのはある程度生活の目処がついてからである．

　マラカにおける家がふつう一つの寝室からなるということは，基本的に一組の夫婦が住むように作られているといえる．ここに新婚夫婦が入ってきたら，老夫婦は寝室を新婚夫婦に明けわたして，自分達は居間（ルマー・ダプル rumah dapur）の方で未婚の子ども達と寝ることになる．余裕のある世帯では裏に張り出し部屋を用意することもある．いずれにしても一つの家に住んでいる限り台所（ダプル）は共用である．したがって同居するのが母―娘の方が葛藤が少ないと言えるかもしれない．

　世帯は「単一の住まいおよび単一の生計をともにする集団」である．しかし，世帯員全員が生産，収入，消費に一様に関わるものではないのは当然である．世帯主（と我々が名付けるもの）は世帯員の生活に責任があるが，世帯員の収入は各自のものであって世帯の会計に入れなくともよい．世帯主が世帯員を養えないときには，世帯員は自分で稼ぐか，その世帯を離れていくか，それはまったく自由である．夫は妻や子どもにナフカー（nafkah 生活費，たずき）を与える義務を負う．妻子の生活を保障するのは夫の役割であり，ナフカーのあたえられないことはかっこうの離婚理由である．また，村落社会で祭事や種々の行事，組合への加入などにおいて，一見，父＝夫が世帯を代表しているかに見えるが，これはイスラーム社会における女性の公的立場における地位の劣性，夫婦は対であるとする観念，被保護者の子どもは発言力がないとする見方などの複合的な現象の結果たまたまそうなっただけである．

　生活単位として明瞭に見える世帯も実際には曖昧さを含んだ単位である．次にその世帯の内容をより詳しく見てみよう．

7-3 家族歴と世帯構成

　一定の構造を持つ家屋があり，そこで寝食をともにするという「規範」がある限り，世帯という集団を指摘するのは比較的容易である．世帯員の間では一定の役割分担があり，少なくとも成人メンバーは勝手に他所で食べたり寝たりできないという意味でメンバーシップもある時点では固定している．しかしながら，時間を長くとって見ると，世帯員の構成は必ずしも一定したものではなく，また当然世帯員であるべき夫＝父などが一時的にせよ同居していないこともありうる．理念的にはこの世帯の核をなすのは一組の夫婦である．この夫婦を中心として，配偶者自体の欠如（離婚，死別），附加（複婚）をも可能性として含みながら，一生のうち種々な世帯員と家庭生活を営むことになる．この世帯員の補充の母体となるのが「家族」である．このさいにメンバーシップを決定するのは，集団としての世帯あるいは規範としての基本家族，拡大家族概念ではなく各個人をめぐる二者関係（ダイアド）なのである．家族の生活史の上から見て，どのような世帯構成が現れうるかは純粋に形態の上からだけ見た表7-3ではわからないので，表7-4を作ってみた．表7-4のⅠ～Ⅷの家族歴のタイプは図7-1に示される．

　第Ⅰ期の1ケースは特殊なケースで，両親が死亡し，兄達は他地方に出稼ぎに行ってそこで結婚してしまっているので妹一人取り残されて住んでいる一時的なタイプである．第Ⅱ期の新婚夫婦の独立世帯の例がないのはすでに7-1表でも明らかであった．第Ⅲ期は夫婦に子どもができたが未だ子どもが結婚していない時期である．出生した子どもと夫婦が揃い，余分な成員が加わっていないのは17例（全体の19.1％）にすぎない．残りのうち，3例では「配偶者」がすでにいなく，5例では老片親または傍系親が引き取られており，9例では子どもの出入りが見られる．表の欠如・附加成員の欄の数字はそのような変異の見られる世帯数を示しているので重複して数えられている．したがって累積合計は全世帯数と必ずしも一致しない．

　第Ⅳ期から第Ⅵ期までは子どもが次々と結婚していく過程である．Ⅳ期は最初の子どもの夫婦家族が同居している．Ⅵ期では，第一子の家族は出ていって，

表7-4　家族歴と世帯構成

家族歴(ライフサイクル)	世帯総数	±の無い世帯	欠如成員			附加成員					
			配偶者	−未婚子		+未婚子		親	離婚娘	孫	傍系親
				夫婦の未婚子	夫/妻の未婚子	夫/妻の未婚子	養子				
I	1	1									
II	0										
III	34	17	3	5	1		5	4			1
IV	3	1	1	1						1	1
V	22	10	2	4	1	2	1	2	1	6	2
VI	6	2	1	2						2	
VII	4				1	1	3				
VIII	19	10							3	9	
	89	41	7	12	3	3	9	6	4	18	4

出典：口羽・坪内・前田『マレー農村の研究』289頁．配列順は変わっている．

次子以下の夫婦家族が一時的に共住しているタイプである．数の上では，V期に示されるように子どもが婚出していって，未婚の子どもと両親の「基本家族」の世帯である．この時期には，配偶者の連れ子，離婚した娘や孫の引き取りが新しい要素となっている．

　第VII期は夫婦の実子をすべて放出してしまった「親の役割終了」期である（世帯主年齢67〜88歳）．夫婦の実子が出稼ぎに出て，妻の連れ子と暮らしている事例をこの中に便宜的に含めているが，これをもしV期と見なせば，残りは養子をとって暮らしていることになる．第VIII期はVII期の配偶者欠損型とする方が論理的である．しかしその数が多く，VII期と明らかに異なる祖母−孫を主体とする世帯構成をとるので別に抽出してある．III期とVI期において，老片親を包摂している6例は，親から見ればVIII期になる．しかし，世帯内の関係が老親中心ではなく，次の世代の子ども夫婦中心であるのでVIII期には入れていない．実際上すべての家族がI〜VIIIのカテゴリーの過程をとるとは限らない．しかし，成員の欠如，附加を含みながら，理想的にはIII〜V〜VII(VIII)と移行していくことがマラカ的特色といえる．

　もう一度生計ということをこの家族歴から見てみよう．表7-5は各世帯の家族歴段階にそって世帯主の主な収入源を一つだけに限って集計したものである．III期のいわゆる基本家族型世帯の場合は，世帯の生計の全責任が世帯主にあり，

図7-1　家族歴の段階と世帯

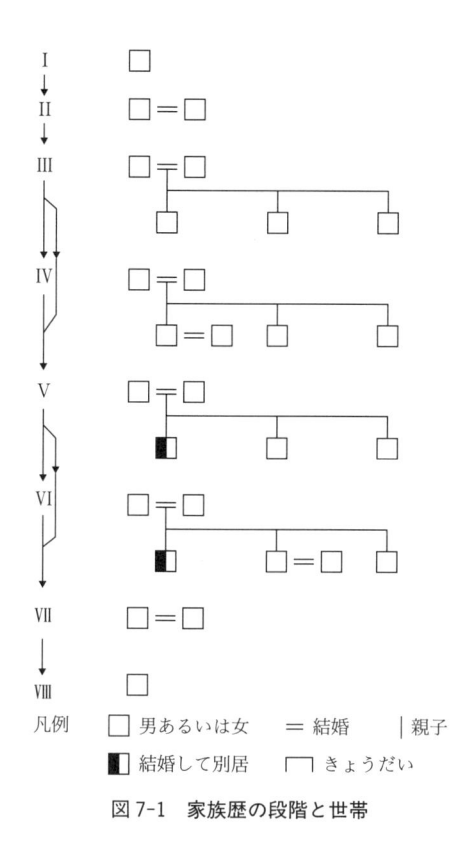

凡例　□ 男あるいは女　＝ 結婚　│ 親子
　　　■ 結婚して別居　□□ きょうだい

他の成員からの副収入は望まれない．世帯主の職種が他の段階に比べて多様なのが顕著である．またこの時期では，水稲，ゴムのいずれからも定収入を得ていない割合が高いのが注目される．一つの理由は，III期の世帯主は比較的若く，親がまだ生存していて水田，ゴム園の相続を受けていないからであろう．しかし，土地の不足が顕著になってきて，相続を受ける見通しのないもの，あるいは相続を受けても経済的にほとんど価値がないようなケースも生じていることも事実である．したがって現在みられるIII期の職種の多様化は，現状のIV期以降のように農業経営に収斂せずに，そのまま多様化が持ち越される可能性も無きにしもあらずである．現状のV期（世帯主平均年齢55歳）はIII期同様職種は多様であるが，III期と違って水稲またはゴムからの収入があり，その上，婚出した子どもからの援助がある．22世帯のうち19世帯の子どもが送金してきてい

第II部　比較の視点　201

表7-5　家族歴と職業

家族歴	農業 ゴム水田	農業 水田	農業 ゴム	農業労働	自営業	給料取り	労務者 近辺	労務者 クリスマス島	船員	請負師	教員	議員	恩給	計
I		1												1
II														
III	2			3(1)	5(1)	6(2)	3	8(4)	5(2)	2				34(10)
IV					1	1						1		3
V	12	2			1	3	1				2			22
VI	3			1							1	1(1)		6
VII	2	1												4(1)
VIII	2	11	2	3(3)		1(1)								19(4)
計	21	15	2	9(4)	8(1)	9(3)	3	8(4)	6(2)	2	3	1	2(1)	89(15)

（　）内は稲作およびゴム採液のいずれからも収入を得ていない世帯の数である．
出典：口羽・坪内・前田『マレー農村の研究』294頁．

る．このⅤ期の他出既婚子女は33例を数えるが，労務者，事務員，技術者，教員，警官，兵士，船員，運転手，店員，農業従事者と，村内居住者より一層多様な職種を選んでいる．Ⅵ期世帯では，世帯主の職業は，農業，説教師兼宗教学校教師，恩給生活者しかないが，婚出世帯あるいは同居している娘夫婦からの生計への貢献の割合が顕著である．Ⅶ期の世帯主は第一線の生産活動から退いた段階で，恩給と農業からの収入が生活の糧である．Ⅷ期の世帯は1ケースの男やもめを除いて老寡婦世帯である．鶏を飼ったり，野菜を作ったりするが，水田に出て働いたり，ゴムタッピングなどする人は少ない．多くは水田やゴム園からの収益が若干ある．Ⅶ・Ⅷ期の世帯にはⅤ・Ⅵ期のような子どもからの定期的な送金はあまり見られない．援助があるとしても食糧，衣類などの不定期的な付与である．子ども達自身が老年期に入り，現金収入を得られない段階にあるからかもわからない．事実，子どもに現金収入がないと，定期的な扶養というものは実現しない．現金収入があっても結婚した子どもはその妻子を養うのが第一の義務であり，それに余裕があれば両親に金をさく．したがって親に送金をするものは未婚の出稼者か，子どもの数が少なく年齢が若年で教育費などあまりかからない比較的若い既婚者かである．しかも困窮した親に対する援助というのではなく，送金を受けている親達は中流以上の収入，財産があるものが多い．

　この村での男の一生のパターンは，かくして青年から中年にかけての出稼ぎ，

賃金労働，中年以降から老年にかけての村内定着と農業，老年から死に至るまで子孫に見守られながらの慎ましやかではあるが気儘な生活というところであろうか．

7-4 家族関係と世帯

　子どもは幼い間は母に慈しまれ，父に甘やかされて育つ．オジ，オバ，兄姉も子どもが2, 3歳になると重要な保育係になる．4, 5歳になると隣近所を走り回り，親の家以外で寝たりする．男の子は大きくなると，ベランダにベッドを置いて他のものと別に寝たりする．生計の維持ということを背景に，権威の象徴としての父親は理念的に存在していないわけではないが，まわりに親族のたくさんいる農村の家庭生活という面から見るときには，最も役割代替のされやすいものとして映る．男しかできない仕事を，夫と妻とのそれぞれの実父，オジ，兄，祖父がしてくれるのである．夫婦としては夫が必須のものであるにもかかわらず，父親が代替可能性を最も秘めている理由は，父親が権威の象徴であるということにも由来する．権威というものは常に見えたり，存在したりしなくとも，必要なときに表われれば事足りる．むしろ不在している方が，父親像は強化され理想化されることにもなる．父子の間の規律価値は神と人間との関係にも比せられる．身近にその表象があればそれだけよいが，元来普遍的に存在しているものなのである．このように父親不在を可能ならしめる家庭生活では，それだけに一つのまとまりとしての統合力に欠け，むしろ母子のエロス的価値によって世帯成員が結び合わされているとも言える．マレーの諺の「うまく行っているときには友人を大切にし，若い間は夫（妻）を愛し，間違ったことをしでかすまでは父親に甘え，死ぬまで母親を慕う」というのはマレー人の社会関係に対する価値観を非常によく言い表わしているといえる．

　実際の世帯構成の内容をみると，前述のように母子家庭は多いが，母欠損の父子家庭はごく稀である．後者の例は，交通事故で体が不自由になり妻に逃げられたやもめ世帯1ケースを数えるのみである．純粋に独立前の子どもと母親だけの世帯は4ケース，母親と寡婦となった娘との世帯は3ケース，老婦と孫だけの世帯は6ケース，同じ屋敷内に結婚した子どもが独立の家を構えている

が自分は別棟で単独世帯を営む老婦が7ケース，直接の血縁はいないが縁故で入村し，一人住まいをする老婦2ケース，これらすべてを合わせれば実に26ケースが夫を亡くした女性の世帯である．このようなデータは，男女の婚姻年齢差，平均寿命，離婚，再婚の様態などが考慮されねばならない．しかし，基本家族世帯の中にもかなり長期の出稼ぎで夫が不在の世帯が13例もありこれを含めると，一時的な母子家庭は43.8%にもなる．

　親と子をつなぐ経済的な背景に，先に少し触れた相続の問題がある．系譜関係に基づく単系または単子相続はなく，相続は実子の間では均分に行われる．しかも親は生前財産分割をしないのが通例である．子どもが親に対して尽くさねばならないと言う義務感が薄くなる．必要とあれば，子どもの中で地理的に近いものが親の面倒を見，裕福なもの，余裕のあるものが必要経費を出したり，必需品を買ってやればよいのであって，特定のものが扶養の義務を負うとか，子ども全員が一団となって責任を持つということはない．老親もできれば独立の世帯で，子どもの世話にならないような配慮をする．極端に言えば，親子の間は親の一方的な保護の義務を協調する片務的関係といえる．そして，先にも指摘したように，財の使用，処理権は個人に帰し，夫婦間親子間でも相互の財の区別が明確に存在する．相続した財，自分で購った財はあくまでも個人のもので，マレー農民の間には家産という概念がない．夫婦の婚前の財はもちろん夫と妻と各々に属し，夫婦で共同で築き上げた財は離婚のさいに等分される．

　親と子とは必ずしも固定したものではなく，条件付きで親となり子となりうる．自分の子として承認した他人の子どももをアナッ・アンカト (anak angkat)という．アナッ・アンカトという語は，(1)養い児，(2)一時的に居住をともにしたり，世話をした他人の子ども，(3)病気などを治した場合に取り結ばれる擬制的親子関係，(4)出稼ぎ地などで庇護を求めるために有力な人に代親となってもらう場合，などを意味する．いずれも子（あるいは代子）として承認するということが前提であって，単に引き取って養育するのとは区別される．例えば祖父母と同居する孫が必ずしもアナッ・アンカトにはならないのである．(1)の意味の養子は，日本やアメリカの養子制度とは異なり，いわば実親から親として養う「権利」を護渡されたにすぎない．子は養親の財産の相続権は得られず，実親の財産に対する権利は保留することになる．実親は日常生活では養子にやった子どもとの接触を抑制するが，子どもが成長した後は，子どもが実の親の家を訪ねようとその子どもの自由である．養子縁組においても対人的均衡関係が協

調される．家族集団というものがあってその中に養子が組み込まれるのではなくて，養親―養子関係が擬制されることによって，後は自動的に養親を通しての親族関係が附加されるだけである．しかしこの場合でも実子が養子をキョウダイとして認めないということは自由である．例えば中国人の養女をしたAの場合，その子ども達（男兄弟3人）はその養女Bは母親Aの養子であって，自分達とは関係なく，したがってキョウダイとは認めないと言う．

祖父母による孫引き取りも養子同様，代親機能を果たしている．いずれも実親との関係を完全に破棄することなく新しい関係に入ることは同じである．引き取りの方は子どもを欲しいので正式に養子とするという養親の側の理由が目立つ．表7-4に見られるように，実子が独立して別居してしまってから，老夫婦が養子を取る事例（第Ⅶ期）あるいは祖父母が孫を引き取る事例（第Ⅷ期）はマレー人の家族を理解する上に特に重要である．

表7-4には離婚した娘が親と世帯をともにしている事例（第Ⅴ期と第Ⅷ期）があるが，結婚によって実親との関係は断ち切られるのではなく，離婚しても帰っていく世帯があり，子どもを引き取ってくれるところがあるということである．両親が離婚しても子どもと各々の親との関係に断絶が生じるわけではない．離婚はこのような断ち切れない関係のネットワークの中で比較的容易に行われ，スティグマを残さず，再婚への道を歩みうる．前の配偶者との子を連れ子として新世帯に組み入れることも親に引き取ってもらうことも，いずれも可能である．片親が子どもを連れて再婚しても，新しい親は子どもにとって，あくまでも継親の関係にあり，往々にして，父または母と呼ばれずに，オジ・オバの名称が使われたりする．

要するに保護者―被保護者の関係が成立している間は親子は一つのまとまりをなしているが，それ以上には単に個人の状況判断に任されて，かくあるべきだという親子関係のイデオロギーが確立されているわけではない．子どもが生活の糧を自力で獲得しうるようになると，親子関係の絆は急速に弱まっていく．

7-5 原組織としての家族圏

ここまで，マレー語で家族，世帯を意味する語をいくつか挙げ，次に実際の

家庭生活の行われる世帯について，どのような世帯構成が表われるかを見てきた．世帯構成は，家族関係に基づいているとはいえ，決して単一のスタンダードがあってそれに逸脱するのは不適当であるとするのではなく，むしろ多様で，流動しやすく状況依存的で，時には単位としての曖昧さをも示すのが当たり前であるととられている．このような社会で，基本家族がドミナントであるとか，拡大家族が理念としてあるのだという類型的な発想が果たしてマレー人家族の理解につながりうるかという問題と，マレー人自身がどのように家族をイメージしているかという問題とを最後に考えてみたい．

　その前に家族と世帯とについて述べておこう．家族と世帯とは別の概念であるかのように扱ってきた．しかしながら，現実には家族の顕現が世帯であり，世帯を通して家族の概念が形づくられるという複雑な関係にあって，発生的に考えれば，家族と世帯との区別は，一義的にできないと言うこともある．また，家族には家族紐帯と家族集団との側面があって，家族集団というのは現実には世帯として表われるのであるという考えもある．これに対し，私は現実の生活単位としての世帯と，結婚・出生・養取を基礎とする家族紐帯と，それらに基づいて当該社会で構築されている家族概念（理念型）との三つを明確に区別しようとしている．私の意図はもちろん家族制度の発生，発展段階を解明するというのではないが，少なくともこの三つの区別はそれらの問題を考えるのにも有効であると考える．幸いにマレー語の中に，家族（クルアルガ）と世帯（ルマー・タンガ）とを区別する語が明確にあるので，この立場が貫きやすいといえる．マレー語の家族は家族紐帯と家族概念とを同時に表現している．

　この立場から言えば，マレー人の間には，家族集団として類型化された基本家族も拡大家族も規範化されていないということである．理念型としてあるのは，婚姻・出生・養取を契機として，生活の共同を核に各個人を中心として（認知）構成された二者関係の累積態であって，これをダイアドと区別して家族圏と呼ぶのである．生活単位としての世帯の構成は，集団としての家族（基本家族，拡大家族）をモデル（原型）とするのではなく，夫婦，母子，父子，キョウダイという二者関係なのである．世帯構成原理としては，その中心となる個人の婚姻・出生・養取だけに限って分離独立ないしは，最小にしようとする傾向が見られる．すなわち，一組の夫婦関係とそれから派生する親子関係とを基本的な要素として，それらの複合をできるだけ避けようとする傾向が存在する．とはいえ，この世帯最小化傾向は，「夫婦と夫婦の間のすべての子」の排他的な結

合という基本家族的なイデオロギーではない．祖父母を代親とする隔世代世帯や養子世帯，拡大家族的世帯が日常茶飯事として出現することにそれは示されている．そこには家族圏的家族概念があるのである．

家族圏という紛らわしい用語を用いるのは，一つには基本家族・拡大家族という集団概念を前提とするのが通例になりつつある用法を避けたいという理由の外に，もう一つは，ダイアド，ネットワークという客観的に抽出しうる二者関係の広がりではなく，主観的な一つの社会圏がやはりそこにあるということを示したかったからである．これは同じ家族紐帯といっても，自ずからそこには紐帯の強さ・弱さがあり，状況に応じて適応はするとはいえ，一定の境界を個人的に持っているからである．世帯のメンバーシップは，生殖単位，経済単位，居住単位の三つの側面から検討されうるが，家族圏はそれらの統合したレベルにあるものである．この意味で，世帯のレベルでは夫婦関係，母子・父子関係，そしてキョウダイ関係が上述の三つの側面のどれをとるかによって強調されるところが違い，かつ役割代替が容易に行われやすい．これに対し家族圏としては母子関係が最も根源的なものであり，夫婦・親子関係，キョウダイ関係はより文化的産物であり，それが故にシンボルとしてはより強調されると言ってもよかろう．

マレー人がその家族を「家族圏」としてイメージしているか否かということは，ここで提示したデータでは検証できない．家族圏を考える方がマレー人の家族を説明しやすいということだけは言える．そして，マレー社会の生活が個人と個人との均衡を保とうとするダイアド的なメカニズムあるいは適合性最大化原理によって支えられており，家族関係が他の社会関係から分離されているのではなく，家族関係こそが社会関係を形成する中核となっていることは，家族圏的発想が重要であることを示唆しよう．同時に家族は必ずしも社会生活の緊張から逃避するための避難所ではなく，社会生活そのものの延長でもある．家族と社会生活とは，私的領域，公的領域として明確に分離されるのではなく，村落内では連続しているのである．

工業，生産技術の変化，土地所有の零細化，移動などによって農村内でも階層化が進み，階層に応じた家族概念が拡大家族的になったり，基本家族的になったりすることはあろうが，その家族圏に内在する柔軟性，適応能力の大きさ故に，基本的に家族圏的概念が大きく変化することは近い将来にはなかろう．

第 7 章 註 ─────────────────────────────────
1）マレー語はオーストロネシア語族の一言語で，マレーシア及びインドネシア共和国の公用語である．マレーシアではマレー語ないしはマレーシア語と呼ばれ，インドネシア共和国ではインドネシア語と呼ばれる．一方は英語，他方はオランダ語の影響をうけ，語彙，発音が異なるところも多い．本章で標準マレー語というのは，マレーシアの公用語として使われているものである．マラカ，ジョホル，リアウ地方のマレー語がもとになっている．本章のデータは主としてマラカの調査に基づいている．坪内良博・前田成文『核家族再考──マレー人の家族圏──』弘文堂，1977 年；口羽益生・坪内良博・前田成文（編者）『マレー農村の研究』創文社，1976 年；Narifumi Maeda, "The Malay Family as a Social Circle,"『東南アジア研究』16 巻 2 号(1978)，pp. 216-284; Narifumi Maeda, "Family Circle, Community and Nation in Malaysia," *Current Anthropology* 16 (1) (1975), pp. 163-166.

第 8 章
マレーとタイとの比較[1]

8-1 はじめに　8-2 屋敷地共住集団
8-3 タイにおけるその他の研究　8-4 マレー農村との比較
8-5 おわりに

8-1 はじめに

　タイ社会は仏教徒社会であるという点で，ムスリムのマレー社会とは異なる．しかし，双系的親族組織であることから，その集団組織原理はマレー人と同じような様相を示している．東北タイの村落調査に基づいて，水野浩一はタイ農村の社会組織のモデルの中核として，「屋敷地共住集団」あるいは「屋敷地共住結合」と呼ばれる，土地を媒介にした近親の「生産共同体」が存在することを指摘した．他方マレー農村にもタイ農村と同じような特徴をもつと考えられる近親の集合体が見いだされる．この集合体の核的組成形態を，前章で示したように家族圏という文化的に捉えられるカテゴリーでもって理解しようとする．もっともマレー農村の場合，かかる集合体の特徴を理解するには，家族圏と親類（キンドレド kindred）の概念の関係をも明確にしておく必要がある．本章においては，まず，水野の屋敷地共住集団およびその周辺の諸概念の性格を編年的に整理し，それを他のタイ研究者の所説と比較検討して，タイ農村における屋敷地共住結合の性質を明らかにしたい．次いで，ケダーにおけるマレー農村の資料を用いて，タイとマレー農村の事例の異同を明らかにし，東南アジア農村社会における家族結合に関する特殊性の理解と普遍性の摘出の作業へのパースペクティブを得たい．

8-2 屋敷地共住集団

（1）正戸と貼戸

　水野の最初期の論文（「東北部タイの米作農村における農地所有と家族の諸形態」）では，単なる世代区による家族形態を示すだけでは調査村の実態が把握できないとして，調査村の農家126世帯を二つのグループに分ける．第1は「生

産と消費の共同体」としての家族，すなわち，生計をともにする1世帯1家族であって，基本家族 (48世帯)，拡大家族 (33世帯)，あわせて81世帯ある．第2のグループは，世帯を異にする45家族が「生産面における共同関係」を軸にして19の親族集団を構成している，というものである[2]．後者の親族集団がのちに屋敷地共住集団と呼ばれるものであるが，この論文では，「家族の特殊形態としての親族集団」[3]として，その構成家族である「親の家族」(世帯) を「正戸」，子どもの「夫婦家族」(世帯) を「貼戸」と名づけている．正戸・貼戸の名称は，ある意味では2世帯の関係を象徴的にうまく表現しているが，この用語はこの論文に使われただけで，以後使用されなくなる．同時期の他の論文では，正戸・貼戸をあわせたものを「世帯共同体」[4]ともしている．「共同体」の語ものちの論文では使われなくなる．

　名称の是非はともかくとして，のちにより明確になる屋敷地共住集団の特徴はほぼ最初の論文に出ているが，本項ではそのうち2点だけを指摘しておこう．まず第1に，家族形態としての基本家族を単純に「親と子どもからなる形態とその変形」として計算すると，非農家を含めた全体の世帯 (家族) 数132のうち，71% (94例) を占める．しかし，正戸と貼戸とからなる親族集団を，「世帯」は別にしているが，家族周期 (論文「東北部タイの……」では「家族の輪廻」) の上でいずれの家族も通過せざるをえない「家族の特殊形態」として，一つの家族として計算すれば，基本家族率は48%になる．すなわち，94例の基本家族のうち，独立して基本家族世帯と呼べるものは48例にすぎず，残りの46世帯は19例の「特殊形態」にまとめられ，その19例の特殊形態を含めて，拡大家族と呼べるものが52例となる．水野は基本家族以外を拡大家族として分類しているが，ここで使う「拡大家族」[5]はいわゆる生産と消費を共同にする世帯と，消費は別々であるが生産面では共同関係にある複数の世帯群との二つを含むものである．後者では，「家族」は必ずしも同一の「世帯」でなく，複数の世帯にまたがってよいと理解されている．他方，屋敷地の所有分布[6]をみると，村内で屋敷地を所有していない世帯は12世帯にすぎない．そうすると貼戸26世帯のうち14世帯前後[7]はすでに屋敷地を相続しているのか，何らかの方法で入手していることになる．言い換えれば，貼戸の中でも，親の屋敷地の中に家を建てて親の依存度が高いものと自分の屋敷地をすでに所有している比較的独立した段階にあるものとがあることがわかる．

　調査村では，屋敷地はなくとも自分の家はすべての人が所有 (例外は2例) し

ていて，村内の132の家屋には「世帯を異にする家族」[8]，すなわち，1世帯1家族が住んでいる．この場合，家族と世帯とが本調査村では，ほぼ同義にとられるということが言外に含まれているようにみえる．しかしながら，上述の拡大家族の場合は，世帯が別であっても，まとめて1家族として分析的に取り扱われている．

したがって，正戸と貼戸との関係は，子ども夫婦家族が親から分離していく過程において，完全に分離する前の，親に依存している時期の親族関係として捉えられている．貼戸は親（正戸）の田畑を親と共同で耕作し，その収益を親と共同で消費する「親族共同体的農業従事者世帯」である．したがって，基本家族率について言及されたのと同様なことが小作農の比率についてもいえる．調査村で自作農が数的に少ないのは，親族共同体的農業従事者世帯の主たる構成部分である「農地を所有せず，経営面積もあきらかでない農業従事者」（17世帯）[9]が村において存在するからである．これらは「小作でもなく，近代的な農業労働者でもなく，その経済的依存関係は親族関係のうちに吸収され」[10]ている．

「東北部タイの……」においては上述したように，拡大家族，正戸＋貼戸，親族集団，親族共同体などが同じ現象の説明用語として出てきており，調査途次の報告ということもあって，データに引きずられているという面も見られる．この時期においては，水野は家族の特殊形態としての親族集団ということばを使用しているが，タイ人の間では「家族やそれ以上の親族集団の連続性や全体性を示す意識は存しない」[11]ことを確認していることに注目したい．

（2）家族周期

水野の最初の論文「東北部タイの……」で示された家族の輪廻は，輪廻ということばを使っているが，その模式図の内容は形態分類の域をでるものではない（図8-1参照）．これを家族発展段階の「輪廻」として，より明確に図式化したものが水野の1968年の論文「階層構造の分析」から作成した図8-2である[12]．

まず，「東北部タイの……」と違って，モデルがサイクルとして捉えられている．完相としての円であるので逸脱的なタイプを円の中に取り入れることは難しいが，それだけに輪廻の類型は明確になる．夫婦と未婚の子女からなる基本家族が，欠損形態を含めて，84例あるが[13]，それを「家族の周期的発展段階と

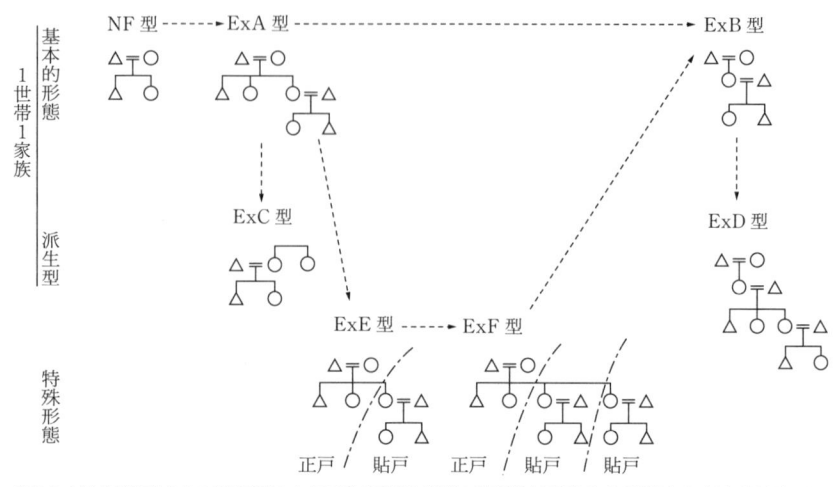

出典：水野「東北部タイの米作農村における農地所有と家族の諸形態」『東南アジア研究』3（2）(1965)，27頁．配列の仕方の変更，矢印は引用者による．

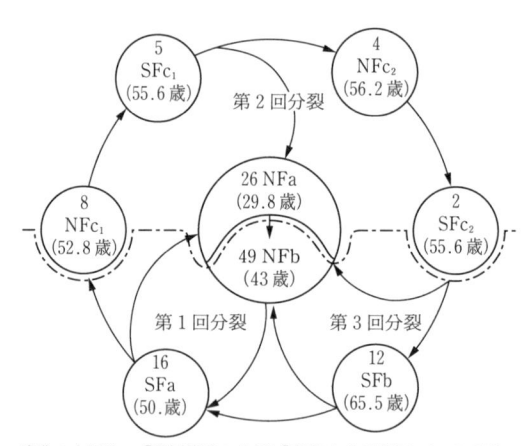

図8-1　家族形態

出典：水野浩一「階層構造の分析」『東南アジア研究』6，247頁．

図8-2　家族周期

社会経済的意味」から新生期，成熟期，分出期の3段階に分ける．第1段階は，生家に頼っている親族労働者（農地を所有せず，たいていの場合，妻の両親の田畑で働き，生計を維持）ないし実質的自作農（相続分の一部ないし全部を妻の両親から委任され，その農地で生計をたてている家）の家族（NFa）であり，いわば家族の新生

期といえる.（　）にある数字は世帯主の平均年齢である.26例あるNFa家族の世帯主の平均年齢が29.8歳であることを示す．第2段階は，この新生期家族が親から生産の面で独立し，相続も完了した基本家族の成熟期（NFb）である．このNFaとNFbとの区分は，水野のきわめて重要な指摘の一つであり，一般に基本家族的世帯として一括処理されるものを，階層区分の上で新生期と成熟期とに明確に分けて捉えている．第3段階としては，このあと子ども達が結婚することによって，一時的に子ども夫婦と同居するステム・ファミリーとなったり，子ども夫婦が別居していったあとの基本家族となったりすることがくり返される．この子ども家族分出の時期の基本家族は，子どもの場合は上述の新生期NFaになる，ひとりの子どもが分出していって次の子どもが結婚するまでの親の基本家族は，分出期の基本家族NFcとなり，分出期のNFcは成熟期のNFbよりも階層的に上位にランクされることが示されている．

「老夫婦と1組の若夫婦と孫の3世代にわたる」ステム・ファミリーは，その欠損形態を含めて，38例ある[14]．最初の娘が結婚して同居するSFa型と，娘の夫婦家族が独立して次の娘達が次々と同様に結婚して同居していくSFc型と，最後の娘が結婚して未婚の娘がもういない老夫婦，娘夫婦，孫からなるSFb型との三つが社会経済的に意味ある区分とされる．

「東北部タイの……」と「階層構造……」との論文において，家族の周期的発展段階と農地所有規模とが密接な連関を持っていて，村落の社会的階層はその両者（家族形態と農地所有規模）によって測定できるということを水野は実証している．これは，家族の社会的地位の高低の基礎は，個人が成し遂げた家族再生産に対する貢献度にあるとする村人の考え方とも一致するという[15]．経済的な生産活動と，それにともなう社会的位置づけが，家族における再生産と関連づけて考えられていることは興味深い．

（3）親族集団

「東北部タイの……」の論文で正戸と貼戸として捉えた親族集団を"multi-household compound"と結びつけたのは1968年の英文論文においてであり，この和訳と見られる「屋敷地共住集団」の語は1969年の論文「東北タイの村落組織」に表われる．

ハンクスHanks夫妻は，タイ人における親族の集合体（kindred grouping）を

三つのタイプに分けている[16]．(1)一定の地域に隣接した二つ以上の家屋に住んでいる複数世帯屋敷地 (multihousehold compound)，(2)各家・屋敷地は独立しているが，全体として一つのグループをなしている部落クラスター (hamlet cluster)，(3)離れて住んでいるがお互いに限定されたつきあいをしている連携部落 (linked hamlet) の3種類である．水野は，東北タイ以外の地域にも見いだされる multihousehold compound が彼の調査村において，屋敷地共住集団の元来の構造と機能とをよりよく保っているとする[17]．その理由は，生産基盤である土地に開拓の余裕がまだあるから（あるいは最近まであったから）である[18]．この compound は土地を所有している農家を中心とする集合体で，その農家と一緒にひとり以上の土地のない耕作者が働く．すなわち，この農家と耕作者との間の親族関係と共同耕作という生産関係によって結びつけられた二つ以上の家族/世帯から構成される一種の農業共同組織 (a kind of agricultural cooperative organization) であると規定される[19]．このような compound の19例中，2家族 (family) から構成されるものは13例，3家族は5例，4家族は1例数えられている．ここで考えられている compound は必ずしも厳密な意味での1屋敷地内のものではなく，(1)同一 compound に一緒に住む複数家族，(2) compound に隣り合って住むもの，(3)構成家族員が村の中に散居している場合も含まれている[20]．果たしてこの最後の場合が compound といえるかどうか疑問であるが，ともかくその内部では「ともに働きともに食べる」(hed nam kan kin nam kan) という強い感情で結びつけられているという[21]．ただし，その記述の直前で水野は compound 内の各家族は別々に寝，別々に食べるとしているので，もしこの共働共食が compound 内部で働く共同感情であるとすると，それは生産と分配とを象徴的に表現しているととるべきであろう．

　個々の multihousehold compound は一時的な親族集団であり，1世代を越えて存続しない[22]．また個々の compound には名称もないし，multihousehold compound を総称するタイ語もない[23]．

　なお，「階層構造……」の論文で示された家族周期の図（図8-2）の SFb と SFc はそれ以後の論文では下付の文字が入れ替えて使用されている（図8-4参照）[24]．

（4）妻＝母方的要素

　村落内の親族の集合体として，家族，屋敷地共住集団，双系的親族の3種が

明記されるのは1969年の論文が最初であり，かつ屋敷地共住集団が術語として用いられたのも同論文に始まる．それまでの水野の論点は家族の周期的発展段階に力点が置かれていたが，それを発現させる原理ないしは制度としての「妻＝母方的要素の濃厚なる双系的親族組織」が措定されている[25]．水野が妻＝母方的色彩と呼んでいる特徴は，(1)妻方居住制ないしは婿入婚，(2)娘均分相続制，(3)末娘による親の扶養ならびにその家屋・屋敷地の相続，(4)母方親族への親密性，(5)祟りを及ぼす祖霊が母方の祖母ないしその兄弟姉妹に見いだされること，すなわち，ピー・スアの母系系譜である[26]．

「東北タイの村落組織」における社会構造の概要によると，家族形態の「多くは」基本家族で，「しばしば娘の志向家族と生殖家族をつなぐステム・ファミリーの形態」を取る．このステム・ファミリーは，世代を越えた連続体ではなく，親一代限りの存在であるということが再確認されている．ここでより明示的に「娘の」という形容詞を使っていることに注意したい．息子がステム・ファミリーの結節点である事例はあることはあるが，それを捨象して女系的要素を強調している[27]．

屋敷地共住集団については，家族の周期の第3段階に表われる共同耕作の経営者とその娘夫婦の家族による親族労働者とから形成されるとしている[28]．また，双系的親族（「家族の周期と村落構造」ではキンドレド）の範囲を「第2従兄弟姉妹までの血族とその家族を含む」と定義している[29]．この親族関係が機能するのは，得度式，冠婚葬祭，喜捨行事における相互扶助，田植え，稲刈りの労働力の提供においてである．個人を中心とする双系的親族の重なり合いから，村内のほとんどすべての農家が親族関係を通じて相互に関連づけられていることは言及されているが，より明示的には「稲作農村の社会組織」（1975年）の論文に展開される．

（5）社会階層

1971年にまとめられたドーン・デーングの英文モノグラフでは，屋敷地共住集団について基本的に1968年の英文論文が踏襲されているが，さらに一歩進めて，調査村を屋敷地型社会構造（compound-style of social structure）と特徴づけている[30]．それを図式的に示したものが図8-3である．この図は，諸要素がいかに屋敷地共住集団の形成過程に関連しているかを示してはいるが，村落社会が

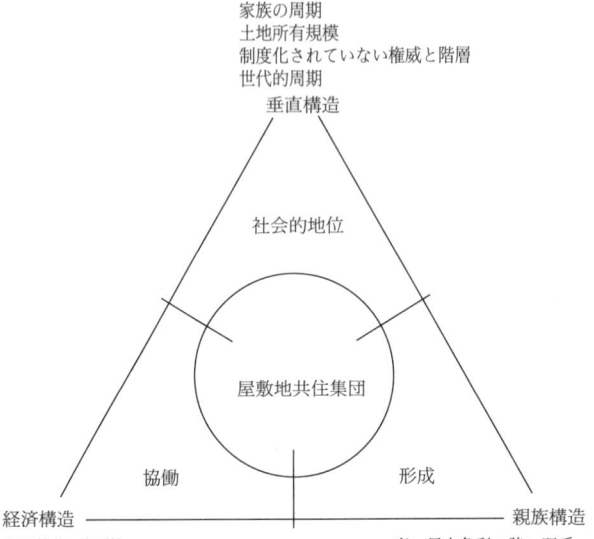

```
                    宗教と道徳
                    家族の周期
                    土地所有規模
                    制度化されていない権威と階層
                    世代的周期
                       垂直構造

                       社会的地位

                     屋敷地共住集団

              協働              形成

経済構造 ─────────────────── 親族構造
共同耕作（経営）              妻＝母方色彩の強い双系
中心となる経営者              娘への相続
独立経営者と土地なき耕作者    弱い権威，弱い系統性，比較的平等
相続のための労働奉仕          家族集合体の1世帯原則
耕地を通しての親家族による娘家族の支配  自己中心キンドレッド
経済的・社会的協働            家族の2基本形態と家族周期
```

出典：Koich Mizuno, *Social System of Don Daeng Village: A Community Study in Northeast Thailand*. CSEAS Discussion Paper Nos. 12-22. The Center for Southeast Asian Studies, Kyoto University. (1968)，p. 288.

図 8-3　ドーン・デーング村の構造モデル

この三つの位相のみによって，すなわち，屋敷地共住集団によって構造的に説明されうるか否かということについては説得力を欠いている．図 8-4 は，その動態的モデルと名づけられ，家族周期に社会階層上の地位（上，中，下）と，農家経営における地位（農地なき耕作者，独立農家，共同耕作の経営主）とが相関させられている[31]．いうまでもなく，NFa である土地無き耕作者は NFc-1, SFb-1, NFc-2, SFb-2 の経営主のいずれかの耕作者であり，この一連の世帯群が図 8-2 で示された点線より上の部分に相当し，屋敷地共住集団と呼ばれるものである．

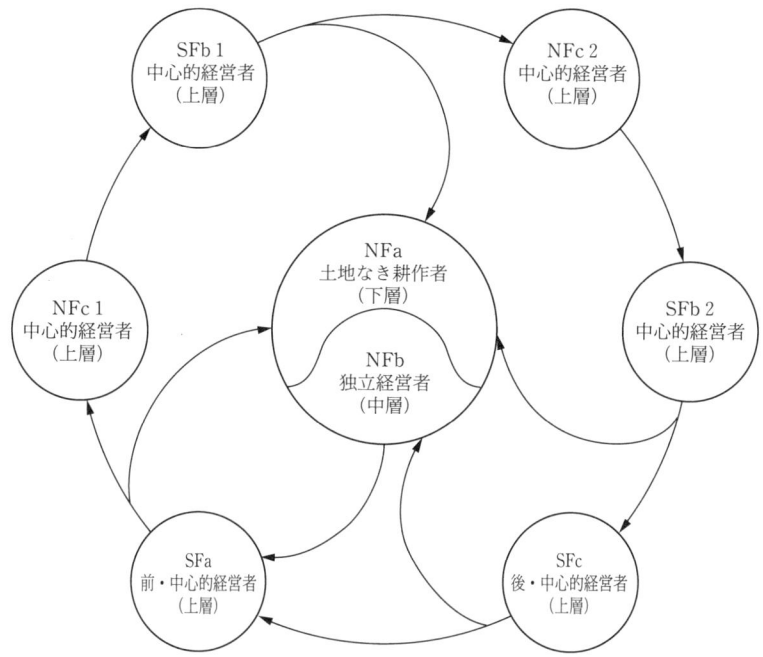

出典：K. Mizuno, *Social System* ......, p. 288.

図 8-4　動態的モデル

（6）屋敷地共住結合

　日本人研究者による現地調査を基礎にして，東南アジアの村落社会の特徴を抽出する作業の中で，水野は「農村部で集団らしいものとしては家族と村があるのみ」[32]であるとし，家族の範囲を越えて広がるのは，屋敷地共住結合や個人を中心として放射する双系親族だけであると指摘する[33]．家族を越える親族のつながりの在り方は，(1)婚姻の形態，(2)結婚後の居住の場所についての慣習，(3)扶養義務や相続の慣行，(4)土地所有の形態，によって左右されるという[34]．水野の調査では，水田所有を媒介として，妻の両親と娘夫婦の家族とが結びついた「屋敷地共住結合」となって表われてくる．その形成・発展・消滅は「双系的親族組織のもとに表われる家族の周期的発展」としてみられ，村内の家はどの家をとっても屋敷地共住結合の段階を経過するという[35]．ある１時点をとれ

第Ⅱ部　比較の視点

ば，全農家の 2/5 は「屋敷地共住結合」に関係なしに独立して存在し，2/5 は屋敷地共住結合をなし，1/5 は屋敷地共住結合の直前ないし直後の形態を示しているが，個々の家族の一生をとれば，この周期の諸位相を次々に経験していくことになる．すでに述べたように，家族周期と社会的階層とは密接な相関を示すので，その周期の重要な位相である屋敷地共住結合は東北タイの村の全構造を理解する上で中心的概念と考えられ，「屋敷地共住結合型」の社会構造と名づけられる理由もそこにある[36]．

水野はもちろんこの屋敷地共住結合をタイ村落あるいは東南アジア村落の特徴とするのではなくて，「村落の発展段階のある時代」にみられる現象，ないしは土地と人口とのバランスが都合のよい条件のもとでのみ表われる現象かもしれないと考えている．坪内が指摘するように，農地の零細化，未開拓地がない状態，人口増加，職業の多様化の条件のもとでは「屋敷地共住結合」がそもそも成立しないのではないかという疑問とともに[37]，もし未開拓地が豊富であれば，「屋敷地共住結合」という過程を経ずに直ちに独立農家へ移行しないのは何故かという疑問も起こる．もしこれが独立農家への準備期にすぎないとすれば，必ずしも屋敷地共住結合を社会構造説明の中心に置かなくともよいかもしれない．

なお，「東南アジアの村落研究」で屋敷地共住集団ではなくて，「結合」が使われているのは注目に値する．「タイ人の家族と宗教」と「家族・親族集団の国際比較」の論文においては，再び「集団」としているが，「集団というより結合といったほうがよいかもしれない」[38]と注記している．ただし，屋敷地共住については，1969 年の論文以来一貫して変わることなく使われている．

（7）放射的拡大の原理

水野は，タイ語のクローブ・クルア (khrop khrua) を家族として，(1)家屋をともにし，(2)共通の竈をもち，(3)日常生活をともにする，(4)親族の集まり[39]としたり，(1)一つの家屋に住み，(2)竈を共有し，(3)寝食をともにし，(4)独自の家計を維持する，(5)近親の集団[40]としたり，あるいは簡単に，生産と消費，および日常生活をともにする最小の単位[41]，通常，世帯として現れ，住居と家計をともにする生活集団[42]，夫婦と子どもを中心とする日常生活の共同に支えられた集団[43]などの表現をもって表わしている．そして社会集団としての家族はさまざ

まな形態をとって現れ，基本家族であったり，ステム・ファミリーであったりする．さらに，屋敷地共住集団も家族の１特殊形態とみられるし，時折集まる集団（自己と配偶者の両親の親族核，自分の親族核，娘・息子達の親族核）としても発現する[44]．ここで水野が言外に指摘しているのは，家族と世帯の区別がタイ語（ないしタイ社会）ではなしえないことと，家族の境界の曖昧さとの２点と考えられる．

　このようなタイ家族の捉え難さを解決し，日本的な家族と比較するために，水野は家族を社会集団としてではなく，文化的様式として捉えることを試みる．村人の考え方からすると，家族とは夫婦と子どもの集まりではあるが[45]，その論理的様式は，家族という固定した手段があるのではなく，個人ないしは夫婦を中心とした「放射的拡大」である[46]．それは個人を超越した集団ではなく，現に生存する夫婦，親子，兄弟姉妹などの二人関係の累積体として認識されている[47]．タイの家族は(1)個人によって家族の範囲がずれるという意味で，無定型で，非永続的で，一代限りであり，(2)家族内部では比較的平等主義的で，役割規範は明確さを欠いて，「内部の構造」も弱く，(3)個人の集団からの相対的独立性を特徴としている[48]．このような家族を家族として秩序付けている一般的原理は，(1)成員の直感的連帯性および相互の情緒的関係を価値あるものとする態度が支配する「間柄の理論」と，(2)仏教的心像が生み出す価値観であるとする[49]．

　このような構造原理は家族だけでなく，村のレベルにまで及んでいるようである．屋敷地共住集団をこの観点からみれば，その構成単位は世帯家族ではあるが，構造としては，親子・兄弟姉妹のタイ的関係を基軸としていて，ここでも間柄の論理が支配する[50]．ヤート・ピー・ノーング（yat phi nong）と呼ばれる双系親族あるいはキンドレドも個人を中心にして構成される[51]．血縁者の他に，その配偶者も含まれているというのであるから，上述の「時折集まる集団」を中心とする広がりと見てよさそうである．村のレベルでは，「村とは妻＝母方的要素の濃厚な双系親族の連鎖的累積体」[52]であると明瞭に述べられている．そして，親族名称が非親族に対しても擬制的に適用されるので，村は一種の親族共同体と見なされる．

（8）親元組織

　水野は上述のようなタイ人の諸組織体に共通する一般的な組織の在り方を「親元組織」と名づけてはどうかと提案している[53]。水野自身は親元組織を家族の分析に使ってはいないが，これは取り巻き連としての世帯（household as entourage）あるいは家族的取り巻き連（family entourage）という，家族あるいは親族の集団をも一つの entourage としてみようとする見方につながる[54]。言い換えれば，個人個人は二人関係の網の目の中心に常に位置しているのであるが，それが客観的に目に見えうる集団となって組織化されているのは，中核になるような有力者の存在があって，そのまわりに他より強い紐帯で結ばれる取り巻き連が形成されるときである。屋敷地共住結合は特に取り巻き的要素が強いと言える。その結合で中核になる有力者は，与えるに十分な農地をもっている世帯主，経営主であり，取り巻き連はまだ成人していない家族員，結婚してはいるが家のない同居同世帯の娘夫婦，別世帯で別の家をもっているが同じ屋敷地に住んでいる娘夫婦家族である。屋敷地も独立して，家屋，穀倉，農地ともに自分のものが揃っている娘夫婦家族は独立農家として水野のいう屋敷地共住結合からは排除される。排除されているものには，その他に，他出していった息子夫婦家族，世帯主の独立した兄弟姉妹の家族があることも確認しておきたい。排除された部分をも考慮に入れると，屋敷地共住結合において中核者と取り巻き連を結びつけるのは，共同耕作農地の相続権であり，親族核の放射的拡大である家族ないし親族関係そのものではないことが明確になろう。この意味で，屋敷地共住結合を家族と双系親族との中間的形態と見ることに対する疑念も出てくる。

　かく整理すると，屋敷地共住結合を家族・親族集団として捉えようとすると，二様に解釈されうる。第1は，屋敷地共住結合はむしろステム・ファミリーの1変形にすぎず，たまたま屋敷地に余裕があるので本来親の世帯に含まれるべき娘夫婦家族が一時的に両親の屋敷地に家屋を建てて別居していると考える解釈である。第2の解釈は，屋敷地が同じであってもなくても，タイの夫婦は独立世帯を営むのが規範であって，ステム・ファミリーにおいて世帯共同で娘夫婦が親と同居するのは，婚後の居住慣行の期間が少し長くなっただけ，すなわち，分出初期の必然的な現象にすぎず，同一屋敷内に家を建てるのは，他に屋

敷地が手に入らないからだとする考え方である．ここで強調しておきたいのは，タイの家族形態がステム・ファミリー型であるか，基本家族型であるかというような不毛な議論ではなく[55]，屋敷地共住結合を単に家族・親族という面からみれば，どちらにでも解釈しうるということである．

　水野が屋敷地共住結合を，彼のいう世帯家族（基本家族とステム・ファミリー）とは区別した概念として取り扱ったのは，おそらくタイ語の家族・世帯を示すクローブ・クルアを尊重したからであろうが，ともかくドーン・デーング村の構造を解明するのに重要な役割を果たしたことは否めない．しかし，比較的後期になって，タイ社会全般あるいは日本社会との比較を考察の対称とする諸論文においては，屋敷地共住結合が，彼のいう社会構造の型として抽出しうるのかどうかという疑問を抱かせるような記述が散見される．この食い違いあるいは転換は，家族を社会集団として捉えるか，あるいは文化様式として家族概念を追求していくかというアプローチの差に起因するように思われる．

8-3　タイにおけるその他の研究[56]

（1）東北タイ

　水野の調査したドーン・デーングの村人達の故郷の一つであるマハーサーラカーム Mahasarakham の近くのバーン・ノーングトゥーン Ban Nongtuen を調査したカイズ C. F. Keyes は，親族集団を(1)育児と経済的依存とを契機として結びついていて，姻族を含む "domestic group"，(2)一定の祖霊（phiputa）を共通にする非単系出自集団，(3)自己を中心とした非単系出自集団とに区分する[57]．カイズは出自集団は姻族を含まない[58]といいながら，実際には姻族が含まれている[59]としている．この集団形成は，出自原則によるのではなく，婚後の妻方居住制が一見母系制的な特徴を与えているのであり，親族集団を構成している基本単位が個人ではなくて夫婦中心であると主張する[60]．このような性格の親族集団をわざわざ出自集団と呼ぶ必要があるのかは理解に苦しむところである．水野は系譜性を否定しているから出自集団などということばは使わな

い.

　Domestic group にあたるタイ-ラオ語はランカーファン (langkhahuean, lit., 'roofhouse') である[61]．このことばそのものは独立家屋に住む世帯を指すようにみえるが，実際には，経済的に親の世帯に依存している世帯は親の世帯の一部と見なされるとしている．カイズの調査村では，domestic group は 83 の独立世帯と 16 の妻の両親と一緒に住む拡大家族 (uxori-parentical extended family) とからなる．後者は 36 の世帯によって構成される．この拡大家族に含まれるのは，親の世帯が基本家族である場合 10 例 (22 世帯) と，親の世帯の中に娘夫婦が含まれるステム・ファミリー (uxori-parentical stem family) である場合 6 例 (14 世帯) がある．拡大家族の構成員を結びつけているのは親の土地所有とその使用権であって，もし土地が domestic group を養う上で不十分であると，これら拡大家族の構成単位は早期に分裂していくとしている[62]．カイズは一見新しい術語を造って使用しているが，屋敷地共住結合を類型的に分けたものにすぎず，むしろ水野の家族周期と結びつけた屋敷地共住結合の発現の仕方の説明の方がより洗練されているといえる．ただ，これら親族集団形成の構造的原理を婚後の居住規則と結婚紐帯に求めた視点は評価できる[63]．そして，拡大家族タイプの domestic group をバーン・ノーングトゥーンにおいて最も重要な親族集団と見なすパースペクティブ[64]は，水野のそれと一致するものである．

　なお，東北タイのタンバイアー S. J. Tambiah の報告は，家族・親族について短く触れている．妻方居住制と居住権の娘相続による，姉妹，母方平行イトコの屋敷地共住は，母系を強調しているが，基本的には双系的，自己中心的であるとしながら，開拓地 (pioneer settlement) としての性格を指摘することも忘れていない[65]．

(2) 北部タイ

　北部タイに関しては，母系出自集団を指摘したタートン A. Turton と母中心制を指摘したディヴィス R. Davis があるが，ともに祖霊崇拝に結びついた儀礼的母系制であることに関しては一致している[66]．さらにディヴィスは，北タイの母系制 (matriliny) は男移動制 (male mobility) と密接に結びついたものであるとしている[67]．彼の調査村では，婚後初期には妻方に居住する義務が明確にある．43 世帯のうち，29 世帯が基本家族，12 世帯がステム・ファミリー，2 世帯

が夫の両親の屋敷地共住集団をなしている．

　J. M. ポターJ. M. Potter は，基本的には loosely-structured system のパラダイムを打ち壊すための議論を展開するために，タイ社会においては，家族関係，居住規則，相続パターンは明白に規定されており，母方親族集団とともに団体的拡大＝直系・母方居住家族 (corporate extended-stem matrilocal family) が存在しているという[68]．J. M. ポターは，カイズ同様，ピーノーングカン (pii noong kan) と呼ばれる「母方および父方の祖父母の子孫」からなる双系的キンドレド（親類）と，3〜8世代前の姉妹を共通の祖とする女の系譜をたどる母系リニジの存在を指摘している[69]．後者はかたまって同じ区画に住む傾向がある．しかし，共同の財産はない．家族については水野と同じような周期を考えている．(図8-5)[70] ポターの第Ⅲ位相が屋敷地共住結合にあたる．親の世帯への依存度は，親の水田を耕作し，親の穀倉から食物をえ，親の世帯の権威にまったく従属する段階から，食糧生産においては独立し，自分達の穀倉をもち，自分達の耕地を経営しているが土地の正式な所有権のみがまだ両親の手許にある段階まで，いろいろあるが，いずれにしても実際には母系拡大家族のメンバーである[71]．ポターはこの母方居住・拡大・直系家族とそれにまつわる周期が，北タイ

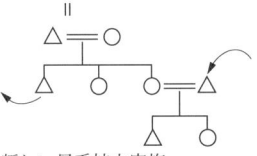

Ⅰ
新しい基本家族

Ⅱ
新しい母系拡大家族．
息子は婚出．長女が夫を迎える．

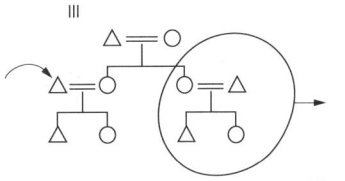

Ⅲ
次女の結婚によって大きくなった母系拡大家族．
長女の家族は依存しているが，別の母屋に移り，
徐々に独立を果たしていく．

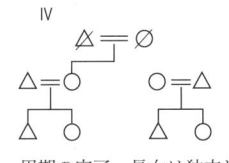

Ⅳ
周期の完了．長女は独立し，
両親は死に，下の娘が家を相続する．

出典：Jack M. Potter, *Thai Peasant Social Structure*, Chicago: University of Chicago Press, (1976), p. 122.

図8-5　家族および世帯周期の位相

に限らず，タイの基本的なパターンであると一般化する[72]．これは統計的な処理による推論ではなく，タイ人自身が家族とはこうあるべきだと信じている規範なのであるともいう[73]．

　S. H. ポター—S. H. Potter は，このようなタイの家族を女性中心制 (female-centered system) と称する[74]．母から娘へという女性の関係が社会構造を決定し，男性の間の関係をも規定する．しかし，権威は男性にあり，それは妻の父から娘の夫へと受け継がれている．この点で，カリブ海沿岸やジャワで報告されているような，女性が優位に立ち，心理的に主導的な役割を果たす母中心制 (matrifocality) とは区別され，むしろ父系制の対概念をなすと考えている[75]．S. H. ポターは，水野の家族周期のデータを彼女の枠組みの中で分析してその姻族間の権威継承ラインが重要であることを指摘している[76]．しかし，女性の構造的重要性と彼女がするのは，むしろ女非移動制 (gynecostatism) によるもので[77]，母系性と断定するにはデータの不一致が目立つ．例えば，母系リニジの祖霊のうち，男の霊は姻族であり，女の霊は血族であるとしたり[78]，あるいは村の母系リニジの系譜の中に母系メンバーとは考えられない成員が含まれている[79]．水野の「妻＝母方的要素」の扱い方には不十分さが認められるとしても，これを母系リニジ，母系クラン，出自集団として，単系血縁関係の原理をあてはめるのは行きすぎのような気がする．

（3）中部タイ

　中部タイでハンクスは，クロープ・クルア (khraub khrua) を家族とはせず，世帯と訳している[80]．その理由は「家族」の訳語を使うと一定のメンバーからなる限定された集団 (a limited and fairly stable group of people) を示唆するからであるという．中部タイのクロープ・クルアは「家族集団」ではなく，世帯にすぎないという主張でもある．家族圏という語を使うのと同じ理由である．

　バング・チャンが焼畑耕作に依存していた時期の世帯の特徴は次のとおりである．世帯を構成する第 1 原則はすべてのメンバーが自由意思によって参加すること，すなわち，加入脱退の自由が親子の間にさえも象徴的に存在していること[81]．そしてそのメンバーは，ある中心人物を極とした対関係 (paired liaison) をなし，その対となる二人の間はお互いに平等ではなく，一方が他方より権威を持っていると考えられ，それにもかかわらず，どちらからでもその互酬関係

をやめてしまうことができる[82]。世帯群 (a cluster of households) も基本的に恩恵を与えるものに権威が付与される。これは，一方的に関係を破壊してしまえるような対関係にある人々の間の，自由意思による互酬性に基づいており，どちらかと言えば，自給自足的な隣人にすぎない[83]。対関係によってできる圏の大きさは，中心人物が左右できる財によって決まる。大きければ大きいほど，対関係の数は多くなり，その結びつきは強くなる。

その後のバン・チャンにおける農業技術の展開，土地不足，人口増加などの変化にもかかわらず，ハンクスが親族コミュニティ (kinship community) と呼ぶ家族生活の位相は現在でも変わらないようである。というよりは，現在の家族・世帯的特徴でもって過去の開拓期におけるそれを類推したのであるから当然ともいえる。あるいは，屋敷地共住結合を集団として認識するか，任意にできる対関係 (voluntary paired liaison) とみるかという認識の差が，北・東北部タイと中部タイとの報告における家族の見方の差異にそのまま表現されているのかもしれない。

8-4 マレー農村との比較

（1）中部タイとマレー

マレー農村にも，水野が東北タイで指摘する屋敷地共住結合は表われる[84]。しかしながら，マレー社会にはタイ国北部や東北部の末娘の家・屋敷相続，より規範的な妻方居住ないしは女非移動制，それにともなう妻＝母方的要素の強い親族集団の形成がなく，女性のラインがより曖昧である[85]。むしろ中部タイの世帯の方がよりマレー的家族に近似しているといえる。

（2）ケダーと東北タイ

東北タイとマレー農村の事例の異同を明らかにするために，水野の東北タイの資料と比較しながら，口羽が調査したケダーにおける事例を検討してみよう。

ケダーのパダンラランPadang Lalang（以下PLと略す）村にも，水野のいう「屋敷地共住結合」に類するものは少なくない．村内のマレー人の総世帯数は180であるが，このうち，1世帯が1屋敷地に居住している屋敷地は，わずか53（全世帯の29.4%）にすぎない[86]．残りの127世帯は2〜7世帯にわたって48の屋敷地に共住している．しかし，この1屋敷地内の複数世帯の集合体は，水野のいう正戸・貼戸の概念ではとうてい律することができないほど複雑である．この違いは，PL村と水野の調査村との社会・経済的，文化的条件の相違による．

　東北タイと異なるPL村の主な特徴は，次のごときものである．(1) PL村はほぼ開拓され尽くしたケダー平野の中央部に位置している．(2)両者ともに双系制が親族の構成原理であるが，PL村には，「妻＝母方的要素」はまったく存在しない．末娘相続の慣行はなく，イスラームの影響による男女不均分の相続法と土着の両性均分相続法がある．どちらかといえば，総じて両性均分の考え方が根強い．(3)子どもは結婚後は，原則として経済的事情が許せば，親から独立した屋敷・住居を持つ．経済的に不如意の場合には，子ども夫婦は夫または妻方の実家を頼って生活する．しかし，その場合も，独立した家屋に住むのが常態である．(4)親が経済的に困窮する場合には，子どもの誰かが親を扶養するが，その場合にも，親は独立の家屋に住む例が多い．(5)生産・消費・住居の共同は通常世帯単位に行われ，親・子のそれぞれの世帯の間ではさまざまな相互扶助がなされるが，東北タイのように近親による共同耕作，生産・消費の共同は見られない．親が自作農，子は親に依存する従属農業労働者としての正戸・貼戸の関係は，存在しないとはいえないが，かかる自作農，従属農業労働者の関係は親・子の世帯間にのみ限定されず，近親間，特に親しいものの間に広く見られる関係である．実の親子間の地主・小作関係も，PL村では珍しいことではない[87]．しかし，この関係がマレー農村では生産と消費の共同体へと展開しない．

（3）二者関係の累積態

　家族の性質も東北タイの水野の調査村とPL村のマレー人の家族とは，かなり異なるように思われる．「妻＝母方的要素」をともなうタイ人の家族では，マレー人の場合より集団的閉鎖性と継承性が多少強いように思われる．カイズが近親の集団をdomestic groupとして捉えるのも，そうした家族の性質への着

眼によるのかもしれない．

　マレー人の家族の場合には，そのような集団性が目立って弱い．この弱さはあくまでも相対的なものであるが，個人は生まれながらにして，父方にも母方にも同等の関係をもつという意味において，そこには排他的所属の意識はない[88]．また，子どもは結婚後も，自己の実家，すなわち，生育家族（生まれ育った家族）の1成員であり続ける．婚出したのちにも，実の親の財産の相続権をもち，配偶者と離別した場合には，容易に生育家族に帰ることが可能である．言い換えれば，子どもは結婚後も，たとえ住居や世帯を異にしても，生育家族と生殖家族（結婚して創設した家族）の両方の所属を失うことはないといえる．

　マレー人の家族にみられるこのような集団の排他性の欠如は，中国や西洋と日本の伝統的な家族と質的に異なる点である．一系的親族においては，構成員の所属が一系的に定まるため，親族の集団性は強まるが，双系性親族の場合には，極端にいえば，親族関係があるにすぎない[89]．しかし，同じく双系制親族組織のみられる場合でも，家族内の特定の関係，例えば，夫婦関係や親子関係が制度的に優性をもつ場合は，それらの関係に優劣の差をつけることによって，家族の集団性を保持していると解釈することは可能である．例えば，西洋の夫婦家族の場合，夫婦関係の優性のために，一つの家族には一つの夫婦しか存在しえないし，子どもは結婚すれば，本人がその中で成長した生育家族と，本人が配偶者とともに形成する生殖家族とは，構造上，相互に分離されるとも言える[90]．日本における「家」の概念は，日本の家族の強固な排他的枠の基盤を構成する．

　マレー人の家族も，通常婚出した子どもが独立した世帯を構成するという点において，西洋の場合と似ているように見える．しかし，夫婦，親子，キョウダイのどの関係も，特に目立った優性を持つように考えられない．家族は集団というよりも，夫婦，親子，キョウダイの関係の累積態である．かかる家族は輪郭のはっきりした集団として理解することが困難になる．マレー人の家族を集団としてでなく，「二者関係の累積態」としての家族圏という概念で捉えることを主張したのも以上の観点による．この概念はマレー人の家族のみならず，他の文化・社会においても，家族とキンドレドの関係を考える場合には，有効なものと考えられるが，マレー人家族の場合には，社会的カテゴリーとしての家族概念を用いなければ，実態が把握しにくい．

　例えば，PL村の180世帯を家族構成の形態別にみれば，それは実に多様であ

る．欠損形態や養取，再婚による連れ子などの事例を含めた基本家族は117あり，その他の親子2世代世帯は2, 3世代世帯は34, 4世代世帯は1, 祖父母と孫からなる世帯は9, 老齢夫婦世帯は7, 単身者世帯は6, 傍系親族によって構成される世帯は1である．基本家族の形態が圧倒的に多く，総世帯180の65％を占める．

水野にならって，ごく単純化すれば，世帯の家族的構成は生育家族から分出した新生期の基本家族，成熟期の基本家族，すべての子どもが分出したあとの老齢夫婦の家族，老齢者単身世帯にわけられる．これらの家族形態が複雑に多様化するのは，それぞれの段階において上述の集団的排他性を欠如したマレー人家族の性質に関連して，(1)離婚・再婚にともなう連れ子，(2)養取，また(3)子や孫の離婚・再婚や経済的理由による子・孫の引き取り，(4)親の老齢化による孫の引き取りや養取，(5)親の老齢化による親の引き取りなどが少なくないからである（図8-6参照）．

しかし，このような親と子・孫との間の相互扶助の関係は，生産と消費を共

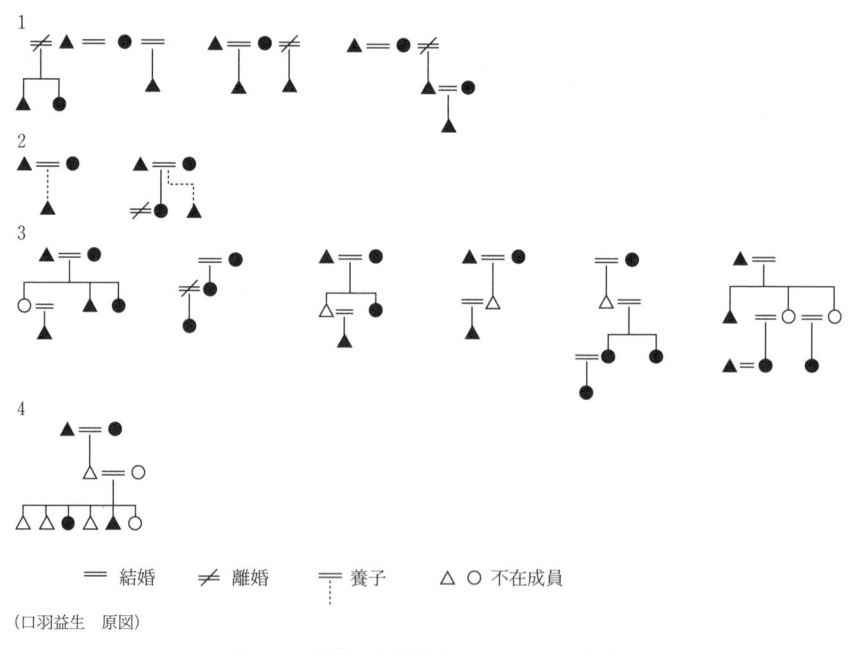

　　　　　　　═ 結婚　　≠ 離婚　　＝ 養子　　△ ○ 不在成員

（口羽益生　原図）

図8-6　世帯の家族構成—その変形—（PL）

同にする世帯の中に限られないで，世帯と世帯の間にまで広がる．生計の単位として，親と子・孫の世帯が独立していても，このような近親は，経済的相互扶助がまず期待される間柄にあり，彼らの間では家族としての強い親近感と連帯感が見いだされる．PL村における屋敷地の世帯群の核となるのは，このような近親の複数世帯の家族結合で，複世帯家族ともいうべきものである．これらの集合体を家族として捉えるならば，180世帯の形態的内訳は基本家族世帯数は117から53となり，その他の親子2世代世帯は1, 3世代世帯は21, 4世代世帯は1，祖父母と孫からなる世帯は2，老齢夫婦世帯は4，単身世帯は2，傍系親族によって構成される世帯は1となる．残りの95世帯は36の複世帯家族の中に組み入れられる．

　この複世帯家族は基本的には，水野の言う正戸と貼戸の関係からなる．正戸から貼戸が分出し，正戸に貼戸が依存する場合に形成される集合体であるが，規範として形成されるものではない．規範として望まれるのは貼戸が異居独立することであるから，経済的事情が許せば，個々の世帯は分離独立する．ただ，世帯の家族構成の多様化について述べたことが，この場合にもいえる．したがって，この集合体も図8-6のように，その構成内容はかなり多様なものとなる．その上，この集合体の正戸と貼戸の関係は8-4節(2)において述べたごとく，共同耕作者の関係ではない．またすべての正戸が農地の所有者や屋敷地の所有者でもない．36例の複世帯家族のうち，正戸がキョウダイと屋敷地を所有しているのは23例，7例は正戸がキョウダイと屋敷地を共有し，5例は親族や知人の屋敷地を無料で借用 (tumpang) し，1例は有料借用している．また，総じて複世帯家族は同一屋敷地内にあるが，貼戸が隣接する屋敷地に居住している場合 (7例) もある．東北タイと違って，PL村では家族周期が土地所有と家族の経済的地地位とに関連して考えられないのは，後述するようにPL村での均分相続制と土地に開拓の余地のない立地条件による．

　このような複世帯家族の外延は明確に捉えることは困難である．親・子・孫・曾孫にわたる血縁者と，その配偶者を含む範囲内において，状況に応じて構成員が変化するからである．その範囲内において，正戸を中心に各構成世帯の独立性が保持されながら，相互扶助を必要とする近親の世帯が，状況に応じて構成単位となる．家屋を建てる用地の無料借用，その他の経済的助力（農地の小作，労働の提供）などは，まず家族内において求められる．図8-7のII_1とII_4が示すように，相互扶助の範囲は状況によって，傍系親族にまで拡大される．ま

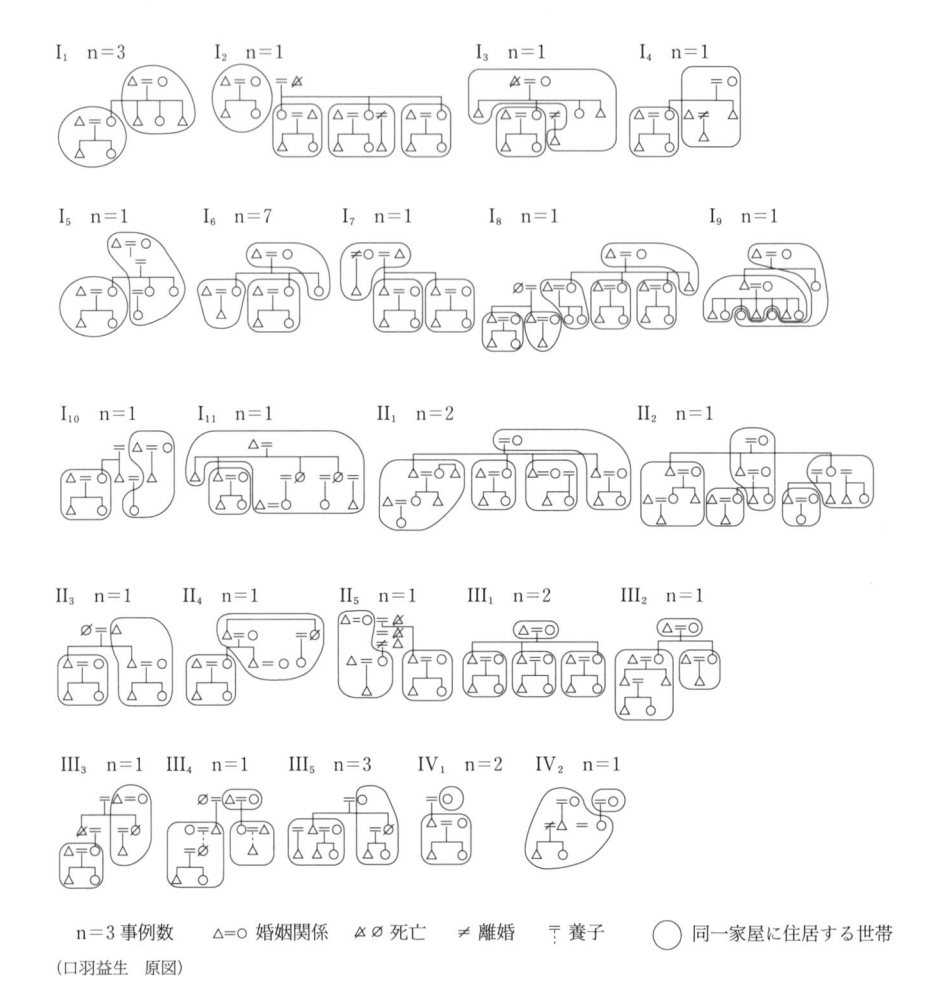

n=3 事例数　△=○ 婚姻関係　△∅ 死亡　≠ 離婚　T 養子　◯ 同一家屋に住居する世帯

(口羽益生　原図)

図8-7　複世帯家族の構成 (PL)

た，援助の提供者は正戸とは限らず，親の老齢化の場合には，小作である子どもが高い小作料を地主の親に支払うことによって，親を助力する場合もあり，家族周期に関連して援助を与えるものと受けるものは変化する．このような互助の関係はまず家族圏の内部で行われ，同一家族圏の成員は，相互の家に比較的自由に出入りする．

さらにマレー人の家族においては，すでに述べたように，個人は生育家族と

屋敷地 A　　　　　　屋敷地 B

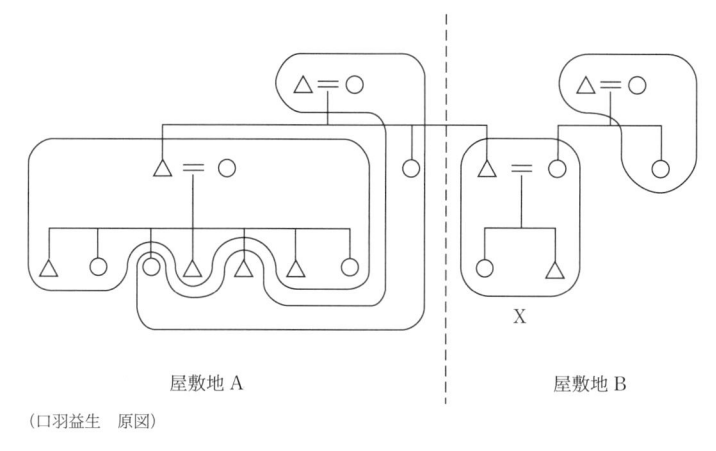

（口羽益生　原図）

図 8-8　複世帯家族の重複

生殖家族の両方に所属しうるため，家族を単位としてみれば，夫方と妻方の双方の家族は図 8-8 のように，x において重複する．

（4）屋敷地世帯群の特徴

　東北タイの「屋敷地共住結合」は生育家族としての正戸と生殖家族としての貼戸の結合を主軸としたものであるが，PL 村の場合には，前節で述べた複世帯家族は，屋敷地世帯群の全体を特徴的に示すものではない．
　屋敷地世帯群 48 のうち，屋敷地に正戸・貼戸の複世帯家族が共住する例は約半数足らずの 22 例であり，まったく親族関係のない世帯の共住例は 5 例，残りの 21 例は近い親族の共住によるものである．
　これらの共住親族の構成は，均分相続制と土地の開拓の余地がないために，他人の共住例 5 を除いて，類型的に示せば，図 8-9 のようになり，CG 1 から CG 4 へと展開している[91]．CG 1 は東北タイの屋敷地共住結合に近いが，CG 1 の親が死亡すれば，それは CG 2 のキョウダイの世帯を中心としたものに移行する．CG 1 の 22 例の正戸の平均農地所有面積は 8.3 ルロン（2.36 ha）であり，構成世帯の数は平均 2.5 であるが，CG 2 では，屋敷地はキョウダイの共有名義となり，キョウダイの所有農地は平均 3.5 ルロン（0.99 ha）に減少し，共住世帯平均は 2.8 となる．この世帯群では，キョウダイ，オジ・オバ，オイ・メイ，

図 8-9 中の系図:

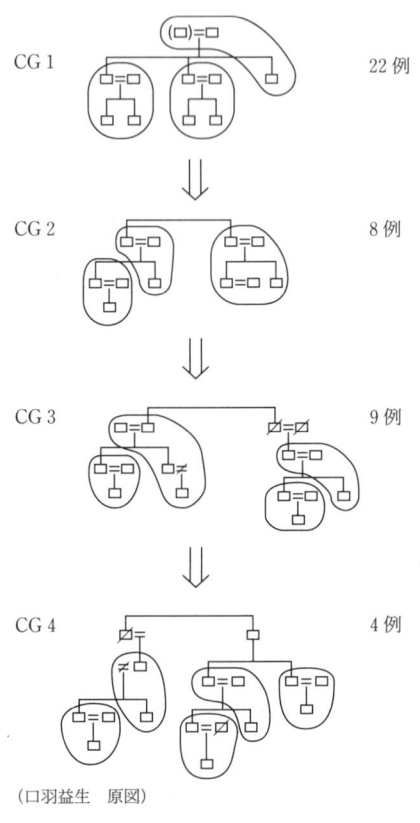

CG 1　22例

CG 2　8例

CG 3　9例

CG 4　4例

（口羽益生　原図）

図 8-9　屋敷地（親族）世帯群の累計と発展段階（PL）

イトコの関係が中心となる．

　キョウダイ夫婦が死亡したり，他出したりすると，CG 3 の型に移行する．しばしば，屋敷地は，CG 3 の段階のキョウダイ共有名義のままで分割されず，共住世帯の関係は，オジ・オバ，オイ・メイ，イトコ，マタイトコの関係が中心となる．CG 3 の主要な所有農地面積は算出しがたいが，平均の世帯数は 3.9 と増加する．

　CG 4 は，イトコ，マタイトコ関係を中心とした世帯群で，屋敷地の所有名義は CG 2 の段階のキョウダイの共有名義のままにしてあり，イトコのレベルの所有の家面積の平均は 1.08 ルロン（0.29 ha）で，平均の世帯数は 4 である．

以上の CG 2〜4 の世帯群の親族関係は，実際はかなり複雑なものであるが，複世帯家族の場合と同様に，マレー人の近い親類（キンドレド）の範囲内の実際の共同の在り方を示している．マレー語のキョウダイ（アデッ・ブルアデッ）を意味することばが，同時に ego を中心に親子キョウダイを通じて広がる親類をも意味する．親類は近いもの（adik beradik dekat）と遠いもの（adik beradik jauh）に漠然と区別されるが，近いものは自己を中心にして，上は曾祖父母，下は曾孫，同世代はマタイトコまでの範囲を指す[92]．この範囲の親族のネットワークは義理の親子やキョウダイをも吸収するが，それは親族関係を認知するための社会的カテゴリーにすぎない．したがって，このカテゴリーによって直ちに輪郭の明白な集団は生まれない．近い親類どうしは，相互に助け合うことが期待されており，近い親類は，事情が許せば，互いに相互の独立性と互恵性を尊重しながら助け合う．しかし，誰と誰が相互に助け合うかは，個人の好みや選択の問題である．

　複世帯家族の場合と同様，親類の場合にも，具体的な結合関係をもたらす重要な要因は居住の近接性である．日常生活における共同の機会の頻度が高ければ高いほど，親類の関係は深まる．関係の認知には，記憶，日常的面接，共通の利害が重要であるとファース Raymond Firth はクランタンのマレー人の親族関係について指摘しているが[93]，ケダーについても同様のことがいえる．

（5）家族圏の射程

　家族圏というのは認知の枠組であって，実際の生活共同単位とは同義ではない．いわば間柄の論理によって概念化された家族なのである．また，集団としての，基本家族，拡大家族といった見方とはレベルを異にする．家族圏を拡大家族と混同している批判もあるが[94]，いわゆる古典人類学の調査マニュアルであった Notes & Queries やマードク G. P. Murdock の定義する拡大家族やステム・ファミリーは集団としての枠組をもっており，ここではむしろ，すでに引用したハンクスのように，家族（family）ということば自体の集団性をも避けようとしているのである．

　家族圏のどの部分を切り取って，あるいはどんな外部要素を取り込んで生活共同単位を構成するかという視点はきわめて重要であるが[95]，問題となるのは家族圏の「メンバーシップ」ではなくて，生殖単位，経済単位，居住単位とい

う現象形態が家族圏の概念によってどこまで明らかになるかということである．生活共同単位を観察して家族圏を抽出し，その家族圏で生活共同単位を説明するというのは明らかにトートロジーである．一方は行為の規範のレベルであり，他方は（社会的）文化カテゴリーのレベルであると考え，両者は相互に影響し合うが完全に1対1の対応をなすのではなく，概念的に別のレベル（order）にあると考えることにより，このトートロジーの呪縛から逃れることができる．

同様に，家族と親族という区分を索出的にそのまま対象社会にあるものとして適用してしまう危険にも注意しておきたい．家族と親族という制度によって考えること自体が一種の文化的偏見とならないとは保証できない．

8-5 おわりに

水野の提起した，家族周期において捉えられた屋敷地共住結合は，8-3節において引用されたタイ研究に引き継がれ発展されている．その動きの中で，屋敷地共住結合を1個の組織体とみずに，家族現象における1変形と見なす傾向（カイズ，ポター）は，一方では全然別の親族集団の存在を強調する傾向（タートン，ディヴィス）とともに，ますます強くなってきている．タイ社会研究者の間での家族と世帯との混同は，竈を意味するクローブ・クルアというタイ語に由来するのかもしれない．しかし，タイ人の考え方の中に家族と世帯とは同義であるという考えが普遍的にあるとすれば，世帯を別にする家族からなる結合体である屋敷地共住集団は，ポターやカイズの指摘するようにその結合自体を一つの家族と解釈することはできない．メンバーである世帯を個々の家族＝世帯に分けて考えねばならない．にもかかわらず，カイズは，村人にとって従属的な世帯はその親の世帯の一部と見なされていると報告している．カイズは，戸別調査をしているときにそのことを発見し，のちに村役場での出生・死亡記録から確認されたとする．ポターは，証拠は挙げていないが，屋敷地共住結合が村人の理想型であるのは，文化的に定義され，規範的に規定されているという．水野は，共同生産と別世帯を屋敷地共住結合の指標としており，初期にはそれを拡大家族の変形とみていたのが，後期には家族・親族とならぶ一つのカテゴリーとしてみるに至っている．いずれにしても，統計的に基本家族的世帯が多

いか，拡大家族的世帯が多いかという問題，規範的にタイ人がどちらの家族＝世帯に志向するかという問題，タイ人にとって家族・親族と呼ばれる制度にひそむ象徴的意義は何かという問題，この三つの問題のレベル（order）の差異には十分注意したい．

　屋敷地共住結合というのは規範構造としての制度である．その集団編成原理となっているのは取り巻き的な二者関係である[96]．比較していえば，マレー社会では取り巻き的要素の少ない二者関係である．したがって，屋敷地世帯群を形成していてもタイに比べて，その構成はより状況依存的，選択的である．そこでは自己の準拠枠が集団にあるのではなく，互酬性，間柄，対人関係に置かれている．それが家族圏の柔軟性の基盤でもある．対人的均衡関係の維持と夫婦結合を核とするという通文化的な価値に加えて，タイ社会においては「ともに働きともに食べる」(hed nam kan kin nam kan) こと，マレー社会では親子のキズナ (keturunan) が家族圏の中核にある．タイにおいて系譜的関係がより強く表われてくるのは女非移動制の原則がより貫徹した形で現れてくるからにすぎない．その意味で，「妻＝母方的要素の濃厚な双系制の原理」というよりは，「妻＝母方的要素」そのものと，親族核の放射的拡大の原理とであり，この両者が矛盾なく共存できるところにタイ社会の特質があるといえそうである．あるいは，現象的には，親族核の放射的拡大という一つの文化的志向性が女非移動性という別の文化的志向性によって限定されて現れているが，意識の存在形態としては，二つともそこにあると考えてもよい．家族圏と呼ぶのが妥当であるか否かは別として，タイ社会あるいはマレー社会の理解は，屋敷地共住集団から説明するのではなく，家族圏からアプローチしていく方が，問題の本質により近似していくのではないかと思える．

第8章　註

1) 本章は，口羽益生龍谷大学教授との共著である．特に，8-4節のケダーの事例については，口羽教授が単独で執筆されたものである．口羽教授の寛大な御配慮で，論の展開上たいへん重要なポイントを指摘しているこの論文をここに再録できた．なお，北原淳などによる屋敷地共住集団の批判論もあり，またドーン・デーング村自体の再調査も行われている．福井捷朗『ドンデーン村――東北タイの農業生産』（創文社，1988年）および口羽益生編『ドンデーン村の伝統構造とその変容』（創文社，1990年）が刊行されている．なお，本章は水野浩一の業績を中心として論が展開されているので，著作年代の明らかなオリジナルの論文から引用している．同氏の『タイ農村の社会組織』（創文社，1981年）に大部分の

論文が収められている.
 2) 水野浩一「東北部タイの米作農村における農地所有と家族の諸形態」『東南アジア研究』3(2) (1965), 26頁.
 3) 同上書27, 35頁.
 4) 水野浩一「ラオ・タイ村落の世帯共同体」『共同体の比較研究』第3輯 (1965), 54頁.
 5) 水野浩一「東北部タイの……」26頁.
 6) 同上書18頁, 表8.
 7)「東北部タイの……」論文の表8は非農家を含む132世帯の集計であるので, 屋敷地非所有の12世帯が農家の貼戸であるか否かは不明. なお, 世帯・家族などの用語は, できるだけ引用文献に即して用いているので, その差異に注意していただきたい.
 8) 同上書25頁.
 9) 同上書20頁.
10) 同上書5頁.
11) 水野浩一「日本とタイの農村社会 —— 女性の地位」『京都府立大学学区術報告・人文』19号 (1967), 90頁.
12) 水野浩一「階層構造の分析」『東南アジア研究』6 (1968).
13) 同上書246頁. なお,「階層構造の分析」では, 農家128軒として, そのうち単独家族の2軒を除いた126軒をベースにして, NF (nuclear family) と SF (stem family) 型を計算しているが, 本文中と図および表での数とは表面的には一致せず, またこれらの数値は「東北部タイの……」とも あるいは *Social System of Don Daeng Village: A Community Study in Northeast Thailand* (CSEAS Discussion Paper Nos. 12-22, The Center for Southeast Asian Studies, Kyoto University, (1971) などとも異なる.「東北部タイの……」と「階層構造……」との食い違いは, 調査が長期にわたって行われたために, 集計が不完全であった面もあるが, これらの微妙な数字の食い違いはむしろマージナルなタイプの処理が集計上如何に調査者を困らせるかという事例の一つであろう.
14) 同上書 同所.
15) 同上書260頁.
16) Lucien M. Hanks, and Jane R. Hanks, "Siamese Tai," in *Ethnic Groups of Mainland Southeast Asia*, edited by Frank M. Lebar *et al*., New Haven: HRAF Press (1964), p. 201.
17) Koich Mizuno, "Multihousehold Compounds in Northeast Thailand." *Asian Survey* 8 (1968), p. 824.
18) 同上書852頁. なお, K. Mizuno, *Social System*……, p. 255；水野浩一「東南アジアの村落研究 —— 社会・人類学的観点」『東南アジアを考える』市村真一 (編) 東京, 創文社 (1973), 172-173頁；水野浩一「稲作農村の社会組織」『タイ国 —— 一つの稲作社会』石井米雄 (編) 東京, 創文社 (1975), 71頁；Jack M. Potter, *Thai Peasant Social Structure*, Chicago: University of Chicago Press (1976), p. 184；坪内良博「タイ農村研究への視角 —— 故水野浩一教授の業績をめぐって」『東南アジア研究』18 (1980), 180頁.
19) K. Mizuno, "Multihousehold Compounds……" p. 845
20) 同上書 同所.
21) 同上書 p. 864.
22) 同上書 p. 852.
23) 前節で既述したように, 英語の compound はマレー語のカンプン kampung から起源し

たもので，マレー語のそれは家の集まり，区画を意味するものと思われる．
24) 各位相における世帯主の平均年齢が常に言及されているが，女性中心に各位相ごとの中心となる女性の平均年齢をとってみると面白いかもしれない．
25) 水野浩一「東北タイの……」『東南アジア研究』6 (1969)，695頁．
26) 水野浩一「家族の周期と村落構造」『ソシオロジ』17 (1・2) (1971)，223頁．
27) 「東北部タイの……」26，28頁．
28) 「東北タイの……」696頁．
29) 同上論文 697頁．
30) Social System...... p. 245, 256.
31) 「家族の周期と……」223頁．
32) 「東南アジアの……」163；「稲作農村の……」72頁．
33) 「東南アジアの……」164頁．
34) 同上 同所．
35) 屋敷地共住結合前の世帯が将来本当にそのような結合に移行するかどうかということは別にしても，屋敷地共住結合後の世帯の家族歴が事例的に示されていないのは残念である．規範として屋敷地共住結合を通過する家族周期の概念がタイ農民にあるという記述は水野には見られない．
36) 「東南アジアの……」169-173頁．
37) 坪内良博「タイ農村研究への……」180頁．
38) 「稲作農村の……」82頁．
39) 「東南アジアの……」163頁．
40) 「稲作農村の……」64頁．
41) 同上書 同所．
42) 水野浩一「タイ人の家族と宗教」『アジア文化』11 (4) (1975)，36頁；水野浩一「家族・親族集団の国際比較 —— タイ国と日本」『社会学評論』26 (3) (1976)，92頁．
43) 水野浩一「工業化と村落の変貌(II)」『東南アジア研究』12 (1974)，219頁．
44) 「タイ人の……」41頁；「家族・親族集団……」95-96頁．
45) 「工業化と……」219頁；「タイ人の……」40頁．「家族・親族集団……」95頁．
46) 「稲作農村の……」75頁；「家族・親族集団……」95-96頁．
47) 「家族・親族集団……」96頁．
48) 「タイ人の……」43頁；「家族・親族集団……」96頁．
49) 「稲作農村の……」75頁；「タイ人の……」44-47頁；「家族・親族……」97頁．
50) 「家族・親族……」104頁．
51) 「稲作農村の……」66頁．
52) 同上書 70頁．
53) 同上書 82頁．
54) ハンクス L. Hanks は，夫婦関係は patron-client 関係が適用できないとしながら (Lucien Hanks, "The Thai Social Order as Entourage and Circle," in Change and Persistence in Thai Society, ed. by G. W. Skinner & A. T. Kirsch, Ithaca: Cornell Univ. Press, 1975, p. 200)，家族，親族も entourage 型の組織であるとする (Lucien M. Hanks, *Rice and Man: Agricultural Ecology in Southeast Asia*, Chicago: Aldine (1972), p. 86)．家族的取り巻き連は Potter の語．Potter, *Thai Peasant......*, p. 196.
55) Harold E. Smith, "The Thai Family: Nuclear or Extended," *Journal of Marriage*

and the Family 35 (1) (1978), p. 136-141.
56) タイ研究における屋敷地共住集団のサーベイについては，Potter "*Thai Peasant*……" pp. 151-158 および Sulamith Heins Potter, *Family Life in a Northern Thai Village: A Study in the Structural Significance of Women*, Berkely: University of California Press (1977), pp. 5-19 を参照．
57) Charles F. Keyes, "Kin Groups in a Thai-Lao Community," in *Change and Persistence in Thai Society*, edited by G. W. Skinner and A. T. Kirsch, Ithaca and London: Cornell University Press (1975), pp. 278-297.
58) *op. cit*., p. 275.
59) *op. cit*., p. 295.
60) *op. cit*., p. 287, 295.
61) *op. cit*., p. 281.
62) *op. cit*., p. 287.
63) 離婚，離別のさいの財の処理，息子の財産権，養子慣行など水野を補う記述も注目される．
64) op. cit., p. 297.
65) S. J. Tambiah, *Buddhism and the Spirit Cults in North-east Thailand*, Cambridge: Cambridge University Press (1970), p. 12.
66) Andrew Turton, "Matrilineal Descent Groups and Spirit Cults of the Thai-Yuan in Northern Thailand," *Journal of the Siam Society* 60 (2) (1977), pp. 217-256; Richard Davis "Muang Matrifocality," *Journal of the Siam Society* 61 (2) (1973), pp. 53-62.
67) Davis, *op. cit*., p. 60.
68) J. M. Potter *Thai Peasant*……, p. 147.
69) *op. cit*., p. 136.
70) *op. cit*., p. 141, 144. ポターは家族周期と社会階層との間の相関を十分把握していないようにみえる．水野が土地は無制限にあるような印象を与える記述をしていることを，ポターが指摘しているのは正しいが，水野が家族周期と社会階層とを混同していると批判する（同書，p. 184）のは的を射ていないといえよう．
71) Potter, *op. cit*., pp. 123-124.
72) *op. cit*., p. 151.
73) *op. cit*., p. 152.
74) S. H. Potter, *Family Life*……
75) *op cit*., pp. 19-21.
76) *op. cit*., p. 15.
77) C. メイヤス―『家族制共同体の理論──経済人類学の課題』（川田順造・原口武彦訳）（東京：筑摩書房，47頁．）（原著 Claude Maillasoux, *Fammes, Greniers et Capitaux*, Paris: François Maspero, 1977）
78) S. H. Potter, *op. cit*., p. 115.
79) J. M. Potter, *Thai Peasant*……, p. 142.
80) Hanks, "*Rice and Man*……, p. 81.
81) *op. cit*., p. 83.
82) *op. cit*., pp. 82-86.
83) *op. cit*., p. 89.

84) ケダーの屋敷地世帯群については口羽益生・坪内良博・前田成文（編著）『マレー農村の研究』創文社，1976年，62, 72, 83-85頁；クランタンにおける親子キョウダイの近隣居住あるいは親族近隣居住については坪内良博「東海岸マレー農民における結婚と離婚」『東南アジア研究』11巻4号（1974）；マラカの compound cluster については Masuo Kuchiba, Yoshihiro Tsubouchi and Narifumi Maeda (eds.) *Three Malay Villages: A Sociology of Paddy Growers in West Malaysia*, trans. by Peter and Stephanie Hawkes, Hawaii: The University of Hawaii Press (1979), pp. 273-275.
85) ただし，ヌグリ・スンビラン州のミナンカバウ人の子孫の社会組織は母系制原理によって構成されており，北タイよりより明確な母系制の特徴を示す．
86) 口羽他『マレー農村の……』62頁．
87) 同上書92頁．
88) 同上書64頁．
89) 馬淵東一，「解説」『沖縄文化論叢』第3巻．東京：平凡社（1971年），30頁．（『馬淵東一著作集』第1巻，1971年，517-521頁に再録．東京：社会思想社．）
90) Keiichi Sakuta, "Social Aspects of Endogenous Intellectual Activity: Principles of Group Formation in Japan," Paper presented at the Asian Symposium on Intellectual Creativity in Endogenous Culture, jointly sponsored by the United Nations University and Kyoto University, 13-17 November, 1978, Kyoto, Japan, pp. 9-10.
91) 口羽他『マレー農村の……』83-85頁．
92) 同上書78-79頁．
93) Raymond Firth, "Relations between Personal Kin (waris) among Kelantan Malays," in *Social Organization and the Application of Anthropology*, edited by R. J. Smith, Ithaca: Cornell University Press (1974), p. 37.
94) Mohd. Dahlan Hj. Aman, "Comments on 'The Malay Family as a Social Circle' by N. Maeda," *Tonan Ajia Kenkyu* [Southeast Asian Studies] 16 (1978), p. 247；老川寛「書評 坪内・前田著『核家族再考』」『社会学評論』30(4)(1980), 93頁．
95) 清水由文「ほん：坪内・前田著『核家族再考』」『季刊人類学』10(2)(1979年), 222頁．
96) 父系出自集団のあるモロッコにおいても，その家族は二者関係から成り立っているという分析もある．Hildred Geertz, "The Meaning of Family Ties," in *Meaning and Order in Moroccan Society*, jointly written with C. Geertz and L. Rosen, Cambridge: Cambridge University Press (1979), pp. 315-506.

第 9 章
オラン・フルとマレー人とブギス人

9-1　はじめに　9-2　民族誌的表象
9-3　比較　9-4　おわりに

9-1 はじめに

　前章では，家族と親族という区分の普遍性に疑問をもった．本章ではそのことを家族圏概念を手がかりにもう少し深く考えてみたい．

　人類学では，親族をメンバー基準にする家族と共住または隣接居住を基準にする世帯を区別しなければならないと言われている．例えば＜世帯＞とは近親者を中心に日常的共住と家計をともにする集団で，＜家族＞とは近親者を中心に成員権を共有する組織ないし制度であるという[1]．この定義は集団論をもふまえて精緻化された定義であるが，それでも＜家族＞は＜親族＞と具体的にどのように違うのか，果たして区別されうるのかということは明らかにしない．本章では，南スラウェシ（インドネシア）のブギス人，マレー半島（マレーシア）のマレー（ムラユ）人およびオラン・フルの各社会の親族に関する文化的表象を検討することによって，親族の中の切り取られた＜家族＞という概念は非常に曖昧であって，上記の定義にみられるような文化的単位としては存在していないのではないかという問題提起をし，その上で共住を中心とする世帯が文化的にも通文化的にも適切な分析単位であることを提示する．ここで＜世帯＞と呼んでいるのは，親族をメンバー基準にするのではなく共住原理に基づく最小生活共同単位のことで[2]，その外の特定の機能遂行を考えてはいない[3]．共住原理というのは，共住経験からであろうと，将来の共住への確実な予測からであろうと，時空間の共有を通じて日常生活を営む単位を形成する格率である．通文化的に定義された概念と対象社会内での通概念との関係は，日常ありふれた概念であればあるほど複雑である[4]．本章の意図する所は，曖昧な分析概念から出発して，それに関する文化概念をそれぞれにふさわしい形で位置づけようとすることである．

9-2 民族誌的表象

（1）ブ ギ ス

　ブギスの社会では，すでにイスラーム改宗以前に，王（アルン arung）―王族・貴族（アナッアルン ana'arung）―有力者―庶民―奴隷という階層が成立していて，この階層区分は純粋な婚姻によって「白い血」（王族の血）をどれだけ保持しているかということによって厳しく保たれた．南スラウェシにおける諸王国は13〜16世紀に次々と成立して，17世紀初頭のイスラーム改宗を経ながら，その王統はインドネシア共和国独立後王政が廃されるまで連綿として継続し，系譜によって記録されている[5]．王の始祖はトマヌルン（Tomanurung 降りてきた人の意味）あるいは異人，あるいはより古い王国（通常ルウッLuwu' 王国）からの来住者であって，在地勢力の首長であるアナン（anang），マトア（matoa）という階層とは一線を画すように王国成立譚は構成されている[6]．現実には，いろいろな対応の仕方（例えば地方豪族を婚姻関係によって王族にとりこんでいくボネ Bone 型と王族と地方豪族との断絶がみられるゴワ Gowa 型）があるとはいえ，アルン系統とアナン系統とがまじって，アナッアルンという称号を持つ王族・貴族層ができ，アルンの血の入っていない層と大きな区別がもうけられた．これをボネ王国の例で図示すると表9-1のようになる．

　王はボネ王国の場合アルンポネ（Arumpone＝Arung＋Bone），アルン・マンカウッ（Arung Mangkau'）あるいはプッタ・マンカウッ・リ・ボネ（Petta Mangkau' ri Bone）と呼ばれ，ワジョ Wajo 王国ではアルン・マトア・ワジョ（Arung Matoa Wajo），ルウ王国ではダトッ（Dato'）あるいはパジュン・ルウ（Pajung Luwu），シデンレン Sidenreng 王国ではアッダトゥアン（Addatuang）などと呼ばれるように，アルンが王だけを意味するのではなく，王族，貴族を指したり，称号として用いられることもある．表9-1の(2)のマットラ（mattola）というのは，継承するという意味で，王が在位中に王の血統の王妃から生まれた嫡子である．(3)のマテセッ（matese'）というのは熟したという意味で，王と王妃のその他の

表9-1 ボネ王国の階層

A	王	arung			(1)
	王族	ana'arung	ana'arung matese'	ana'arung mattola	(2)
				ana'arung matese'	(3)
			ana'arung	ana'arung ribolang	(4)
				ana'arung sipuwe	(5)
				ana'cera'	(6)
B	庶民	to maradeka	to deceng	to acca	(7)
				to sugi	(8)
				to warani	(9)
C	隷属民	ata	to sama		(10)
			ata mana'		(11)
			ata mabuang		(12)

子どもである．(4)は(1)(2)(3)に属するものどうしの婚姻によって生まれたその他の王族である．リボラン (ribolang) のボラ (bola) は家を意味し，(4)は王宮にいる王族とでも言えよう．この(1)〜(4)のカテゴリーの男性が庶民Bの女性から得た子は(5)になる．シプウェ (sipuwe) のプウェ (puwe) というのは別れるという意である．(6)はAの男性が隷属民Cの女性から得た子どもで，チェラッ (cera') は血の意である．

Bの中の上層ト・デチェン (to deceng) は有力者であって，血筋による階層ではなく，単に知識人(7)，富裕者(8)，勇士(9)の意味で，どの階層の出身者でもこれらの業績によって社会的に認められることを強調しているにすぎない．知識人は往々にしてAのカテゴリーから出ることもあり，またこれらの業績によって他の階層から貴族層に取り立てられるということも起こってくる．(10)は庶民ということになり，Cは隷属民で，(11)のマナッ (mana') は相続，(12)のマブアン (mabuang) は新規のという意味である．それぞれ，相続された譜代の奴隷，新しく獲得した奴隷である．

この階層を支えるのは，王とそれをとりまく宮廷貴族と，彼らを支持しあるいは同盟関係に入った地方豪族の持つ軍事力，経済的収奪力であるが，一方では婚姻を通じての血筋に対する信仰・イデオロギーがある．むしろブギス人の説明はイデオロギーによるものであって，王国成立譚に端的にみられるように，畏怖すべきものへの敬服・随順が説明原理となる[7]．その畏怖すべき血の筋は，同じ血のものどうしによって継承されていく．すなわち，父方と母方との血が

半分ずつ子どもに伝えられていくのである[8]。したがって王族が非王族と婚姻すると当然王族の血は半分になり，子どもの地位は母方の血に応じて下がってくる。上述の階層表はそのようなメカニズムを整理する枠組であるといえる。

　王族男子の複婚は多く行われたが，特にボネ王国などのように王族を拡大することによって村落レベルまでの支配組織を確保しようとした所では，王族男子と低位の女性との婚姻が特にたくさんあったようである。低位のものも王族の血を受けることによって地位を上昇させるためにそのような婚姻を望んだものと思われる。地位の上の女性が逆に地位の下の男性と結婚することは厳しく禁止されている[9]。いわゆる昇嫁婚である。したがって階層が上になるほど，適当な婚姻相手がないままに一生を終る女性も多くなる。階層の差異は婚姻対象をも限定するが，同時に階層に独自の生活様式が規範としてあり，特に建築様式と婚姻儀礼とは庶民に至るまで細心の注意が払われた。婚資の額は当事者達の地位を象徴するものとして強い関心がもたれ，逸脱しないように先例が重視された[10]。

　血の純粋さを保つ手段は同類婚である。近親者どうしの婚姻が最も確実かつ有効な方法であり，かつまた双系均分相続のもとでの財の再結集ないしは分散防止にも役立つ。王族に限らず社会の上層部にあるものは近親婚，特に父方，母方を問わずイトコ婚が好まれる。第1イトコ婚は「適った結婚」(assialang marola)，第2イトコ婚は「もっともな結婚」(assialang memang)，第3イトコ婚は「遠きを近くにする結婚」(riaddeppe' mabelae) と言われる[11]。階層が上になる程第1イトコ婚が多くなる。所によっては第1イトコ婚を避けて第2イトコ婚を選好する場合もあるが，第1イトコ婚が行われないというのではない[12]。

　イトコ婚に一つずつ名前をつけるほどであるから系譜関係も明確だと思われやすい。確かに貴族などの場合は系譜関係が何世代も記憶されている。しかしそれはあくまでも選択された系譜であって，貴族にあっても第3イトコ以上遠くなると親縁関係もあやふやになってくる。父の世代で第3イトコといわれていたから子の世代では多分第4イトコだろうという推測に頼らざるをえない。事実，第4イトコ以上はチャッポッ(cappo')，チカリ(cikali)などと一括してしまい第4，第5等とは区別せずに遠い親類として扱ってしまう。しかしそれにもかかわらず，イトコ婚がくり返されていくと，血縁関係が非常に密になってくる核的な親族圏ができてくる。この同類婚による親族ネットワークの凝集と，昇嫁婚と複婚とによる親族ネットワークの拡大（ダウン・アジュエ daung ajue,

木の葉のように散る，というのがブギスの非親族婚の比喩）によって，王族を中心とする王圏が成立し，村落レベルでも同様の婚姻戦略によって階層化がある程度固定される．

　このようにして成立する親族圏をアッシアジンゲン（assiajingeng）と言う．これは「生る（なる）」というアジ aji（インドネシア語ジャディ jadi）からの派生語で，シアジン siajing（あるいはソアジン soajing）というのは「一つ生り（なり）」で，家族＝親族を指すものとされる．シアジンの関係であること（シアジンゲン siajingeng）は通常，血族（ラッペッ rappe'）と姻族（シトゥッパン siteppang あるいはソンプン・ロロ sompung lolo）とから成ると説明される[13]．しかし，前述したように血族と姻族とが対立集団としてあるのではなく，婚姻によって生じる新しい関係を漠然とシトゥッパンと呼ぶにすぎない．漠然とと言ったのは，まず，配偶者（夫ラッカイ lakkai, 妻バイネ baine），配偶者の親（マトアン matoang），配偶者のキョウダイあるいはキョウダイの配偶者（イパッ ipa'），子どもの配偶者（ムネットゥ menettu），子どもの配偶者の親（バイセン baiseng）といった親族名称のあるカテゴリーが自己を中心に考えられるが，これは全体として一つの単位ではなく，全然関係のない数個の単位（姻族の血族）の一部にすぎない．さらに，姉妹と結婚（silettekang angkanguruang 枕を互いに移すと比喩する）した男どうしはラゴ（lago）と呼び合うが，このような姻族の姻族はどのように分類されるのかは曖昧となる．通常は夫と妻とが切り離せない単位と見なすことによって，血族の配偶者は血族同様に姻族の配偶者は姻族同様に扱っているが，それ以上の親族の包摂は躊躇されるのが実情であろう．南スラウェシの内陸にあるソッペン Soppeng 地方では，血縁者の配偶者をパミリ（pamili 遠い家族）の中に含ませるのにやぶさかではなく，すべての姻族（in-law）に対してイパッを用いるという[14]．ともかく上記の姻族名称の範囲のカテゴリーの人は近い姻族（siteppang mareppe'）とされる．一方の血族（ラッペッ）も，父，母，祖父，祖母，オジ，オバ，キョウダイ，子ども，オイ，メイ，孫は近い血族（rappe' mareppe'）とされる．この近い血族，近い姻族両者をあわせて身内の親族（シアジン・リアレ siajing riale）として遠い親族と区別する（図 9-1 参照）．例えば，妹が駆け落ちをした場合にその不名誉（シリッ siri'）を漱がなければならないトマシリッ（tomasiri' 恥をこうむった人）の範囲はこのシアジン・リアレなのである．オジ，オバの配偶者は親族名称上はこのカテゴリーに含まれていない．またイトコも除外されている．しかし，実際には配偶者も夫＝妻の原則から含まれて扱われ

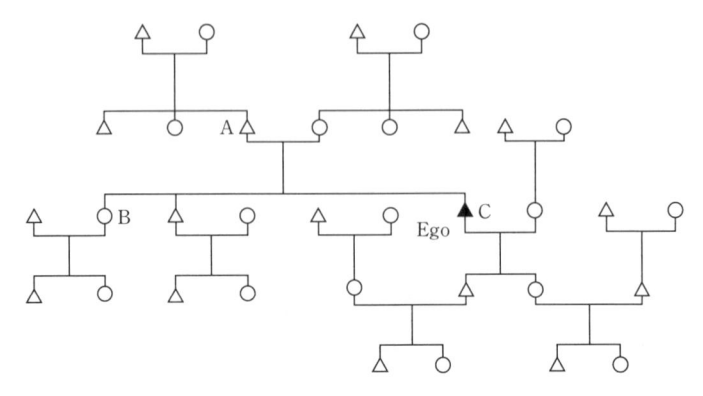

図 9-1　ブギスの近い親族（siajing riale）の範囲

る．また当事者の世代を一つ上に上げることによってイトコ（上の世代のオイ・メイ）も関係してくる．図 9-1 で B がシリッとなる行為の本人とすると，C (ego) を中心にする限り一見イトコは入らないように見えるが，その親 A のシアジン・リアレの中には A のオイ・メイすなわち B，C のイトコが当然含まれてくる．すなわちシアジンの境界は名称上でも常に流動的に捉えることができるのである．ちなみにソッペン地方で調査したミラー S. B. Millar は，シリッを共有するのは，姉妹，兄弟，両親，配偶者，子どもであって，その他のより遠い血族との共有は漸次減少していくと報告している[15]．

シアジンと同じような意味の語に，シアナン（sianang「子」族），シウィジャ（siwija 一つ種）などがあるが，シアジン・リアレより小さい単位を指す語はない[16]．一つの家に住む人々はシボラ（sibola「家」族，家を一つにする，あるいは家全体）であるが，これにはトリボラ（toribola 家の人）と呼ばれる非親族の同居者も含まれる．パンケプ Pangkep 県のバンティムルン Bantimurung ではレポッ（repo'）という語で世話をみなければならない最小範囲のものを指すというが，これも配偶者，子どもそして召使いを含む．同居の単位は昔は多人数からなり，夫婦，未婚子女のみによる構成は焼畑の出小屋などに出かける特殊な状況だけにみられ，一般的な規範として，夫婦，子女を単位として取り出して指す必要は無かったのかもしれない[17]．インドネシア語のクルアルガ（keluarga）は政府用語として一般的な意味での家族という意味で通用するが，親族をクルアルガ・ブサル（大きい家族）というように，必ずしも小家族に限定しているのでは

なく，シアジンとだぶらせてイメージしているようである．家長というときにはインドネシア語でクパラ・ルマー・タンガ（kepala rumah tangga 世帯主）という[18]．ファミリ（famili）あるいはパミリ（pamili）という語は小家族という意味に限定して用いられず，むしろ広い意味での親族として使われる．

　なおブギス語にはキョウダイ名称に三つのレベルがあることに注意したい．一つは呼称にも使われる目上・目下のダエン（daeng 兄姉）とアンリッ（anri' 弟妹）である[19]．第二は，話者の性別によって兄弟と姉妹とを別々に指示する場合である．話者が男であれば，同性である自分の兄弟をパダオロアネ（padaoroane 同じ男），異性である姉妹をアナッダラ（ana'dara 女の子），男女のキョウダイを同時に指すときにはシッポ・アナッダラ（sippo ana'dara）という．話者が女であれば，異性である自分の兄弟をアナッブラネ（ana'burane 男の子），同性である姉妹をパダックンライ（pada'kunrai 同じ女），男女が混じっているときにはシッポ・アナッブラネ（sippo ana'burane）という．この話者からみて同性キョウダイ，異性キョウダイとそれらを一括して指す名称が日常用語としては最も一般的である．第三に，すべてのキョウダイを一括して指すときにはシルッスレン（silessureng 生まれを一つにする）またはシアジンが用いられる．この両語は文脈によってはさらに広い親族を包摂する[20]．ことわざにも「妻は代えられるが，姉妹は代えられない」あるいは「夫は代えられるが，兄弟は代えられない」とあるように，夫婦結合より異性キョウダイ結合の方が重要であると言われる．結婚に至らないイトコ関係は夫婦関係より軽んじられる．しかし，キョウダイ関係より親・オジとの関係の方が大切であるとも説明する（シドラプ県のアンパリタの事例）．

　上述のように，血のむすびつきによってブギスの親族を説明してきたが，家の中心（ポシ・ボラ posi bola），土地の中心（ポシ・タナ posi tana）が重視され，体（ale）・家（ale bola）・土地（ale tana）を通じての一貫した象徴作用[21]，土地神（Punna Tana）と祖霊とアルンとが儀礼的に重なってイメージされること[22]などは，体・家・土地の中心を契機とする軸が昔は基本的であったことが推測される[23]．また血の濃さとシリッ（恥・名誉）との量が，トマシリッにみられるように，相関関係にあるとするならば，ブギス人の学者がそう主張するように，シリッを根本的価値として考えることも可能であろう[24]．

（2）マレー（ムラユ）

　マレー半島の南にできたマラカ王国は，王国成立譚がスマトラのスリヴィジャヤ王国の末裔によって1400年頃建国されたと語るように，東部スマトラ・マラカ海峡を中心にした南からの勢力の進出であるが，その後の交易港市国家としての繁栄により，いわゆる，ムラユ諸国の統合のシンボルともなった[25]．アラブ，インド，中国，タイの影響をこうむった後，ポルトガル，オランダ，イギリスといった外国勢力の侵入とともに，現在はタイに住むマレー人，スマトラに住むマレー人とも恣意的に決められた国境で別々にされ，またインドネシアからの様々な地方からの入植もみられるので，一般にマレー語を話し，マレー慣習法に従うムラユ人という枠組も，きわめて曖昧とならざるをえない．ただ19〜20世紀にかけて大量の中国人，インド人が流入したのにともない，ムスリムであることが強調されるようになり，非ムスリムとの対比そのものがムラユ人のアイデンティティの根幹になる[26]．

　ムラユ社会においても，一方では支配者とそれを取り巻く貴族階層があり，他方では在地の豪族とその追随者と農民の階層とがあった．これに隷属民も存在していた[27]．フシン Syed Hussin Ali の描く三角形のヒエラルキー支配の構図（図9-2）は，Aの完全な形成が無かったことを除けば，恐らくブギスの社会にも当てはまるものであろう[28]．王族はラジャ（raja）あるいはアナッ・ラジャ（anak raja）と呼ばれ，王族の血をひいていない首長はダトゥッ（datuk），その係累はワン（wan）であり，庶民はラッヤト（ra'ayat）と総称され，村長プンフル

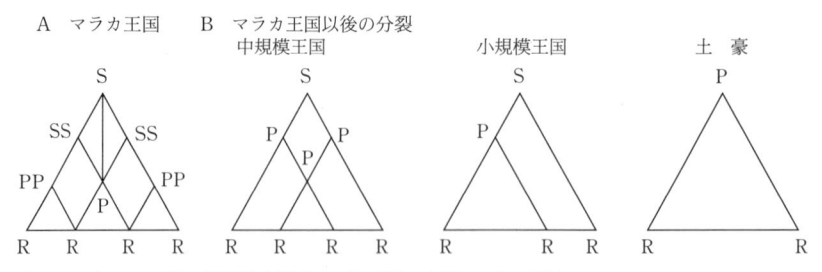

S：スルタン　　SS：従属的支配者　　P, PP：土豪　　R：庶民
出典：Syed Hussin Ali, 1981, *The Malays*, Kuala Lumpur: Heineman, pp. 25-26.

図9-2　マレーの支配構造

(penghulu) もその一部と考えられる[29]．王との近さによってラジャ，トゥンク (tunku)，メガト (megat)，ウンク (ungku) 等という称号が使われ，王族の間での地位の違いを微妙に表現していた．ペラッPerak 王国のように内婚により親族核（ワリス・ヌグリ waris negeri）が形成されるのはブギスの場合と同様である．この親族核をガリク J. M. Gullick は父系リニジ (patri-lineage) と呼ぶ．しかし厳密な父系原理が貫徹していたのではもちろんなく，ガリクも認めるように，集団的な側面より出自が重んじられていることからも考えて，この場合リニジという語は親族集団ではなく血統として考える方が適当である．

　貴族層の内婚傾向と同じように，マレー人庶民も親族間の婚姻を優先させる．地域的な変異としては，第1イトコを避けるか否か，その中でも特に父の兄弟の娘との婚姻を避けるか，異世代婚を厳しく忌避するか，などに関する違いが指摘される[30]．さらに地域内婚および階層内婚との絡み合いも重要である．ブギスにみられるような特定のイトコ婚に対する名称はない．村落レベルでの比較に限れば，ムラユの社会はブギスの社会ほど婚姻を軸とする階層分化に敏感でないように見える．

　イトコの親族示称はププ pupu で表わされる．スププ (sepupu 第1イトコ)，ドゥアププ (duapupu 第2イトコ)，ティガププ (tigapupu 第3イトコ) というように親等を表わす数字を附加して，例えばサウダラ・スププ (saudara sepupu) ないしはアデッ・ブルアデッ・スププ (adik-beradik sepupu) と表現される．ブギス語のサッポッ (sappo') はスププと同じ語であるというが[31]，ブギス語の場合はマレー語と違いサッポッ・シサン (sappo' siseng 第1イトコ) という風に後に親等数をあらためてつける．サッポッ単独で用いられ，キョウダイ名称と熟して用いられない[32]．呼称にはキョウダイ呼称が用いられる．ムラユのキョウダイ名称は兄と姉との区分があってアバン (兄)，カカッ (姉)，アデッ (弟妹)，が一般的であり，ブギスのように同性か異性かによって名称が変わることはない．

　ブギス語にはみられないスアミ (suami 夫)，イステリ (isteri 妻)，サウダラ，プトラ (putra 息子)，プトリ (putri 娘)，クルアルガなど，経由は別にしてサンスクリット語起源の語がマレー語の日常親族関係の語に多くみられる．第7章で考察したように，前5者にはラキ (laki 夫)，ビニ (bini 妻)，アデッ・ブルアデッ，アナッ (娘，息子) のように本来のムラユ語がある[33]．基本家族・小家族をピッタリ表わすことばはない．クルアルガは小家族に限定する場合もありうるが，より広い親族を含意している．クラミン (夫婦)，アナッ・ビニ (妻子) という語

が強いて言えば小家族にあたる[34]。広義で言う親族としてのクルアルガは上述のサウダラ，アデッ・ブルアデッ，サナッでおきかえられる。ただインドネシア同様，センサスや政府用語として「家族」＝クルアルガという使い方が定着しつつあることも確かである。これに対し「家」族というのはスイシ・ルマー（家の中のもの），スルマー（家を一つにするもの）という語があり，ブギス語のシボラ，ジャワ語のソマー（somah）に対応する。通常，世帯（household）という場合にはクルアルガではなくルマー・タンガ（家・梯子）が使われる。

ところでクルアルガあるいはそれに類似するサウダラ，サナッ，アデッ・ブルアデッおよびワリスというのはどのような概念なのか。第7章でも述べたが，もう一度復習しておこう。

サンスクリットのsahodara (sahodari) は「同じ子宮の」という原義から，同じ母から生まれた兄弟（姉妹）を指す。ドラヴィダ語系では異母キョウダイも含み[35]，ベンガルではsahodaraあるいはsagarbhaは兄弟（bhai）と姉妹（bon）とを含む[36]。マレー語でもサウダラはもともと兄弟姉妹を指している[37]。親族一般を指す場合にサウダラ単独で用いられることもあるが，より明確にはカウム・サウダラ，サナッ・サウダラ，サウダラ・マラと言う複合語が用いられることからも，一義的にはキョウダイの意に限定されているのであろう。同様のことはアデッを重複させたアデッ・ブルアデッがキョウダイという意味から広く親族を指すことにもみられる。あまり使われないサナッは恐らくブギス語のアナンないしはシアナンのようにアナッ（anak 子）から出た語であろう[38]。ワリスはふつうイスラーム法上の相続，継承権者を意味するが，クランタン州ではサウダラと同義の親族 (a collectivity of kin, a bilateral set of personal kin) の意で使われている[39]。いずれの語を使うにしても，親族を表現するのにアナッ（子）関係あるいは親子関係はブギス語（シアナン，シアジン siajing，シウィジャ siwija，シルッスレン selessureng）ほど顕著ではない。（表7-1 (194ページ) 参照）

マレー語には同世代親を出生順に区別して呼ぶ習慣もある。パパン州のクアラ・ベラ村を調査したワイルダ―W. D. Wilderは，子どもないしはキョウダイの誕生順を示すsib-names, birth-order names, kin-numeratives, sibling-series, fratronymsあるいはティマン・ティマンガン（timang-timangan）と呼ばれる習慣を，マレー語の称号の意味であるグララン（gelaran あだ名の意もある）表現として分析し，キョウダイ集団の社会的連続性と結束（solidarity）を強調するものだとした[40]。要するにグラランがセットとしてのキョウダイ結合を強

めているというのである．ただグラランの存在だけでキョウダイ結合を集団として扱うには難点があり，例えばキョウダイ・セットの居住分布による分析，実際上の協働関係の事実が指摘される必要があろう[41]．都市居住のマレー人を調査したマッキンレーR. McKinley も互恵性の期待に特徴づけられるキョウダイ統合の理念 (an ideal of sibling unity) がマレー人の行為を「位置づける」，「状況づける」役割を果たしていると指摘している[42]．彼の場合はキョウダイ間の実際上の葛藤，行き違いを前提とする規範的・理念的紐帯の面を強調する．これらの結論が正しいかどうかは別として，マレー人がキョウダイ・セットに一つの概念的な統合を与えているという見方は重要である．そうはいいながらも，マレーの親族を考察する研究者が集団という語をしばしば用いながら，すぐさま関係ないしは二者関係の重要さを言うことにも注意したい．

「サウダラ」の範囲をめぐって血族と姻族との区別は，地域的な違いのみならず，状況・個人による食い違いがみられる．配偶者をサウダラとして認めるかどうかについて，ファースR. Firth は妻を自分のワリスと認めない例を挙げながらも，ワリスと結婚したもの (an immediate affine) はその婚姻が継続している限りにおいてワリスと認められるとする[43]．ただし，姻族のワリスは自己のワリスとは決して認められないという．ワイルダーも血縁関係のない配偶者を自己のサウダラとして含ませない例を挙げる一方，傍系尊属親の配偶者の姉からの孫をサウダラとして認める例を挙げて，「婚姻紐帯が血族紐帯と同じ価値をもちうる」ことを指摘する[44]．バンクスD. J. Banks は血に基づく親族と婚姻による親族とを別々に一括して指す語はマレー語にはないが，両者の間をマレー人は明確に区別しているという[45]．それにもかかわらず，配偶者の親族はあたかも自分自身の親族のように扱わねばならないという原則があり，婚姻による関係は重要であることを彼は強調する．シンガポルのマレー人については，姻族の位置は明確に定義されていないが，どのように姻戚関係が近くとも姻族はオラン・ライン (orang lain 他人) であるという[46]．

バンクスの主張するように，血（ダラーdarah）の伝達がブニー (benih 種, 精液となって表現されるダラー形成の男性貢献分) とバカ (baka ダラー形成にさいしての子宮内および授乳にさいしての女性貢献分) によって決定され，ダラーの濃さ薄さが直系的にはラピス (lapis 世代)，傍系的にはププ（イトコ）の度合いを決めると考えると，配偶者に対する曖昧さはある程度納得できる[47]．血統が存続するためには配偶者が必要であり，しかもそこから生まれてくる子孫は夫婦にとって

等しくすべて血族となる．すなわち配偶者が血族でないのは，婚姻当事者およびそれより過去の人にとってであり，それ以後の世代のものにとっては完全な血族なのである．ある程度と言ったのは，それでは何故配偶者を血族に組み入れてしまわないのかという疑問が残るからである．離婚が多く，夫婦関係がこわれやすいからという現象的な説明，あるいは残余的カテゴリー[48]であるからと操作的な説明をすることができるかもしれない．あるいは，夫＝妻という共住原理から「本当は」配偶者を広義のサウダラに入れているにもかかわらず，熱心な人類学者に問いつめられたマレー人が，キョウダイ関係を意味するサウダラに引きずられて親族を非常に狭義に解釈したものであると勝手な解釈をすることも可能かもしれない．これはそもそも人類学者の考えるような血族・姻族の区別はなくて，親族の中の一つのカテゴリーを人類学者がたまたま姻族と同定したのだという主張にもなる．

　ファース，ワイルダーは共住を契機とする親族紐帯を指摘しながら，その重要性を十分に展開していない．これに対し，バンクスは次のように整理する．社会関係の距離の程度（親密さ・疎遠さ，道徳的義務の重さ・軽さ），すなわち近親と遠親とを区別するのは，血（ダラー）と合意（ムアファカト）と愛情（クサヤンガン）の三つの概念的次元内での関係の在り方である．このいずれの次元においても，世帯がすべての指針となり，現在共住する世帯（内なる社会空間），過去に共住経験を持つ人々（現在は訪問しあう関係）の空間，その他の訪問関係のある親族・友人の位置する空間，その外にある異人の世界にマレー人の社会空間が分かれる[49]．ここでは先に引用した「マレー人は血族と姻族とを明確に区別する」という原理は捨てられて，共住原理から社会空間が描かれているのである．

　先にも触れたように，マレー語には姻族を全体として指す語はないが，姻族の中の特定の人を指す親族名称には，配偶者から始まってイパル，ビサン，ビラス（biras），ムントゥア（mentua），ムナントゥ（menantu）（各々の意味は語形の似たブギス語に同じ），ヌグリ・スンビランにおけるスムンダ（semenda）がある．日常生活ではこれら姻族に対しては，配偶者を含めてキョウダイ・父母呼称が用いられる．同時に配偶者のその他の親族に対しても，配偶者からみた呼称がそのまま使われる．これは婚入してきた配偶者をあたかも血族のように認めるという説明からもきわめて「自然」なことであろう．しかも婚後，両者の家の間を往復することによって，婚姻当事者にとっても何ら問題が生じない．ただ親族も姻族の枠組も個人を基準として動くものであるから，他の親族にとって

は上記の姻族示称で特定できる範囲でしか，このような呼称による親族の包摂はおきないのである．

ワイルダーは親族名称の語形群ないしはパラダイムとして，ipar：biras：bisan を音素の配列，血族名称ではありえない r, s, n の子音で終わっていること，および当事者が同じ語を相互に使えることから，一つのセット（a marriage-plus-sibling 'circle'）として取り扱い，同様に 3 音節からなる mentua：menantu：semenda は一つの意味論的単位となっているとする[50]．これらの語はすべて姻族を指すものであることから，親族領域の構造化が窺われるとワイルダーは主張する．包括的なカテゴリーとしてではなく，あくまでも個々の対人関係を明らかにする用語の集積であることに注意しておきたい．

このある意味では非常に特定的な姻族名称が血族から姻族を区別するための装置であるとの見方を多くの研究者はしているが，しかし除外するだけであれば別に名称をたてる必要がないのも明白である．特定の名称があるのはそれらの位置にある人間が特定されるだけの理由があるからである．その理由の中には恐らく共住ということが入っていると思われる．ムントゥア，ムナントゥ，イパル，ビラスは少なくとも共住の機会があるカテゴリーである．これらの語は婚入者を位置づける語として重要なのである．このさい，婚入者が男か女かということも少なくともイスラームの影響の強いムラユでは考慮されねばならぬであろう．ワイルダーが特徴づけたように，移動する男性と定着的な女性との区別がマレー社会にあるとすれば，婚入者は男の場合が多く，受入側はイパル，ムナントゥとしての彼に多くの期待をかけることになる．同じイパルでも姉妹の配偶者達は可能な共同作業者として重要であり，特にビラスを姉妹の配偶者に限定して使うことがあるのもそのようなことに関係があるのかもしれない．婚入者の出てきた上記以外の親族に対しては，婚姻させる親どうしを指すビサンがあるわけであるが，このビサン関係というのは道徳的義務などが課せられるわけではなく，むしろビサンという関係以外には無関係ですよということを暗に指しているような印象を受ける．もっとも婚姻関係は個人の間ではなく二つの家族（親）の間の絆であったからという昔の慣習の残存説もある[51]．

かくして，共住を契機として社会空間を考えた上述のバンクスの図式の方が，血族と姻族とをカテゴリーとして明確に区別する考えより，より妥当性をおびてくるのである．

（3）オラン・フル

オラン・フルについては第Ⅰ部で詳述した．比較の文脈の中でもう一度記憶を新たにしたい．オラン・フルはマレー半島南部に住むオラン・アスリの一部で，森林産物の採集交易と焼畑とに生計を依存している，非ムスリムのグループである．その社会はムラユやブギスのように王国の中に取りこまれず，比較的隔離した状態に置かれてきた．10～30軒からなる集落にわかれ，各集落はバティンによって代表される．伝説によれば，スルタンの妹といわれるラジャ・ベヌアがオラン・フルの中に入って結婚し，その血統のスク・サカあるいはスク・バティンがバティンになれると言い伝えられているが，現実には血筋とは必ずしも関わりなく，説得力・弁舌・呪術的影響力のあるものがバティンになっている．コミュニティが小さいので親族関係が密であることも，バティンの血統がやかましく言われない理由の一つかもしれない．いずれにしても，外部世界との政治的・経済的従属関係はあっても，内部ではバティンの地位についた者が指導的立場にある以外は階層的関係はない．

オラン・フルの社会を個人の観点からみたモデルとして第2章で次のようにまとめた．

(1) スクラミン（基本家族）．
(2) ワリス（親族核）．父母，オジ，オバ，キョウダイ，子，オイ，メイがこれに当たる．配偶者のワリスが，特に重要な意味をもっている．姻族があたかも血縁のように取り扱われるので，夫と妻とのワリスが二つ，ひっついて，一つの同心円をなす．
(3) 親族圏．直系三親等，傍系第三イトコまでの範囲の親族．この場合も，夫婦それぞれの親族が重なって，大きな同心円となる．
(4) 部落．地縁によって同心円を描く．理念的には，一つの部落は親族の集まりであると言われる．
(5) エンダウ川流域のオラン・フルのコミュニティ．
(6) オラン・フルの社会．奥地に住み，貧しい生活に追われている同類の民．
(7) 非オラン・フルの世界．マレー人，中国人，インド人など，彼らの搾取者の世界である．

(8) この水平的な同心円構造の上に，超自然的秩序の世界が垂直的に組み立てられる．

　第2章では，スクラミンを基本家族としているが，実際には「単身生活者」「欠損家族」あるいは「現在家計を一緒にしているものの集合体」としても使われる．一つの夫婦家族が一つの家屋に住むことが原則でありながら，かなりの一時的寄寓者の存在があるのがオラン・フルでは特徴的であるが，寄寓者と宿主との関係は，若干の類別的関係を除くと，夫婦の一方のイパルないしはビラスか，あるいはムントゥハかムナントゥの所に寄寓していることが明らかである．57軒に78のクラミン（対）が住んでいて，寄寓している21のクラミンは単身が3，欠損家族が4，夫婦のみが6，夫婦家族が8，包摂家族が1である．家屋を単位とする居住者と，クラミンの構成者とを第3章では別々に分けて分析しているのは，クラミンと称する者の経済的独立性が強調されているからであるが，また基本家族という概念にとらわれすぎていることも見落とせない．「子どもがあるなしにかかわらず中心的な家族的核となるのは，基本家族ではなく，むしろ夫婦であるような印象を抱かしめる」と指摘し，また基本家族と称する者の4分の1には継子が含まれている事実とも合わせ，かつまた単身生活者をもクラミンと報告していることからも，スクラミンというのは，第一に独立した生活を営める単位と解釈でき，それはオラン・フルの置かれた生活条件からすると，とりもなおさず夫婦単位となるということを意味していると考えるべきである．オラン・フルの置かれた生活条件が夫婦の協働を必要とすることは，自然条件，日常生活の観点からも言え，事実，女性で20歳以上，男性で25歳以上の者に結婚経験のない者は皆無であることはこれを証明している．

　単身生活者が独自の家に住んでいるのは57軒のうち4軒である．そのうちの3ケースは老齢寡婦で，1ケースは鰥夫（政府の薬置き場の管理人）である．一方，老齢寡婦で自活自炊をしながら寄寓しているのが1ケースずつある．これらの寄寓者のケースは，離婚直後，出稼ぎ，その他の過渡的単身生活者であって，4軒の独居単身生活は子どもが独立世帯を営むか，無子の死別ないしは離婚による残存配偶者である．したがって過去にはスクラミンを形成していたのである．寄寓，寄留，養取の簡易さ，離婚の頻発，あるいは移動の容易さなどから，個人・世帯レベルでの離合集散が指弾を受けることなく行われることが窺われる．

婚姻に関しては，養子，異母，異父をとわずキョウダイとの結婚の禁止，親子ないしは異世代間の禁婚があるだけで，イトコ婚などは自由に行ってもよい．婚姻当事者の意思が尊重されるとはいえ，婚姻には親族とバティンとの承認が必要である．このさいに重要な発言力をもつ親族がワリスである．このワリスを代表する者がワリと呼ばれ，父親よりもオジ，その中でも母方のオジの発言力が強いとされる．女性のワリスの意向は重要であるが，ワリとなることはない．「両親にとっては，各々の義理のキョウダイ（イパル）が重要な発言力を持つことになる」という説明からも，このワリスは必ずしも血族だけではなく，その配偶者も含まれているのである．

　それにもかかわらず，婚前には夫と妻との各々のワリスは厳格に区別される．結婚式後両方のワリスが共食儀礼をもち，両者の結合が確認され，これ以後両者間には相互的な尊敬および遠慮の態度が期待される．親族どうしが婚姻した場合でも，従来の親族関係ではなく，新しい姻族関係によって親族名称が選ばれる．それはマレー語と同じく，イパル，ムントゥハ，ムナントゥ，ビサン，ビラスの示称である．ただしマレーとは異なり，類別的な親族をも包摂する．イパルは配偶者のイトコ，ムントゥハは配偶者の親のキョウダイとイトコ，ムナントゥは子の世代のすべての血族の配偶者にまで対して用いられる．ビサン，ビラスにはこのような包摂がないだけでなく，上述のカテゴリーとは違って特別な態度の要請がない．イパル，ムントゥハ，ムナントゥに対しては父・母・キョウダイ呼称が呼称として用いられるか，テクノニム（〜の父，〜の母）か配偶者名（〜の夫，〜の妻）が用いられ，個人名を呼んだり言ったりするのは厳重に忌避される．そして卑属親であるムナントゥをも含んで，アジという尊称の二人称代名詞が用いられる．言語上の忌避は，これらのカテゴリーを大切にすると言うことの表われで，実生活上では例えば世帯を越えて共同が必要な作業には娘婿や姉妹の夫にグループと組むことが多い．「一般に血族に対するよりも姻族に対する義務が強調され，姻族関係が重要視される」という．先述の同心円の(2)で，夫婦それぞれのワリスが区別されながら，姻族があたかも血縁のように扱われるという一見矛盾した表現は，自己以外のワリスにとっては区別されるが，自己と配偶者とにあってはその両者が交差して，配偶者のワリスと自分にとっての姻族とが重複するということである．

　一方，下の世代からみた場合，マレーのブニーとバカのように，オラン・フルでもダラー（血）とダギン（肉）とが父方，母方とを指すものとして，母方がス

ブラー・ダギン (sebalah daging) と言われるが，これらを法的・宗教的・社会的・経済的に区別するということはない．ワリスの他にスク・サカやカウム・ダギン（肉の族）あるいはマレー語と同じアデッ・ブルアデッまたはサウダラが，キョウダイより広い範囲の自分の親族を指すのにも使われる．

　このようにスクラミン，ワリス，姻族（もちろん，これを包括する語はない）の間では経済的互酬性に基礎を置いた結合，分離の選択がなされている．これは単に血縁関係によって一元的に社会関係が構成されているのではないという主張であるが，もう一歩進めて，共同生活を営むために血縁関係が利用されるのであって，共同生活の網の目をつなぎ合わせるために血縁関係があるともいえる．近親を越えて遠い親類になるとなると，「はっきりどんな間柄かは知らぬが，自分の親と他者の親とが親類であったから，自分と他者も親類であろうと推定するぐらいの間柄」になってしまうということも，生活に直接関係することが少なくなってしまうからではなかろうか．コミュニティが比較的小さく，父方・母方いずれの系譜をも選択でき，新しい婚姻による世代の若返りが行われ，姻族を疑似血族として呼称し，テクノニミーによって系譜関係が曖昧になるという状況は，いつでも必要があれば自分の親族に数え入れる可能性を残しつつ，曖昧なままで「貯蔵」しているとも解釈できる．

　したがって上記の同心円的区分で，親族と集落とが血縁と地縁との区別のように誤解されやすいのは訂正されるべきで，スクラミンの段階から社会的空間として連続的なものとして捉え，スクラミンを最小共住単位と考えた方がよい．(1)〜(7)の社会的空間における遠近は，地理的空間と社会関係とが区別されずに「生活」のために同時的に層化されているのである．そう考えてこそ初めて，集団形成にさいして，「親族組織」は住民の意識の中の虚構であって，虚構を作らせる動機はその外に，すなわち経済的互酬性の勘定に求めねばならないという指摘が理解される．

　このモデルを同心円的構造と捉えるのはひとりの個人のある特定のときを静止させたときに同心円のように考えられるということであって，実際は円の境界は曖昧でぼやけている．むしろ同心円とするよりは社会関係の網の目が密に張り巡らされている内なる核から，段々と網の目が粗になっていく外の世界に向かうイメージの方が適当であろう．その網の目を地理的に家や集落やエンダウ川流域という単位が分けているにすぎない．しかしこの網の目のイメージも時間的な過程というものが脱落していることに変わりはない．この網の目の中

心にある夫＝妻という単位そのものからして，変わりやすいということになれば，観察者としてはより変化の少ないと思われる親族を分析の中心に据えたくなろう．しかし婚姻関係を基礎にしてはじめて成立しうる親族は，単系的な原理ないしは帰属に関する一定のルールあるいは近親婚のような婚姻戦略を与えなければ，常に個人を中心とした流動的な関係に留まらざるをえない．オラン・フルにとって普遍なのは，生きるための生活共同単位を求めることであり，このために婚姻があり，それを通じて親族のカテゴリーが利用される．結果として，時間を止めて分析すれば，親族関係が説明原理にはなっても，社会過程としては生活単位という，変化を前提とした装置を考える必要がある．そして共住というのは，始まりにおいて偶然的な事象に見えても，共住そのものは必然なのである．

9-3 比　　較

　上述の文化概念のスケッチは，実際の日常行為を直接記述するのではなく，当該の社会の人が説明したり，民族誌学者が解釈したりしている「表象」に依存していて，基本的にはこれらの表象を事実として受け取ることを前提としている[52]．いわば，それぞれの社会でのいわゆる親族に関係する「文化的単位」と主張されるものを並べたものである[53]．本節では，必ずしも民族誌だけでは明らかにならなかった各々の社会を通じての類似点，差異点を二，三指摘しておきたい．

（1）親族名称

　親族名称については前節で体系的に言及していないが，その代表的な分析例については，マトゥラダ，ワイルダー，前田を参照されたい[54]．細かい相違点は別にして，ほぼ同様な骨組みであることは次に掲げた図9-3，図9-4，図9-5の基本的な名称の配置の比較でわかろう．念のためにこれらをまとめて人類学の慣習に従って英語略号で示すと図9-6のようになる．
　三つの社会を通じて，姻族名称がほとんど同じであることが注目される．G^{+3}

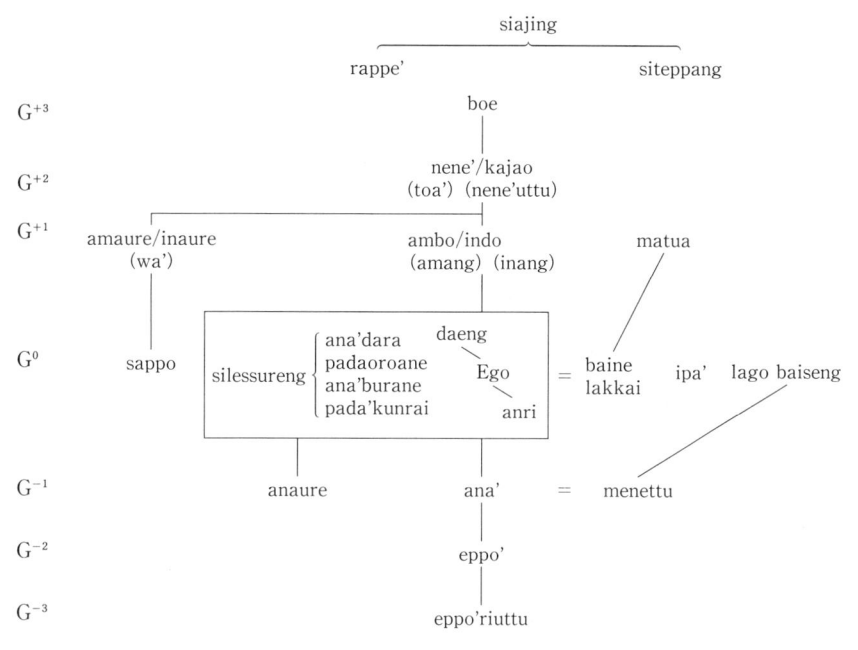

```
                                          siajing
                              ┌─────────────────────────────┐
                             rappe'                      siteppang
G⁺³                           boe
G⁺²                        nene'/kajao
                         (toa') (nene'uttu)
                ┌──────────────────┤
G⁺¹      amaure/inaure         ambo/indo           matua
            (wa')           (amang) (inang)           │
                    ┌─────────────────────┐           │
                    │          ana'dara  daeng │      │
G⁰    sappo  silessureng  padaoroane  Ego  │ = baine   ipa'  lago baiseng
                    │          ana'burane       │    lakkai
                    │          pada'kunrai anri │
                    └─────────────────────┘
G⁻¹          anaure               ana'      =  menettu
G⁻²                              eppo'
G⁻³                           eppo'riuttu
```

図 9-3 ブギスの基本的親族名称

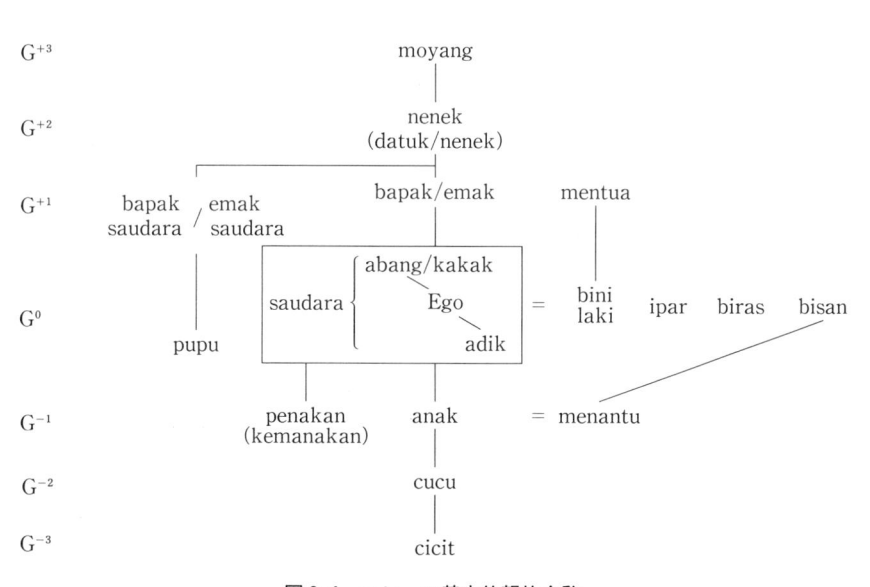

```
G⁺³                       moyang
G⁺²                        nenek
                      (datuk/nenek)
                ┌────────────┤
G⁺¹     bapak  / emak     bapak/emak      mentua
        saudara  saudara                     │
                    ┌──────────────┐          │
                    │    abang/kakak │        │
G⁰              saudara   Ego      │ =  bini   ipar  biras  bisan
                    │    adik       │     laki
                    └──────────────┘
         pupu
G⁻¹           penakan      anak     =  menantu
            (kemanakan)
G⁻²                         cucu
G⁻³                        cicit
```

図 9-4 マレーの基本的親族名称

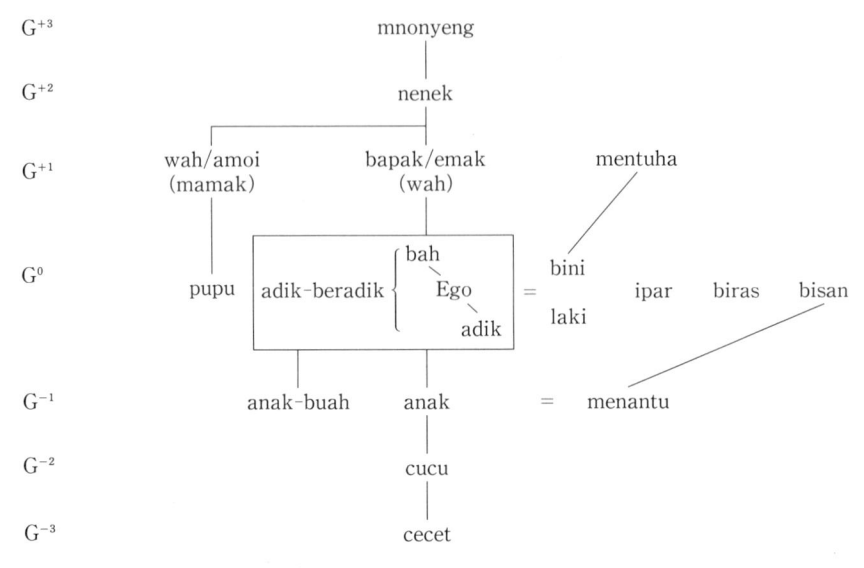

```
G⁺³                    mnonyeng
G⁺²                     nenek
G⁺¹    wah/amoi     bapak/emak    mentuha
       (mamak)        (wah)
                      ┌ bah
G⁰     pupu  adik-beradik  Ego    bini    ipar   biras   bisan
                      └ adik      laki
G⁻¹          anak-buah    anak  =  menantu
G⁻²                       cucu
G⁻³                       cecet
```

図9-5　オラン・フルの基本的親族名称

の世代（曾祖父母の世代，Gは世代，+3は3世代上を意味する）と卑属親（G⁻¹, G⁻², G⁻³）では，性別による別称はなく，男・女という形容詞を附加して区別する．G⁺²に関してはブギスでは性別が明確であるが，ムラユでは地域によって混乱があり，オラン・フルでは区別されない．G⁺², G⁺³, G⁻², G⁻³の語は傍系の同世代親にも使える．G⁺¹, G⁻¹の傍系親は，父母・子名称の派生語（ama-ure, ina-ure, ana-ure, penakan, kemanakan）[55]か，それに「キョウダイの」などをつけた複合語（bapak saudara, emak saudara, anak saudara, anak buah）かである．ただし，オラン・フルは別個の名称を用いる．

　キョウダイ名称は兄姉と弟妹とを区別するのは三者とも同じである．弟妹はまったく同じであるが，兄姉名称は異なる．ことにマレーの兄/姉の区別，ブギスの話者の性別による同性/異性キョウダイの区別が指摘される．マレー語のみに誕生順の名称がG⁺¹, G⁰のキョウダイに使われる．キョウダイを総称する語が，親族一般をも包摂して使われるのは三つの社会に共通している．

　キョウダイ名称の多様さと対称的に，イトコ名称は基本的に同じである．また，テクノニムも一般にみられるが，オラン・フルでは個人名の忌避と結びついてより徹底して行われる．親族名称と名付けとはワイルダーの主張するよう

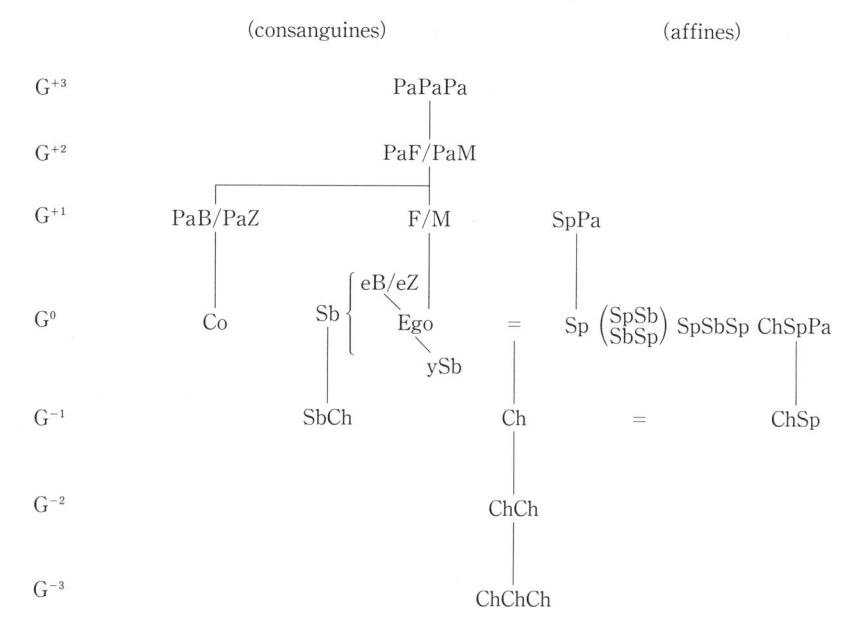

```
                    (consanguines)              (affines)

G⁺³                    PaPaPa
                          |
G⁺²                    PaF/PaM
                   ┌──────┴──────┐
G⁺¹           PaB/PaZ           F/M          SpPa
                 |               |             |
                              ⎧ eB/eZ
G⁰             Co       Sb ⎨  Ego    =   Sp ( SpSb )  SpSbSp  ChSpPa
                              ⎩ ySb                ( SbSp )            |
                 |               |                                     
G⁻¹           SbCh              Ch        =              ChSp
                                 |
G⁻²                            ChCh
                                 |
G⁻³                           ChChCh
```

G：generation   Pa：parent   Sb：sibling   Sp：spouse   Ch：child   Co：cousin
F：father   M：mother   B：brother   Z：sister   e：elder   y：younger

図 9-6　基本的親族名称の概念図

に緊密に結びついていて[56]，単に親族名称だけを検討するのは不十分ではあるが，基本的な名称についてのみ言及してみた．

（2）姻　　族

オラン・フルの場合に明確なように，姻族用語の中でビラス（ブギス語ではラゴ），ビサン（バイセン）というのは日常生活上，特に権利・義務の期待される間柄ではない[57]．最も重要なのは一時的にしろ共住の機会のある配偶者，イパル，ムントゥア，ムナントゥであり，夫と妻とが親族慣行上同一視される（例えば，妻の意見が必要なときに非血縁の夫が代わって述べる）原則からいえば，これらの人は配偶者どうしにとっては最も近い親族になる．姻族を示すとされるブギス語のシトゥッパン（teppa 触れる，関わる）あるいはソンプン・ロロ（sempung lolo 新しい結び？）にしても，実際には姻族をひとまとめに示しているのではなく，

図 9-7　姻戚関係

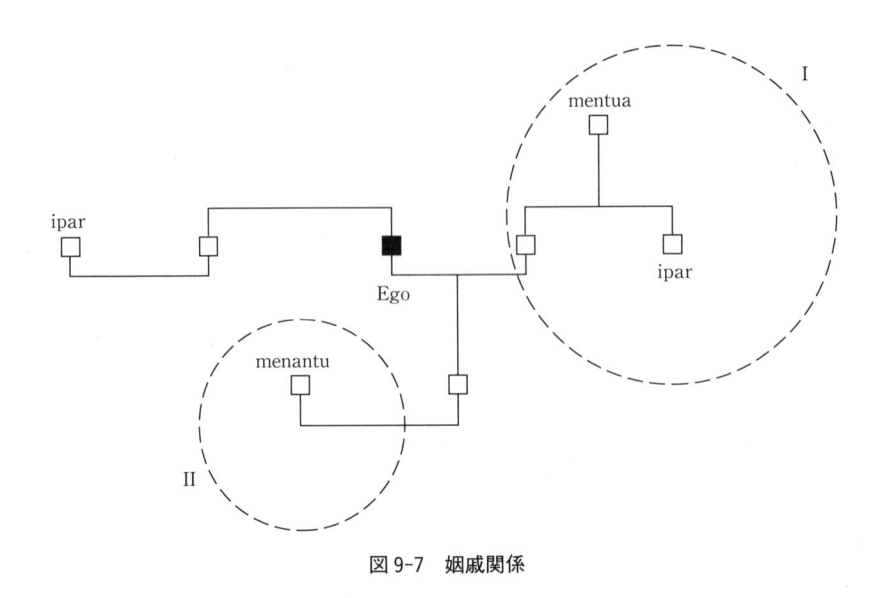

姻戚関係者を示すにすぎない．要するに，図9-7のように，姻戚関係がⅠからⅡに時間の経過とともに広がっていき，この婚姻を通しての関係が生活の核に組み込まれていくと言え，ある意味では姻族は親族と等価なのである．

（3）親　　族

　親族の範囲については，遠い/近いの区別と，ある程度離れてしまうと親族としては認めないことの二つが共通に指摘される．遠近の境を第2イトコにおくか第3イトコにおくか，非親族を第4イトコ以上にするかということは，どのようなコミュニティ研究をとっても住民が一致して認めるような境界はみられない．むしろ，G^0とG^{+1}とのキョウダイとその子孫とが親族圏の核になると解釈する方が明確になる．ププ関係を世代の距離と等置するのは理論的には正しいが，生活の共同・協力ということでは当然同世代との交渉の機会が多くなり，年老いてからは日常の接触のある範囲の子孫につながりの感情がより強く持たれることは注意されてよい．
　これらの社会では，血縁というものはそれだけで価値をもっているのではなく，他の生活条件が加わらなければ社会関係として発動しないと考える方が的

を射ているのかもしれない．恐らく血縁ないしは生物学的紐帯があるが故に発動すると考えられやすい親子関係も，例えばオラン・フルのように7〜8歳で自由に他の家に寝泊まりしたり，マレー農民のように親子の間で貸借契約関係に入ったり，マレーやブギス人の貴族のように親と子との争いが常時みられたりすることを考えると，少なくとも血縁が社会関係を構成する十分条件でもないし，祖父母—孫のように他の結びつきによる関係が代替しうることを考えれば必要条件でもないかもしれない．この三つの社会では，血縁ないし親族関係というのは社会的に一定の定義が与えられて義務・権利が明確にされているように見えるが，実際にはむしろそれを操作して，たくさんある社会関係の中の一つを選択する枠組にすぎないと言える．

（4）世　　帯

　これら三つの社会には，いわゆる親族の中を切り取った小家族を指す語は，部分でもって全体を代表させる提喩的用法以外にはない．マレー，ブギスには「家」を一つにする人々ないしは世帯を指す語があるが，オラン・フルの場合は，家中心というよりも夫婦中心という原理が強く，家中心の語は報告されていない．同じマレーシアのオラン・アスリのマッ・ブティセッ (Ma' Betisek, Besisi, Mah Meri) 人でもクラミンという語が使われているが，報告者はこれをhouseholdと訳し，二人が婚姻関係に入ることによって生じてくる共住単位としている．この社会では，もともとオドッ (odo') という語が使われていたといい，現在でも夫婦を呼ぶ世帯名 (household name) のことをグラー・オドッ (gelah odo') という[58]．同じオラン・アスリのチェウォン (Chewong) 人の場合も夫婦が生存のために必要なすべての仕事をする自給自足的単位と報告されていて，同様に世帯 (household) が訳語として使われている[59]．このことは「夫婦」（対）ということばが使われていても世帯と考える方が適当であることを示している．

　世帯あるいは「家族」という単位は，大きな政治組織が確立して徴税，賦役の単位となるときにある程度画一化される．その意味で，そのような単位の必要でなかったオラン・フルと，その他のブギス，マレーとは区別されねばならない．より生存に密着した単位と為政者の意向にそった権力からの押しつけによる組織単位とは自ずから異なったものとなったとしても不思議ではない．同

表9-2　オラン・フル，マレー，ブギスの比較

比較の要素	オラン・フル	マレー	ブギス
二者関係	対称的相互性	非対称的相互性	階統的相互性
二者関係の基本的表象型	夫婦 (kelamin)	キョウダイ (saudara)	親子 (siajing)
男と女	一対	移動/非移動	拡張/凝集
夫と妻	平等	上/下	
キョウダイの結合	兄弟と姉妹	姉と妹	兄弟と姉妹，兄と弟
キョウダイ名称	B=Z	弟妹のみ B=Z	B/Z
親子関係	(F・M)−Ch	F/M-Ch	F−S
結合の契機	協働・生産	共住	中心への従属・土地
対人関係の規律	pantang/punen (タブー)	rasa (感じ)	siri' (恥)
	互酬性	pangkat (地位)	

時にマッ・ブティセッ人にみられるような借用ないしは相互影響の問題も慎重に考えられるべきであろう．

（5）模式的比較

ブギス，ムラユ，オラン・フルの親族組織は基本的には同じであるという前提の上で，それらの違いを模式的に示すと表9-2のようになる．

9-4　おわりに

（1）親　族　圏

人の一生という観点からみると，親族の範囲というものは親族名称表のような静態的なものではなく，伸縮可能な社会圏である．生まれたときに組みこまれる親族圏では両親のキョウダイとの結びつきが重要となる．これら尊属の配偶者は生誕以前に親族圏に関係を持っているものとして，血族と変わりなく関係が持たれる．いわば「親」族を構成する．イトコは婚姻可能な対象として，キョウダイは相互援助の相手として存在する．彼らの配偶者はイパルとして頼

りになる関係になることが多い．自分の家を持って独立すると，配偶者の親族との関係（イパル，ムントゥア）が重要になってくる．この段階は「キョウダイ」族を構成すると言ってもよいかもしれない．これが「家」族である．子どもが独立していくと，尊属や同世代親との関係より卑属親との感情的な結びつきが強くなり，いわば「子」族とでも言える関係を形成する．必ずしも直系の子孫のみではなく，傍系のものも組み入れられる．

このような個人中心の流動的な親族圏も，ブギスの王族に顕著にみられるように，近親婚による親族核の形成と昇嫁婚によるその拡大とが計られていき，ある一定の祖先から出自した子孫のストックを事実上作り上げることになる[60]．これは王族，貴族のみではなく，村落レベルでもハボト H. T. Chabot やバリジ K. O. L. Burridge の報告のように親族核が形成されていることが分かる[61]．そしてこのような親族のストックはその核からの遠近によって，財の相続，地位の継承に差異を生ぜしめる．これは血筋という親族原理が操作されるわけである．メンバーの包摂・排除が実際には政治的経済的理由によってなされても，その説明には長子優先，男系の強調，称号の違いによる血統逓減の法則などの理由付けがなければ，曖昧な親族圏となってしまうのである．

（2）二者関係

「親」族，「キョウダイ」族，「子」族と族という字を使っているが，もちろんこれは一つのまとまりのある「集団」というわけではない．親族名称がすべて二者関係によって規定されているように，親族も二者関係の累積態である．この意味で，世帯を中心として切り取られた親族を家族圏ということばによって表現することができる．そのような社会圏は必ずしも認知されるすべてのものが一定の義務・仕事を共同で遂行したり，財を管理したりすることなく，また時に応じて寄り集うさいにもその範囲は曖昧であり，しかも厳密なメンバーシップの固定ということもない．これは loosely structured と言っているのではなくて，家族や親族に固有の構造がそれ自体で形成されるというのは疑わしいということを言っているだけである[62]．構造は二者関係とその統合の契機とに求められなければならない．

親族示称の中で，お互いに同じ名称で指示するのは同世代に限られている．この場合も呼称になると，年齢の上下によってキョウダイ名称が使われる．例

外はキョウダイの配偶者どうし，子どもを結婚させた親どうしのみである．すなわち，親族関係を表わす名称は，世代または年齢の上下によって区別されていて，常に上下関係が明確にされる．長幼の序列といった道徳的規範には直接結びつかないが，社会的位置づけということが二者関係の根底にあるといえる．

言い換えれば，社会関係を通底するのは二者関係の均衡維持であって，この均衡・調和が文化的に意味あるようにお互いを格づけ位置づけるために，自然に基づいたと幻想される親族関係の用語が枠組として使われる．枠づけられた二者関係の維持を行為原理とするのを対人主義という．対人主義の特徴は，枠組の親族関係より二者関係の調和の方が大事にされながら，表面的には常に親族関係を優先させるかのように操作することにある．そしてこの原理は，domestic 対 politico-jural あるいは private 対 public という次元の区別を越えて適用される[63]．

（3）最小生活共同単位

9-3 節(4)に述べたように，いわゆる家族という語をそのまま表現する語は，これらの社会にはない．すべて共住を契機とするあるいは家屋を中心とする名称で代替している．これはジャワ人のソマー，イバン人のビレッ (bilek)，タイ人のクローブ・クルア，ビルマ人の qeindaung，イフガオ人の hin-bale，台湾アミ人の roma'，あるいは日本のイヘ，ベトナムの nha'についても同様である．ベンダーD. R. Bender もアフリカの Ondo 人，Bambara 人，Kanuri 人の他に，オセアニアの Tikopia 島の paito の例を挙げている[64]．

夫婦・子を中心とする家族の語が存在していないからそのような概念はないと断定するわけではないが，「家族」がない筈はないから無理にそれを作り上げたり，枠を押しつけたりする必要はない．むしろ人類学者の目の梁を取り除くことが大切であろう．東南アジアでの世帯はその家屋に共住するメンバーが親族核と重複することが多いので，「家族の顕現が世帯である」と言った表現が取られることになる．むしろ，人類学，社会学で区別されるような世帯・家族の分け方は混乱を招くもので，現実に即して，世帯と親族との区別とする方が合理的でもあり，混乱がない．対比されるべきは，婚姻・親子・キョウダイ関係をモデルにする親族と，社会的空間を基盤とする世帯とであって，家族というのはこのいずれの系列に属するのか曖昧にさせたまま使われやすく，むしろ分

析概念として不必要であって，それだからこそ「家族圏」というような語を作ったり domestic という曖昧な機能を持ち込まねばならなかったのである．

（4）跋　　尾

　最小生活共同単位としての世帯は，面接的関係を維持しともに年をとっていく人々との共住を原理とする．共住を契機とする結合は親族関係という文化的概念により強化される．親族は文化的に規定されたキョウダイ関係（adik-beradik, saudara, silessureng）と親子関係（anak-beranak, sanak, sianang）と婚姻とを基本とするが，父・母・子という集まりが自然の単位としてあるというのではない．家族という独立の文化的単位は明確ではなく，より広い親族と同じように表現されるにすぎない．現実を表象しているとみられる絵がここにある．この絵は薄い膜が何枚も重なってできているとして，薄膜をはいでいく作業と薄膜を通して現象を見る作業とが人類学者に課せられているとしよう．まず世帯という柄が親族という地に描かれているように見える．ところが世帯の柄を取り除いてみると，親族というのも一つの柄で，その下にまた地が見えてくる．さらに親族の描かれている膜をめくってみると，今度は社会関係が柄となって表われて，その下に生物学的紐帯あるいは「自然」という地が表われてくる．しかし，この自然も文化によって描かれた絵であることをまぬかれない[65]．図柄と地あるいは文化と自然との関係は表象に頼っている限りどこまで行っても相対的なものである．これを逆観すれば，共住を契機とする二者関係の結合，分離という地に世帯の膜，親族の膜，社会関係の膜，「世界」（＝自然）の膜を被せているとみることもできる．家族・親族・婚姻・血縁というものは，自然に近い普遍的なものではなく，特殊な文化的所産としての柄であって，あくまでも地としてみるべきではないということを主張したい．言い換えれば，常識の膜をはいで事実を顕らかにする人類学者，社会学者自身が自分の民族的用語という常識の膜を現象に被せてしまっているということである．親と子とを基盤とする生育制度としての家族を普遍的な分析概念として用いる必要はなく，むしろ共住を原理とする世帯の分析で十分である．「家族」という用語をあたかも親族内の当然分離しうる基本的な単位として設定する必要はないし，民族誌的にみても設定しない方が妥当であることを主張したい．

第9章 註
1）この定義は村武精一『家族の社会人類学』（弘文堂，1973年）によるものである。世帯を機能・形態から捉えるか，文化概念の単位ないしは規則・戦略からなる文化システムとして捉えるかについては，Robert McC. Netting, Richard R. Wilk, and Eric J. Arnould (eds.) *Households: Comparative and Historical Studies of the Domestic Group* (Berkeley: University of California Press, 1984)の諸論文参照。また Sylvia J. Yanagisako, "Family and Household: The Analysis of Domestic Groups," *Annual Review of Anthropology* 8 (1979), pp. 161-205；山路勝彦『家族の社会学』世界思想社，1981年；上野和男「大家族・小家族・直系家族 ── 日本の家族研究の三つの系譜」『社会人類学年報』10，弘文堂，1984年，29-50頁，など参照。歴史的・民族的には英語の family と household とは同一視されたり，混同されたりしている。

2）個人と社会との中間にある単位のうち，最も小さなものとして認められているもの。E. A. Hammel, "On the*** of Studying Household Form and Function," in Netting *et al*., *Households*……, p. 41. は，個人を越えた（より大きな）集団で，最も大きな多機能的な corporacy を備えているもの，とする。

3）世帯概念に共住（集団）と生活遂行上の機能（domestic function）という本来別個の社会現象が含まれているという Donald R. Bender, "A Refinement of the Concept of Household: Families, Coresidence, and Domestic Functions," *American Anthropologist* 69 (1967), p. 495 の指摘参照。第7章において，(1)現実の生活単位としての世帯と，(2)結婚・出生・養取を基礎とする家族紐帯と，(3)それらに基づいて当該社会で構築されている家族概念（理念型）との区別を提唱したが，本章では，そこでも触れた家族と親族とが連続していて明確に分けがたい点をさらに敷衍して，(2)と(3)の面を親族関係の一部として包摂することを目指している。

4）Renato Rosaldo, "Where Precision Lies: 'The hill people once lived on a hill'," in *The Interpretation of Symbolism*, edited by Roy Willis, London: Malaby Press, 1975, pp. 1-22.

5）具体的な地位関係を決定するのは，庶民に至るまでこの系譜と婚姻関係とによる。前田成文「生活環境と社会組織 ── 南スラウェシの一山村誌」『東南アジア研究』20 (1982)，130頁参照。

6）Mattulada, *Latoa: Satu Lukisan Analitis terhadap Antropologi-politik Orang Bugis* (Disertasi Universitas Indonesia, 1975) 参照。南スラウェシではロンタラッ（lontara'）と呼ばれる貝葉文による系図，伝承などを通して，ガリゴ期（9/10世紀から12世紀），ロンタラッ期（13〜16世紀），イスラーム期（17世紀以降）に時代区分する。ガリゴ期に土着勢力の仲裁者として王位についたという伝承が多いのであるが，この土着勢力のアナンは，慣習共同体（adat community）と解釈され，アナンはいくつかのソアジン（soajing, kinship groups）からなり，ソアジンはラッペ（rappe, consanguineal groups）とスンプン・ロロ（sempung lolo, affinity groups）とからなると考えられている。Mattulada, "Pre-Islamic South Sulawesi," in *Dynamics of Indonesian History*, edited by Haryati Soebadio and Carine A. du Marchie Sarvaas, Amsterdam: North-Holland Publishing Co., 1978, pp. 123-140. 神話の分析から，古層のブギス社会は天と地との二元対立を中心にした母系制夫処婚の親族制度だとする考えもあるが，民族誌的な証拠はない。親族集団を血族集団と姻族集団とに分けてモデル化するのは，この二元論的な考えにとらわれているのではなかろうか。もし血族と姻族とを親族集団の下位構成単位として考えるなら，嫁を出す集団と嫁

を受け取る集団と言うことになる．このような婚姻システムはブギスでは報告されていないし，そのようなシステムとしてはこのモデルは不完全である．これは，当該のブギス語を簡単に集団と解釈することから起きる誤りであって，むしろ準拠枠となる個人を中心としてみたカテゴリーとすべきである．

7) ただし，王となるためには血だけではなく，正当性を賦与する神器の継承と，即位に当たっての「人民」との契約とを行わねばならない．この神器を指すブギス語（カロンポアン kalompoang, アラジャン arajang）が，大きい（ロンポッ lompo', ラジャ raja）という語の派生語であるのは，「大きさ」と上下関係との結びつきを示唆していて興味深い．
8) 例えばパンケプ Pangkep 県の山村であるバンティムルン Bantimurung でのように，男の血の方がより大きく子に影響するとも言う．前田成文「生活環境と……」参照．
9) ）血統の低い男が血統の高い女と結婚するためには，通常の倍，3倍の婚資を支払わねばならない．これをシドラプ Sidrap 県のアンパリタ Amparita では「血を買う」（mangalli' dara'）という．
10) Susan Bolyard Millar, "On Interpreting Gender in Bugis Society," *American Ethnologist* 10 (1983), p. 483.
11) Mattulada, *Latoa*……参照．シドラプ県のアンパリタでは，各々を siparewakkane（もとにもどる），arungkakane（よい，うまい），sipattujuang（戻らせて認める）とも言う．
12) 前田成文「コミュニティ宗教におけるシンボル——南スラウェシ省アンパリタにおける事例」『東南アジア研究』14 (1976), 408-432 頁；「生活環境と……」参照．
13) Mattulada, *Latoa*……
14) Miller, "On Interpreting……" p. 485.
15) *op cit*., p. 484.
16) もちろん「夫婦」などの語がないわけではない．詳しくは前田成文「生活環境と……」参照．
17) 前掲書122頁．
18) Miller, "On Interpreting……" p. 485.
19) ただし，年齢は下であるが地位の高いものが，年齢は上であるが地位の低いものを呼ぶときにはカレッ（kare'）を用いる（アンパリタの事例）．
20) ルッス（lessu）に対応するマカッサル語はラッスッ（lassu'）である．ラッスッについて A. A. Cense, *Makassars-Nederlands Woordenboek* ('s-Gravenhage: Martinus Nijhoff, 1979) は，生まれる，出てくるという語義の後に "v. kind uit moederschoot" として，母方のニュアンスを示唆している．
21) Shelly Errington, "Embodied *Sumange'* in Luwu," *Journal of Asian Studies* XLII (1983), pp. 545-570.
22) Narifumi Maeda, "An Inventory of Agricultural Rites in Amparita, Sidrap," in *Transformation of the Agricultural Landscape in Indonesia*, edited by N. Maeda and Mattulada, Kyoto: CSEAS Kyoto University, 1984, pp. 123-140.
23) Martin G. Silverman, "Some Problems in the Understanding of Oceanic Kinship," in *The Changing Pacific: Essays in Honour of H. M. Maude*, edited by Niel Gunson, Melbourne: Oxford University Press, 1978, pp. 94-109.
24) Shelly Errington, "Siri, Darah dan Kekuasaan Politik di dalam Kerajaan Luwu Zaman Dulu," *Bingkisan Budaya Sulawesi Selatan* 1 (2) (1977), pp. 40-62.; Miller "On Interpreting……"

25) イスラームへの改宗はマラカの方がスラウェシより早い。両者を対比させて、マラカ王朝成立以後をスラウェシのロンタラッ期とし、スラウェシにおいてゴワ・タッロ Gowa-Tallo 王国が占めた位置をマラカ王朝が占めたと考えることも可能であろう。そうすればスラウェシにおける国家形成の伝統を最初に示したとされるルウッ王国は、マラカの場合スマトラの王国ということになろう。
26) David J. Banks, *Malay Kinship* (Philadelphia: ISHI, 1983) のように親族制度の面でのイスラームの影響を強調するものもあるが、むしろアダトに受容されたイスラーム、イスラームと一体となったアダトの観点の方が、生活全体を律しようとするイスラームの理解には適切であろう。Roy F. Ellen, "Social Theory, Ethnography and the Understanding of Practical Islam in South-East Asia," in *Islam in South-East Asia*, edited by M. B. Hooker, Leiden: E. J. Brill (1983), pp. 50-91. ペルシャ、スーフィズムを通して国家に及ぼしたイスラームの影響については同書所収 (pp. 23-49) の A. C. Milner, "Islam and the Muslim State" 参照。
27) J. M. Gullick, *Indigenous Political Systems of Western Malaya*, London: The Athlone Press, 1958.
28) Syed Husin Ali, *The Malays: Their Problems and Future*, Kuala Lumpur: Heineman Asia, 1981.
29) Gullick, *Indigenous*...... pp. 21-22.
30) 前田成文「双系的親族組織におけるイトコ婚の一考察」『東南アジア研究』10 (4) (1973)、495頁。
31) B. F. Matthes, *Boeginesch-Hollandsch Woordenboek*, 's-Gravenhage: Martinus Nijhoff, 1874.
32) このことはキョウダイ・イトコ間の名称上の距離がブギスの方が遠いということを表わしているとも考えられる。
33) 会話のレベルによって、フォーマルで改まった場合は外来語が用いられる。家庭によってはパパッ (父) などもアヤー、アバという語を使わせるものもある。
34) ジャワ語のバティー (batih) は小家族を指すという。Koentjaraningrat, *Javanese Culture*, Singapore: Oxford University Press, 1985, p. 220, note 66 参照。
35) Thomas R. Trautmann, *Dravidian Kinship*, Cambridge: Cambridge University Press, 1981, p. 44.
36) Ronald B. Inden and Ralph W. Nicholas, *Kinship in Bengali Culture*, Chicago: University of Chicago Press, 1977, p. 70.
37) 逆に近代になってサンスクリトの語形変化をモデルにしてサウダリ (saudari) という女性形を作ったという。J. Gonda, *Sanskrit in Indonesia*, 2nd Edition, New Delhi: International Academy of Indian Culture, 1973, p. 428. なお、ファースはクランタン Kelantan の例から saudara を "relative; by inference, sibling" としてキョウダイの意味が派生的であることを示唆している。Raymond Firth, "Relations between Personal Kin (Waris) among Kelantan Malays," in *Social Organization and the Applications of Anthropology*, edited by Robert J. Smith, Ithaca: Cornell University Press, 1974, p. 27. 現在では「キョウダイ」「親族」「仲間、同志」等を包摂して使われるために、どの意味が第一義的であるかをマレー人は明確に意識していないように見える。スランゴル州の都市マレーを調査したマッキンレーは、アデッ・ブルアデッが限定されたキョウダイ・セットを指すのに対し、サウダラは広狭の意で柔軟に用いられることを報告している。Robert

Mckinley, "Cain and Abel on the Malay Peninsula," in *Siblingship in Oceania: Studies in the Meaning of Kin Relations*, edited by Mac Marshall, Ann Arbor: University of Michigan Press. 1981, p. 385, note 3.
38) S. M. Zain は se-anak (いっしょの子) の省略形とする。Sutan Mohammad Zain, *Kamus Moderen Bahasa Indonesia*, Jakarta: Grafica, n. d., p. 666. なお、ヌグリ・スンビラン Negeri Sembilan では母方の平行イトコを指す。P. E. de Josseling de Jong, *Minangkabau and Negri Sembilan: Socio-Political Structure in Indonesia*, 3rd Impression, 's-Gravenhage: Martinus Nijhoff, 1980, p. 127.
39) Firth, "Relations......"
40) William D. Wilder, *Communication, Social Structure and Development in Rural Malaysia: A Study of Kampung Kuala Bera*, London: The Athlone Press, 1982, p. 36, p. 87.
41) 口羽益生、坪内良博、前田成文 (編)『マレー農村の研究』創文社、1976 年、287-288 頁。
42) McKinley, "Cain......" ただし、この "sibling group" をアデッ・ブルアデッにあてているのは (同書 364 頁) 不適当であろう。アデッ・ブルアデッには「キョウダイのように見なす」と言う意味があり、キョウダイだけを指す語とするのには賛成できない。
43) Firth, "Relations......" pp. 46-47.
44) Wilder, *Communication,......* pp. 95-96, p. 64.
45) Banks, *Malay Kinship......* p. 102.
46) J. Djamour, *Malay Kinship and Marriage in Singapore*, London: The Athlone Press, 1959, p. 26.
47) Banks, *Malay Kinship......* pp. 67, 54-56. バカは一般には、先祖ないしは親族、血筋の意味に用いられ、母方を指すサカと対比させて、父方の祖先・血筋を指すことがある。Zain, *Kamus......* p. 657. あるいは Teuku Iskandar (ed.) *Kamus Dewan*, Cetakan Kedua, Kuala Lumpur: Dewan Bahasa den Pustaka, 1984, p. 74, p. 1009. McKinley ("Cain and......" p. 373) は父のブニーと母のダラーとによって子どもが形成されると報告している。
48) Inden & Nicholas, *Kinship......* の Bengal での分析の用語。
49) Banks, *Malay Kinship*, pp. 169-171.
50) Wilder, "*Communication,......*" p. 91-92, 65.
51) Ronald Provencher, *Two Malay Worlds: Interaction in Urban and Rural Settings*, Berkely: Center for South and Southeast Asia Studies, University of California, 1971, p. 148.
52) 比較というのは所与の表象があってはじめてできることであって、たとえそれが貧しい村人ひとりだけのものであっても、村長のものであっても、国政に参与するインテリのものであっても、大学院生のフィールドワークに基づくものであっても、人類学者のものであっても、現実態を解釈するためのモデルである限り、比較のための表象としての価値に変わりはない。それらの表象が現実態にどれだけの妥当性をもっているかということは、個々の民族誌の中で検証されるべきであろう。
53) David M. Schneider, *A Critique of the Study of Kinship*, Ann Arbor: University of Michigan Press, 1984.
54) Mattulada, *Latoa*: ......; Wilder, "Socialization......";および本書第 2 章。
55) ブギス語のウレッ ure' はマレー語のウラト (urat) と同じく、血脈、肉の筋、葉脈、神経

など，脈・筋の意味である．往々にして，根・中枢のアカル（akar）の意味にも使われ，例えば古いブギス語で ure' karaka bessi（鉄のまとわりついた筋）は，神聖なあるいは高貴な祖先を意味するという（Gilbert Hamonic 氏の御教示による）．

56) William D. Wilder, "Problems in Comparison of Kinship Systems in Island Southeast Asia," in *Changing Identities in Modern Southeast Asia*, edited by David J. Banks, The Hague: Mouton, 1976, p. 305.

57) 末成道男『台湾アミ族の社会組織と変化——ムコ入り婚からヨメ入り婚へ』東京大学出版会，1983年，246-247頁によると，アミ族ではマレーのビサンにあたる関係に対して，福建語からの借用である「親家」を最近使うようになったという．親族名称の変容を考える上に示唆的である．

58) Wazir-Jahan Karim, *Ma' Betisek Concepts of Living Things*, London: The Athlone Press, 1981, pp. 27-28.

59) Signe Howell, *Society and Cosmos: Chewong of Malaysia*, Singapore: Oxford University Press, 1984 pp. 45-49.

60) Shelly Errington, "Siri, Darah dan Kekuasaan Politik di dalam Kerajaan Luwu Zaman Dulu," *Bigkisan Budaya Sulawesi Selatan* 1 (2) (1977), pp. 40-62; Jeremy H. Kemp, "Cognatic Descent and the Generation of Social Stratification in South-East Asia," *BKI* 134 (1978), pp. 63-83.

61) H. T. Chabot, "Bontoramba: A Village of Goa, South Sulawesi," in *Villages in Indonesia*, edited by Koentjaraningrat, Ithaca: Cornell University Press, 1967, pp. 189-209.; K. O. L. Burridge, "The Malay Composition of a Village in Johore," *Journal of the Royal Asiatic Society, Malayan Branch* 29 (1956), p. 60-77.

62) 北原淳「タイ中部一村落における同姓グループ（トラクーン）について」『神戸大学文学部紀要』2（1985），23-67頁．

63) 前田成文『東南アジアの組織原理』勁草書房，1989年．

64) Donald R. Bender, "A Refinement of the Concept of Household: Families, Coresidence, and Domestic Functions," *American Anthropologist* 69 (1967), pp. 493-504.

65) 清水昭俊「出自論の前線」『社会人類学年報』11，弘文堂，1985年，9-11頁．

急

第Ⅲ部

地域研究に向けて

(マラカ海峡の島を俯瞰する，1993年)

オラン・フル社会に沈潜し，そこから流離する努力を第Ⅱ部ではした．いよいよその努力をばねに飛翔しようとするのが第Ⅲ部である．その飛翔の仕方には二つある．重要な指標となる現象の類型論を構築して地域的特性の分析をしようとする方向がある．すなわち一つは色眼鏡をかけて飛ぶことである．色眼鏡には特定の事象しか目に入らない仕掛けがしてある．第10章は，「家族」現象しか目に入らない飛び方をしている．従ってこの方法では，せっかく飛翔しながらどうしても分析的にならざるを得ない．ディシプリン的地域研究を完全には脱皮していない．第Ⅰ部，第Ⅱ部と読んでこられた読者には，比較的抵抗をおぼえずに読める章であり，それらのまとめとも取れる．家族圏によって家族を根本的に見直したいという願望の理論化でもある．

　飛翔のもう一つの方法は裸眼ですべて見ることである．全体に焦点をあわせて見てゆけば何かが分かるという立場である．この立場に対する批判は強い．全体を一度に俯瞰しながら飛べば，結局何も分からない．科学としては成立しない．総合性に疑義をとなえる人はこのように言う．しかし，想像力を媒介とする総合は認識にとってなくてはならないものである．とすれば分析手法にこだわる人は，その人たちもミクロな総合は常にしているにもかかわらず，単に尺度（スケール）の大きなものに対して総合性は駄目だと反対しているにすぎない．どのスケールまでであれば許容できるのかというのはまったく恣意的に

すぎない．

　裸眼による総合は分析と相まって，科学のあるべき一つの姿だとしても，家族圏そのものを総合的地域研究につなぐのは難しいように見える．それを承知の上で，あえて社会空間である圏概念を地域概念の根底において見ることによって総合への道を探ろうとしたのが第11章である．そこでは圏と構造という一見相反する概念の融合を求めている．家族圏が圏として認識されるのはそこに見えない構造が潜んでいるのであるとする論法を地域にもあてはめている．その構造は，圏と人とが相互作用によって作りあげるもので，それを媒介するのがエコ・アイデンティティなのである．エコ・アイデンティティはオラン・フルの家族圏，コミュニティにおける共住にその原像を求めることができる．第11章が，糸の切れた風船となるか，物見の気球としての役をはたすか，読者の判断を仰ぐしかない．

　第Ⅰ部から第Ⅲ部への流れは，不束な説明ではあるが，ある程度は了解していただけよう．ひるがえって第Ⅲ部から第Ⅰ，Ⅱ部を見れば何が言えるか．第Ⅰ部，第Ⅱ部が総合的地域研究ではないというのはた易い．しかし，このような蓄積がなければ総合的地域研究が成り立たないのも事実である．沈潜と飛翔を往還する心をもって最後の2章を読んでいただければ幸いである．

第10章
ネットワーキング家族

10-1　家族論の境位
10-2　家族の関係性
10-3　関係は本質たりうるか
10-4　綜観への道

10-1　家族論の境位

　家族社会学，比較社会学，家族史研究，比較文明論などによる家族の研究は，きわめて多くの蓄積がある．家族社会学は，主に親族からなる集団すなわち家族集団内の社会関係のダイナミックス，集団外との関係，集団（形態）と役割関係，構造，制度に焦点を当てる．比較社会学は，家父長制などの制度や関係の質に視点を合わせて研究を行っている．母権論に始まるとも言われる家族史研究は，家族の制度的発展変化を国別に追跡している．比較文明論は，家族制度をパーソナリティ，社会制度，国家機構あるいは文明の特徴と結びつけて議論する．例えば，シューF. L. K. Hsuのオヤコ関係とキョウダイ関係の相関によるクラン，カスト，クラブ，家元の概念的区別は，中国，インド，アメリカ，日本の社会の違いを明らかにしている[1]．トッドE. Toddは，家族制度の連続（永続）性（少なくとも500年）を前提に，比較的変化の少ない家族関係が政治システムのモデルとなり，個人と権力体制との関係を決める，という理論を提示している[2]．さらに，オヤコ関係が自由主義的か権威主義的か，キョウダイ関係が平等か不平等かによって，絶対核家族（イングランド），平等主義核家族（北フランス），直系家族（ドイツ），共同体家族（中部イタリア）に分け，その分布図によって，家族制度とイデオロギーの相関，識字化と工業化との相関を説いた．利用できる資料の量（豊富さ），あるいは研究されている頻度・濃度によって描かれる分布図も変わってき，それにともなって分布図に現れる類型の数も増減するのではないかという批判もあるが，大きなインパクトを家族研究に与えたことは間違いない．

　人類学・民族学は親族制度に視点を当てながらG. P. マードクのように親族の核としての家族構造の比較も行う．初期の家族史研究は法学者によって書かれた．現在では法律の面からの家族研究は重要であるし，生殖技術の進展とともにますます必要不可欠のものとなってきている．もちろん経営体としての家族，家庭論など経済学的側面からの研究蓄積も見逃せない．また，生物学，医学，心理学，文学はもとより，カウンセリング，ジェンダーの視点から，文化研究からも家族は問い直されている．

このように家族はそのミクロな面においては，社会学，人類学，心理学などがもっぱら扱うように見えるが，その実マクロへの接点としてあらゆる分野の学問が関わる．そして実証的には証明されないにしても，しばしばマクロな現象を支える重要な基礎単位として家族は位置付けられる．基礎単位であるから，それを基礎に他の社会現象を説明することになる．

　また基礎単位であるから，どのような社会，文明にも家族があるという前提で比較が行われる．比較の対象を特定するために家族の定義があるわけであるが，それは自分達が知っていて，しかも現実に生きている生活から帰納的に導き出されたものが多い．そしてそれを相対化することによって家族類型概念が生まれてくる．その変異を時間軸で捉え（歴史的変化），空間的に分布を確定する（文化的差異）．しかし，この作業だけで終わることはなく，時間と空間とを交差させて，時系列に基づく進化論的な評価を文化的な差異に与えることもある．

　家族（あるいは親族）制度の連続性あるいは変化のしにくさ（歴史性），家族が社会の集団的基本単位であるという家族の集団性を前提として，社会構造を家族に還元して説明しようとする．関係から出発しているシューにしてもトッドにしても結局は集団類型に還元される．説明原理としての家族制度を強調することにもなる．上野千鶴子の言う社会構造の家族還元説である[3]．

　本章は，家族の定義に最初から集団性を持ち込まず，しかも家族を集団類型による分類ではなく，関係によって捉えようとする試みの一つである．地域研究的視野から，関係的立場にたってマクロとミクロとをつなぐかけ橋（つなぎ）として家族を捉えることを目指す．比較文明論は勝れて地域研究でなければならないというのが本論の通奏低音となっている．

10-2 家族の関係性

　日本や西洋の近代家族と形態的には似ているマレーシアのマレー農民の家族を分析するために，＜家族圏＞ということばを使った[4]．核家族集団の虚構性，イデオロギー性がマレー農民の家族を分析するに当たって有効でないというので，「家族を一人一人の他者との社会関係の積み重ねられた二者関係累積態」すなわち家族圏として捉えている．「圏とは集団性を問う以前の二者関係累積態」

であり,「未だ集団とも何とも言い難いところのものを家族圏」と呼ぶのである．したがって,家族圏は「出生・養取または結婚を契機として出現する,各個人を中心とする関係の認知の複合体」であって,二者関係の累積態が生活共住集団として認められたときはじめて家族圏の限界が形の上で表われてくる[5]．それが世帯である．共住と家族の概念あるいは世帯と家族との概念は分別されなければならない．その上で,人々の描く家族像と合わせて,家族関係,世帯の三つのレベルを区別することを提唱している．(第7章参照)

このマレーで見られる家族圏的な枠組みは東南アジアに広く見られる双系的親族組織における家族を観察するのにきわめて有効である[6]．家族圏のプロト・タイプとして第Ⅰ部ではオラン・フルの家族を取り扱った．第Ⅱ部では,家族構造の比較を行った．これらの二者関係に基づく社会関係の組織化を対人主義と名づけて,東南アジア社会を基盤づける特色の一つとした．

この特色付けはトッドが東南アジアの家族をアノミー的家族としたのと軌を一にする[7]．彼によれば,東南アジアはアノミー的家族,平等主義的核家族の変種である．最初はアノミー的家族ないしは偽の核家族システムと呼んでいるのであるが,後に平等主義的核家族の変種としている[8]．アノミー的というのは,ある種の規範があってもその規範が遵守されていないという意味,あるいは必ずしも西洋的な家族規範・規則に適合しないという意味でイメージされているようである．人間が他者と結びつける規範や規則が欠如するために感じる不安感を指すのなら,アノミー的ということばを使うのも面白いかもしれない．

アノミー的家族の特色は,①兄弟間の平等が不確かであって,相続の規則は原則として性別をも含めて平等であるが,実際にはフレキシブルである．男女の性別による差が平等的で,夫婦の間の紐帯が理念として核家族を支えている．②婚後の居住については,結婚した子どもは原則として両親と共住しないことになっているが,実際には受け入れられている．近隣ないしは同じ階級の中での,コミュニティ内婚,階級内婚が好まれ,地縁が重視される．③イトコ婚あるいは兄弟姉妹婚を含めて血縁者との結婚は可能であるし,時には頻繁に起こる,という三つが挙げられている[9]．このような家族の特色は,離心的な権力構造を生み,国家もきわめて崩れやすい．大きな国家組織になるときも,中心の社会構造が強いのではなく,分裂している社会だからこそできるという説明である．1980年代に軍隊に依存せざるをえない事態が東南アジアで頻発したのも強い政治機構がないからであるという．この種の家族は,ビルマ,カンボジア,

ラオス，タイ，マレーシア，インドネシア，フィリピン，マダガスカル，南米アメリンディアンを主たる分布地域としている．ただし，中国・ベトナムは外婚制家族，日本と韓国は権威主義的家族に属しているとする．彼の使っている参照文献から察するに，東南アジアは平野部の双系親族制度を持つ農民を中心に考察している．これはトッドの場合，参照している文献の限界でもあろうが，私は，東南アジアの特質を描き出す手法として意図的に考察の対象を平野部農民に限定して，ベトナムも東南アジアに含ませている．さらにトッドはマレーのアモッをパーソナリティ型の典型的な病理として取り上げて，マレーシアをアジア型アノミー的家族の中心的位置にあるとする[10]．マレーシアを東南アジアの典型とする点においても，理由は異なるがトッドと私とは同じ結論である．

　トッドの説明の仕方や宗教・イデオロギー・政治形態と家族制度との関係付けは別として，東南アジアの家族の一般的記述としては受け入れられるものが多い．東南アジアでは個人名のみで家族名がなく，家族としてのイデオロギーが欠如していて，上からの家族制度のシステム化がないなど，イデオロギーの上で家族が集団として捉えられていないことは明らかである．集団の首枷にこだわらず二者関係に徹して，トッドも述べているように西洋とは違うかもしれないがともかく個人主義的傾向を貫くのは，現代社会の「個族化」[11]，「個人化，個別化」[12] をも連想させる．トッドの分析で残念なのは，壊れやすさ，社会的非効率性，流動性によって歴史的な事象を説明するだけで，東南アジアシステムに対する積極的な評価がないことである．東南アジアの家族はアノミーではなく，家族のプロトタイプであり，関係を主体とした家族概念はポストモダンのあるべき家族のモデルの一つとなりうることを評価すべきであろう．

　いずれにしても，家族の集団としての虚構性は比較的容易に指弾しうることである．しかし，家族という単位の全体性が虚構であっても，虚構を必要とするものがあることは否定できない．それはまず，装置・システムとしての制度化である．家庭，世帯，生計，家事，家屋，生育制度が人間生活には必要なのである．それを如何に，どこで行うか．家族集団なくしては家族は語れないというのは，このレベルから話を始めるからである．家族集団から家族を見ることは，中間階級のイデオロギーであれ，家父長制のイデオロギーであれ，権力構造の一部に組み込まれた制度としてしか家族を捉えられないことになる．もちろんこれが統治のための徴税単位とでもなれば，上からの押しつけがついには理想の常態となる．家族を関係として見るというのは，ある意味では根源的

に家族を捉え直そうということである．

10-3 関係は本質たりうるか

　家族を集団としてではなく，関係の集積体として根源的に捉え直そうというのはそれはそれでよい．しかし，そのことによって失われるものはないか，そこから何が出てくるかということが問われねばならない．

　もし人間が流動的なものに耐えられず，常に固形，固定したものを求めると言うのならば，家族という集団の形を解体してしまうのは誠に不都合なことかもしれない．しかし集団だからと言って固定したものと考えるのは早計である．単にある集団を「家族」と呼んであたかも決まった形であると思わせるのはことばのせいである．ことばによって固定したイメージ，イデオロギーとなってしまうのである．

　関係として家族を捉えるのは，家族関係の社会学のようにある意味ではきわめてふつうのことでもある．ただ，集団ではないと言い切ってしまうと大変抵抗が起きてくるのである．それはなぜか．単位としてのイデオロギーが失われるからである．しかし，関係であればイデオロギーにならないかと言えば，そうではない．ただ家族がばらばらになってしまい，単位として取り扱う向きには不都合この上もない．家族集団を実体として捉える必要のある為政者には，単位がないということは権力維持がむつかしくなる．そればかりではなく研究者としても実体のないものを研究することは，研究者が実体を捏造していることを認めることになりはなはだ具合が悪い．

　一方では，ことばによる分節はすでに実体としての切り取りを予想している．家族ということばにより，対応する現実態があるはずなのである．しかしながら，家族ということばは文化によってさまざまである．通文化的に家族ということばを探して必ずしもすべての文化に同じようなものが見つかるとは限らない．研究者が家族と見なすことばの意味連関，意味のフィールドとも言うべきものを比較せざるをえない．(第8章参照) 比較文化，比較文明にたずさわる人は通約できないような差異に敏感であるはずであるが，前述したように，中には自分にとっての家族の理念形を中心に，他文化の差異をそれからの変異としか

見られない人もいる．研究者集団がディシプリンの発信国だけでなく諸文化に分布するようになると，普遍的概念が当然必要とされる．別の言い方をすれば，家族を主語にして述語を求めるのではなく，家族現象とでも言える述語の在り方を確定する作業が必要なのである．それが関係の型であっても何の不都合もないばかりではなく，述語である以上むしろ関係でなければならないということになる．

　日本語の家族は新しく普及したことばであるが，イヘ（家）の一族というように集団としてのイメージが強い．これに対して，マレー語を例に，むしろ関係概念を家族に当てる文化もあることを示した．（第7章参照）ことばによって現実を切るというのは本末転倒であるが，少なくとも家族集団という概念は普遍的ではないことを示しているように思う．

　家族を関係として捉えることによって，家族の集団イデオロギーを失うが，我々は人間のつながりをより根源的に考え直すことができる．その上で集団概念の必要性を考えればよい．機能の面からはどうか．生殖についてはむしろ関係的な見方の方が適している．生育制度としての家族はどうなるか．これも現在は変化のきざしが強く，例えば離婚夫婦の間の子どもの養育など一つ一つの関係に戻して考えられることが多い．心理的な安住の地としての家族は，必ずしも集団である必要はない．外敵に対する物理的防御の必要性がなくなったので，むしろ集団であることの弊害の方が今日では問題となり，より絆が重視されている．経済的単位としての家族はケースバイケースで，家族が本質的に経済的単位でなければならないということは決してない．性・経済・生殖・教育という基本的な機能については，現在の錯綜してきた家族現象の中では，いっそう家族集団ではなく，一つ一つの関係あるいはその複合にゆだねられる傾向にあるのではなかろうか．

　関係が家族の本質を把握する手段であるということに関しては，社会関係の基本モデルが家族関係にも当てはまるという考えを示唆した[13]．まず本来は関係のなかった二者が結びつく夫婦関係に見られるような，根源的対合（radical pairing）とでも言える関係がある．交感的結合とでも言えるもので，関係そのものを本質的なものと見，対人的均衡関係そのものの維持に努める．不安を軽減し，リスクを回避するために，信頼するかしないかを関係そのものから導き出す．この場合の信頼は，「コミュニティの成員達が共有する規範に基づいて規則を守り，誠実に，そして協力的にふるまうということについて，コミュニティ

内部に生じる期待」[14] のように，コミュニティを前提とするものではない．社会的不確実性が存在する中で相手の意図に対する期待である[15]．状況依存（不確定）的であり，自由意志によるものであり，規範によって指図されない信頼[16]である．根源的対合はギデンズ A. Giddens の純粋な関係性に近いかもしれない[17]．関係を関係として大切にするということで，他の関係類型の原型ともなる．コールマン J. S. Coleman が社会的行為の構造の概念図で示した交換関係に理論的には当たる[18]．交換関係という大きな場の中に，権威関係と市場と信用関係が資源所有をめぐって構造化されているように，この根源的対合は心理学者フィスク A. P. F. Fiske[19] のまとめた以下の四つの関係モデルの中心に位置する．

フィスクの四つの基本的社会関係モデルとは，まず①共同体的な伝統的関係として共同分有が挙げられる．依存あるいは親密さを求め，道徳判断，イデオロギーとしては伝統的正当性が働くという．上述のフクヤマ F. Fukuyama の信頼関係はこれに当たる．自分を搾取する行動をとる誘因が相手に存在していないと判断することから生まれる安心関係である[20]．②権威主義的な上下関係で層序的配分を行う．権力を志向し，カリスマ的な正当性に頼るという．③同じものとの釣り合いを求める平等主義．等物互酬性とでも言えようか．④価値が同じものと認定されたものの交換に見られる，市場原理による人間関係．業績達成の動機付けが卓越し，合理的・法的な正当性に頼る．

私のつけたした根源的対合を加えて，五つの関係モデルを図式化すると図10-1 のようになる．

家族関係を類型化すれば，夫婦関係，母子関係，父子関係，キョウダイ関係，イトコ関係が抽出できる．もちろん，ハハームスメ，チチームスコ，アニーイモウトなどのようにより具体化できるし，もっと個別的に誕生順などによる区別も付けられる．イトコ以外にも，オジ/オバーオイ/メイ関係も重要である．あるいは状況に応じた役割の使い分け，一生涯を通じての時間的な役割の変化が個人から見れば当然生じてくる．とりあえずは五つの基本モデルを念頭においてこの五つに絞ってみる．そうすれば図 10-2 のような対応関係が考えられる．五つの基本的社会関係モデルを家族関係によって使い分けるということである．

もちろんこれは一つの理念型にすぎない．ある空想上の社会では，このような対応関係が考えられるというだけの話である．トッドの親子関係，キョウダ

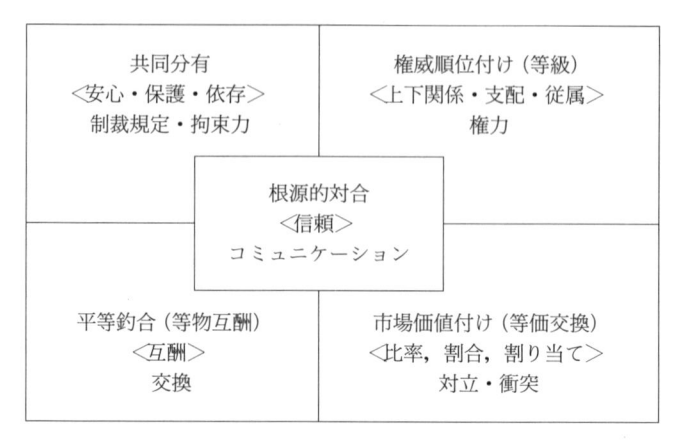

```
┌─────────────────────┬─────────────────────┐
│  共同分有           │  権威順位付け（等級）│
│ ＜安心・保護・依存＞│ ＜上下関係・支配・従属＞│
│  制裁規定・拘束力   │  権力               │
│          ┌──────────────┐          │
│          │  根源的対合  │          │
│          │  ＜信頼＞    │          │
│          │コミュニケーション│      │
│          └──────────────┘          │
│  平等釣合（等物互酬）│ 市場価値付け（等価交換）│
│ ＜互酬＞            │ ＜比率，割合，割り当て＞│
│  交換               │  対立・衝突         │
└─────────────────────┴─────────────────────┘
```

図 10-1　基本的社会関係モデルの位置づけ

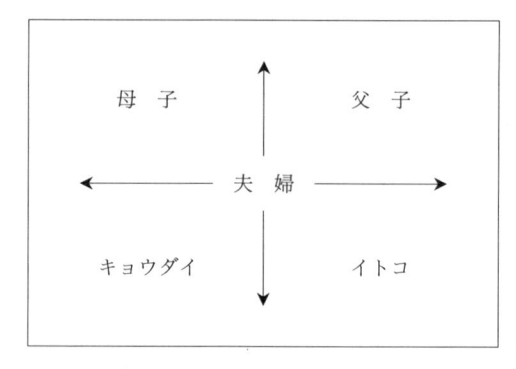

```
        母　子          父　子

        ←─────  夫　婦  ─────→

      キョウダイ        イトコ
```

図 10-2　家族親族関係と基本関係モデルとの相関図

イ関係による類型化を五つの基本的社会関係モデルから考えてみようとする試みと同じであるである。しかし，関係をより基本的に捉えて，それを凝縮された布置連関として家族現象の中で捉えてモデル化しようとするものである。このモデルは家族を比較する準拠枠としても考えられる。もちろん，家族関係を基本的社会関係モデルとどのように対応させるかは，文化の違いによって異なり，いろいろな布置連関を類型化しうる。しかし，第一次核的制度としての家族・親族においては，濃淡，強弱，重要性などの違いはあっても，5 基本モデルが何らかの形で生活世界の中に現れてくると考えてもよさそうである。

　フクヤマの信頼に戻れば，彼は家族紐帯が強固で「自発的コミュニティ」の

弱い中国，南イタリア，フランスを低信頼社会とし，家族の枠を越えた他者への信頼が育成されるアメリカ，ドイツ，日本を高信頼社会という．これは先に挙げた彼自身の信頼の定義と齟齬を生むようにも思うが，それはさておいて，信頼概念でこの基本的関係モデルを整理してもよい．図 10-1 では，根源的対合に信頼，共同分有に安心を当てている．根源的対合（夫婦関係）を山岸の言う一般的信頼と捉え直してみると，共同分有（母子関係）は習慣（馴れ親しみ）的信頼，権威順位付け（父子関係）は人格的信頼，平等釣合（キョウダイ関係）は互酬的信頼，市場価値付け（イトコ関係）は契約的信頼とでもなろう．夫婦関係は勝れて家族を越える一般的信頼関係なのである．そして，全体として家族が，その文化なり社会なりのルーマン Niklas Luhmann の言うシステム信頼を要請することになる．

　どのような社会関係を選択するかは個人の戦略であるが，同時にその選択に社会的な拘束力があるのは当然である．その拘束力が構造のどのレベルで働くのかという解釈をめぐって，一般化して比較できないという立場と，比較可能であるとする立場の相違が出てくる．後者の場合は，あるパターンが優勢に見えると結論づける研究者の方法も問われることになる．

　ここでは，この問題をアイデンティティと結びつけて解決したい．生活世界におけるネットワーキングはアイデンティティによって固定化（システム化）される（図 10-4 の左側の軸）．自己のアイデンティティは自己実現である内在的アイデンティティと，他者の承認の希求である外向的アイデンティティとがある．内在的アイデンティティと外向的アイデンティティとは対応する部分ももちろんあるが，必ずしも一致する必要はない．からだ，こころ，ことばという三つの軸で示せば図 10-3 のように，水平軸が内在的アイデンティティとなり，垂直軸が外向的アイデンティティの契機となる．ことばがアイデンティティを与える契機であることがわかる．

　家族にアイデンティティを認めることができるか．内在的アイデンティティとしてはネットワーキングに基づく再帰性として現れることもあり，存在しないこともある．その在り方はさまざまで，おそらく普遍的な家族の内在的アイデンティティというようなものを求めるのは不可能であろう．しかし，ネットワーキングから現れてくる創発的特性とでも言える構造はある．それをシステムとして際立たせるのが，外在的契機に依存する外向的アイデンティティである．外向的アイデンティティはシステムと生活世界との結節点，つなぎとして

```
              ことば
               │
               │
               │
    からだ ────┼──── こころ
```

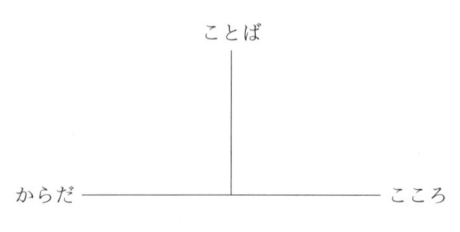

図 10-3　からだ, こころ, ことば

現れてくる．そこではじめて家族像のレベルでの家族概念を議論することができ，パターンとして比較することも可能な地平が開けてくる．

　家族のアイデンティティは三つの存在論的アポリアを視野に入れねばならない．一つは再生産に関わることで，生と死，他者と自己と相反するものを如何に妥協させるか，受け入れるかということに関する世界観である．二つ目は，家族というのが，夫婦，親子，兄弟姉妹のように，双子でない限り，性，年齢あるいは人生経験さえも異なる人間が集まっていることである．ばらばらでいっしょ，違いを認める世界というのはまさしく家族のことなのである．それが共住となって現れてくるかどうかは別にして，そのような場，局処世界[21]が存在しているということである．三つ目には，アイデンティティというのはすでに自己信頼というシステムであって，システムである限りその環境との折り合いということが問題となる．

　この存在論的アポリアに再帰的に解決を与える契機となるのは，生活世界での経験に浸透してくる文明であり，世界観であり，文化的知識のストックである．ところが，現在では生活世界での経験に基づく内在的アイデンティティがますます強くなって来ている状況である．外向的アイデンティティが限りなく弱くなると，集団としての家族制度は必要でないということになる．

10-4　綜観への道

　社会学的に言えば，家族は部分社会であるが，第一次集団として特別の地位を与えられてきた．これは厳密に言えば，家族ではなく「共住原理に基づく最

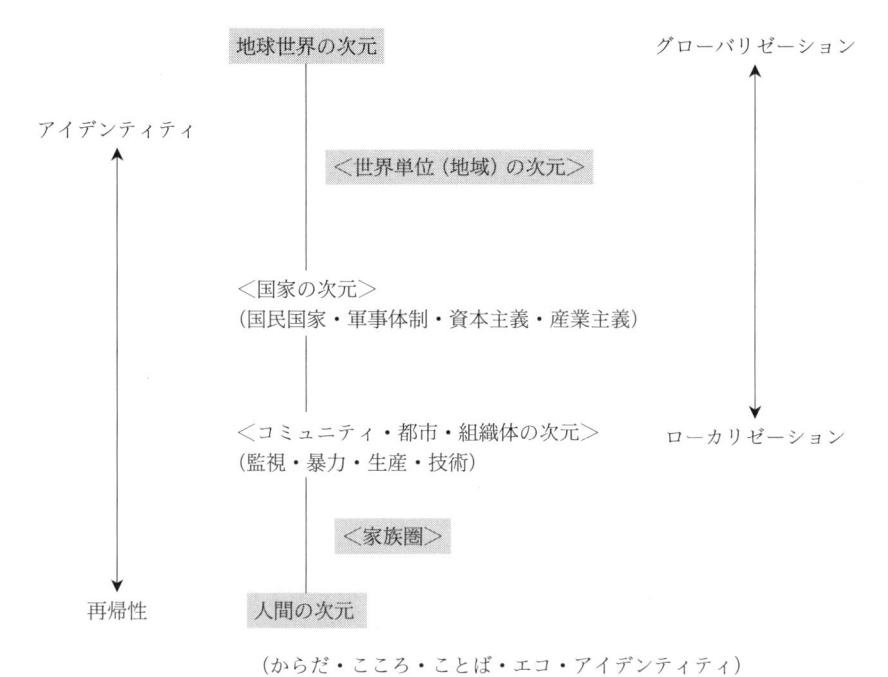

```
アイデンティティ ↕           地球世界の次元              グローバリゼーション ↕

                        <世界単位（地域）の次元>

                        <国家の次元>
                        (国民国家・軍事体制・資本主義・産業主義)

                        <コミュニティ・都市・組織体の次元>      ローカリゼーション
                        (監視・暴力・生産・技術)

                              <家族圏>

再帰性                      人間の次元

              （からだ・こころ・ことば・エコ・アイデンティティ）
```

図 10-4　構造化の位相

小生活共同単位」（第 9 章）である．この場合の単位は，全体から見た部分という意味であるが，数える単位ともなりうる可能性を持っている．全体と部分と言うのはマクロ的見方とミクロ的見方の違いでもある．家屋，近隣，コミュニティ，職場，学校，都市，国家，地球と活動の場はいろいろある．それぞれの場は常にその場限りでは全体をなしている．しかもその場を離れてみると他の（あるいは上位の）全体の一部である．このような下位レベルでの全体としての場を局処世界という．（第 11 章参照）ネットワーキングから生まれてくる家族は親密圏としての局処世界である．群としての全体という意味で，圏，集群である．これがシステムとしての全体と見なされるのは，理論的要請であるとともに，実在的必須条件でもある．

　家族あるいは家族集団，世帯をそれ自体として比較するのは，限りなく事例研究に近似していかざるをえないが，それはそれなりに意味のあることであろう．家族の実態はネットワーキングで，比較できるのはネットワーキング原理

であるとするのも可能であろう．また，外向的アイデンティティに焦点を当てて，家族像の比較も可能であろう．しかし，文明論的な比較となると家族の含まれる，より大きな全体の比較でなければ面白くない．その全体へのつなぎを本章では論じたつもりであるが，比較の枠となる全体というのはどの位相の全体か．

　図10-4において世界単位というのは地域研究における研究の枠組みであり，国民国家に代わりうる最適規模の単位（あるいは位相）としてのシステムである[22]．便宜的に国家の上の位相レベルに位置付けてはいるが，むしろn次元のものとして捉えたい．世界単位というのは，小文字の文明でもある．世界単位を研究する総合的地域研究は，優れて比較文明学である．というより，比較文明学は，大文明の覇権的研究志向をチェックするためにも，総合的地域研究に立脚する必要がある．

　家族というのは，図10-4における下から上への制度化，上から下へのシステム化において第一次核的制度，家族圏として位置付けられる．ただそれを集団としての制度ではなく社会関係のモデルとして捉えようというのが本章の主旨である．制度の形としてはさまざまな現象形があってもよい．重要なのはそれを組織化するネットワーキング原理である．そのモデルの場，あるいは地柄となるのが，生態，社会，文化の曼陀羅としての第n次核的制度の世界単位，地域圏である．家族の比較文明学的な枠となる全体とはこの世界単位なのである．

　次章では，この地域，地域圏，世界単位について考えてみたい．

第10章　註

1) F. L. K. シュー『比較文明社会論――クラン・カスト・クラブ・家元』培風館，1971年．
2) Emmanuel Todd, *The Explanation of Ideology: Family Structures and Social Systems*, Blackwell, 1985, p. 6.（原書は, *La Troisième planète, structres familiales et systèmes idéologiques*, Edittion du Seuil, 1983.）なお，トッドの説を紹介するときには，基本家族でなく，核家族の語を用いる．
3)「「家族」の世紀」岩波講座・現代社会学19『＜家族＞の社会学』，岩波書店，1996年，1-22頁．
4) 比較家族史学会編『事典　家族』（弘文堂，1996年）の「家族圏」項目参照．
5) 坪内良博・前田成文『核家族再考――マレー人の家族圏』勁草書房，1997年．
6) 前田成文『東南アジアの組織原理』勁草書房，1989年．
7) Todd, *The Explanation*……
8) エマニュエル・トッド『新ヨーロッパ大全』II，藤原書店，1993年，438頁．(*L'invention*

de l'Europe, Edition du Seuil, 1990.)
9) Todd, *The explanation*...... p. 171.
10) op. cit., p. 183.
11) 上野千鶴子『近代家族の成立と終焉』岩波書店，1994年，185頁．
12) 村上泰亮・公文俊平・佐藤誠三郎『文明としてのイエ社会』中央公論社，1979年，132頁．
13) 立本成文『地域研究の問題と方法 ── 社会文化生態力学の試み』(増補改訂) 京都大学学術出版会，1999年，171頁．
14) フランシス・フクヤマ『「信」なくば立たず』三笠書房，1996年，63頁．
15) 山岸俊男『信頼の構造 ── こころと社会の進化ゲーム』東京大学出版会，1998年，37頁．
16) ニクラス・ルーマン『社会システム論』上，恒星社厚生閣，1993年，200頁．
17) アンソニー・ギデンズ『親密性の変容 ── 近代社会におけるセクシュアリティ，愛情，エロティシズム』而立書房，1995年．Anthony Giddens, *Modernity and Self-Identity: Self and Society in the Late Modern Age*, Polity, 1991.
18) James S. Coleman, *Foundations of Social Theory*, Harvard University Press, 1990, p. 35.
19) Alan Page Fiske, *Structures of Social Life: The Four Elementary Forms of Human Relations, Communal Sharing, Authority Ranking, Equality Matchig, Market Pricing*, Free Press, 1991, pp. 40-49.
20) 山岸，前掲書，47頁．
21) 大橋良介『悲の現象論 序説 ── 日本哲学の六テーゼより』創文社，1998年．
22) 高谷好一『「世界単位」から世界を見る』京都大学学術出版会，1996年．

第11章
地域研究の考え方

11-1　地域研究の在り方
11-2　多元的一化思考
11-3　エコ・アイデンティティの可能性
11-4　地域研究を生かすシステム

11-1 地域研究の在り方

　家族圏と地域圏とは，圏概念において通底しているというのが本書のメッセージである．本章では地域研究という学問のよって立つ考え方を圏概念との関連で明らかにし，地域になぜこだわるのか，未来に向けてどのような可能性があるのかということを考えてみたい．＜家族はどうして家族なのか＞ということと，＜地域はどうして地域なのか＞ということとはまったくレベルの異なる事象を問題にしながら，同じ＜場＞を問うているのである．本章はその＜場＞の構造をしかつめらしく論じたものである．

　地域研究自体には，いろいろのアプローチの仕方がある．その中でも，総合的地域研究というのは，地域研究の総合性を特に強調して，それを学の中心に据えたアプローチである．単なる地域研究から一歩を踏み出した進化なのか，地域研究の原点に先祖帰りをするのか，いずれにしても曖昧となって何でも許される地域研究方法論をより鋭く限定しようとする．本章はさまざまな地域研究に関する議論の総括をもくろむのでは決してなく，むしろばらばらである方法論からどちらに向いて考えるべきかを模索するものである．

　総合性を標榜する以上，地域研究の対象，内容においては，より包括的にすべての現象をとり込む方向にいく．ただ視野は広くとも，焦点はシャープで深いものでなければならない．この焦点のシャープさと視野の広さのバランスの強調の仕方がアプローチの違いを生むのである．アプローチの違いにもかかわらず，小さな焦点から地域を枠とする全体性を堅持すること，そしてその地域は地球の一部であること，というのが総合的地域研究の核心である．そのときに問題となるのが，なぜ地域なのか，地域にそのような枠組みとしての先験的優越性がなぜあるのかということになる．これに対する答は，常に便宜的にしか与えられず，根源的な地域の本質性というものはいまだかつて示されたことはないといっても過言ではなかろう．常にそれを求めてきたし，今後も求め続けるというのが正しいのであろう．国民国家という地域枠は近代におけるその解答の一つである．本章では国家ではなく，民族性，国民性をより根源的に捉えるエコ・アイデンティティに地域の本質を求めている．しかし，十分それを

主張するだけのデータがないので，いちおうのデッサンあるいは構想にすぎないことをあらかじめお断りしておく．ただ少なくともエコ・アイデンティティのようなものを考えておかないと，地域研究が独自の分野を主張することは難しいのではなかろうか．

　地域研究が独自の学問分野を構成すると主張することは，ある意味ではすでに特定の意味での地域研究にコミットしていることでもある．それを，11-2節において多元的一化（バラバラでいっしょ）思考としてまとめてみた．多即一，一即多の相即原理に基づいた多元主義である．その際統一がまずあって，その中で多様性が許容されるという「統一の中の多様」では決してないということが重要である．「多様のままでの統一」はそれに近いが，多様性の成り立つ共通の場ということで「一」なのであって，強制システムとしての統一ではないことに注意すべきであろう．その「一」を支える思想として11-3節に述べるエコ・アイデンティティがあり，地域をエコ・アイデンティティに基づいて世界単位として考えるのは，矛盾を打開するシステムの在り方として大切であるということを11-4節で述べる．

11-2　多元的一化思考

（1）三角測量法的比較

　人間の思考は二元的なものに基盤を置いているかに見える．是か非か，男か女か，人か非人間か，とかくAか非Aというのはすべての可能性を包摂しているものとして無限の可能性を持っている．所属するか，しないかという原則によって境界を設定してしまう従来のアイデンティティ論もその一つである．それはデジタル思考の根源でもあり，論理というのは二元的にならざるをえないのかもしれない．しかし，世界を二元的に分割して考えるのと，論理的な矛盾律における対立項とは分けて考えねばならない．Aと非Aとですべてを尽くすことに間違いはないが，Aというカテゴリーを設定することの妥当性は疑問に付されてしかるべきである．社会事象を議論するときには特にAのカテゴリー，

境界が曖昧であるのが常であり，非Aに至っては全体の非Aの中から便宜的に一部分だけを取り出して非A全体であるかのように見せかけることが多い．

カテゴリー，境界の曖昧さは避けられないとしても，少なくとも，二元的な対立を越えて，プラス，マイナスだけではなくゼロの視点を持ってくることにより，三元的な論理，連続・非連続の論理を持つことができる[1]．まずプラスでもマイナスでもない時空間を手に入れること，これが我々対彼らの二元的論理で切られていた科学をより普遍的なものとする道である．それは二元論をそのまま否定するのではなく，連続の中で非連続を濃淡 (gradation) として捉え直すということである．

我々対彼らの論理が律するオリエンタリズムと区別されるべき地域研究は，人文社会科学全般のブレークスルーとして二元的な思考を打破する使命を帯びている．地球世界を単に先進国対後進国，文明と未開，西洋と東洋とに分割してしまうのではなく，多元的な価値の在り方を是認することから地域研究は始まる．その手始めが第三項を意識的に定立して考えてみることである．

外国の地域を研究するということになると，ともするとその比較の標準点は研究者の自国文化ということになる．地域研究の原点は，地域の固有性，地域をそれ自体で理解するというところにある．しかし固有性は比較の上で確定できることである．当然自分の知っている文化とは違うものを求めることになる．その思考過程が反省されないままにおかれると，固有性が普遍的に主張できるものであると思ってしまいやすい．地域研究は自他の対決ではなく，第三者の視点の介在する，三角測量であらねばならない．地域研究において二元論の陥穽を回避する道は常に三角測量法を自覚的に適用することであろう．これは川田順造がかねてから唱えている文化の三角測量ということでもある[2]．川田は有意差のある比較を強調するが，有意差を見つけるといった方がよいかもしれない．地域研究における他者理解というのはそういう意味で，相対化された他者でなければならないのである．自文化・自民族中心主義的な発想を是正するためには，他者の発想が必要である．しかし，そこで他者を絶対化してしまうと我々対彼らという二元論の閉塞状態に陥ってしまう．

もっと現実的に言えば，地域研究が始まった頃には，当時としては考えられもしなかった学際研究で新しい地平を開くことができた．しかしその内に，学際研究が日常的となり，多くの地域に関する情報も一般に共有され，従来の地域研究のままでは魅力がなくなってしまった．そこで，新たに新鮮な地域像を立

体的に把握して地域研究の地平を広げる方法として三角測量法が必要であると自覚されるようになったとも言える．自国を地域研究の対象とするときにも，この三角測量法はきわめて有効であるように思える．

（2）構造存在論

ドイツの社会学者 N. ルーマンはシステムと環境の関係を明らかにした[3]．そのシステムをさらに現象学者のいう「構造」と制御的な装置を持つ「体系」（システム）とに分けて考えたい．環境としてあるすべては，現象学では「実体」であり，そのままでは我々の認識の中には入ってこない．認識されるのは「構造」である[4]．それは，むしろ述語的統合[5]，構造化[6]，自己組織化といった概念に近い．述語的な構造が捉えなおされた統合的制御装置が「体系」である．中枢となる制御装置が全体を統御する主語的統合であるといえる．

構造ということばはいろいろな意味で使われる．コミュニタス―生活世界―構造―コスモスという考え方[7]とここで使っている実体―構造―体系とは似ているようであるが，構造の意味は必ずしも同じでない．前者の構造（これを主語的構造と呼ぶ）は権力関係が生活世界の中で反省的に捉えられて，人々に明示的に現実態として現れてくる姿である．これに対して，本章で用いる後者の構造は，反省的・主語的に捉えられる以前の構造，述語的構造と呼ぶべきで，通常日常生活の中に埋没隠伏している．またここで使う体系は，前者の（主語的）構造とコスモスとを合わせた概念といえる．あるいは構造に二義があって，本当の姿である述語的構造と，権力・イデオロギーなどによってゆがめられた主語的構造とがあるといってもよい．これを整理すると次頁の図 11-1 が描ける．

ロムバッハ H. Rombach の言う相対的連関性の組成全体の中で，地域という構造が全体中の一点における全体のように出現してくる．構造としての地域は体系（システム）としての団体や国家とは存在の在り方を異にする．地球という単位は，その中に人間のすべてが含まれるという境界を指し示す．しかしその中での人間の同一性というのは証明されていない．人類というのも，生物学的，遺伝学的に他の生物とは区別されるという以外は，内容的な統一があるのではない．人間性・人類性・普遍性というのを求めて人は宗教を作り，文明によって人類を斉一化しようとしてきた．しかし単一の宗教や文明がそれに必ずしも成功してきたと言えないことは明らかである．地域研究における地域概念は地

球規模の境界の中での，あるべき単位を求める．それが国家などの体系（主語的構造）ではなく，本章でいう（述語的）構造としての地域である．あるいはブローデル F. Braudel のことばを使えば，地理学的な時間として捉えられる長期持続すなわち構造といってもよい[8]．

構造としての地域があると認めた上で，はじめて「地域」が研究の対象として意味があるということができる．構造存在論の立場にたった地域研究の根幹は，地域性，現代性，総合性の三つに要約できる[9]．

まず前提としての地域性を認めるわけであるが，これはとりもなおさず，地域の固有性（特殊の理）から普遍的智へという回帰を含むものである．固有性というのはそれだけで固有性を主張できるのではなく，当然より普遍なものとの比較があってはじめて固有性が言えるわけである．地域研究というのはあくまでも固有性にこだわるが故に，常に普遍との絶えざる対話を必要とする．

構造が存在するというのは，時間のパースペクティブから見れば，過去と未来とを見通して現代性，現在性を強調することである．長期的持続ではあるが，現在・現代の立場にたってそれを捉えねばならない．同時代的共生存を構造に求めるといってよいかもしれない．リアルタイムの共創活動の場として構造を見るのである．現在というのは今これを書いている時間でなければならないということはない．現在の視点に立つということである．本書の第Ⅰ部は，1965年を今こことして，その現在に身を置いて見た世界である．

構造として現れてくる地域は一見バラバラであるかもしれない．それをまとめて，くくる論理（つなぎ）を求めるのが，方法論として要求される総合性，全体的視点，把握，解釈，説明である．バラバラでいっしょというのを構造的に説明しなければ地域研究というのは成り立たない．先にも触れたように，広い

```
        コスモス
           │
           │                >  →    体　系
  （主語的）構　　造                  │
           │                >  →  （述語的）構　造
           │                          │
        生活世界             >  →    実　体
           │
        コミュニタス
```

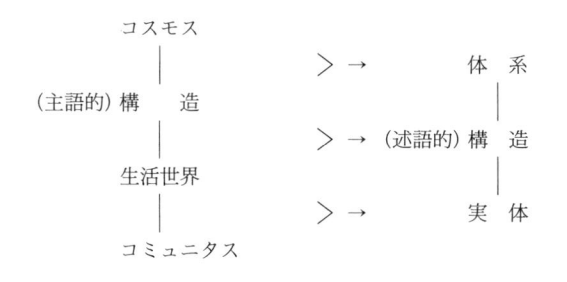

図 11-1　構造概念の違い

視野（あるいは外の地平）とシャープな焦点（あるいは深さ）とのバランスの取り方が地域研究のアプローチの違いを生むといったが，実は総合性ということで要求されるのはこの両者を意識的に止揚することである．

　この三つの中でも地域性というのは最も重要である．地域研究は比較であるが，比較研究は必ずしもすべてが地域研究ではない．地域の枠のない比較研究は地域研究とは呼べない．地域研究ということばを厳密に使えば，東南アジア研究と東南アジア地域研究とを区別しなければならない．東南アジア研究は，東南アジアに関するいかなることでも，それを研究対象とする限り東南アジア研究の一部であると言うことができる．いわゆるタイ研究，マレー研究は立派な東南アジア研究である．しかし，東南アジアという地域に無関心なタイ研究，マレー研究は東南アジア「地域研究」ではないことは当然である．これを実際に即して例を挙げれば，ディシプリンをメイジャー（主専攻）とし地域をマイナー（副専攻）とするアメリカの大学のプログラム方式と，日本のように地域研究そのものがディシプリンと同じ専攻でありうる制度との違いとも比較しうる．後者は地域研究に対する決定的な一歩を踏み出したもので，新しいディシプリンとしての形を整えることが当然要求される．地域をマイナーとする「東南アジア研究」といったときには，当然既存のディシプリン思考であって構わないし，東南アジアという地域を研究対象として正当化する必要はより少ない．しかし，「東南アジア地域研究」が一つの主専攻として，ディシプリンである，あるいはそれと同等のものであるとしたときには，その対象とする地域の概念を明確にして，それを対象化することを説明する必要がある．

　もっとも一方ではこれまでの研究成果を見て，地域性などというのは虚構である，地域研究を通して新しいパラダイムを作るというのは幻想にすぎないと批判することも可能である．しかし幻想を持たない人にとって地域研究の概念は必要ではない．幻想を持ちうる人がこれからの学問として地域研究を標榜することができる．

　地域研究のパラダイムとして地域性，現代性，総合性の三つにこだわることによって地域研究を学問として自立させる道が開けてくる．

（3）実定的認識論

　環境が複雑になればなるほど，処理しなければならない情報量は増える．地

域というような大きな単位を全体的に捉えようとすれば、すべての情報を余すところなく集めることは不可能であるという「視野の限界」に直面せざるをえない。そして、その大量の情報はどんなすばらしいコンピューターを使っても永久に情報処理に追われることになるかもしれない。全体性、総合性というのは、すべての情報ということではない。全体の構造をつかむための情報があれば十分である。情報の妥当性（relevance）というのが重要な鍵となる。ただ、それがどんな種類の情報で、どれだけの量があればよいかは必ずしもわかっていない。その選択は、状況の役割を強調する認知理論でいうところのアフォーダンス[10]を体で感じるという過程、いわゆる臨地研究を通しての直観的な手がかり・働きかけに頼らざるをえない。むしろ情報収集の方法が規範化してしまうと、地域研究のよさが失われるとも言える。

　どの情報が必要か、どの程度あれば全体のことが言えるのかは直観に頼らざるをえないとしても、情報の集積は実定（実証）的・経験的な作業に依ることができる。実定的認識論とは、感性的直観によって捉えられるあらゆる形象の構造摘出である。それは意味を付与する解釈的な営為であるが、その始めにおいては経験的に捉えた形象に実証的な分析を与え、帰納、演繹、創発（abduction）の間を往還して、観相の境地に至るものである。

　構造認識というのは全体的、総合的な直観に依るものであるが、研究として最初から「地域」といった漠然とした実相を直観の対象とすることは難しい。まずは経験しうる現象の実証的な研究が地域研究の基盤としてなければならない。既存の学問分野で実証的研究の蓄積が十分ある場合にはそれを材料に地域研究をすることができるが、十分でない場合にはまずそこから準備しなければならない。地域研究のそもそもの始まりは、このような地域に関するデータの欠如という認識から出発したものが多い[11]。現在の地域研究は単にデータの欠如を補うということから、むしろ方法論的に既存の学問分野で切れない現象を摘出しようという方向に向いている。そうはいっても、実証的な分析のための手がかりとして、既存の学問分野のそれぞれの立場からのアプローチは、最初の手がかりとしては最も有効であることが多い。ただその方法がともすれば、学問分野の育まれた地域に固有のものを含みすぎていることもある。そのために、それを他の地域に適用するときに、他の地域の固有性を誤って捉えることもあるかもしれない。

　どの地域にも有効である方法論というのは地域研究の立場からはありうるの

かという疑問もある．社会文化生態力学といっている方法論は，かなり普遍的かつ抽象的な枠組みであるとは思うが，一義的には東南アジアから構想したものである．それが普遍的であるというのは，自然対文化，人間対自然，主観対客観といった二元的に認識してはいけないという視点であろう．生態環境，社会制度，文化シンボリズムの内容については，宇宙を表象する曼陀羅にさまざまあるように，その相対的な重要さは地域ごとに固有な組み合わせをつくることができる．枠組み自体は曼陀羅同様，世界を表象するとともに世界を観相するためのよすがであるが，地域という世界がより立体的に現前してくるものでなければならない．

環境ないしは実体というのは認識以前の未分化なものであるが，それを構造として見たときには，生態構造，社会構造，文化構造が現れる．体系のレベルでも同じように，生態体系，社会体系，文化体系を現実にそって分析的に摘出しうる．

分析のレベルからいえば，地域研究そのものは地球全体を見渡したマクロな視点が中心となる．しかし，地域研究の内容はメゾ・レベル，ミクロ・レベルといった階層的な分析視点からなされねばならないということは，前項のシャープな焦点として指摘したところである．構造認識がマクロな視点であるのに対し，実定的認識はミクロな視点というより，ミクロとマクロとのつなぎ，ないしはベルク A. Berque のいうメゾロジー（mesologie）の視点が中心とならねばならない[12]．

11-3　エコ・アイデンティティの可能性

（1）アイデンティティ

地域性というのも，人間の比喩で言えば，セルフ・アイデンティティのことに他ならない．地域にもアイデンティティを認めようという立場から，エコ・アイデンティティを主張するわけであるが，その前にアイデンティティ一般について整理しておきたい．

アイデンティティというのは同一性という概念を含んでいる．異なる時空間を通じて，あるエンティティが同じであるということ，他と違うということ，あるいはその表象，印をアイデンティティという．何がアイデンティティの中身であるか，それはどのように表象されるかということは，まずエンティティをどのように設定するかということに関わる．逆にアイデンティティが確定できるから，エンティティの存在が構築されるという場合もある．エンティティとアイデンティティとの相互規定の関係はセルフ・アイデンティティを見ればよくわかる．セルフ・アイデンティティというときには，そのエンティティが明確に措定されているように思えるが，エンティティ自体がアイデンティティを問われているケースなのである．己事究明ということばはその消息を端的に表わしたものである．

　エンティティというのは，いずれにしてもすべてであることが大切である．森羅万象を含んでいるのである．決してその一部を切り取り，選択して構成するものではないことに注意したい[13]．

　最近は再びアイデンティティ論が流行のようになっているが[14]，どうしてアイデンティティなのかということには答えていないという[15]．先に述べたように，ともすれば自他という二元論に陥りやすいアイデンティティということばをあえて使うのは，一つにはそれが差異と類似とを同時に示唆することができるからである．相違による区別・境界と同時に，類似による結合をもたらす．二つには地域のアイデンティティ（同定）と自己意識の根源との隠喩的つなぎの意味を表わすからである．

　アイデンティティが所与のものとして本来「もの」に備わっていて，それを見つければよいのであるとするアプローチは理解しやすい．存在にはアイデンティティといえる本質があるとする立場である．近頃では，このような本質主義はあまり受け入れられず，むしろアイデンティティは作られるものである，作られたものであるという操作主義，構築主義的なアプローチの方がポピュラーである．それでも，人間としてそのような本質，言い換えれば，普遍的な人間性を求めるとすれば，それは生物学的な遺伝的アイデンティティであるということは言える．しかし，人間がエスニシティ，宗教，共同体などに根源的な結びつきの感情を抱くというのは，遺伝的アイデンティティではなく，社会的，文化的に作り上げられたものである．それを一般化して文化的アイデンティティと呼びたい．一人一人の個人は文化的なものをそのまま自分のものとする

のではなく，選択淘汰改変創造の過程を経た個人的なアイデンティティをも持つ．個人的アイデンティティも決して遺伝的に決まる本質としてあるものではなく，一定の社会・文化の規制の中で環境，状況，関係などから個人が紡ぎ出す自分の像である．セルフ，自己というのはこの三つのアイデンティティの中心にある．それが真の主体であるという意味で，作られたものであって，同時に作るものであり，本質（属性）であるとともに，情況結合（関係）でもある[16]．

この関係を，自己を象徴的に捉えた図10-3（292頁）のからだ，こころ，ことばを踏まえて図示すれば図11-2のようになる．三つはつながっていながらベクトルを異にする．その中でも，ことば，しるし，文化の形は，横軸の心身と離れてありながら，心身の一部とならなければ形骸化されることに特徴がある．図11-2のアイデンティティ三角関係と，図10-3のからだ・こころ・ことばの三角関係とが相似関係となっている．

もう一度繰り返して言えば，遺伝的アイデンティティというのは，人間が生物として持っている種のアイデンティティであり，端的にはからだとして認識される．からだも生物学的な要件だけで決定されるのではなく，社会的文化的な影響を受け，個人の嗜好にも左右されるということは当然であり，三角関係を逆T字形として捉えたゆえんである．生物的なアイデンティティを基に，社会から与えられる文化的な知識が形成する文化的アイデンティティがある．エスニシティ，国民，コミュニティ意識，社会的性差など一般にアイデンティティと呼ばれるものをすべて含んでいる．社会的に形成されるので社会的または集合的アイデンティティという呼び方をする人も多い．文化的アイデンティティは必然的に集合的アイデンティティでもある．人間の場合，集合的アイデンティティは生物的アイデンティティにも適用される．そのさい集合体をどのように

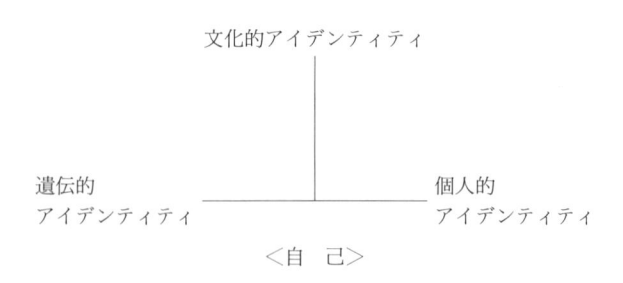

```
                文化的アイデンティティ
                        │
                        │
  遺伝的          ──────┴──────          個人的
アイデンティティ                        アイデンティティ
                    ＜自　己＞
```

図11-2　三つのアイデンティティ

同定するかということと，個人がその集合体にどのように帰属するかという二つの面がある．後者の場合，生物的，文化的アイデンティティが個人的なアイデンティティを生む．言い換えれば，個人的知識，文化的知識，遺伝的に伝達された知識が[17]，個人的アイデンティティ，文化的アイデンティティ，遺伝的アイデンティティを結実させるといえる．この三つのアイデンティティは相互に独立して存在しながら，内容においては相互浸透的であり，一人の人間の中に共生共存している．もちろん三つのアイデンティティは分析的概念的であって，一人の人間がそのような形で考えているということではないのはもちろんである．アイデンティティを理解するためには三つを別々に考えねばならないということである．

　三つのアイデンティティは，あえてアイデンティティということばを使わない方がよいのかもしれない．一つ一つの分割されたものではなく，アイデンティティの本来の姿を求めるべきであろう．しかし，現実には根源的アイデンティティが忘れられて，これら一つ一つの「アイデンティティ」があたかも根源的であるかのように考えられていることを踏まえて，分析的概念として扱いたい．

　例えば，普遍的な人間性と一般に呼ばれるインセスト（近親相姦）回避なども，実は，生物的アイデンティティと文化的アイデンティティの混交したものであり，時には人間の心理だけに還元されることもある．個別文化の固有な特殊性とされる，例えば衣服にしても，からだという生物的なアイデンティティ，人それぞれの好みという個人的アイデンティティの影響下にある．普遍的な人間性と個別的な文化的特殊性として二元的に捉えられやすい心性も，この三角関係モデルに投影して考える方がよさそうである．

　上述したように，からだとこころは同じ水平線上にあるが，ことばは（連続として）垂直線上にあって，そこから（非連続として）離れる．同様に，文化的知識というのは人間から独立して存在し，時には人間を外から束縛するものである．しかし，文化は人間の内面に入って「生きられ」なければ，文化としての価値を失ってしまう．逆T字形の垂直線は，その経緯をゼロにおいて水平線に立脚しているありさまとして示している．

（2）生態論理を基盤とするエコ・アイデンティティ

　三つのアイデンティティの間には，生得的な遺伝形質からなる遺伝的アイデ

ンテイティ→社会文化的規則を体する文化的アイデンティティ→個人的アイデンティティというふうな展開過程があると考えられやすい．しかし遺伝形質はそれのみではアイデンティティを構成するのではなく，文化的な構築物として再帰的にしか人間には捉えられない．種のアイデンティティは決してアイデンティティ形成に根源的なものではない．むしろ，これらのアイデンティティの根源・根底に今西錦司の唱えた意識以前のプロト・アイデンティティがあると考えて，三つのアイデンティティはプロト・アイデンティティから歴史的に析出されてくるものであると考えてみたい．今西は，プロト・アイデンティティを自然に対する帰属性，自然意識，ゲオコスモス，サイトコンシャスネス，場意識，原帰属性と言い換えているが，環境というものを自分とは別の世界とするのではなく，環境というのは実は自分であるというふうに取るという立場に立つ．川勝平太はこれをカント I. Kant の「先験的感性」になぞらえたり，先験的な純粋直感の形式としての空間と時間に当たるものではないかと言っているが，今西は「生物に本来そなわった，生物の一つの属性である．そう表現しておくより仕様がない」という[18]．生物の主体性にアプローチする手段であるということ，そしてサイト，場所，場に注目していることは特に我々の関心を引く．遺伝子的なアイデンティティとも異なる，状況から生まれてくるアイデンティティであり，むしろ人間にとっては生態的アイデンティティ，エコ・アイデンティティ (eco-identity) と名付けるのが適切であると考える．エコという環境と自分とが同じ世界を構成するのである．しかしエコ・アイデンティティの内容は不変な本質（属性）ではない．いか様にも変質・変化しうる素地を提供するから根源的なのである．本来のアイデンティティといってもよい．前節で分析概念として用いた三つのアイデンティティは，それが分節して出てきた，人間にとっての表現型である．

　環境主義者などの言う生態学的アイデンティティ (Mitchel Thomashow)，生態学的意識 (Herbert L. Left)，エコゾフィー (Arne Naess, Felix Guatari)，生態学的自己 (Joanna Macy)，生態学的無意識 (Theodore Roszak) といった概念とも呼応するところがあると私は思う．ちなみにトマショウ M. Thomashow の説明を挙げておこう．「生態学的アイデンティティとは，大地，生物地球化学的循環，生態系の巨大で複雑な多様性と結びついて生き・息をしている存在としての人間が，自然との関連で自分をどのように知覚するかということにかかわっている．」[19]

さらに言えば，今道友信のエコエティカ，現象学的地理学者の言うトポフィリア，あるいはベルクの通態，和辻哲郎の風土，あるいは場所論にも関係してくる[20]．

　濃淡として現れる現実態を，強いて図にすれば図11-3のようになる．エコ・アイデンティティが，三つのアイデンティティの基盤・原点となることを図示したものである．上下の層として，文化を最上層に，大地・水・大気を基底に配している．基本的に上の層は人間の英知・こざかしさを示す分別の世界である．下の層は自然（じねん）の世界である．その両極端層の間に三つのアイデンティティが営まれる．上下層のどちらに身を置くかによって，左右の垂直軸によって示される生態論理と文明論理とが別れてくる．左軸に置いた生態論理はエコ・アイデンティティに基礎を置いて文化に向かい，右軸にある文明論理は当然文化という分別システムをもって大地・水・大気の統御へと向かう．二つの論理の根本的な違いは（自然に）なる論理と（人為的に）つくる論理とによって説明される[21]．

　生態論理というのは，自然と（人間）文化をややもすれば対立的に考える，人

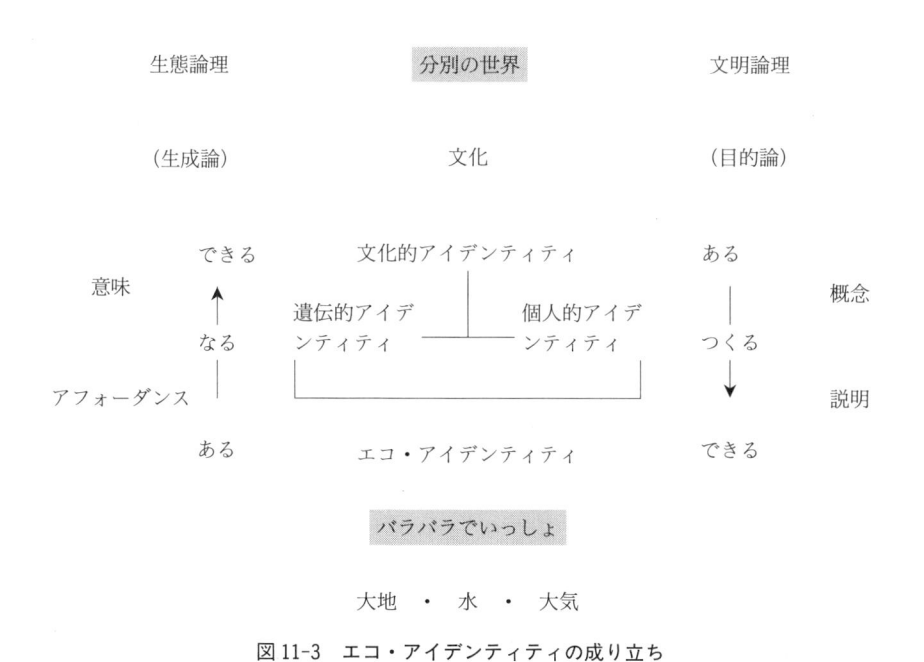

図11-3　エコ・アイデンティティの成り立ち

間を中心とした生態倫理ではなく，基本的に人間と人間の作った事物をも含めた自然（じねん），ありのままの姿，なるべくしてなった態様・関係の道理である．ものを対自的に作るのではなく，自ずとできていく，なる論理なのである．したがって，目的や概念があってそれに則してつくる論理と対峙する．つくる論理は文明論理といってもよい．この区別は発達心理学において外から与えられる概念形成をもって認知能力の発達を考える立場（文明論理）と，内部観測・アフォーダンスのように世界との出会いによって意味が生成されるとする立場（生態論理）との違いともいえる．一方が目的論であるのに対し，他方は生成論ともいえる．

　生態論理というのをもう少し詳しくいうと，四つの生態論理が考えられる．
　①まず第一はむき出しの生（なま）の事実（brute facts）としての生物的生態論理である．人間が反省的に捉える以前の自然の摂理そのものといってよい．今西錦司が言った変わるべくして変わる生物の世界は，人間と関係なく構成される生の実態におけるつながりである．加工されていない，生の生態論理といえる．生のままで使うと，ただの無為となり，生物論理としてはよいかもしれない．しかし人間が原始の生活に戻ることはありえない．後戻りのできない文明を作り上げてきた人間の論理としては自己矛盾に陥る．

　生の生態論理に戻ることを選択しない生態論理支持者は，自然そのものを強調する「生態」論理とするか，自然と人間とのあるべき調和に力点を置く生態「論理」として解釈する．そこで②と③の立場がありうる．

　②「生態」論理は，生態論理の「生態」をある理想の形で思念して，いかなる犠牲を払ってもそれを維持していくべきであるとする．自然に帰れというときの「生態」である．そこには人間が捉え直した論理は窺えない．憧憬すべき自然のみある．自然的生態論理と呼んでもよい．

　③一方，生態において働いている「論理」を意識的に人間が利用しなければならないというのが，生態「論理」であり，その例としては持続的発展（sustainable development）論が挙げられる．自然は人間が作ればよい，作り直せる，要は論理が大切なのだという立場である．これを調和的生態論理と名付けてもよい．

　自然的生態論理にしろ，調和的生態論理にしろ，いずれにしても，維持すべき自然という「生態」，守るべき調和に基づいた「論理」があるといいながら，その理念型は決して一つではなく，むしろ自己の利害関心から構成されたもの，

あるいはユートピア論であるにすぎないことが多い．

二つの立場の違いは，生態論理の内容にこだわるか，生態論理のロジックの立場に立つか，ということの違いともいえる．

④世界をどうするかというときには，単純になるべくしてなる論理だけを体現しても，他人を動かすことができるか．無為ということがことばのままに取られ，なる論理を共有しない人に働きかけることは放棄される．なるべくしてなる論理を「平和裡に」維持しようとすると，どうしてもつくる論理をあらためて考えねばならないことになる．ただ，このときのつくる論理が，（近代西洋文明を動かしてきた）あるべくしてある，神の意志に基づいたものであれば，搾取の無理，過労死の無理，帝国主義的侵略の無理，地球環境破壊の無理を重ねて出来上がった高度産業文明と同じ轍を踏むことになる[22]．

なるべくしてなる生態論理全体をもう一度捉え直した「生態論理」を文明論理の根底に置くということができないか．生の事実（なる論理）を創造の契機（つくる論理）とするのである．自然的生態論理のままに「なる」のではなくて，主体的に「作る」ことがそのまま「生態論理」になると言ってもよい．これは文明的生態論理ということになるのかもしれない．その論理は絶対矛盾的自己同一，場の論理につながるものであるとはいえる．

（3）第三時空間論 —— なる論理とつくる論理の相即の場

エコ・アイデンティティが成立する時空間というものを考えてみる．場所とアイデンティティ，文化を不可分の固定したものとするのが従来のオリエンタリズムである．本来は関係としてあったものが，動かし難い属性とすり替えられるのである[23]．エコ・アイデンティティは場，場所と密接に関連しているように見えるが，物理的な場所にこだわるというわけではない．ベルクの生態象徴的次元の話である[24]．むしろ場との関係，関わりそのものにアイデンティティを求めるのであって，場を対自化してそれをアイデンティティのシンボルとするのではない．このような場は第三の時空間といった方がよいかもしれない[25]．それは人間がこうあるべきだとして，他人を動かし強制するような世界ではなく，執着のない，自然でありのままの世界である．体系的な制御というのがないコミュニティという意味でのコミュニタスとも言える．源初的で理想的な時空間である．そもそも場所はそれ自体では境界がない．その境界ができるのは，事

実と出来事と物語の三重の絡み合いから生まれてくる歴史によって，人間がいろいろなレベルで認識する地平，すなわち世界，天地，コスモスである[26]．

　人類学の学問状況を，文物が整然と陳列された博物館と，持ち込まれるものも配列もばらばらであるガレージセールとに比較して，ガレージセールの無秩序さをポストコロニアル状況の人類学のイメージと重ね合わせた例えは[27]，エコ・アイデンティティにも当てはまる．エコ・アイデンティティのよって立つ場は，最初から「地域」という博物館のような大きな枠ではないということに注意しなければならない．エコ・アイデンティティは，まず生活環境，ニッチェの獲得といったレベルから出発して，ニッチェの連鎖と拡大，そしてニッチェの複雑なネットワーク，そして棲み分けによる棲み分け間の結びつき・共存といったレベルに容易に拡張し，最終的には一つの巨大な有機体として考えられた地球（ガイア）との結びつきにまで至る．生活圏の連鎖としての地域概念を考えるのは比較的難しくはない．むしろその外延を決定するのが難事である．エコ・アイデンティティを実証的に証明して地域の境界を画そうというのではない．地域は構造として存在しているのである．その存在を支え，その存在に支えられるのがエコ・アイデンティティであると考えたい．高谷好一が世界単位を「世界観の共有」でくくったように，エコ・アイデンティティで地域を論じようとするのである．エコ・アイデンティティだけでは地域概念の形成は難しいとしても，エコ・アイデンティティに基づかない地域概念は腑抜である．本来はエコ・アイデンティティが地域を形成するはずであるが，現代の世界ではエコ・アイデンティティが他のアイデンティティの中に閉塞してしまって，積極的な掘り起こしの努力なしにはエコ・アイデンティティに気づくということもなくなっている．むしろ，エスニシティ，宗教などを源初的な紐帯として錯覚しているのである．

　エコ・アイデンティティに基づく共生存の在り方として，シナリオのない場においてストーリーを共創するという即興劇の考え方は[28]，単に社会関係を律していくだけでなく，「発展」の問題を考える上でも大切な糸口を与える．即興劇的シナリオが紡がれる場として地域を捉える．唐突な感を与えるかもしれないが，前項11-3(2)の終わりの文章に倣って，共生存を自然法爾，生死一如，不連続の連続，差異による同一性と言い換えてもよい．

11-4 地域研究を生かすシステム

（1）エコ・アイデンティティの覚醒

　地域研究の現在性というのは，地域研究が現代，現在にその研究対象の焦点を合わせるというだけでなく，地域研究が現実に生かされなければならないという課題をも含んでいる．

　エコ・アイデンティティに基づいた地域概念というのは，国家に代わる管理の単位としての地域性を考える上で重要である．ただこれを単なる世界観から管理などを目指す社会の理論にするにはひと工夫もふた工夫も必要である．

　一つの基本的な考え方として，エコ・アイデンティティを，統合する論理として積極的に社会理論に導入すべきであろう．個個人が失われた原点であるエコ・アイデンティティに覚醒して，文明的生態論理を基に国家を越える秩序体を作るのである．それは地域形成，あるいは枠組みとしての地域の自覚（area framing）ということになる．ただし，それは先に述べたように物理的な場所に執着するという意味ではない．場所において自由であるということである．それにもかかわらずアイデンティティを持つのである．セルフ・アイデンティティはもちろんのこと，アイデンティティということばを使うこと自体が矛盾をはらんでいるかもしれない．アイデンティティということばを使うのも一つの近代のこだわりかもしれない[29]．差異と同一性とに基づく分別そのものではなく，根源的なつながりという意味で生きてくることばではある．また覚醒というのは，「自然に帰れ」のように元に戻るという意味ではない．エコ・アイデンティティに目覚めて現在に活用すべきだということである．

　とはいうものの，覚醒といっても全人類が一斉に目を覚ますということなどありえない．しかもその覚醒の実態がエコ・アイデンティティという確証のないものにおいてはなおさらのことである．一握りの悟った人間だけの独りよがりにすぎないと指弾されやすい．このことに思いをいたすと，エコ・アイデンティティに共感してイデオロギーとして振り回し，人に強制しうるかというこ

とに実際上の問題はなってくる．ボトムアップを装いながら，ここでも上からのシステムが必要となってくる．

　　　　　　（2）世界単位と社会変容管理

　地域研究の役割を地域像の摘出ということに求める．しかし地域の本質把握だけで済むのか．むしろ関係の在り方を描き出すのが本来の役割ではないのか．地域と言うのは属性ではなく，関係によって浮かび上がってくる像なのである．地域の変容を記述するだけではなく，変容の方向を示唆し，変容を制御しうる関係のマトリクスを摘出すべきであろう．

　生態論理に基づいた社会変容の舵取りとしての地域研究でなければならない．地理学，歴史学，生態学に融合してしまうような新しいディシプリンとしての地域研究でもない．ディシプリンを越える，新しい知の枠組みとしての地域研究，あえて言えば，生態科学 eco-science である．発展・開発のパラダイムではなく，エコ・アイデンティティ（プロト・アイデンティティ）に立脚し，生態論理を文明論理の基盤におくような，清水博の言うような創発のパラダイムへ転換することが必要なのである．多元的文化の共生存する場の創造と言える．

　共創的・相互強化的（シナジェティック）・超システム的・自己組織的な秩序は，暴力装置をもった制御（管理と支配）システム無しに可能か，という問題は依然として残る．同時代的共存の哲学を支える世界単位という枠組みの設定が必要である．エコ・アイデンティティを地域研究における「地域」概念（世界単位）に結びつけることによって，多元的文化の共生存をもたらす世界秩序のデザインが描けるのである．変化・変動する社会を統御せずに管理できるシステムの単位となるのが，本来の「純粋」世界単位である．しかしこれは理想としてだけ存在する．

　ともすればエコ・アイデンティティは図11-4の地縁と同視されがちであるが，地縁はエコ・アイデンティティの一つの「形」であり，エコ・アイデンティティそのものは「型」としてその原点にあることをこの図は示している．

　　　　　（3）地球規模のネットワーキング社会

　自由・平等を実現させるために国家と統治機構は必要であると言うのは本当

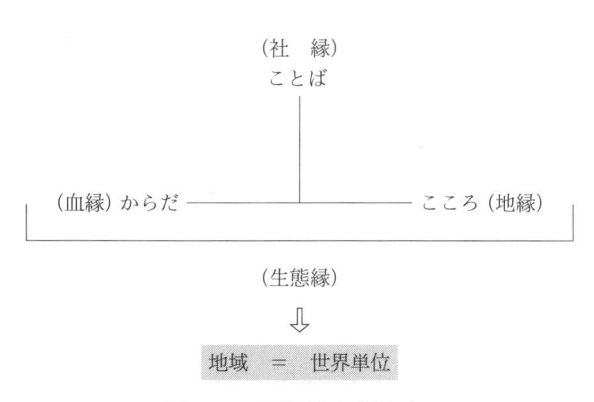

```
              （社　縁）
               ことば
                 │
                 │
 （血縁）からだ ──────┴────── こころ（地縁）
 └─────────────────────────────┘
              （生態縁）
                 ⇩
           ┌─────────────┐
           │ 地域 ＝ 世界単位 │
           └─────────────┘
```

図 11-4　世界単位の位置づけ

かもしれない．しかし，それでは，大きい国，小さい国，強い国，弱い国，富める国，貧しい国という格差には目をつぶって，世界はこのままうまく行くのであろうか．地域研究の最大の使命は，国家を俯瞰的に考え直すことであろう．

　境界は自然にあるものか，人間が作ったものか．例えば，生物の認識能力は境界の認識に他ならないのではないか．個体と他体との認識，生殖相手の認識，種による生殖可能な範囲などがすぐ思い浮かぶ．しかし，先にも例に挙げたインセスト禁止などになると議論が複雑になる．境界の重要性は，境が自ずと遵守されるということとその境を守らせる強制力にある．国境というのは自然とはあまり関係なく，人間がその社会を制御していくマネジメントの単位として歴史的に作られたものである．国境の意味は，その主体である国または国家の内容とも深く関連するが，時代や場所によって違っていたのは当然である．しかし，現在の国境はそれが最も正当なものであり，最も尊ぶべきものであると認識されていることに問題がある．領土問題が普遍的に生起し，国民の範囲が常に論議されるように，国家は深刻な問題を生む．社会科学の立場からは，国境が政治体にとって死活の問題であると認めると同時に，国境が歴史的に構築された，たくさんある境の一つであるという相対的認識を常に持つことが必要であることは言うまでもない．ポスト・モダン的に言えば，国家に代わる代替単位がありうるか，あるいは単位国家の境界が必要なのかということになる．

　現在の国家を改良するにしても，あるいは地域連合による世界秩序の再編成にしても，あるいはどのような枠組みも拒否する無政府的な立場に立とうとも，

地域研究はよりよい人間生活の実現のための妥協点を提示するものでなければならない。システムでのレベルでの民族，文化，国民といったアイデンティティの強さは，このままではやすやすと消え去るものではない[30]。それらを越えた超システムとしてのメカニズムを生かさねばならない。それは根源的なエコ・アイデンティティに覚醒するということである。多様なよりよい人間生活の実現のために，生態論理に基づく協約が考えられねばならない。その協約の単位が世界単位なのである。民族・文化・国家・種のアイデンティティを越えた，共創のアイデンティティ，地球規模のネットワーキングによる地域区分ということであろう。

地域をアイデンティティとの関連で，レベルとして示せば図11-5のようになる。このパースペクティブは，生圏（生活世界），人間圏，地球圏とも重ねて考えられる。太陽系→地球圏→生命圏→人間圏という軸で考えれば，人間圏における分化を総合というメカニズムで地域として多元的一化を目指すということでもある[31]。

それを研究者の立場から捉え直してみれば図11-6のようになる。総合というメカニズムは，地域研究者にとっては「つなぎ」を契機として全体をくくるという営為に当たる。場の超越による臨地研究と越境による地域の観照・直観とをつなぐことでもある。地域研究者は，場の超越，地域の越境，ディシプリン領域の越境，歴史の越境，システムの越境を通して，無相の自己を覚ることもできる。そこにおいて立つ地域研究者は，規範化を拒否して，絶えず新たなる地域研究に向かわざるをえない宿命を負っているといえる。地域研究は自己否定の契機をはらんでいるからこそ，新しいものを生む力をはらんでいる。そのような地域研究が来たるべきネットワーキング社会の思想となりうるのである。

```
    <位相>                <アイデンティティ>

 超システムレベル          共創のアイデンティティ
    ↑  ↓
  システムレベル           民族・文化・国家・種のアイデンティティ
    ↑  ↓
   ゼロレベル              エコ・アイデンティティ
```

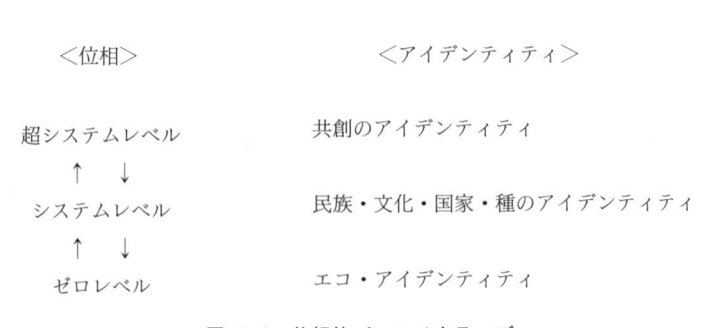

図11-5　位相的パースペクティブ

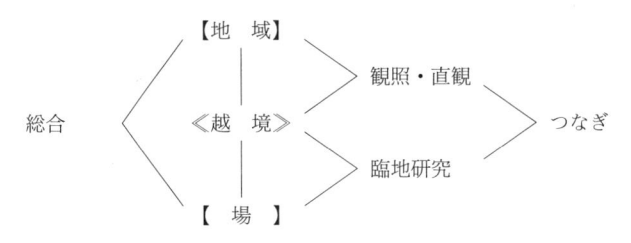

```
                【地　域】
                    │
         ┌──────┼──────┐ 観照・直観
　総　合 ＜　越　境　＞         ┐つなぎ
         └──────┼──────┘ 臨地研究
                    │
                【　場　】
```

図 11-6　地域研究者と地域

第 11 章　註

1）プラス，マイナス，ゼロの関係については，E. リーチ（長島信弘訳）『社会人類学案内』（岩波書店，同時代ライブラリー，1991 年 6 頁）参照．プラス，マイナスは，「一組の二元対立を形成する．この二つは，あらゆる点で，「対等かつ反対」で，また分離不可能なのである．……しかし，「ゼロ」は「中間に」，「どっちつかずの状態」にあるばかりではなく，違った種類のものである．」

2）川田順造「今なぜ「開発と文化」なのか」『岩波講座　開発と文化 1　今，なぜ「開発と文化」なのか』岩波書店，1997 年，36 頁．三角測量は必ずしも 3 地点の調査によらなくともよい．例えば，日本人である私が，アメリカの社会科学の方法論を使って，マレーシアの研究をするのも，これを意識的に行えば三角測量法となる．(N. M. Tachimoto, "Postscript: Japanese Anthropological Scholarship in Malaysia," in Shamsul A. B. and Tomiyuki Uesugi (eds.), *Japanese Anthropologists and Malaysian Society*, National Museum of Ethnology, 1998, pp. 117-127.

3）ニコルス・ルーマン（佐藤勉監訳）『社会システム理論　上』恒星社恒星閣，1993 年．

4）H. ロムバッハ（中岡成文訳）『存在論の根本問題——構造存在論』晃洋書房，1983 年．

5）西田哲学の述語的論理の用語を借りているが，ここでは，主語（システムの中枢）がなくとも述語（生活世界）によって文章（社会）が成立することを述語的統合としている．主語的統合は，文章全体を統合する主語が述語の在り方を規定してしまう在り方を指す．

6）Anthony Giddens, *The Constitution of Society: Outline of the Theory of Structuration*, Cambridge: Polity Press, 1984.

7）『東南アジアの組織原理』勁草書房，1989 年．

8）フェルナン・ブローデル（浜名優美訳）『地中海 I　環境の役割』藤原書店，1991 年．

9）立本成文『地域研究の問題と方法』（増補改訂版），京都大学学術出版会 1999 年．

10）James Gibson のことばであるが，ベルクは現実が我々に与えてくれる手がかりと現実に対する我々の働きかけを同時に意味するとして，フランス語の prise をそれにあてている．Prise は動詞 prendre（取る，捕える）から派生した名詞で，prendre すること，prendre されるもの，prendre する装置を意味する．J. J. ギブソン（古崎他訳）『生態学的視覚論——ヒトの知覚世界を探る』サイエンス社，1985 年；オギュスタン・ベルク（篠田勝英訳）『風土の日本——自然と文化の通態』ちくま学芸文庫版，1998 年 153 頁．（初版は 1992 年．）

11）梅棹忠夫『行為と妄想——わたしの履歴書』日本経済新聞社，1997 年，190-192 頁．

12）メゾは「中間，中央」の意味で，メゾロジーは風土学を指し，生態と生態の生きる環境との相互作用の研究である．オギュスタン・ベルク，前掲書，139 頁．

13) John Law, *Organizing Modernity* Oxford: Blackwell, 1994, p. 194.
14) Karen A. Carulo, "Identity Construction: New Issues, New Directions," *Annual Review of Anthropology* 23 (1997), pp. 385-409.; Richard Jenkins, *Social Identity*, London: Routledge, 1996.
15) Mike Michael, *Constructing Identities*, London: Sage, 1996, p. 162.
16) 中川敏『モノ語りとしてのナショナリズム ── 理論人類学的探求』金子書房, 1996年.
17) Bradd Shore, *Culture in Mind: Cognition, Culture, and the Problem of Meaning*, New York: Oxford University Press. (1996).
18) 今西錦司『自然学の展開』講談社学術文庫, 1990年, 181, 28, 221頁.
19) Mitchell Thomashow, *Ecological Identity: Becoming a Reflective Environmentalist*, Cambridge: MIT Press, 1996, p. xiii.
20) 今道友信『エコエティカ ── 生圏倫理学入門』講談社学術文庫, 1990年；イーフー・トゥアン(小野有五・阿部一訳)『トポフィリア ── 人間と環境』せりか書房, 1992年；ベルク『風土の……』; Steven Feld, and Keith H. Basso, (eds.) *Senses of Places*, Santa Fe: School of American Research Press, 1996.
21) 生態論理に対立するものとして, 文明論理と単純に言い切ってしまうことは許されるべきではないかもしれない. 文明論理と十把一絡げにできることではなく, 様々なヴァリエーションがありうる. ここで生態論理と対比的に取り上げた文明論理は, とりあえずは, 自然と生活世界をシステム維持のために植民地化していくシステム装置としての文明の一つの在り方と考えていただければ幸いである.
22) 飯田経夫『経済学の終わり ──「豊かさ」のあとに来るもの』PHP新書, 1997年.
23) 西洋の場所概念の変遷については, Edward S. Casey, *The Fate of Place: A Philosophical History*, Berkely: University of California Press, 1997.
24) ベルク『風土の日本……』87頁.
25) Smadar Lavie and Ted Swedenburg (eds.), *Displacement, Diaspora, and Geographies of Identity*, Durham: Duke University Press, 1996.
26) Casey, *The Fate of*……,
27) R. Rosaldo, *Culture and Truth: The Remaking of Social Analysis*, Boston: Beacon Press, 1989, p. 44.
28) 清水博『生命知としての論理：柳生新影流に見る共創の理』中公新書, 1966年.
29) Richard Handler, "Is 'Identity' a Useful Cross-Cultural Concept ?" in John R. Gillis (ed.), *Commemorations: The Politics of National Identity*, Princeton: Princeton University Press, 1994, pp. 27-40.; Stuart Hall and Paul du Gay (eds.), *Questions of Cultural Identity*, London: Sage, 1996.
30) Manuel Castells, *The Power of Identity, Volume II of The Information Age*, Oxford: Blackwell. 1997.
31) 松井孝典(編著)『地球学 ── 長寿命型の文明論』ウェッジ, 1998年.

あとがき

　文化人類学というのはいちおう何らかのフィールドワークを一定期間することが一人前として認められる条件のように考えられていたので，文化人類学者であればフィールドの存在する地域の地域研究者と数えられることが多い．オラン・フルを調査していた私もそのような一人である．もちろんフィールドにはこだわらず地域を相対化して，人類的規模で普遍を語るのも人類学の一つの在り方ではある．そのような人類学者は決して地域研究者とは言わない．私自身は，文学士，修士は社会学専攻であるが，博士は人類学で取っているという意味でも，マレーシア・インドネシアをフィールドとする文化人類学徒兼地域研究者ということができる．兼ねるということばが研究者に課する荷は案外に重い．時には，地域研究は人類学者・社会学者に対するリトマス試験紙でもある．私にとって，『東南アジアの組織原理』(1989 年刊) は地域研究であるとともに，社会学原論でもあるというふうに考えることができた．しかしその後，『地域研究の問題と方法』(1996 年刊) や本書の第 11 章のように徹頭徹尾地域研究にこだわるようになった．この人類学・社会学から地域研究への展開は方向転換のようにも見えるが，私はそこに連続性があると思う．

　地域研究が学として成立するのか，それが今の私の問題意識である．おそらく，ふつうの社会学者や文化人類学者あるいは歴史学者はそれを認めないであろう．一般に了解されている地域研究というのは，仲良しグループの集まる場，アリーナにすぎないといってもよい．あくまでも学問として成り立つのはディシプリンとして精緻化された理論の歯車によってかみ砕かれたものだけであり，いわゆる「地域研究」と称するアリーナは独自の学として成立するはずがないというのがその認めない理由であろう．日本と比較するために，社会学者とし

て東南アジアの中間階層の実態について日本の調査枠組みでデータを集めるという人には，学問領域としての地域研究の悩みなどはわからないであろう．

地域研究は理論の普遍性にまず疑義を差し挟み，地域固有の社会学，人類学を地域全体から見直すという作業をすることから始まるといってよいかもしれない．地域研究というのはある意味では脱構築であり，多くは西洋の土壌で育まれた既存の概念に対する異議申し立てである．「エスニックの次元」(佐々木健一『エスニックの次元≪日本哲学≫創始のために』勁草書房, 1998年) の学問といってもよいが，当然その枠組みはエスニシティではなく地域である．譬えて言えば，社会学の学問としての存立基盤を日本という土壌で吟味するということである．日本の社会学も輸入そのものではなく，いったん地域研究としての社会学を経て初めて日本社会学ができるということである．それはそうだとしても，現実には地域研究は初期の社会学のように，学問としての存在価値を既存の学問分野から疑問視されているのである．社会学のように成功するかどうかは未知数である．しかしその制度化だけは意外に早いテンポで進行している．ただ制度化されても具体的に何を教え，どんな修了生を生み出そうとしているのか，必ずしも見解の一致があるようには見えないが，地域研究という学問分野がいちおうは認められたということかもしれない．それだけに地域研究者の責任は重くなり，悩みは深刻となる．

「社会」とは何かが一時期の社会学者に大問題であったように，地域研究にとって「地域」とは何か，どのように設定するのか，ということが当面の問題である．社会や文化の定義が社会学者や文化人類学者の数と同じほどあるといわれても社会学や文化人類学はそれほど困らない．ディシプリンとして確立しているからである．しかし，地域研究者にとっては「地域」に積極的な意味を与えない限り地域研究の存在証明が失われる立場に立たされている．地理学(あるいは地誌学)という歴とした地域の学問もある．地域研究というのは地理学から独立して存在するのかということになる．事実，最近地域研究が注目されてきたのに便乗して「地域研究への招待」などという教科書ふうの本が書店

に並ぶこともあるが，実は地理学のテキストであったりする．（ところが不思議にも一般に地域研究というときには地理学は議論の外に置かれているし，地理学者が地域研究者と共同研究するのもきわめてまれである．本来あるべき地理学といわゆる地理学者の実践している地理学とが乖離していることかもしれない．）

　東南アジアはいろいろな形で捉えられる．地政学的なくくり方もあれば，分けていく腑分けの見方もあり，また連関的につないでいくという見方もある．
　「わける」，「つなぐ」，「くくる」はお互いに関連している．地域研究者は研究対象としての単位をくくる論理を見つけ出し，それが地域の現実態と適合するのであると論証しなければならない宿命を負っている．地域の枠組みの必要性については，確かに一方では，研究の初めには地域と言う枠組みはいらないのだ，設定すべきではないと言う主張もある．第Ⅰ部はそのためのスタートラインに立ったといえる作業の様に見える．そして，研究が進むうちに成果として地域概念が現れてくるのだ，現れるべきだと言う．第Ⅱ部はその試みとも取れる．しかし，これはあくまでも既存のディシプリン的あるいは地理学的発想にすぎない．そうではなくて，地域研究はまず特定の地域ありきでなければならない．思いこみの固定観念にしてはいけないが，関わりの初め，取っ掛かりとしての地域，境界としての意味での地平がなければ，そもそも地域研究というアリーナにさえ入る必要はないし，最終的な成果としての地域などは結局生まれてこない可能性が高い．たとえ如何に稚拙であっても「地域」という地（ぢ）を仮に設定してそこに入り込まずには，本当の地も柄も見えるはずがないし，地域研究というのが成立しないというのが私の主張である．具体的な枠組み（地域）の主張があってこそ地域研究なのである．個々の地域（研究）以外に地域（研究）一般はありえないということでもある．東南アジア，アフリカという具体的な枠組みの上に立ってはじめて個々の地域研究の門に入れるわけである．本書の第Ⅰ部はもちろんディシプリン的ではあるが，東南アジア研究という枠組みに立っているという点ではかろうじて地域研究の中に入れてもよいのではないかと考えている．第Ⅱ部における比較は，明示的に東南アジア地域とは唱

えていないが，フレームワークがその地域におかれていることは歴然としている．ただその枠は研究の結果解体してしまったり，従来とは，あるいは出発点とはまったく違った新しい地域概念が成果としてでてきてもよいのは当然である．これは第III部の作業になる．

　地域への拘りということでは，地域という枠 (area-framing, horizon) について三つのレベルを区別する必要があるであろう．一つは，ある地域においてある現象（例えばサリー）に興味を持つときの「地域1」（例えばサリーを使っているインド，南アジア）．二つ目には，そのような現象に注目して，包括的に研究を始めて出来上がってくる（いわゆる機能論に基づいたエンドプロダクトとしての）「地域2」．そして三つ目に，世界秩序の一部としての地域単位であり，国民国家に替わりうる仕組みを求めるというものである．この「地域3」は，世界単位といってもよい．地域3は当然地域2の延長上になければならない．しかし，地域2から地域3へは飛躍が必要なことも間違いない．特に地域2を地域類型の構造だと捉える立場に立つと，それがエンドプロダクトで，それ以上進むことは科学者としてすべきではないと言うことにもなる．地域3は地域1と地域2と重なっても，あるいは両者と違ってもよいが，人を納得させねばならない．

　この三つに対応する地域研究のスタイルとして，地域1は「萌芽的地域研究」，地域2は「ディシプリン的地域研究」，地域3は「総合的地域研究」と密接に連関する．私の主張は，地域研究はもとより，地域間比較というときには，地域1を仮説として持つか，ないしは地域3を予測して，地域の枠組みにこだわって研究を進めなければならないということである．地域2は，取り立てて地域研究が受け持たなくとも，どんなディシプリンでもできる．地域研究がファションであるときには，みんなこれを地域研究といって研究費を獲得することにやぶさかではない．が，ひとたび地域研究関連の予算が落ち目になると，「ディシプリン的地域研究」者は必ずや地域研究がハイブリドな猥雑な学問で，科学の進歩に必要ではないと言って，地域研究を否定する可能性が大きい，と私は思っている．ともかく地域研究の成果を如何に人に納得してもらうのかという

のは学問として地域研究が認められる要件の一つである．人を納得させるのにデータは重要である．しかし決定的なのはデータの解釈，データに基づいてもう一歩先をどう読み取るかということである．データを越えて頭の中で考えられたことだからこそ，人を動かすということがあってもよいのではないか．もっとも，納得するというのは，論理的に正しい，理論的に優れているということ以上に心の問題である．

　萌芽的地域研究である第Ⅰ部から総合的地域研究のⅢ部まで，圏的発想というつなぎが生きていると感じていただけることを祈っている．

初出一覧

　まえがきは「つなぎとしての地域研究」(『学術月報』特集：地域研究，50巻12号，1997年，4-5頁)を元に書き加えたものである．

　第Ⅰ部は次の諸論文を修正・編集の上収録したものである．
「マラヤのAborigines」『東南アジア研究』3巻2号(1965)，124-128頁．
「エンダウ川流域のOrang Hulu (Jakun)の家族覚え書」『東南アジア研究』3巻5号(1966)，156-160頁．
「マレー半島におけるジャクンの親族名称」『東南アジア研究』4巻5号(1967)，834-853頁．
「マラヤにおけるジャクンの家族構成の特質」『東南アジア研究』5巻3号(1967)，463-483頁．
「ジャクン(オラン・フル)の結婚と離婚」『東南アジア研究』6巻4号(1969)，740-757頁．
「マラヤ原住民の経済生活 ── オラン・フル(ジャクン)の場合」『アジア経済』10巻5号(1969) 83-103頁．

「ジャクン・コミュニティの社会秩序」『東南アジア研究』7巻3号 (1969)，342-362頁．

　第II部の元になった論文は次のとおりである．
「マレーシアの家族」原ひろ子編『諸文化と家族』至文堂，1983年，200-220頁．（「マレー農民の家族圏」と改題して原ひろ子編『家族の文化誌』弘文堂，1986年に再録．29-50頁．）
口羽益生・前田成文「屋敷地共住集団と家族圏」『東南アジア研究』18巻2号 (1980)，186-205頁．
「世帯と親族」石井米雄編『東南アジア世界の構造と変容』創文社，1986年，141-174頁．

　第III部は比較的最近書かれた次の2論文を修正の上収録している．
「ネットワーキング家族」『比較文明』特集：文明と家族，14号，1998年10月，99-111頁．
「地域研究の思想」坪内良博編『総合的地域研究を求めて —— 東南アジア像を手がかりに』京都大学学術出版会，1999年，419-448頁．

　あとがきは『ソシオロジ』第43巻2号 (1998年10月，97-101頁) に書いた「書評に応えて」に基づいて書き直したものである．（足立明氏の拙著『地域研究の問題と方法』の書評（同号，91-96頁）に応えたものである．）

　なお，これら論文についていた謝辞はすべて省略した．お名前はあげないがあらためて感謝する次第である．とりまとめるにあたっては，京都大学東南アジア研究センターの叢書出版の匿名リフェリーから貴重なコメントをいただいた．京都大学学術出版会の鈴木哲也さんには，また厄介をおかけした．御礼申し上げます．

索　　　引（事項・地名索引／人名索引）

1．原則として和文は音による五十音順，欧文項目はアルファベット順とした．
2．ただし適宜階層づけした項目があるので参照されたい．

事項・地名索引

[ア　行]
間柄の理論 221
アイデンティティ 252, 291-293, 300, 306-311, 313, 314-316, 318
アジア地中海 3
遊び 135, 183
アナッ・アンカト 60, 93, 204 →養子
アニミズム 35
姉女房婚 101, 161
アフォーダンス 305, 312
アメリカ 204, 283, 291
アモツ 286
アラビア語系 46
アルン 246, 251
アンドロニム 57, 62, 66 →親族呼称
アンパリタ 251, 273
家元 283
筏上家屋 73, 74, 76, 78, 95, 128, 129 →ラキト
遺棄 112, 116, 117, 122
イギリス 36, 252
慰謝料 116, 118, 167
イスラーム 21, 35-38, 45, 64, 178, 181-183, 193, 196, 198, 228, 246, 257, 272, 274
　──法 108, 120, 180, 181, 193, 196, 197, 254
イタリア 283
一夫多妻婚 99
イトコ関係 234, 251, 289, 291
イトコ婚 56, 102, 196, 248, 253, 260, 285
イへ（家）229, 270
イングランド 283
姻族 29, 45, 55, 57, 59, 60, 63, 64, 66, 67, 80, 104, 107, 108, 119, 148, 163, 193, 223, 226, 249, 255-258, 260-262, 265, 266, 272
インド 252, 283, 324
インドネシア 3, 65, 120, 166, 189, 208, 245, 246, 249-252, 254, 286, 321
エコ・アイデンティティ 279, 294, 299, 300, 306, 309, 310, 311, 313-316, 318
エコ・トゥリズム 7

エスニシティ 307, 308, 314, 322
エロス的価値 203
エンダウ 15, 18-23, 26, 29, 30, 36-38, 45, 47, 53, 64, 65, 77, 78, 89, 94-96, 99, 101, 103, 104, 112, 113, 119, 125-132, 134, 139, 142, 144-147, 152, 155, 156, 165, 166, 169, 170, 172-177, 182, 184, 258, 261
エンダウ・ロンピン 38
エンダウ・ロンピンの国立公園化 38, 155
エンダウ・クルアン野生動物保護区 130
王圏 9, 249
王国成立譚 246, 247, 252
オウトニム 62 →親族呼称
オーストラリア 3
オーストロネシア語族 189, 208
オセアニア 270
男移動制 224
親子関係 52, 93, 204-207, 229, 254, 267, 271
親子のキズナ 237
オヤコ関係 283, 289
親元組織 221, 222
オラン・アスリ 16, 17, 18, 22, 32, 37, 38, 130, 157, 178, 258, 267
　──局 17-19, 22, 30, 32, 33, 35, 36, 38, 39, 64, 110, 127, 130, 155, 175-179
オランダ 208, 252
オリエンタリズム 301, 313
女非移動制 226, 227, 237

[カ　行]
ガアメン（政府）175, 176
海域世界 3
階級内婚 285 →婚姻
外婚制 89, 286 →婚姻
階層内婚 196, 253 →婚姻
カウム 193, 254, 261
家族
　──の定義 71, 206, 220, 226, 245
　──概念 199, 206, 207, 223, 229, 272, 286, 291

索　　　引 | 327

――関係 163, 203, 206, 207, 224, 283, 285, 287-290
――現象 12, 236, 288, 290
――周期 94, 212, 213, 216, 218, 220, 224, 231, 236, 239, 240
――集団 189, 205, 206, 226, 283, 284, 286-288, 293
――紐帯 206, 207, 272, 290
――発展段階 213
――名 286
――歴 199, 200, 239
基本―― 9, 63, 64, 74, 81-86, 89, 93-95, 195, 199, 200, 204, 206, 207, 212, 213, 215, 217, 221, 222, 224, 229-231, 235, 236, 253, 258, 259
欠損―― 74, 86, 87, 195, 259
欠損基本―― 81, 87, 195
拡大―― 95, 195, 199, 206, 207, 212, 213, 224, 225, 235, 236
生育―― 94, 228-230, 232, 233
生殖―― 217, 229, 232, 233
夫婦―― 23, 29, 82, 193, 195, 199, 200, 212, 213, 215, 222, 229, 259
家族制度
　家父長制 283, 286
　女性中心制 225
　双系制 36, 45, 52, 55, 228, 229
　母中心制 224, 226
　父系制 45, 226
　母系制 45, 223, 224, 241, 272
学校 19, 30, 94-96, 128, 153, 155, 177, 179, 182, 185
カハン 29, 37, 89, 104, 129, 131, 132, 139, 142, 155
家父長制 283, 286 →家族制度
貨幣経済 23
竈 27, 72, 78, 94, 95, 150, 220, 236
関係の集積体 287
慣習法 15, 26, 27, 32, 108, 111, 153, 154, 165-167, 170, 173, 174, 180, 183, 184, 197, 252 →ハダト
カンプン 194, 195, 238
カンポン 130, 165, 168, 170, 181, 182
寄寓者 75, 78, 80, 259 →ヌンパン
規範構造 237
忌避関係 29, 61
基本家族 9, 63, 64, 74, 81-86, 89, 93-95, 195, 199, 200, 204, 206, 207, 212, 213, 215, 217, 221, 222, 224, 229-231, 235, 236, 253, 258, 259 →家族
キャッサバ 22, 47, 129, 132, 136, 138, 139, 154
共住原理 245, 256, 271, 292
行商人 132, 139, 146, 175
共食儀礼 106, 108, 260
キョウダイ関係 55, 58, 207, 251, 256, 270, 271, 283, 289, 291
キョウダイ相姦 102, 184
漁具 148
局処世界 9, 10, 292, 293
魚毒 135
寄留 75, 80, 88, 93, 259
禁忌(pantang) 108, 110, 136, 138, 156 →パンタン
禁婚範囲 196
近親婚/近親婚禁止 102, 103, 119, 248, 262, 269
近親相姦 167, 309
キンドレド 211, 217, 221, 225, 229, 234 →親類
均分相続法 228
クアラ・ルンプル 15, 30, 104
クアンタン 125
くくる論理 303, 323
グッタペルカ 48
クラバト 193
クラマト 129 →霊地
クラミン 12, 24, 48, 74-83, 85, 86, 88, 95, 118, 122, 128, 129, 135, 136, 140, 143, 148-152, 161, 164, 193, 253, 259, 267
クランタン 32, 33, 35, 36, 181, 182, 188, 235, 240, 254, 274
クルアルガ 24, 193, 195, 206, 250, 253, 254
クルアン 112, 125, 142, 167, 175
クローブ・クル 220, 223, 226, 236, 270
系譜関係 51, 53, 63, 67, 83, 204, 248, 261
系譜性 223
ケダー 32, 33, 53, 66, 67, 181, 182, 211, 227, 228, 235, 237, 240
結婚式 25, 105, 107, 110, 111, 121, 177, 178, 197, 260
結婚適齢期/婚姻適齢期 62
血族 55, 57, 59, 66, 79, 80, 110, 119, 148, 163, 193, 217, 226, 249, 250, 255, 256, 257, 260, 261, 268, 272
欠損家族 74, 86, 87, 195, 259 →家族
欠損基本家族 81, 87, 195 →家族、基本家族
ケロシン油ランプ 149
圏 7, 8, 9, 226, 279, 284, 293

原住民 15, 31
原住民法 32
圏的発想 7-10, 207, 325
公共圏 9
構造 8, 9, 25, 45, 61-63, 65, 72, 183, 188, 189, 199, 216, 221, 223, 269, 279, 283, 289, 291, 299, 302, 303, 305, 306, 314, 324
構想力 189
構築主義 307
故郷 194
国民国家 293, 299, 324
互酬性 75, 88, 94, 133, 176, 226, 237, 261, 289
個人名 27, 52, 54, 56, 57, 62, 63, 67, 161-163, 194, 260, 264, 286
コスモス 302, 310, 314
コミュニタス 302, 313
ゴム園 145, 201, 202
ゴワ 246, 274
婚姻
　　――解消 112, 114, 117
　　――禁忌 102
　　――戦略 249, 262
　　――対価 104, 105, 115
　　――締結式 197
　　――適齢期 83, 100, 117
　　重婚 100
　　同類婚 248
　　複婚 99, 199, 248
　　階級内婚 285
　　階層内婚 196, 253
　　外婚制 89, 286
　　内婚制 89
婚外交渉 112
根源的対合 288, 289, 291
コンシ(kongsi) 142
婚資 22, 25, 104, 106, 153, 248, 273
婚資金 25, 105-107, 111, 118, 121, 150
婚前性交渉 26, 111, 112
婚約 104-107, 119, 121
婚礼費用 105

[サ　行]
菜園 138
再帰性 291
再婚 28, 60, 79, 83, 86, 89, 101, 102, 114, 115, 117-119, 122, 161, 197, 204, 205, 229, 230
採集経済 22, 47
最小生活共同単位 245, 270, 271, 292

最小の統治単位 51
サウダラ 53, 54, 57, 120, 163, 193, 253-256, 261, 274
サカイ 16, 17, 155, 178
サバー 15, 38
サラワク 15, 38, 120, 155
サロン 106, 150, 151, 162
三角測量法 300-302, 319
サンスクリット 24, 46, 193, 253, 254, 274
試験婚 115
システム 8, 272, 273, 286, 291-293, 300, 302, 315, 316, 318, 320
持続的発展 312
しつけ 161-163
シデンレン 246
シドラプ 251, 273
死別 62, 86, 87, 99, 101, 102, 112-117, 122, 199, 259
社会空間 9, 256, 257, 279
社会圏 7-9, 175, 207, 268, 269
社会構造 18, 63, 180, 183, 217, 220, 223, 225, 284, 285, 306
社会制度 283, 306
社会文化生態力学 306
ジャクン 16, 19, 21, 22, 31, 33, 35-37, 45, 47, 65, 131, 155, 166, 169
ジャンクション 133, 134, 138, 139, 154, 176
呪医 168, 176, 182
集会所 30, 78, 79, 130
重婚 100 →婚姻
従属構造 12, 181, 183
集団 7-9, 64, 71, 74, 198, 199, 206, 219-222, 226, 229, 235, 237, 245, 254, 255, 269, 272, 273, 283, 285, 286-288, 292, 293
集団編成原理 237
狩具 149
樹脂 48, 139
呪術師 135, 168, 170, 173 →パワン
首席大臣 165, 176
出生 88-90, 92, 115, 119, 177, 199, 206, 236, 272, 285
出生順 162, 254
狩猟 134, 138, 144, 145
ジュルトン 47
昇嫁婚 248, 269
少数民族問題 33
小店経営 171, 182
樟脳 48, 73, 132

索　引 329

初婚年齢 88, 197
女性中心制 225 →家族制度
初潮儀礼 106
ジョホル 18-20, 31, 32, 35, 37, 45-48, 64, 66, 103, 125, 128, 142, 155, 165, 169, 174-177, 182, 185, 208
シンガポル 15, 37, 64, 92, 103, 104, 125, 142, 144, 146, 255
親密圏 283
親類 24, 29, 51, 52, 55, 59, 64, 66, 75, 94, 129, 163, 164, 193, 211, 225, 234, 235, 248, 261 →キンドレド
親族
　——核 64, 75, 79, 85, 119, 163, 221, 253, 258, 269, 270
　——核の放射的拡大 222, 237
　——圏 9, 163, 248, 249, 258, 266, 268, 269
　——呼称 30, 99, 163 →アンドロニム, オウトニム, テクノニム, ネクロニム
　——示称 53, 54, 56, 58, 65, 66, 89, 93, 99, 161, 253, 257, 260, 269
　——集団 163, 212, 213, 215, 216, 220, 222-224, 227, 236, 253, 272
　——組織 18, 36, 45, 51, 65, 71, 84, 88, 183, 189, 211, 217, 219, 229, 261, 268, 285
　——ネットワークの拡大/凝集 248
　——名称 45, 51, 53, 54, 57, 59, 62-67, 107, 119, 221, 249, 256, 257, 260, 262, 264, 265, 268, 269, 276
信頼 288-291
森林保護区 130
スクラミン 12, 23, 63, 74, 75, 81, 85, 95, 161, 258, 259, 261
錫鉱 127, 144
ステム・ファミリー 215, 217, 221, 222, 224, 235
スノイ 17, 33, 35, 36, 45, 132, 162
スマトラ 18, 252, 274
スマン 16, 33, 36, 139
スラウェシ 3, 189, 274
スランゴル 32, 35, 45, 182, 274
スリヴィジャヤ王国 252
スルタン 23, 37, 38, 165, 169, 174, 175, 185, 258
生育家族 94, 228-230, 232, 233 →家族
生育制度 271, 286, 288
生活共同単位 235, 262
生活圏 177, 314
生活世界 9, 290-292, 302, 318-320
正戸 211-213, 215, 228, 231, 233 →貼戸

静止画像 7, 38, 189
生殖家族 217, 229, 232, 233 →家族
成人式 106
生態科学 316
生態環境 306
生態論理 309, 311-313, 315, 316, 318, 320
性的交渉 26, 71, 196 →婚前性交渉, 婚外交渉
生命圏 318
世界単位 293, 300, 314, 316, 318, 324
世帯 3, 58, 64, 74, 94, 118, 163-165, 182, 194-207, 211-213, 216, 220-231, 233, 236, 238, 239, 245, 256, 259, 260, 267, 269-272, 285, 286, 293
世帯家族 221, 222
世帯構成原理 206
世帯最小化傾向 206
先住民 8, 12, 15-18, 21, 22, 31-33, 35-39, 45, 47, 65, 127, 128, 155, 156, 176, 178, 185
　——運動 38
　——居住地 130
　——区域 23, 130, 147
　——部落 176
　——保留地 23, 130
双系制 45, 52, 55, 228 →家族制度, 父系制, 母系制
総合的地域研究 5, 9, 12, 279, 293, 299, 324, 325 →ディシプリン的地域研究, 萌芽的地域研究
早婚 88, 113, 119, 197
想像力 189, 278
相続 57, 58, 64, 66, 92, 93, 116, 117, 122, 147, 167, 181, 193, 194, 201, 204, 212, 214, 215, 217, 219, 222, 224, 227-229, 231, 233, 247, 248, 254, 269, 285
相即原理 300
創発 291, 305, 316
ソッペン 249, 250
ソマリ 31
祖霊 217, 223, 224, 226, 251

[タ 行]
タイ 3, 35, 38, 188, 189, 211-213, 215-217, 220-228, 231, 233, 236, 237, 239, 241, 252, 270, 286, 304
タイ・カダイ語群 189
第一次集団 292
対人主義 270, 285
タイピン 15, 36

タウケ 177
多元的一化 300, 318
他者理解 301
タセッ・ブラ 169
堕胎 96, 112
タナー・アバン 95, 127, 128, 130, 143, 144, 175, 184
ダマル 132, 153
　——樹脂 47
ダヤッ人 67, 104, 120, 121, 155, 156, 170
対人的均衡関係 204, 237, 288
地域概念 9, 10, 279, 302, 314, 315, 323, 324
地域圏 293, 299
地域研究
　総合的—— 5, 9, 12, 279, 293, 299, 324, 325
　ディシプリン的—— 278, 324
　萌芽的—— 324, 325
地縁 27, 64, 164, 172, 174, 182, 258, 261, 285, 316
地球全体 306
中国 104, 229, 252, 283, 286, 290
地霊 135, 168
沈潜 3, 10, 278, 279
賃労働者 145
対関係 172, 226, 227
通婚 29, 56, 89, 103, 104, 119
通婚圏 9, 58, 104
つなぎ 4-8, 10, 15, 284, 291, 293, 303, 306, 307, 318, 325
妻方居住 60, 61, 75, 79, 80, 85, 110, 198, 217, 223, 224, 227 →母系制
妻中心的 28
妻＝母方の要素 216, 217, 221, 226, 227, 228, 237
ディシプリン的地域研究 278, 324 →総合的地域研究, 萌芽的地域研究
ティンバン 26, 105, 108, 120, 121
出稼ぎ 145, 154, 198-200, 202, 204, 259
適合性最大化原理 207
テクノニミー 52, 53, 59-63, 261
テクノニム 54, 57, 59, 60, 61, 62, 63, 66, 67, 161, 260, 264 →親族呼称
出小屋 27, 95, 130, 131, 136, 148, 156, 250
デサ 181
鉄鉱床 127, 144
貼戸 211-213, 215, 228, 231, 233, 238 →正戸
ドイツ 283, 291
同時代的共生存 303
東南アジア 3, 4, 7, 211, 219, 220, 239, 270, 285, 286, 304, 306, 322, 323

籐採集 48, 78, 139, 142, 144
トゥムンゴン 174, 175, 185
同類婚 248 →婚姻
土地神 251
トマシリッ 249, 251
トマヌルン 246
domestic group 223, 224, 228, 270, 271
ともに働きともに食べる 216, 237 →共働共食
トランジスター・ラジオ 149
ドリアン 19, 47, 66, 117, 138, 147
取り巻き連 222, 239
奴隷 155, 166, 246, 247
トレンガヌ 32, 125

［ナ　行］
内婚制 89 →外婚性, 婚姻
ナナシ 83, 89, 101, 104, 112-114, 119, 129
ナフカー 198
二元論 272, 301, 307
西マレーシア 32
二者関係 8, 12, 199, 206, 207, 228, 229, 237, 241, 255, 269-271, 284-286
日本 204, 229, 270, 283, 284, 286, 291, 322
ニューギニア 133
人間圏 318
ヌグリ・スンビラン 19, 22, 32, 35, 45, 66, 241, 256, 275
ヌンパン 75, 94 →寄寓者
ネクサス 133, 134, 138, 154, 176
ネグリト 15, 16, 33, 35, 132
ネクロニム 60, 62, 63 →親族呼称
ネットワーキング 291, 293, 316, 318
ネットワーキング原理 293
年齢階梯 61, 62
農業共同組織 216
農具 148

［ハ　行］
ハダト 25, 26, 108, 166, 174, 180 →慣習法
パダン・エンダウ 18, 19, 23, 99, 125, 140, 142, 144-149, 152, 153, 176, 177, 179
バティン 19-22, 25-28, 30, 48, 51, 65, 66, 78, 83, 95, 97, 99, 104-106, 108, 111, 116, 120, 121, 128, 135, 136, 143, 146, 147, 149, 151, 153, 157, 161, 165-177, 180-185, 258, 260
バティン・トゥハ 171
場の論理 313
母中心制 224, 226 →家族制度

パハン 18, 19, 30, 32, 33, 35, 37, 45, 48, 83, 96, 99, 125, 130, 143, 169, 174, 175, 185
パハン・ロンピン・エンダウ・デルタ 47, 125, 127
バライ 30, 78, 95, 130 →集会所
パワン 135, 136, 138, 156, 168, 182 →呪術師
パンケプ 250, 273
パンタン 25, 136, 138 →禁忌
バンティムルン 250, 273
飯場 77, 142, 143, 153
比較文明論 283, 284
ヒカヤト・マロン・マハワンサ 182
引き取り 88, 116, 200, 205, 230
飛翔 3, 10, 278, 279
非常事態宣言 21
白檀 48, 132
フィールドワーク 4, 6, 7, 275, 321 →臨地研究
フィリピン 286
夫婦家族 23, 29, 82, 193, 195, 199, 200, 212, 213, 215, 222, 229, 259 →家族
夫婦関係 197, 206, 207, 229, 239, 251, 256, 288, 289, 291
ブカ・ケス 168
複婚 99, 199, 248 →婚姻
複世帯家族 230, 231, 233-235
フクム 166, 180
　　──・シャリアー 180
　　──・バティン 180
父系制 45, 226 →家族制度, 母系制
父子家庭 203
父子関係 207, 289, 291
部分社会 292
ブミプトラ 15, 37
部落祓い 154, 168
フランス 283
ブルカル 47, 126, 129
ブルサンディン 25, 108, 197
ブルハダト 25, 26, 108
プロト・マレー 16, 18, 19, 33, 180, 181, 183
文化シンボリズム 306
文化的単位 245, 262, 271
ブンダハラ 175, 185
ブンフル 165, 169, 177, 181, 252
文明論理 311-313, 316, 320
ベトナム 270, 286
ペラッ 15, 32, 33, 35, 36, 53, 253
ベンガル 254
萌芽的地域研究 324, 325 →地域研究

包摂家族 81, 82, 84, 87, 95, 195, 259 →家族
母系制 45, 223, 224, 241, 272 →家族制度, 父系制, 妻方居住
母権論 283
母子家庭 203, 204
母子関係 207, 289, 291
ボネ 246
ボネ王国 246, 248
ポルトガル 252
ボルネオ 15, 18, 60, 62, 67, 104
本質主義 307

[マ 行]
マダガスカル 286
マラカ 19, 32, 45, 65, 182, 189, 197, 198, 200, 208, 252, 274
マラカ王国 252
マラヤ 15, 31, 33, 35-37, 125, 184
multihousehold compound 215, 216
マレーシア 4, 6, 7, 15, 20, 22, 25, 33, 37, 38, 119, 120, 140, 156, 166, 178, 181, 195, 197, 208, 245, 267, 284, 286, 319, 321
マレー人保留地区 23
マレー半島 3, 8, 12, 15, 16, 31, 35, 38, 66, 103, 125, 189, 196, 245, 252, 258
南スラウェシ 245, 246, 249, 272
ムキム 181, 182
ムスリム 21, 35, 36, 45, 99, 107, 108, 111, 114, 120, 161, 180, 189, 211, 252, 258
ムラユ 178, 245, 252, 253, 257, 258, 264, 268
ムルシン 99, 103, 112, 125, 145, 177
木材伐採 110, 139, 144, 185

[ヤ・ラ・ワ行]
焼畑/焼畑耕作 45, 47, 57, 66, 95, 121, 128-130, 135, 136, 138, 140, 144, 145, 147, 148, 165, 168, 226, 250, 258
屋敷地共住結合 211, 219, 220, 222-225, 227, 233, 236, 237, 239 →共住原理
屋敷地共住集団 3, 211, 212, 215-218, 220, 221, 224, 236, 237, 239 →共住原理
屋敷地世帯群 233, 237, 240
野生動物保護区 130
ユーラシア 3
養子 28, 60, 86, 88, 90, 92, 93, 102, 116, 156, 162, 169, 200, 204, 205, 207, 260 →アナッ・アンカト
養子慣行 96, 240

夜這い 111
ラオス 286
ラキト 73,74 →筏上家屋
ラジャ・ブヌア 169,184
ラジャーブヌア 169,173,184
ララン 47,126,128,129,181,182,227,254,255
離婚 24,26-28,62,83,86,87,89,101,102,105,110,-122,161,167,171,196,-200,204,205,230,240,256,259,288
　　——請求権 161
　　——率 114,115
離乳時期 162
流離 3,10,189,278
臨地研究 4,6,305,318 →フィールドワーク

ルウッ 246,274
loosely structured 269
隷属民 178,247,252
霊地 129,155
ロジョッ 114
ロタン 27,139
ロンピン 18,37,89,99,129,169
ワジョ 246
ワリ 25,104-107,111,120,121,167,194,196,197,260
ワリス 64,104-107,108,110,111,115,116,119,120,121,163,194,196,253-255,258,260,261

人 名 索 引

[欧文]
Abdullah bin Abdul Kadir, Munshi 166,184
Baharon Azhar bin Raffiei 36,40
Banks, D. J. 255-257,274-276
Bender, D. R. 270,272,276
Benjamin, G. 36,40
Brown, C. C. 65
Burkill, I. B. 156
Burridge, K. O. L. 269,276
Carey, Hj. Iskandar Yusoff 18,39
Carulo, K. A. 320
Casey, E. S. 320
Castells, M. 320
Cense, A. A. 273
Chabot, H. T. 269,276
Coleman, J. S. 295
Cooley, F. L. 184
Davis, R. 224,240
de Josseling de Jong, P. E. 275
Dentan, R. 36,39,40,184
Djamour, J. 120,184,275
Downs, R. 120,181,185
du Gay, P. 320
Ellen, R. F. 274
Errington, S. 273,276
Evans, Ivor H. N. 36,37,39,40,157,184
Fatimi, S. Q. 185
Firth, R. 66,120,156,188,235,241,255,274,275
Fiske, A. P. F. 289,295
Flemmich, C. O. 155

Fortes, M. 120
Frazer, J. G. 63,67
Geddes, W. R. 67,156,170,184,289
Geertz, C. 67,241
Geertz, H. 67,241
Gibson, J. 319
Giddens, A. 295,319
Ginsburg, N. 39
Gonda, J. 274
Guatari, F. 310
Gullick, J. M. 185,253,274
Hall, S. 320
Hamonic, G. 276
Handler, R. 320
Hanks, Lucien 215,238,239,240
Hanks, Jane 215,238,239,240
Hervey, D. F. A. 37,40,125,155,157,184
Hodder, B. W. 39
Holman, D. 39
Hood Salleh 22
Howell, S. 276
Hsu, F. L. K. 283,284,294
Hussin Ali, Syed 165,252,274
Inden, R. B. 274,275
Kelsall, H. J. 37,40,65,119,130,132,139,155,156
Keyes, C. F. 223,224,225,228,236,240
Koentjaraningrat 274,276
Lake, H. W. 37,40,65,119,125,130,132,139,147,155-157
Lavie, S. 320

Law, J. 320
Leach, E. 184, 319
Left, H. L. 310
Lévi-Strauss, C. 62, 63, 66, 67, 94, 186
Levy, Jr., M. J. 71, 94
Logan, J. R. 37, 40, 65, 94, 104, 119, 122, 142, 146, 155, 157, 165, 166, 168, 169, 174, 175, 177, 183-185
Lounsbury, F. G. 65
Lowie, R. 61, 67
Luhmann, N 291, 295, 302, 319
Machado, A. D. 65, 155
Macy, J. 310
Maillasoux, C. 240
Matthes, B. F. 274
Mattulada 272, 273, 275
McKinley, R. 255, 274, 275
Michael, Mike 320
Miklucho-Maclay, N. von 37, 40, 184
Millar, S. B. 250, 273
Mohd. Dahlan 241
Murdock, G. P. 66, 235, 283
Naess, A. 310
Needham, R. 60, 62, 67
Nicholas, C. 48
Nicholas, R. W. 274, 275
Noone, H. D. 36, 39, 40, 155
Noone, R. 36, 37, 39
Ooi Jin-bee 39, 155
Pospisil, L. 65
Potter, J. M. 224, 225, 236, 238-240
Potter, S. H. 225, 226, 239, 240
Provencher, R. 275
Richards, A. J. J. 120
Roberts, J. M. 184
Roberts, Jr., C. F. 39
Rosald, R. 272, 320
Ross, A. N. 37, 40
Rosza, T. 310
Sahlins, M. E. 133, 156
Salisbury, R. F. 133, 156
Saravanan 22, 155
Schamsuldin, Hj. 185
Schebesta, P. 36, 39
Schneider, D. M. 94, 275
Shore, B. 320
Silverman, M. G. 273
Skeat, W. W. 33, 37, 39, 169, 174, 183, 184, 185

Smith, H. E. 239
Swedenburg, T. 320
Swift, M. G. 185
Tachimoto, N. M. 319
Tambiah, S. J. 224, 240
Thomashow, M. 310, 320
Todd, E. 283-286, 289, 294
Tomkins, S. S. 94
Trautmann, T. R. 274
Turton, A. 224, 236, 240
Tylor, E. B. 60, 61, 67
Wazir-Jahan Karim 276
Wiinstedt, R. O. 39
Wilder, W. D. 254, 255, 256, 257, 262, 264, 275, 276
Wilkinson, R. J. 36, 39, 183, 185
Williams-Hunt, P. D. R. 22, 36, 39
Wilson, P. J. 185
Yanagisako, S. J. 272
Zain, S. M. 275
Zawawi Ibrahim 40

[和文]
アブドゥラー，ムンシー 166, 184
飯田経夫 320
今西錦司 310, 312, 320
今道友信 310, 320
ウィリアムズ-ハント，P. D. R. 22, 36, 39
ウィルキンソン，R. J. 36, 39, 183, 185
上野和男 272
上野千鶴子 284, 295
梅棹忠夫 320
エヴァンス，I. H. N. 36, 37, 39, 40, 157, 184
老川寛 241
大橋良介 295
カイズ，C. F. 223-225, 228, 236, 240
ガリク，J. M. 185, 253, 274
カレイ，イスカンダル・ユソフ 18, 39
川勝平太 310
川田順造 240, 301, 319
カント，I 310
北原淳 237, 276
ギデンズ，A. 295, 319
クーリー，F. L. 184
口羽益生 10, 120, 185, 208, 227, 237, 240, 241, 275, 326
公文俊平 294
ゲデス，W. R. 67, 156, 170, 184

ケルサル, H. J. 37, 40, 65, 119, 130, 132, 139, 155, 156
サーリンズ, M. E. 133, 156
作田啓一 241
佐々木健一 322
佐藤誠三郎 294
サラヴァナン 22, 155
シェベスタ, P. 36, 39
信田敏宏 22, 41
清水昭俊 276
清水博 316, 320
シュー, F. L. K. 283, 284, 294
ジンメル, G. 10
スキート, W. W. 33, 37, 39, 169, 174, 183-185
ソルズベリィ, R. F. 133, 156
タートン, A. 224, 236, 240
タイラー, E. B. 60, 61, 67
ダウンズ, R. 120, 181, 185
高谷好一 295, 314
立本成文 10, 295, 319
タンバイアー, S. J. 224, 240
坪内良博 7, 10, 120, 185, 188, 208, 220, 238-241, 275, 294, 326
ディヴィス, R. 224, 240
デンタン, R. 36, 39, 40, 184
トッド, E. 283-286, 289, 294
トマショウ, M. 310, 320
中川敏 320
ニーダム, R. 60, 62, 67
ヌーン, H. D. 36, 39, 40, 155
ヌーン, R. 36, 37, 39
ハーヴェイ, D. F. A. 35, 40, 125, 155, 157, 184
花田達朗 10
バハロン, アズハル 36, 40
ハボト, H. T. 269, 276
バリジ, K. O. L. 269, 276
バンクス, D. J. 255-257, 274-276
ハンクス, L. 215, 226, 227, 235, 239
ハンクス, J. 215, 226, 227, 235, 239
フィスク, A. P. F. 289, 295
フクヤマ, フランシス 289, 290, 295

フシン・アリ, S. 165, 252, 274
フド・サレー 22
フレイザー, J. G. 63, 67
ブローデル, F. 303, 319
ベルク, A. 306, 311, 313, 319, 320
ベンジャミン, G. 36, 40
ベンダー, D. R. 270, 272, 276
ポター, J. M. 224, 225, 236, 238-240
ポター, S. H. 225, 226, 239, 240
マードク, G. P. 66, 235, 283
前田成文 7, 10, 185, 208, 240, 241, 262, 272-276, 294, 326
松井孝典 320
マッキンレー, R. 255, 274, 275
馬淵東一 241
ミクルホ=マクライ, N. 37, 40, 184
水野浩一 188, 211-213, 215-217, 219-228, 230, 231, 236-240
末成道男 276
ミラー, S. B. 250, 273
村上泰亮 294
村武精一 272
メイヤス—, C. 240
モーガン, L. H. 66
山岸俊男 291, 295
山路勝彦 272
リーチ, E. 319
ルーマン, N. 291, 295, 302, 319
レイク, H. W. 37, 40, 65, 119, 125, 130, 132, 139, 147, 155-157
レヴィ, Jr., M. J. 71, 94
レヴィ=ストロース, C. L. 62, 63, 66, 67, 94, 104, 186
ロウィー, R. 61, 67
ローガン, J. R. 37, 40, 65, 94, 104, 119, 122, 142, 146, 155, 157, 165, 166, 168, 169, 174, 175, 177, 183-185
ロス, A. N. 37, 40
ロムバッハ, H. 302, 319
ワイルダー, W. D. 254-257, 262, 264, 275, 276
和辻哲郎 311

著者略歴
立本成文（たちもと　なりふみ）
京都大学東南アジア研究センター教授・所長．
1940年釜山生まれ．京都大学文学部卒業．同大学院文学研究科，マラヤ大学人文学部マレー研究科，シカゴ大学大学院人類学科に在籍．シカゴ大学Ph. D.（人類学）．

主要著書（旧姓　前田）
『マレー農村の研究』（共編著）創文社，1976年．
『核家族再考』（共著）弘文堂，1977年．
『東南アジアの組織原理』勁草書房，1989年．
『東南アジアの文化』（編著）弘文堂，1991年．
『地域研究の問題と方法』京都大学学術出版会，1996年，増補改訂 1999年．

家族圏と地域研究
（地域研究叢書 13）　　　　　Ⓒ Narifumi Tachimoto 2000

平成12（2000）年8月20日　初版第一刷発行

著　者　　立 本 成 文
発行人　　佐 藤 文 隆
発行所　　京都大学学術出版会
　　　　　京都市左京区吉田河原町 15-9
　　　　　京　大　会　館　内　（〒606-8305）
　　　　　電話（075）761-6182
　　　　　振替 01000-64877

ISBN 4-87698-407-7　　　印刷・製本 ㈱クイックス
Printed in Japan　　　　　定価はカバーに表示してあります